해방후 사회경제의 변동과 일상생활

Socio - Economic Change and Daily Life in Modern Korea

Hong, Sung-Chan · Huh, Soo-Youl · Kim, Seong-Bo
Bae, Sung-Joon · Lee, Sang-Euy · Lee, Kyung-Ran

이 저서는 2005년도 한국학술진흥재단의 지원에 의하여 연구되었음
(KRF-2005-005-J01301)

연세국학총서 104
분단체제하 남북한의 사회변동과 민족통일의 전망 1

해방후 사회경제의 변동과 일상생활

홍성찬·허수열·김성보·배성준·이상의·이경란 공저

혜안

책머리에

연세대학교 국학연구원은 2001년에 한국학술진흥재단의 중점연구소 지원사업에 선정되어, 그후 6년 동안 '근대화·세계화와 한국사회의 발전논리'라는 대주제 아래 3단계에 걸친 연구를 진행하였다. 연구팀은 한국 근현대 사회경제와 사상 분야의 핵심 화두인 '근대화'와 '세계화' '민족통일'의 문제를 검토하는 것으로 대주제를 기획하였고, 1단계 '개항 전후 한국 전통사회의 변동과 근대화의 모색', 2단계 '일제하 한국사회의 근대적 변화와 전통'에 이어 3단계 '분단 체제하 남북한의 사회변동과 민족통일의 전망'에 대한 연구를 진행하였다. 그리고 이들 3단계의 연구는 각각 사회경제, 사회문화, 정치사상의 세 분야로 나누어 진행하였다.

그중 사회경제 분야의 연구는 1단계 '개항기 한국사회의 구조적 변동과 그 특질', 2단계 '일제하 한국의 사회경제적 변화와 일상생활' 그리고 3단계 '해방 후 사회경제의 변동과 일상생활'이라는 주제로 각각 진행되었다. 1단계에서는 개항 전후 조선사회 내부에서 성장해 오던 내재적 근대화에 필요한 조건들이 그 후 외압에 의하여 어떻게 왜곡·좌절되었으며, 또 그 외압을 어떻게 극복하려고 했는지에 대해 살펴보았다. 그 연장선상에서 2단계에서는 일제하 한국사회에서 전개된 이식적 근대화의 양상과 그 식민지적 특질, 그리고 식민지 근대화가 한국인의 일상생활에 미친 영향을 검토하였다. 이러한 연구 결과는 『개항 전후 한국사회의 변동』(태학사, 2006. 1)과 『일제하 경제정책과 일상생활』(혜안, 2008. 2) 두 권의 단행본으로 출간하였다.

위의 두 책에 이어 간행되는 이 책은 3단계의 사회경제 분야의 연구 결과를 묶은 것이다. 3단계 연구는 개항기와 일제하의 사회경제와 일상생활 연구를 기반으로 하여, 해방 이후 분단경제체제의 한 부분을 이룬 남한 경제체제의 형성과정을 사회변동과 정책 양 측면에서 검토하고, 분단경제체제 하에서 살아가는 남북한 주민들의 대응과 생활의 변화상을 살펴보는 데 집중하였다. 이 연구에서는 다음과 같은 관점과 접근방법을 견지하고자 하였다.

첫째, 해방 후 사회경제의 변동과정을 역사적 안목에서 검토하고자 했다. 한국 근현대사 연구에서 해방 전과 해방 후에 대한 연구는 상당히 단절되어 있다. 이 문제를 해결하기 위해서 우리는 일제하에서 해방 이후로 이어지는 시기의 경제구조, 사회인식, 그리고 일상생활에 나타난 '연속'과 '단절', '통합'과 '배제'의 실상을 밝히고자 하였다.

둘째, 남북한 사회경제의 문제를, 각각 개별의 경제체제로 보는 것이 아니라, 분단경제체제의 한 부분으로서 보고자 했다. 최근의 연구 중 일본제국주의의 식민지 근대화, 이승만 정권과 미국 주도의 경제운용, 1960년대 이후 박정희 정권의 개발정책이 하나의 흐름으로서 한국 자본주의 변화의 배경이 되었다고 설명하는 견해가 있다. 이 연구들은 '성장' 또는 '근대화'에 대한 의미있는 문제제기를 하였지만, 남한 중심의 사유에 기반하고 있기 때문에 분단체제의 일환으로 형성되고 기능하는 남북한 사회·경제의 성격을 총체적으로 이해하는 데는 어려움이 있다. 이에 본 연구에서는 남한이든 북한이든 분단체제에 의해 규정되는 사회경제의 양상과 구조를 살펴보고자 했다.

셋째, 한국의 사회경제가 변동해 가는 과정을 주체적 시각으로 검토하고자 했다. 해방 후 남북한은 사회경제체제가 형성되고 변화해가는 과정에서 미국과 소련의 영향을 크게 받았다. 그러나 여러 층위의 한국인들은 외국의 대한정책을 수용하기도 하고, 그것에 문제를 제기하면서 대안을 모색하기도 하고, 정책을 협의해서 조정하거나 때로는 그것에 대항하면서 그 정책방향을 변화시키는 데 영향을 미쳤다. 사회를 이끌어가는 한국인의 동력과 외적인 영향력 또한 본 연구가 견지하고자 했던 시각이자 밝혀야 할 영역이었다.

넷째, 급격한 사회변동 속에 살아온 남북한 주민들의 생활, 그들의 지향과 욕망에 관심을 기울였다. 남북한 주민들은 근현대의 격동 속에서 순탄치 못한 삶의 과정을 경험하면서, 새로운 경제체제의 구축과정에 주체적으로 참여하는 한편, 주어진 상황에 끌려가는 대상이 되기도 했다. 그간의 연구에서는 이러한 사람들의 의지와 지향, 욕망과 갈등에 많은 관심을 기울이지 못했다. 우리는 경제수치 이면에 존재하는 한국인의 선택과 삶, 그리고 일상의 모습이 어떻게 변화했는가를 추적하고, 이를 통해서 당대인이 만들어갔던 사회경제체제의 성격을 분명하게 드러낼 수 있으리라고 보았다.

본 연구에서는 해방 이후의 남북한 사회경제에 대한 이와 같은 문제의식과 방법을 가지고, 1950년대와 그 전후의 시기에 초점을 맞추었다. 이 시기에 주목한 이유는 다음과 같다.

첫째, 이 시기는 분단경제체제의 양쪽에서 사회경제적 기반이 조성된 때이다. 상당히 오랫동안 1950년대의 시대상은 전쟁, 궁핍, 지저분함, 무규범, 퇴폐, 혼란, 독재 등의 '잿빛 이미지'로 인식되어 왔다. 이는 그 시대를 살아갔던 사람들의 경험에서 비롯된 것인만큼 그 자체로서 그 사회의 한 측면을 보여주는 상이었다. 그렇지만 남북한의 사회체제의 전화과정을 볼 때 이런 이미지는 재구성될 필요가 있다. 최근 이 시기를 한국자본주의의 전개과정이라는 시각에서 새롭게 조명하는 연구가 일부에서 진행되었다. 본 연구는 한국자본주의를 구조적으로 이해하려는 이 문제의식을 받아들이는 한편, 그것을 분단경제체제의 구축과정으로서 재검토하려 한다. 그리고 다른 한편에서는 잿빛 이미지의 사회상을 통해서 드러나는 당대인들의 삶과 그에 대한 이해 방식도 사회변동이라는 측면에서 수렴하여 통합적으로 이해하고자 한다.

둘째, 1950년대는 그 이전과 이후 시기와의 관계에서 볼 때 과도기적 성격을 띠고 있다. 해방 전부터 이어 온 국가건설에 관한 견해들은 분단정부의 수립, 한국전쟁, 그리고 1950년대를 거치면서 사회 내부에서 통합과 배제의 과정을 겪고 단일화되어 갔다. 그런데 1950년대는 그것이 진행되는 '과정'이었다. 분단 이전과는 다르지만, 사회경제정책과 체제의 방향을 둘러싼 이 시기의 논의가 어떠한 특성을 가졌고 어떠한 과정을 거치면서 단일화되었는가, 그 과정에서 잠복해버린 견해는 무엇인가를 살펴보는 것은 1960년대 이후의 한국사회를 설명하는 데 중요한 논거가 될 것이다.

셋째, 1950년대를 전후한 시기는 이전에는 고려하지 않았던 법과 제도가 새롭게 만들어지는 시기였다. 남북한 양쪽에서 정부가 수립되고, 특히 한국전쟁을 거치면서 경제체제 정비를 위한 법과 제도를 새롭게 마련하였는데, 그로 인해 급격한 사회변동이 일어나고 있었다. 남한의 농지개혁이나 노동법 또는 농업협동조합법, 북한의 농업협동화와 같이 노동자와 농민들의 삶에 결정적인 영향을 미치는 법이 제정되고 실현되었다. 이는 사회경제구조나 사람들의 인식이나 삶의 방식 등 모든 면에서 지각변동에 가까운 변화를 일으켰다. 따라서 1950년대 법과 제도의 수립문제는 거기에 어떤 사회계층의 이해관계를 담는가를 둘러싼 논쟁을 불러일으키는 주제로서, 당시 사회의식의 지형도와 경제체제의 방향을 보여주는 사안이었다.

이러한 문제의식을 실현하기 위해서 우리는 역사학과 사회과학이 함께 소통하는 연구팀을 구성하였다. 그 결과 해방 전과 해방 후를 연결하는 거시적 안목을 바탕에 깔고, 공업의 변화, 귀속기업과 농민의 존재양식, 노동자의 일상적 삶의 모습까지 탐구하여 다양한 각도에서 당대의 모습을 재구성할 수 있었다. 이용 자료와 방법론도 다양해졌다. 기존의 정부문서와 통계자료를 새롭게 재구성하고, 기업경영문서나 지역자료를 발굴하기도 하였다. 또한 계량경제학적 방법과 사상사 및 정책사 연구방법론, 그리고 미시사와 일상사 분석방법을 적용하여, 기존에 비해 사회경제사 분석 방법의 폭을 넓히고 구체화된 사회경제상을 끌어내고자 하였다.

우리는 이 책에서 1950년대 사회경제적 변동을 구조와 제도, 생활이라는 세 측면으로 재정리하였다. 제1부 구조의 변동에서는 이 시기의 경제의 변동을 해방 전후의 연속성 문제와 구조의 재편성이라는 두 측면에서 크게 검토하는 한편 기업사 레벨에서 세밀하게 살펴보았다. 제2부 제도의 변동에서는 정부수립 후 노동자와 농민의 권리와 경제생활 안정화를 위한 제도가 어떻게 제기되었고 또 50년대 말기에 어떻게 재편되었는가를 살펴보았다. 제3부 생활의 변동에서는 한국전쟁 이후 남한지역 노동자의 존재형태와 의식 변화, 농촌마을과 농민의 존재위치 변화, 그리고 북한지역의 농업협동화와 농민생활의 변동을 살펴보았다. 이 책에 수록된 논문의 내용을 간단히 소개하면 다음과 같다.

제1부 구조의 변동에는 3편의 논문을 수록하였다. 우선 배성준의 논문「해방~한국전쟁 직후 서울 공업의 재편성」은 해방 직후에서 1950

년대 전 시기에 걸친 '서울 공업'의 변천을 정리하면서 공업구조의 변동을 재생산구조의 변화라는 측면에서 살펴보았다. 해방 직후 서울 공업은 귀속공장을 둘러싼 대립, 귀속공장 및 중소공업의 침체, 단전 등으로 인해 위축되었으며, 전시통제경제의 영향 아래 기계공업, 화학공업 중심으로 업종이 편중되었다. 그러나 한국전쟁의 피해를 입고 1950년대 중반까지 복구과정을 거치면서 서울 공업은 전시 통제경제의 영향에서 벗어나 원조물자를 기반으로 한 소비재공업으로 재편성되었다. 이 연구는 연속과 단절이라는 문제의식과 별도로 재생산구조의 변동에도 초점을 두어야 한다는 문제의식을 담고 있다.

허수열의 논문 「1940년대 한국 공장공업의 연속성의 정도에 대한 분석」은 1938년판 『조선공장명부』와 1949년판 『공장광산명부』를 비교하여 거시적인 안목에서 1940년대를 거치면서 조선인자본이 어떤 변용을 겪게 되는지를 실증적으로 분석하였다. 분석 결과, 1949년 말에 존재하던 공장의 대부분이 1938년에 존재하던 공장과 관계가 없는 것들이었고, 또 공장주도 1938년과는 전혀 다른 사람들이었음이 드러났다. 필자는 해방 전후의 연속성 문제에서 조선인자본을 중심으로 보면, 식민지적 공업발전과 해방 후의 남한의 공업발전 사이에 연속성이 그다지 높지 않다는 것을 밝혔다.

홍성찬의 논문 「해방 후 '귀속 국내 법인'의 운영과 청산」은 '식은 콘체른' 산하의 거대 농업회사였던 해동흥업(구 불이흥업)이 해방과 귀속농지분배, 농지개혁, 6·25전쟁, 정부의 귀속재산처리 방침에 어떻게 대응하였고, 또 그 후 어떤 과정을 밟아 해산(1972), 청산종결(2000)되었던가를 기업사 레벨에서 추적한 것이다. 이는 해방 후, 법인의 설립등기와 본점이 한국에 있었던, '귀속 국내 법인'들의 운영과 청산, 식은 콘체른의 한 축을 이루었던 식은(모회사)−성업사(자회사)−불이흥업

(손회사)으로 연결된 피라미드형 기업 지배 구조의 해체, 귀속재산에 대한 이해당사자들의 인식과 그 처리를 둘러싼 갈등 등을 잘 보여주는 소재이다. 한국정부가 이들 '귀속 국내 법인'의 법적 청산을 종결한 것이 2000년대 초였으니, 이 방면에서의 식민지 유산의 청산은 해방 후 반세기가 지난 후에야 비로소 완료되었던 것이다.

제2부 제도의 변동은 두 편의 논문을 수록하였다. 먼저 이상의의 논문「정부수립 후 노동위원회의 설치와 노동문제」에서는 노동위원회법의 입안과정과 노동위원회의 활동에 대하여 고찰하였다. 이 연구는 정부수립 후 노동법과 노동정책의 기본체계가 만들어지는 과정에 대한 연구의 일환으로 진행되었다. 노·사·공익대표의 합의기관이자 독립기관인 노동위원회의 설치는, 행정기관의 권한이 강조되던 정부수립 이후의 역사에서 볼 때 독특한 경험이었다. 이 글에서는 노동위원회가 노동법의 이념에 따른 기틀을 최초로 마련한 의의를 지녔음에도 불구하고 행정기관의 알선이 진행된 이후의 조정과 중재 판정만을 담당하였고, 그 결의가 노동행정에 미치는 영향이 크지 않았던 한계를 밝힘으로써 그 역사성을 드러냈다.

이경란의 논문「1950년대 농업협동조합법 제정과정과 농업협동체론」은 1957년의 '농업협동조합법'과 '농업은행법'의 제정 전후로 진행되었던 법 제정논의와 농업협동조합론의 변화과정을 다뤘다. 농지개혁과 함께 제기되었던 농업협동조합 논의는 과소영세농화된 농민들의 사회경제적 안정을 위한 방안으로서 주목받았는데, 주로 법제정을 중심으로 논의가 진행되었다. 이 논의는 오랫동안 공전되다가 1955년 미국의 정책 전환과 적극적 개입을 계기로 금융조합을 중심으로 한 농업금융체계와 국가가 적극 개입하는 농협운영이라는 방향으로 1957년에 법 제정으로 일단락되었다. 이후 드러난 국가주도형 농협 운영에 대응한 농민운동의 영역으로서 민간 협동조합운동측의 농민자치적 협동조합론의 여러 갈래들이 다시 사회적으로 등장하게 되었다.

제3부 일상의 변동은 3편의 논문을 수록하였다. 우선 이상의의 논문 「한국전쟁 이후 노무동원의 재현과 노동자」에서는 한국전쟁 이후 노무동원이 재현된 과정과 그 동원이 피동원자의 삶에 미친 영향에 대해 살펴보았다. 징용의 형태로 일제에 의해 진행된 조선인 강제동원의 경험은 한국전쟁기와 그 이후 미8군과 한국군의 노무동원으로 되풀이 되었고, 제1차 경제개발 5개년계획을 위한 대규모 토목건설사업에서 국토건설단이라는 이름으로 재현되었다. 이 글에서는 근현대사에서 거듭된 노무동원은 국민에게 일방적으로 강요된 것이었으나, 사회의 의식수준이 높아질수록 동원 기간이 점차 단축되었고, 국가권력은 동원의 대상을 축소하는 방식으로 동원을 합리화해 갔는데, 노동자의 저항이 그러한 변화를 이끌어냈음을 밝혔다.

이경란의 논문 「전후 농촌의 사회연결망과 농민생활」은 충남 문당리의 전후 사회연결망의 존재양상을 검토하면서 농지개혁으로 지주소작관계가 폐지됨에 따라 변동하는 마을 간의 사회연결망과 농민들의 경제적 사회적 존재위치의 양상을 밝혔다. 특히 50년대 내내 과소영세농체제로 유지됨에 따라 빚어지는 농촌위기 속에서 이 지역은 마을 내의 호혜적 연결망을 활용하여 재생산의 위기를 보완하였고, 이런 전통이 이후 농민들이 자주적으로 협동농업을 실현해갈 수 있는 내적인 힘이 될 수 있었음을 보여주었다.

김성보의 논문 「전쟁과 농업협동화로 인한 북한 농민생활의 변화」는 1950년대 전쟁과 농업협동화를 거치면서 북한의 농촌과 농민생활이 어떻게 변화하였는지를 해명하였다. 북한의 농업협동화는 전쟁 중 확산된 공동노동의 경험을 배경으로 하였고, 제대군인이나 전쟁피해자들이 추진주체가 됨에 따라 준전시체제적인 성격이 강했다. 또한 협동화 과정에서 가족 단위의 경제생활의 소멸, 농업경영 주도권의 청년층 이동, 여성 발언권의 강화, 사회주의 집단 거주지의 형성과 같은 사회문화적 변동이 일어났다. 이 과정에서 농민들은 집단적 주체인 '인민'으로서의 자각이 진행되는 한편 부모의 존중이나 공동노동의 전통이 협동조합을 위해 필요한 전통으로서 계승되고 새롭게 변용되었음을 살펴보았다.

이 연구를 진행하는 과정에서 많은 분의 도움을 받았다. 이 자리를 빌어 도움을 주신 여러분들께 감사의 인사를 드린다. 자료수집 과정에서 충남 문당리 영농조합의 전 대표인 주형로 선생님을 비롯한 환경농업교육관의 실무자 여러분들과 마을의 홍윤석, 황강석, 김기돈, 신범용 씨, 충남 농어촌공사 홍성지사 관계자들, 그리고 부산대 신원철 교수와 노동자역사 한내의 유경순 연구실장, 국가기록원의 강성천 선생님은 기꺼이 도움을 주셨다. 원광대 김은진 교수, 동국대 김낙년 교수, 부산대 오미일 교수, 국사편찬위원회의 정병욱 편사연구사, 국회 입법조사회의 김준 팀장, 성균관대의 임송자·이신철·이용기 교수는 필자들이 마련한 학술대회의 토론자로서 예리한 지적과 귀중한 조언을 해주었다. 한국학중앙연구원의 이완범 교수는 이 연구가 지속적으로 진행될 수 있도록 도움을 주었다. 연세대학교 대학원의 박사생이었던 정진아, 김소남, 박현, 이태훈 연구보조원들은 자료 수집과 연구 활동에서 실질적인 도움을 주었다. 도서출판 혜안의 오일주 사장과 편집진 여러분들은 매끄럽지 못한 원고를 기꺼이 깔끔한 책으로 만들어주었다.

연세대학교 국학연구원은 한국학술진흥재단 중점연구소로서 이 책의 기획에서부터 출간까지 지원을 아끼지 않았다. 이 자리를 빌어 연세대 김도형, 김동노, 백승철 교수와, 전인초, 설성경 전 원장, 그리고 이 책의 출간에 힘을 써주신 백영서 원장께 감사드린다.

  이 연구가 진행되는 동안에 연구 과제의 기획 단계부터 함께 참여하였고 늘 연구진을 격려하였던 연세대 사학과의 방기중 교수가 유명을 달리하였다. 끝자리를 빌어 다시 한번 그 분의 명복을 빈다.

2009년 9월

목 차

책머리에 5

제1부 구조의 변동

배성준 | 해방~한국전쟁 직후 서울 공업의 재편성　23

1. 머리말　23
2. 해방 직후 공업 위축의 추이　25
    1) 해방 직후의 지속적인 공업 위축　25
    2) 공업 위축의 추이　31
    3) 해방 직후의 공업 현황　41
3. 한국전쟁의 피해 복구와 공업의 재편　46
    1) 한국전쟁의 피해　46
    2) 공업의 복구　48
    3) 한국전쟁 직후의 공업 현황　53
4. 맺음말　58

허수열 | 1940년대 한국 공장공업의 연속성의 정도에 대한 분석　61

1. 머리말　61
2. 자료의 성격　63
3. 연속의 정도　71

   1) 공장주의 연속 72
   2) 공장의 연속 77
  4. 맺음말 80

洪性讚 | 해방 후 '귀속 국내 법인'의 운영과 청산 – 해동흥업공사(舊 불이흥업)의
  사례를 중심으로 – 87
  1. 머리말 87
  2. 해방과 海東興業으로의 개편 92
  3. 해동흥업의 경영변동과 청산 101
   1) 지주경영의 변모와 농지 매각 101
   2) 농지 매각 대금의 수령과 여타 부동산의 경영 110
   3) 기타 농지개혁 관련 보상금의 수령과 부동산의 관리 처분 126
   4) 해산과 청산의 종결 137
  4. 맺음말 141

제 2 부 제도의 변동

이상의 | 정부수립 후 노동위원회의 설치와 노동문제 147
  1. 머리말 147
  2. 정부수립 후 노동법 제정과 노동위원회법 입안 149
   1) 노동법 제정과 노동위원회 논의 149
   2) 노동위원회법의 입안 154
  3. 노동위원회의 구성과 역할 158
   1) 노동위원회의 구성과 '독립성' 158
   2) 노동위원회의 권한 161
  4. 노동위원회의 활동과 노동문제 인식 166
   1) 노동위원회의 활동 166
   2) 노자협조 정신의 강조 178
  5. 맺음말 181

이경란 | 1950년대 농업협동조합법 제정과정과 농업협동체론 185
　1. 머리말 185
　2. 1950년대 전반기 농업협동조합론과 미국측의 방안 189
　　1) 1950년대 농업협동조합 설립과 법 제정 논의의 추이 189
　　2) 미국의 농협문제 개입과 제안의 성격 195
　3. 1950년대 후반기 농업은행의 설립과 농업협동조합론의 변화 206
　　1) 법제정 과정의 주요쟁점 206
　　2) 정부의 지배력 강화와 민간 협동조합운동의 새로운 전개 216
　4. 맺음말 223

제3부 생활의 변동

이상의 | 한국전쟁 이후 노무동원의 재현과 노동자 227
　1. 머리말 227
　2. 전시근로동원법과 한국전쟁 이후의 노무동원 229
　　1) 전시하의 노무동원과 전시근로동원법 229
　　2) 한국전쟁 이후의 노무동원 234
　3. 징용 노무자와 가족의 생활 243
　　1) 징용 노무자의 생활 243
　　2) 가족의 생활과 가정의 파탄 249
　4. 자유응모제로의 전환과 노무동원의 재현 251
　　1) 자유노무자 모집으로의 전환 251
　　2) 노무동원의 재현, 국토건설단 254
　5. 맺음말 261

이경란 | 전후 농촌의 사회연결망과 농민생활 - 충남 문당리의 사례를 중심으로 -
　　265
　1. 머리말 265
　2. 1950년대 농업구조 변동과 마을의 사회연결망 271
　　1) 농지개혁에 대한 기억 271

2) 농지개혁 이후 마을 자리매김의 변화 275
   3) 문당리 주민들의 토지소유 변화 278
3. 마을의 호혜적 사회연결망과 농민생활 281
   1) 수리조합의 설치와 호혜적 관계 형성의 기초 281
   2) 이장 중심의 마을 운영 286
   3) 두레를 활용한 호혜적 사회연결망의 유지와 한계 290
4. 맺음말 : '탈출'과 재구성 296

김성보 | 전쟁과 농업협동화로 인한 북한 농민생활의 변화 301
1. 머리말 301
2. 전시하 농민 동원과 인구이동 304
   1) 전시동원체제와 농촌 재편 304
   2) 전후 인구이동과 주민 구성 변화 309
3. 전후 농촌 건설의 핵심 주체 형성 314
4. 집단적 생산활동을 통한 사회주의 노동 규율 319
5. 주택·가족과 사회의식의 변화 326
   1) 주택과 가족·친족 관계의 변화 326
   2) 사회의식의 변화 : '인민'으로서의 자각 333
6. 맺음말 337

찾아보기 341

CONTENTS

Part I Change of Structure

Bae, Sung-Joon — The Reorganization of Seoul region industry from liberation to directly after Korean War

Huh, Soo-Youl — An analysis of continuity of factories during 1940s in Korea

Hong, Sung-Chan — The Management and Liquidation of the Government-vested corporations after the Korean Liberation : a case study of 'Haedong Heung-up company' (formely 'Buri Heung-up company')

Part II Change of Institute

Lee, Sang-Euy — The Establishment of the Labor Relations Commission and the Labor Problem in Republic of Korea since 1948

Lee, Kyung-Ran — An enactment process of the Agricultural cooperative in the 1950s

Part III Change of Living

Lee, Sang-Euy — The Mobilization of Labor and the Life of Laborers in the Aftermath of the Korean War

Lee, Kyung-Ran — The Change of Korean Rural network and Rural Lives in the 1950s

Kim, Seong-Bo — Change of Rural Lives in Democratic People's Republic of Korea due to War and Collectivization

제1부
구조의 변동

해방~한국전쟁 직후 서울 공업의 재편성

배 성 준

1. 머리말

해방 이후 1950년대에 이르는 시기는 일본경제의 재생산과정의 일부로 편입되었던 '식민지 경제'가 붕괴하고 미국의 원조를 기반으로 새로운 재생산구조가 형성되는 시기라고 할 수 있다. 이 시기에 대한 기존의 연구는 한국자본주의의 형성과정에서 미군정의 경제정책(귀속재산의 접수, 관리, 불하) 및 그것을 중심으로 한 경제구조의 재편, 1950년대 원조경제 및 자본가의 형성 등에 대한 분석에 초점이 두어졌다. 이 과정에서 미군정기의 공업 실태와 1950년대의 공업 실태에 대한 연구가 부분적으로 이루어졌다.

김기원은 귀속기업체의 처리와 공업구조의 재편을 다루면서 미군정기 공업생산의 위축과 중소공업(민중)에 의한 생산력의 회복이라는 두 가지 측면을 아울러 보고자 하였다.[1] 김기원의 귀속기업체 연구는 귀속기업체의 불하에 따른 자본가층의 형성이라는 문제로 심화되었다. 공제욱[2]은 1950년대 귀속기업체의 불하에 따른 한국(서울) 자본가층의

---

1) 김기원,『미군정기의 경제 구조-귀속기업체의 처리와 노동자 자주관리운동을 중심으로-』, 푸른산, 1990.
2) 공제욱,『1950년대 한국의 자본가 연구』, 백산서당, 1993 ; 공제욱,『1950년대 서울의 자본가』, 서울학연구소, 1998.

형성과정을 분석하여 대지주·자산가와 상공업자의 단절을 규명하였으며, 최봉대3)는 서울지역 귀속기업체의 불하가 초기 대자본가의 형성에서 제한적이었음을 밝혔다.

이러한 귀속기업체의 연구에서 대규모 공장에 대한 연구는 진행되었지만 중소공업을 포괄하는 공업 전반에 대한 연구나 지역에 대한 세밀한 연구는 진척되지 못하였다. 생필품 통제에 대한 분석4)과 미군정기 공업 실태에 대한 분석5)은 미군정기에 대한 미시적 분석을 통하여 경제(정책)와 대중(민중)이 만나는 지점에 대한 분석을 진전시키고자 하였다.

본고는 이러한 점과 관련하여 해방 직후에서 1950년대 전반에 이르는 '서울 공업'6)의 변천을 정리하고 공업구조의 변동을 살펴보고자 한다. 먼저 해방 직후 식민지 본국과의 단절 및 남북 분단이라는 새로운 조건에서 이루어지는 공업의 복구(재편)과정을 통하여 식민지적 조건에서 탈피하여 새롭게 형성되는 서울 공업의 면모를 살펴보고자 한다. 이어서 한국전쟁으로 인한 공업부문의 피해 및 이를 복구하는 과정을 통하여 해방 직후에 형성된 서울 공업의 면모가 어떻게 변화하는지 살펴보고자 한다.

---

3) 최봉대, 「1950년대 서울지역 귀속기업체 불하 실태 연구」, 『국사관논총』 94, 2000.
4) 허수, 「1945-46년 미군정의 생필품 통제정책」, 『한국사론』 34, 1995.
5) 김영근, 「미군정기의 공업 기반과 생산실태」, 『역사와 현실』 22, 1996.
6) '서울 공업'이란 서울지역의 공업, 즉 행정구역으로서 서울특별시에 존재하는 공업을 말한다. 서울지역의 공업이 원료, 자본, 노동력, 시장 등에서 서울지역을 넘어서는 부분도 있지만, (1) 공업 관련 통계가 행정구역을 기준으로 이루어진다는 점 (2) 행정구역이 공간 내의 공업을 제도적으로 규정한다는 점 등의 조건을 고려하여 행정구역에 따라 지역에 존재하는 공업의 범위를 정하였다.

2. 해방 직후 공업 위축의 추이

1) 해방 직후의 지속적인 공업 위축

해방 직후 식민지 경제체제의 붕괴와 남북 분단으로 인하여 공업이 크게 위축되었다는 사실은 여러 차례 지적되었다. 공업 위축에 대한 서술은 당대에서부터 시작되었으며,[7] 식민지 공업화가 남긴 물적 유산의 '단절'을 주장하는 최근의 연구에서도 나타나고 있다.[8] 이러한 서술들은 공업 위축을 입증하기 위하여 해방 전후의 공업 통계를 흔히 인용하고 있다. 가령 1944년과 1946년의 전국 공장 통계를 비교하면 공장수는 44%, 노동자수는 59% 감소하였다.[9] 공업 생산액의 감소는 더욱 크게 나타나는데, 1939년과 1946년의 생산액 통계를 비교하면 물가지수로 환산한 공업 생산액은 75% 감소하였다.[10] 공장 통계에서 보이는 공업의 위축은 서울도 마찬가지였다. 1944년 6월과 1946년 11월의 공장 통계를 비교하면 공장수는 52%(2,337개→1,123개), 노동자수는 47%(66,898명→35,763명) 감소하였다.[11] 전국적 통계와 차이가 있다면

---

7) "조선 공업의 발전이 조선 자체의 경제적 생장과정에서 초래된 것이 아니고 일제의 필요에서 출발하여 일본 공업의 연장으로 건설된 것인 만큼, 일제가 패퇴한 오늘날 각 공업이 상호 유기적 관련을 잃고 소위 기형화한 것은 당연한 귀결이다. 더욱이 38선의 설정은 8·15 이후 조선 공업의 곤란에 박차를 가했으며, 날이 갈수록 조선 공업의 박약성이 노정되고 있다." 朝鮮通信社, 『朝鮮年鑑』, 1948년판, 234쪽.
8) 허수열, 『개발 없는 개발』, 은행나무, 2005, 제6장 참조.
9) 1944년 6월에는 사업체 9,323개, 노동자 300,520명이던 것이 1946년 11월에는 사업체수 5,249개, 노동자 122,159명으로 감소하였다. 『南朝鮮産業勞動力及賃金調査』, 19쪽.
10) 朝鮮銀行調査部, 『朝鮮經濟統計要覽』, 1949, 75쪽. 『조선경제연보』에 따르면 1939년과 1946년의 생산액은 71%(527,935천원→152,193천원) 감소하였다. 朝鮮銀行調査部, 『朝鮮經濟年報』, 1948년판, Ⅰ-324쪽.
11) 1944년 6월에는 사업체 2,337개, 노동자 66,898명이던 것이 1946년 11월에는

공장의 감소율에 비하여 노동자의 감소율이 적다는 점인데, 이는 해방 이후 귀환자가 서울에 집중되었다는 측면에서 어느 정도 설명될 수 있다.[12]

1946년 말에서 1949년 말에 이르는 서울의 공장 통계는 해방 직후의 공업 위축을 보여준다.

<표 1> 1946년 말~1949년 말 서울의 공장 현황

구분 연도	공장수(A) (개)	노동자수 (명)	공장수 수정치(B)	노동자수 수정치	비고
①1946.11.	1,123	35,763	1,466	63,441	B=A-토목건축업자(18)+관영·귀속공장(361)*
②1947. 4.	1,347	48,602	1,320	?	B=A-운수업자(27)
③1947. 9.	1,150	32,174	1,181	?	B=A+중앙직할 귀속공장(31)**
④1948. 1.	836	36,248	817	35,897	B=A-토목건축업자(19)
⑤1949. 3.	733	36,097	?	?	
⑥1949년 말	1,481	57,545	1,481	57,545	행정구역 확장

출전: ①은 『南朝鮮産業勞動力及賃金調査』, 1948. 4, ③은 『朝鮮經濟年報』, 1948. 7, ④는 『第二回南朝鮮勞動統計調査結果報告』, 1948. 8, ②⑤⑥은 서울특별시, 『市勢一覽』, 각년판.

비고: (1) 상시 5인 이상의 노동자를 고용하거나 고용할 설비가 갖추어진 공장을 조사
(2) 공장 통계에는 관영공장과 귀속공장을 포함, 단 ①④는 토목건축업, ②⑤는 운수업이 포함됨
(3) ⑥은 '6·25 전'이라고 기재되어 있으나 1949년 말로 추정

* 1946년 11월의 관영공장 현황을 짐작하기 위하여 『시세일람』의 1947년 4월 관영공장 현황(공장수 361개, 노동자 28,209명)을 이용하였다. 시간이 흐를수록 관영공장의 수가 점차 줄어든다는 점을 감안한다면 수정치가 과소평가되었을 가능성이 있다.

사업체수 1,466개, 노동자 63,441명으로 감소하였다. 『南朝鮮産業勞動力及賃金調査』, 19쪽.
12) 서울의 인구는 1945년 901,371명에서 1946년 1,266,057명으로 1년 사이에 40%나 증가하였다.

** 1947년 9월의 중앙직할 귀속공장의 현황을 짐작하기 위하여 『經濟年鑑』(1949년판)의 중앙직할 귀속공장 현황을 이용하였다. 중앙직할 귀속공장 중 상공부 공업국 관할은 모두 80개인데, 이중 서울 소재 공장은 31개이다. 그러나 『조선경제연보』(1948년판)에서 중앙직할 귀속공장을 60개로 기재하고 있다는 점을 감안한다면 수정치가 과대평가되었을 가능성이 있다. 朝鮮銀行調査部, 『經濟年鑑』, 1949년판, III-79~80쪽.

당시의 공장 통계에 따르면 1946년 하반기에서 1947년 상반기까지 증가하던 공장이 1947년 상반기를 지나면서 감소하기 시작하여 1949년 상반기까지 계속 감소한 것으로 보인다. 그러나 해방 직후의 공장 통계가 단편적이고 일관된 기준에 따라 작성되지 않았다는 점을 고려하여 가능한 범위에서 일관된 기준을 따라 수정한다면 다른 추세를 읽는 것도 가능하다.

먼저 수정치를 사용하여 1944년 6월과 1946년 11월의 공장 통계를 비교하면, 해방 전후 서울 공업은 공장의 37%(2,337개 → 1,466개), 노동자의 5%(66,898명 → 63,441명)가 감소한 것으로 나타난다. 공장의 감소는 1/3을 넘을 정도로 현저한 것이었지만 노동자의 감소는 미미하였다. 이는 공장과 노동자 모두 절반이나 감소되었다는 기존의 설명에 비하면 해방 전후의 위축은 생각만큼 그리 심각한 것이 아니었음을 보여준다. 일제의 전시통제경제가 붕괴되었지만 1년 남짓한 기간 동안에 기존 공장의 2/3 정도가 운영되고 있었고, 95%의 노동자가 생산에 종사하고 있었다.

그렇지만 공장수나 노동자수와 같은 통계수치에 나타나는 형식적인 공업 위축이 그리 크지 않았다고 해서 현실의 공업 위축을 과소평가할 수는 없다. 전국적인 통계이지만 1939년과 1946년을 비교할 때 실질 공업 생산액 감소가 75%에 이르렀다는 점이나 1946년 말의 생산량이 해방 전의 20%에 불과하다는 점[13] 등은 실질적인 공업 생산이 크게 위축되었음을 보여준다. 특히 공업 생산의 위축이 경제 전반이나 국민들의 생활 전반에 미치는 영향을 고려한다면 중소 공장의 생산 위축뿐만 아니라 서울에 집중되어 있는 대규모 '귀속공장'의 생산 위축은 경제정책 및 공업의 재편성 방향과 관련하여 중요한 의미를 가지는 것이라고 할 수 있다.

한편 1946년 하반기부터 1949년 상반기까지 서울의 공장수는 계속해서 감소한 것으로 나타난다. 1949년 3월의 다소 과대평가된 통계를 그대로 사용한다면,14) 1946년 하반기부터 1949년 상반기까지 공장수는 50%(1,466개 → 733개), 노동자수는 43%(63,441명 → 36,097명) 감소한 것으로 나타난다. 이처럼 2.5년 동안에 공장과 노동자가 절반 가량 감소하였다는 사실은 해방을 전후한 변동만큼이나 해방 직후에서 정부 수립을 거쳐 한국전쟁에 이르는 시기의 변동이 격심하였으며, 해방 직후의 공업 위축이 일시적인 위축이라기보다는 1945년부터 1949년에 걸친 지속적인 위축이었음을 말해준다.

또한 공장 통계에 의하면 1949년 상반기까지 지속적으로 위축되던 공업이 1949년 하반기에 갑자기 회복되는 것으로 나타난다. 1946년 하반기부터 1949년 상반기까지 50% 가량 감소하던 서울의 공장이 1949년 하반기부터 채 1년도 되지 않아 2배 가량 급증한다.15) 이러한 공장의 급속한 팽창은 공업 외부의 요인, 즉 1949년 9월에 이루어진 서울

---

13) 장기영, 「해방된 조선경제의 실상」, 『신천지』 2권 2호, 1947, 51쪽.
14) 『市勢一覽』의 산업 통계는 1952년판부터 공업이 9개 분류-금속공업, 기계공업, 섬유공업, 화학공업 식품공업, 요업공업, 인쇄공업, 공예공업, 기타공업-로 정리되며, 그 이전의 공업 통계에는 운수업이 포함되어 있다. 따라서 1949년 3월의 공장 통계에도 운수업이 포함되어 있지만 자료의 한계로 운수업자를 제외한 수정치를 구할 수 없었다.
15) 한국전쟁 직전의 공장 통계는 자료에 따라 상이하게 나타난다. 『서울신문』에 따르면 한국전쟁 직전의 공장수는 1,002개소이다. 『서울신문』 1951. 9. 5.

행정구역의 확장에 의한 것이었다.16) 1949년 8월 「市, 道의 관할구역 및 區, 郡의 명칭, 관할구역 변경의 건」의 시행에 따라 서울의 행정구역이 2배로 확장되었으며, 새롭게 서울로 편입된 지역의 공장이 1949년 말의 공장 통계에 포함되었다.

해방 직후의 형식적인 공업 위축에 대한 강조는 실질적인 공업 생산이 이루어지는 조건의 변화나 역동적인 과정을 간과하기 쉽다. 이러한 측면에서 해방 직후의 공업 위축에 대한 일면적 강조를 비판하고 1946년 중반 이래 공업 생산의 점진적 회복 경향 및 귀속공장의 운영 실태에 주목하는 견해가 제기되었다.17) 그렇지만 공업 생산품의 생산량 추이를 보더라도 자료에 따라, 또한 생산품목에 따라 편차가 크기 때문에 전반적인 추세나 경향을 말하기는 어렵다. 따라서 위축 또는 회복의 추세로 해방 직후의 공업 변동에 접근하기보다는 먼저 시기별 공업 변동의 추이와 조건을 살펴볼 필요가 있다.

해방 직후 공업 변동의 추이를 살펴보는 데에는 경기변동의 추이가 참고가 된다. 『조선경제연보』에는 1945년부터 1947년까지의 경기변동을 3개의 시기 - 침체기(1945. 8~1945. 12), 붐(Boom)기(1946. 1~1946. 12), 인플레이션경기(1947. 1~1947. 12) - 로 구분하고, 각 시기를 재화

---

16) 「서울특별시의 설치」(1946. 9. 18, 군정법령 제106호)에 따라 서울이 경기도 관할에서 분리된 데 이어, 1949년 8월 「市, 道의 관할구역 및 區, 郡의 명칭, 관할구역 변경의 건」(1949. 8. 13, 대통령령 제159호)이 공포, 시행됨에 따라 서울의 행정구역이 268km²로 확장되었다. 1945년 8월 해방 당시 서울의 행정구역은 8개구 268개 동, 면적은 134km²이었는데, 경기도 고양군 숭인면의 9개리, 뚝도면의 15개리, 은평면의 16개리, 시흥군 동면 3개리 등 45개리 134km²가 서울에 편입되고 성북구가 신설되었다.
17) 김기원은 1946년 중반부터 공업 생산이 점진적인 회복경향을 보이며, 이러한 생산의 회복은 광범위한 부분에서 중소공업이 가동되면서 일본제국주의의 생산력이 조선민중의 생산력으로 전환되었기 때문이라고 주장하였다. 김기원, 앞의 책, 211~215쪽.

의 측면에서 '침체기-생산 격감', '붐기-생산 증가', '인플레이션경기-생산 저하→생산 격감'으로 파악하고 있다.18) 이러한 경기변동에 따른 재화 생산의 추이를 공업 생산의 추이와 비교해 보면 유사한 흐름을 읽을 수 있다.

<그림 1>은 종이와 면직물 2개 생산품목에 한정된 것이지만 서울 지역의 주도적 생산품이자 대표적 소비재라는 점에서 1946년에서 1948년에 이르는 생산 추이를 확인할 수 있다.

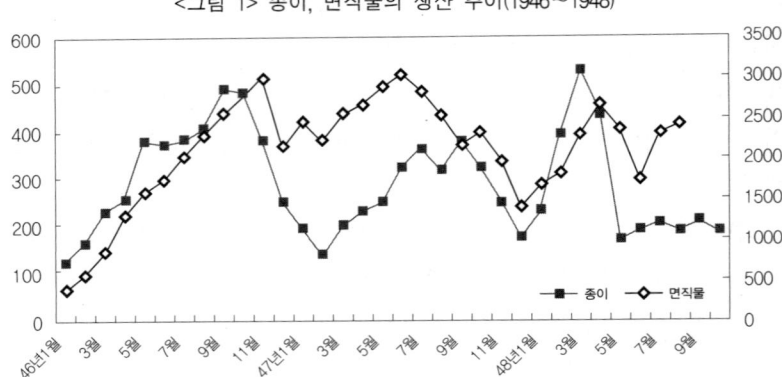

<그림 1> 종이, 면직물의 생산 추이(1946~1948)

출전 : 『미군정활동보고서』, No.35(1948. 9~10)
비고 : 종이(기계제조종이)는 14개 귀속공장의 생산량이며, 면직물은 7개 주요 공장의 생산량임.

1946년 1월에서 1948년 10월까지의 생산 추이를 살펴보면 '1946년 생산 증가→1947년 상반기 생산 감소→1947년 하반기 생산 격감→1948년 상반기 생산 증가→1948년 하반기 생산 격감'이라는 추세를 보인다.

---

18) 인플레이션경기를 다시 구분하여 제1차 후퇴기(1947. 1~1947. 4), 제1차 조정기(1947. 5~1947. 10), 제2차 후퇴기(1947. 11~)로 파악하고 있다. 『朝鮮經濟年報』, Ⅰ-252~263쪽.

생산품목별로 원료 및 전력 수급의 변동에 따라 변동의 폭이 상이하지만, 경기변동의 재화 생산과 유사한 추이를 확인할 수 있다. 변동의 폭이 상대적으로 적은 면직물의 경우 재고 원면이 고갈되자 1947년 4월과 7월에 원면이 수입되고 국내산 원면의 공급이 이루어졌으며, 1947년 11월과 12월에도 소량의 원면이 수입되었다.[19] 그리고 1947년 11월부터 전력 공급의 불충분으로 조업 단축을 시행하였으며,[20] 1948년 5월의 단전으로 방직부문의 조업이 크게 단축되었다.[21]

종이와 면직물의 생산 추이를 경기변동의 재화 생산의 추이과 결합하여 1945년에서 1948년에 이르는 공업 생산의 추이를 유추한다면 대체로 '1945년 생산 위축→1946년 생산 증가→1947년 상반기 생산 감소→1947년 하반기 생산 격감→1948년 상반기 생산 증가→1948년 하반기 생산 격감'이라는 추세를 파악할 수 있다. 전국적인 자료에 기초한 추세 파악이지만 각종 통계가 서울을 기준으로 작성된다는 점을 고려한다면 서울의 공업 생산 추이도 이러한 흐름에서 크게 벗어나지 않을 것이다. 위에서 파악한 공업 생산의 추이를 바탕으로 단편적인 자료를 결합시킨다면 1945년 8월에서 1949년 말에 이르는 서울 공업의 추이에 접근할 수 있을 것이다.

2) 공업 위축의 추이

1945년 8월 일제의 패망으로 전시통제경제가 붕괴하자 서울의 공업은 일종의 '진공상태'에 빠졌다.[22] 전시통제경제를 지탱하던 각종 기구

---

19) 南朝鮮過渡政府商工部, 『商工行政年報』, 1947년판, 172~173쪽.
20) 위의 책, 173쪽.
21) 韓國電力公社, 『韓國電氣百年史』(上), 1989, 368쪽.
22) 서울의 전시통제경제에 대해서는 배성준, 「전시하 '경성'지역의 공업 통제」, 『국사관논총』 88, 2000 참조.

와 조직이 붕괴함에 따라 일본인 자본가에 의한 공장 운영이 마비되고 미군정에 의한 공장의 접수와 운영이 확립되지 못한 상황에서 노동자들의 억눌렸던 요구가 터져 나왔다. 朝鮮皮革, 朝鮮麥酒, 日本精工, 朝鮮重機, 京城紡織 등 영등포와 용산의 대규모 귀속공장을 중심으로 '공장관리위원회'가 구성되어 공장을 관리하고 조업을 개시하였으며, 노동조건 개선, 해산/퇴직수당 요구를 내걸은 노동쟁의가 번져나갔다.[23] 9월 14일 京城電氣 접수를 시작으로 일본인 회사, 공장을 장악하기 시작한 미군정은 공장관리위원회를 부정하고 관리인을 임명하여 귀속공장을 경영하고자 하였다. 그렇지만 행정 장악의 지연과 노동자의 저항으로 1946년 2월까지 서울, 경기지역의 1천여 개 귀속기업체 중 관리인이 임명된 곳은 약 375개소에 그쳤다.[24]

또한 노동자에게 해방이란 전시동원으로부터의 '해방'이자 일본인 공장으로부터의 '해방'이었다. 일본인 공장이 문을 닫게 되자 해산수당, 퇴직수당을 받아 공장을 떠난 이들도 있었고, 시중에 쏟아져 나온 물자들을 이용하여 장사치가 된 이들도 있었다.[25] 군정청은 직장 복귀를 호소하였으며, 해방 직후 생산 부진의 중요 요인으로 노동문제를 지적하였다.[26]

이처럼 해방 직후에는 귀속공장을 둘러싼 대립과 노동력의 공장 이탈 등의 요인으로 휴업, 폐업하는 공장이 많았기 때문에 1946년 2월 경에는 귀속공장의 40% 정도가 가동되고 있었으며, 영등포 공장지대에서 조업중인 공장은 40여 개에 불과하였다.[27] 전시통제경제의 붕괴로

---

23) 김기원, 앞의 책, <부록 2> 노동자 자주관리운동 사례모음 및 기타 관련자료.
24) 김기원, 앞의 책, 51쪽.
25) 1945년 8월부터 1946년 초까지의 생산 위축에는 통화 남발과 재고품 범람으로 명목소득이 증가한 노동자들의 고용 기피 경향이 한몫을 하였다. 『조선경제연보』, I-254쪽.
26) 김영근, 앞의 글, 36쪽.

식민지 경성공업의 재생산구조가 붕괴된 상태에서 원료, 기술, 자금, 노동력 등 생산의 제반 조건이 동요되고 생산이 크게 위축되는 것은 지극히 당연한 것이었다. 문제의 초점은 귀속공장의 가동을 통한 생산 회복이 아니라 귀속공장을 누가 어떻게 가동할 것인가에 놓여 있었으며, 공장관리위원회를 둘러싼 대립은 계속되었다.

해방 직후 위축되었던 공업 생산은 1946년 들어 회복되기 시작하였다. 1946년 10~12월 경에는 전체 공장의 60% 정도가 조업을 하고 있었으며, 생산량은 해방 전의 20% 내외였다고 한다.28) 1946년 11월의 공장 통계에 의하면 서울의 민영공장이 1,105개인데, 여기에다가 귀속공장, 관영공장의 숫자까지 포함하면 해방 직전 공장수의 2/3에 달하였다. 개별 생산품을 보더라도 <그림 1>의 면직물과 종이뿐만 아니라 면사, 밀가루, 못, 전동기, 유리 등의 생산 추이에서도 1946년의 생산 증가를 확인할 수 있다.29)

공업 생산의 회복은 귀속공장의 생산 재개에 의한 것이기도 하지만 주요하게는 중소공장의 증대에 의한 것이었다. 1946년 초를 고비로 공장관리위원회는 소멸되고 관리인이 임명되었지만 귀속공장의 침체는 여전하였다. 노후한 설비와 원료 공급으로 인하여 1946년 2월에 귀속공장의 40%가 가동되고 있었지만 생산능력의 10%를 생산하는 데 그쳤다.30) 서울지역에 대규모 귀속공장이 집중되어 있는 면직물의 경우 1946년 생산량은 1941년 생산량의 21%에 불과하였다.31) 더구나 관리인의 부정은 귀속공장의 상태를 더욱 악화시켰다. '謀利輩의 敵産 접

---

27) 『조선일보』 1946. 2. 2 ; 『해방일보』 1946. 2. 28.
28) 장기영, 앞의 글.
29) 면사, 밀가루, 못의 생산 추이는 Summation No.34(1948. 7~8), 전동기, 유리의 생산 추이는 『조선경제연보』, I -255쪽.
30) 『조선일보』 1946. 2. 2.
31) 『조선경제연보』, I -113쪽.

수'32)로 표현될 만큼 관리인에 의한 원자재·시설·제품의 부정 처분, 공급 유용 등의 부정축재가 격심하였다.33)

이러한 귀속공장의 침체에 비하여 중소공장의 활성화가 두드러졌다. 규모가 큰 귀속공장의 재가동이 지연되고 침체상태가 계속되는 가운데 영세한 설비와 자본으로 서울시민의 소비에 대응하기 위한 소공장이 속속 출현하였다. 영세한 소공장은 외부로부터 원료와 부속품 공급이 끊어진 상황에서 시장에 범람한 물자나 공장의 재고품을 이용하여 생산을 시작하였다. 금속공업의 경우 재고품이나 수집한 고철을 이용하여 선철·주물제품, 알루미늄제품 등을 생산하였으며, 기계공업의 경우 선철과 자재를 수집하여 농기구, 탈곡기 등 간이제품을 생산하였다. 화학공업의 경우 폐고무를 수집하여 고무화를 생산하는 고무공업, 農牛의 대량 도살로 원피가 공급되고 생산설비가 간소한 피혁공업, 폐지와 稻藁를 사용하여 재생지를 생산하는 제지업 등에서 중소공장이 다수 출현하였다. 직물업에서는 기업정비로 퇴장되었던 직기를 재가동시켜 직물 생산에 나섰다.34) 이처럼 중소공장이 우후죽순처럼 생겨난 결과 1946년 11월 서울지역 민영공장 중 96%(1,058개)가 노동자 100인 미만의 중소공장이었으며, 노동자 20인 미만의 영세한 소공장도 64%(707개)나 되었다.35)

그러나 중소공업의 활성화는 오래 지속되지 못하였다. 1947년 들어 인플레이션이 본격화되고 원료난이 가중됨에 따라 공업 전반의 침체를 가져왔다. 원면, 고무 등 원료 수입과 물자영단 재고품의 방출로 원

---

32) 洪性夏,「經濟界回顧一年」(下),『동아일보』1946. 8. 20.
33) 군정청 감찰부에서 1945년 11월에서 1946년 3월까지 경인지역의 110개 대규모 회사, 공장을 감찰한 결과 72%의 공장에서 거액의 부정사취가 있었음이 드러났다.『동아일보』1946. 3. 20.
34)『조선경제연보』, I-99~114쪽.
35)『南朝鮮産業勞動力及賃金調査』, 154쪽.

료가 공급되는 일부 업종에서는 생산이 유지되었지만, 나머지 업종에서는 원료난으로 조업 감소가 불가피하였다. 특히 중소공장은 1946년 하반기부터 재고품이 소진되어 중소공장은 원료난에 봉착하기 시작하였으며, 1947년이 되면 영세 소공장을 중심으로 휴업, 폐업이 속출하였다. 1948년 1월의 공장 통계에서 민영 중소공장은 1946년 11월에 비하여 1년 2개월 만에 38%나 감소하였으며, 노동자 20인 미만의 영세 소공장은 42%나 감소하였다.36)

<표 2>에서 1946년 11월과 1948년 1월의 업종별 공장 통계를 비교해 보면 금속, 기계, 제재, 화학공업의 공장수가 크게 감소되었음을 알 수 있다.

<표 2> 1946~1949년 공장 현황

	방직	금속	기계	요업	화학	제재	인쇄	식료	기타	계	수정치
①1946.11	138	148	278	31	157	106	77	76	94	1,105	1,466
②1947. 4	168	440			191			134	387	1,320	1,320
③1947. 9										1,150	1,181
④1948. 1	125 (103)	87 (73)	187 (141)	21 (16)	123 (97)	58 (51)	85 (68)	83 (66)	48 (36)	817 (651)	817
⑤1949. 3										733	?
⑥1949.12	344	112	245	62	230	*107	78	243	50	1,471	1,471

출전 : ①-⑤는 <표 1>과 동일, ⑥은 商工部, 『工場鑛山名簿』, 1950년판.
비고 : (1) 수정치는 <표 1>과 동일
    (2) ④의 ( )안의 수치는 민영공장의 숫자임
    (3) *는 '工藝工業'37)을 의미함

원료 공급이 두절된 금속·기계공업의 타격이 가장 심하여 1946년

---

36) 『第二回南朝鮮勞動統計調査結果報告』.
37) 工藝工業이란 해방 직후의 공장 통계에 나타나는 공업 분류 명칭으로 漆器, 木工品(가구 포함), 金工品, 도자기품, 유리가공품, 布帛加工品, 竹製品, 杞柳製品, 莞草製品, 石工品, 貝殼加工品 등을 포함하는 공예품공업을 말한다.

11월부터 1948년 1월까지 1년 남짓한 기간에 금속공장과 기계공장이 절반이나 줄어들었다. 금속공업의 경우 주로 중소공장이 담당하는 주철주물제품, 알루미늄제품 및 못, 통조림깡통 생산이 원료난으로 생산능률의 30~40%밖에 생산하지 못하였다.[38] 영등포지역의 30여 개 주물공장은 선철의 재고품이 고갈되어 생산율이 점차 저하되고 있으며, 부산, 마산 등지로부터 구입한 원료도 운반할 기차가 없어 곧 공장문을 닫게 될 처지였다.[39] 기계공업도 원료의 소진과 자금 부족으로 소공장이 격감하여 1946년 말에 278개이던 기계공장은 1947년 말에는 135개로 감소하였다.[40] 화학공업의 경우 피혁공업은 원피 부족, 농우 도살 제한, 자금난 등으로 소공장이 크게 감소하였으며, 제지공업도 원료 부족과 기계 고장으로 1947년 생산량이 크게 감소하였다. 반면 고무공업은 1947년 상반기부터 생고무 수입이 이루어졌기 때문에 1947년 말에는 생산이 다소 호전되었다.[41] 식료품공업의 경우 쌀을 원료로 하는 술의 제조가 금지되는 등 원료 부족과 자금난으로 정미업, 주조업, 양조업, 과자제조업이 크게 위축되었다.[42]

원료난과 자금난은 귀속공장도 마찬가지였다. 더구나 귀속공장의 경우 융자가 원활하지 못했으며, 전력 부족으로 인한 타격이 컸다.[43] <표 3>에서 서울지역 관영공장[44]의 추이를 통하여 귀속공장의 추이

---

38) 『商工行政年報』, 1947년판, 159~161쪽.
39) 『서울신문』 1946. 11. 30.
40) 『조선경제연보』, Ⅰ-106쪽.
41) 1947년 말 서울의 고무공장은 28개가 가동중이며, 고무신 생산도 1946년의 2,792천 족에서 1947년에는 2,821천 족으로 다소 증가하였다. 『조선경제연보』, Ⅰ-107~108쪽.
42) 1947년 서울의 과자공장은 생산능력의 4%, 간장공장은 3% 밖에 생산하지 못하였다. 『조선경제연보』, Ⅰ-103~114쪽.
43) 『商工行政年報』, 1947년판, 128쪽.
44) 관영공장은 귀속공장과 관영공장을 포함한다. 『工場鑛山名簿』(1949년판)에서

를 살펴보면 1947년에 귀속공장이 크게 감소하였음을 알 수 있다.45)

<표 3> 관영·민영별 공장 현황

연도 \ 구분	관영	민영	계
①1947. 4.	361	986	1,347
②1947. 9.	174	976	1,150
③1948. 1.	166	651	817
④1949. 3.	101	632	733

출전 : ①·④는 『시세일람』, 각년판 ; ②는 『조선경제연보』, 1948. 7 ; ③은 『제2차 남조선 노동통계 조사 결과보고』, 1948. 8.
비고 : (1) ①에는 운수업체와 토목건축업체 포함, ②④의 통계는 토목건축 업체 포함
　　　(2) ②는 귀속공장/비귀속공장 통계이며, 서울시 관할 귀속공장만 집계

　1947년 4월에 361개이던 관영공장이 1948년 1월에는 166개로 감소하여 채 1년도 되지 않는 기간 동안에 관영공장이 절반 이상 줄어들었다. 1947년부터 소규모 귀속공장의 불하가 시작되고 임대차제도가 시행되었다는 점도 영향을 미쳤겠지만,46) 기본적으로 관리 부실과 경영

　　는 귀속과 관영 범주를 구분해서 사용하지만, 『조선경제통계요람』, 『시세일람』 등의 통계에서는 '관영=귀속'으로 사용하는 사례도 발견된다. 이렇게 '관영=귀속'으로 인식하게 된 것은 1949년 말 서울의 관영 공장은 10개에 불과하고 대부분 서대문형무소에 부속된 공장이기 때문이다.
45) 귀속기업체의 수는 자료에 따라 편차가 크다. 귀속기업체에 대한 가장 포괄적인 현황을 알려주는 자료는 『경제연감』(1949년판)의 「귀속기업체 일람표」인데, 이 자료에 의하면 1948년 12월 현재 서울 소재 귀속공장은 모두 647개(중앙직할 58개, 서울시관할 589개)이다. <표 3>의 귀속공장 숫자와 차이가 큰 것은 <표 3>의 귀속공장 현황이 현재 가동중인 공장, 임대차 공장을 제외하였을 가능성이 크다.
46) 1948년 말 서울지역 귀속공장 735개의 경영형태를 보면 관리 461개, 대표 143개, 임대 126개, 불하 4개, 기타 1개 등이었다. 김기원, 앞의 책, 151쪽.

악화로 휴업, 폐업하는 귀속공장이 늘어났을 것이다. 1948년 6월 경 전국의 귀속기업체 중 공업부문의 운휴 비율이 18%에 달하였으며,[47] 1948년 7월 경 서울의 366개 귀속공장 중에서 운영이 잘 되는 공장은 76개에 불과하였다.[48] 이러한 귀속공장의 부진을 극복하기 위하여 행정기관에서는 관리인의 경질, 감찰 등 관리인에 대한 관리를 강화하고 있으며, 서울상공회의소에서는 선처를 요망하는 건의서를 관계당국에 제출하였다.[49]

1948년 들어 회복되던 공업 생산을 다시 크게 위축시킨 것은 1948년 5월의 斷電이었다. 해방 직후 남한에서는 소비전력의 2/3를 북한으로부터 공급받았다. 1947년의 경우 남한의 전력수요는 44만kW에 달하였고 상공부에서 추산한 긴급 필수전력이 12만kW를 상회하였지만, 단전 직후인 1948년 6월의 전력 공급은 5만5천kW에 불과하였다.[50] 서울의 동력기 전력사용량도 단전을 전후한 시기에는 크게 감소하였다.[51]

<표 4>는 단전 전후 서울시내 819개 공장 수전량 및 조업 현황을 나타낸 것이다.

전체적으로 볼 때, 단전 직후 전력수급은 35%에 불과하고 일평균 작업시간도 9.1시간에서 4.45시간으로 줄어들었다.[52]

---

47) 『조선경제통계요람』, 80쪽.
48) 『서울신문』 1948. 8. 6.
49) 『자유신문』 1949. 1. 15.
50) 『경제연감』, Ⅰ-79~80쪽.
51) 1947년 10월~1948년 3월의 소동력 사용량 620만kW, 대동력 사용량 1970만kW에서 1948년 4월~1948년 9월에는 소동력 사용량 472만kW 대동력 사용량 1101만kW로 감소하였다. 『경제연감』, Ⅳ-210.
52) 『한국산업경제십년사』에 따르면 단전 직후에 조사한 서울시내 80개 공장의 수전전력/소요전력은 26%에 불과하며 일평균작업시간은 3시간, 생산율은 28.9%였다. 『한국산업경제십년사』, 245쪽.

<표 4> 단전 전후 서울 공장의 조업현황

업종		조사공장수	단전전		단전후		수전율(%)
			수전량(KWH)	노동시간(일평균)	수전량(KWH)	노동시간(일평균)	
방직	견직	8	19,898	8.0	6,632	2.7	33
	피복	96	124,373	8.0	35,427	4.9	28
	撚絲	34	6,418	8.0	4,121	5.0	64
	제면	19	20,410	8.0	3,710	1.6	18
	메리야스	15	5,570	8.0	1,552	3.6	28
금속	주물	62	95,858	9.8	46,959	5.0	49
	철공	82	128,724	8.1	57,856	4.2	45
기계	자동차	13	5,306	8.0	1,435	2.8	27
	製車	17	5,350	8.0	830	1.5	16
	전구	11	31,896	8.0	15,665	4.7	49
	電氣商工	33	55,262	8.0	2,662	1.0	5
	電機器	27	13,421	8.0	4,134	2.4	31
	농기구	18	4,165	8.0	690	1.5	17
요업	유리	11	5,233	8.0	1,374	1.4	26
	주사기	6	695	8.0	172	2.0	25
화학	도료	6	18,600	8.0	2,360	8.0	13
	고무	29	416,533	8.0	124,329	3.4	30
	제혁	10	31,700	8.0	6,600	2.6	21
	화학	10	16,560	8.0	1,870	4.0	11
	비누	17	2,791	8.0	854	5.0	31
	산소	3	245,000	24.0	149,000	24.0	61
	화약	5	280	8.0	1,000	8.0	36
	피혁	18	6,400	8.0	3,100	4.5	48
	조선지	17	6,100	10.0	1,560	5.0	26
	화장품	9	3,400	8.0	510	2.0	15
	감광지	8	3,100	8.0	720	2.5	23
제재	제재	48	529,000	8.2	159,350	4.5	30
인쇄	인쇄	113	98,783	8.0	41,401	8.0	42
식료	장유	16	5,049	8.5	1,201	5.4	24
	건면	18	8,876	3.8	1,912	2.3	22
	곡물가공	19	96,125	24.0	35,660	8.0	37
기타	모자	6	1,470	10.2	391	3.8	27
	미터	9	9,858	7.2	1,755	2.9	18
	나전칠기	3	710	8.0	370	4.0	52
	학용품	3	500	8.0	160	1.5	32
합계		819	1,821,806	9.1	716,402	4.45	35

출전: 『韓國電氣百年史』(上), 368쪽.

전력 감소로 조업시간이 크게 단축된 업종은 자동차수리, 제혁, 주사기, 미터기, 차량제작, 유리, 제면, 전기기기, 농기구제조, 건면, 화장품, 감광지 등이었다.

단전 이후 화력발전의 증강, 송전윤번제 실시 등의 대책을 수립하여 전력 공급에 부심하였지만 전력의 절대량 부족으로 공장 생산은 나날이 위축되었다. 185개 공장과 1만 5천여 명의 노동자를 포용하고 있는 영등포 공장지대는 단전 4개월이 지난 9월 현재 공장 생산량이 단전 이전의 5%에 불과한 실정이며, 더욱이 조업 중지로 인한 시설 방치와 부속품 도난으로 공장 시설의 30~40%가 파괴되었다.[53] 단전 6개월을 경과한 11월에도 서울, 인천지구의 공장 가동률은 10%를 넘지 못했다.[54] 1948년 1월과 1949년 3월의 공장 현황을 비교할 때 공장수는 817개에서 733개로 약 10% 감소하였으며, 민영공장에 비하여 관영공장의 감소 폭이 더욱 컸다.

해방 직후의 공업 위축이 심각한 수준에 이르자 미군정과 새로 수립된 정부도 물자 보급과 경제 안정에 힘을 기울였다. 미군정은 부족한 물자를 수입하고 공급되는 물자를 통제하는 방식으로 경제를 안정시키고자 하였다. 1946년 5월 「통제경제령」을 발포하여 생활필수품에 대한 가격통제 및 배급통제를 실시하였으며, 1947년 초부터 1948년 말까지 GARIOA 자금으로 미국, 일본에서 물자를 수입하였다.[55] 미군정은 부족한 물자를 생산하기 보다는 물자의 수입과 통제를 통하여 경제를 안정시키고자 하였으나 물가 상승, 암시장 확대 등의 부작용을 초래하였다.[56] 또한 금속제품, 종이, 유리, 의류, 비누, 염료 등 완제품 수입에

---

53) 『국민신문』 1948. 9. 23.
54) 『서울신문』 1948. 12. 26.
55) 허수, 앞의 글, 174쪽 ; 김점숙, 「미군정의 민간 물자보급계획」, 『역사와 현실』 22, 2000, 174쪽.
56) 미군정의 통제정책은 시행 초기부터 '有害無益'하다고 평가되었다. 『조선일

치중함으로써 생산 위축을 가져왔으며,57) 심지어 공업부문에 공급되어야 할 원료를 수출하기도 하였다.58)

정부 수립 직후 정부는 생산 증강을 위한 '5개년 물동계획안(1949~53)' 및 '5개년 경제회복계획'을 입안하였고, ECA는 한미경제원조협정에 따라 '3개년 대한원조계획'(1949. 7~1952. 6)을 수립하는 등 생산 증대에 기초한 경제부흥계획을 수립하였다.59) 이에 따라 상공부에서는 공업생산 증강과 공업원료 할당을 위한 공장의 원료 소비 및 생산량 조사에 착수하여 서울지역 공장 조사를 시행하였고,60) 공업부문 소요자금계획을 수립하였다.61) 또한 1949년 11월 「귀속재산처리법」을 제정하고 1950년 6월부터 서울시를 시작으로 귀속공장 불하를 추진하고자 하였다. 그러나 인플레 악화로 경제부흥계획은 시행되지 못하였으며, 귀속공장의 불하도 한국전쟁의 발발로 중단되고 말았다.62)

3) 해방 직후의 공업 현황

해방 직후의 공업 위축은 서울의 공업 구성에 어떠한 변화를 가져왔을까? 1946년 11월과 1948년 1월의 공장 현황을 살펴보면 방직, 기계, 화학공업이 중심 업종으로 자리잡았음을 알 수 있다.

보』 1946. 11. 6.
57) 1948년 민간무역의 종류별 수입액 비중을 보면 원료품 16%, 원료용제품 31% 완제품 49%이다. 원료품은 금속, 생고무, 직물원료, 기타원료, 원료용제품은 기름, 약재, 화학약품, 면사 등으로 구성되어 있다. 『경제연감』, I-55, IV-55쪽.
58) 1948년에는 섬유원료 398,855천원 분량이 수출되기도 하였다. 『경제연감』, I-56쪽.
59) 김점숙, 「대한민국 정부수립 초기, 경제부흥계획의 성격」, 『사학연구』 73, 2003.
60) 『연합신문』 1949. 1. 26.
61) 『국도신문』 1949. 12. 26.
62) 김기원, 앞의 책, 162쪽.

방직, 기계, 화학공업이 공장의 절반 이상, 노동자의 2/3 가량을 차지하였다. <표 4>의 단전 전후 업종별 상황을 참고하면, 방직공업에서는 제면, 면직, 견직, 메리야스, 피복 등의 업종, 기계공업에서는 자동차·자전차 수리, 기계기구, 전기기구, 농기구 등의 업종, 화학공업에서는 고무, 제혁, 비누, 제지 등의 업종이 비중이 컸다. 해방 전 서울의 대표적인 업종이었던 방직공업은 해방 이후에도 여전히 수위를 지키고 있으며, 영등포공업지대를 중심으로 전시통제경제 아래 신장되었던 기계, 화학공업도 상당한 비중을 유지하였다.[63]

<표 5> 민영 공장의 업종별 현황

		방직	금속	기계	요업	화학	제재	인쇄	식료	기타	계
1946.11	공장	138	148	278	31	157	106	77	76	94	1,105
	노동자	9,901	2,494	6,172	730	7,286	1,302	2,875	1,767	2,705	35,232
1948. 1	공장	103	73	141	16	97	51	68	66	36	651
	노동자	4,178	1,239	2,931	361	3,352	725	1,611	1,095	602	16,094
감소율	공장	25.4	50.7	49.3	48.4	38.2	51.9	11.7	13.2	61.7	41.1
	노동자	57.8	50.7	52.5	50.5	54.0	44.3	44.0	38.0	77.7	54.3

출전 : 1946년 11월 통계는 『남조선 산업노동력 및 임금조사』, 1948. 4 ;
1948년 1월 통계는 『제2차 남조선 노동통계 조사결과보고』, 1948. 8.

업종별로는 기타, 금속, 기계, 화학 등의 위축이 심하였다. 특히 기타공업의 격감은 제모, 제화, 문구, 공예품 등을 생산하는 소규모 공장이 원료난으로 문을 닫았기 때문이었다.[64] 여타 업종에서도 원료난, 자금난, 자재난, 연료·전력난 등으로 공장과 노동자 모두 크게 감소하였다.

---

63) 1937년에서 1941년까지 경성의 업종별 상황을 보면 기계, 화학, 제재공업의 신장이 가장 컸다. 배성준, 앞의 글, 275쪽.
64) 1948년 현황을 보여주는 『全國商工大鑑』(1949)에는 제모, 제화, 문구 등의 업종이 별도로 실려 있으며, 공예품 생산은 1950년 경부터 '工藝工業'으로 분류되었다.

규모별 현황을 살펴보면 대공장, 중공장, 소공장 모두 공장수가 감소하여 규모별 비중에는 커다란 영향을 미치지 못하였다.65)

<표 6> 민영 공장의 규모별 현황

계	1946.11			1948.1		
	1,105개		100%	667개		100%
9인 미만	355			187		
10-19인	352	786	71.1	223	480	72.0
20-24인	79			70		
25-49인	184			126		
50-74인	58	272	24.6	35	172	25.8
75-99인	30			11		
100-199인	26			13		
200-499인	13	47	4.3	1	15	2.2
500-999인	3			-		
1000인 이상	5			1		

출전 : 1946년 11월 현황은 『남조선 산업노동력 및 임금조사』, 1948. 4 ;
1948년 1월 현황은 『제2차 남조선 노동통계 조사결과보고』
비고 : 1948년 1월 현황은 토목건축업 16개 사업체를 포함

규모별로는 중소공장의 비중이 96%에서 98%로 높아진 반면 대공장의 비중이 4%에서 2%로 낮아졌다. 이는 귀속공장 뿐만 아니라 민영 대공장도 원료난을 비롯한 각종 운영상의 곤란이 컸음을 알 수 있다.

다음으로 귀속공장의 현황을 살펴보자. <표 7>에서 관영공장과 민영공장의 추이를 보면 뒤로 갈수록 관영공장의 비중이 감소함을 알 수 있다.

1947년 초에 27%의 비중을 차지하던 관영공장은 1949년 초가 되면 14%로 감소하였으며, 노동자도 58%에서 52%로 감소하였다. 실질적인

---
65) 소공장은 25인 미만, 중공장은 25~99인, 대공장은 100인 이상으로 간주하였다. 통상 30인 미만을 소공장으로 간주하지만 해방 직후 통계 작성 기준에 따라 25인 미만을 소공장으로 간주하였다.

관영공장이 서대문형무소 부속공장 등 10여 개에 불과하다는 점을 감안한다면,[66] 관영공장의 감소는 곧 귀속공장의 감소를 의미하는 것으로, 관리인의 경영 부실과 귀속공장의 비효율성 등으로 인하여 휴업하거나 문을 닫는 귀속공장이 지속적으로 증가하였음을 보여준다.

<표 7> 관영·민영별 공장 현황

		1947. 4.	1947. 9.	1948. 1.	1949. 3.
관영	공장	361(26.8)	174(15.1)	166(20.3)	101(13.8)
	노동자	28,209(58.0)	6,290(19.5)	19,803(55.2)	18,690(51.8)
민영	공장	986(73.2)	976(84.9)	651(79.7)	632(86.2)
	노동자	20,393(42.0)	25,884(80.5)	16,094(44.8)	17,407(48.2)
계	공장	1,347(100)	1,150(100)	817(100)	733(100)
	노동자	48,602(100)	32,174(100)	35,897(100)	36,097(100)

출전 : <표 2>와 동일
비고 : 1947년 9월은 서울시직할 귀속공장만의 통계임

<표 8>에서 1948년 관영공장의 업종별 현황을 보면 방직, 기계, 인쇄, 식료품공업에서 귀속공장의 비중이 상당함을 알 수 있다.

<표 8> 관영·민영 공장의 업종별 현황(1948.1)

		방직	금속	기계	요업	화학	제재	인쇄	식료	기타	계
관영	공장	22	14	46	5	26	7	17	17	12	166
	노동자	6,270	400	4,978	169	1,805	169	2,286	2,472	1,254	19,803
민영	공장	103	73	141	16	97	51	68	66	36	651
	노동자	4,178	1,239	2,931	361	3,352	725	1,611	1,095	602	16,094
계	공장	125	87	187	21	123	58	85	83	48	817
	노동자	10,448	1,639	7,909	530	5,157	894	3,897	3,567	1,856	35,897

출전 :『제2차 남조선 노동통계 조사결과보고』

전체적으로 관영공장의 1공장당 노동자수는 119명으로 민영공장의

---

66) 앞의 주 46) 참조.

1공장당 노동자수인 25명과 비교할 때 커다란 격차를 보이고 있다. 방직공업의 동양방직 경성공장, 경성방직 영등포공장, 고려방직 영등포공장, 제일방직 경성공장, 경성염직, 경성방적 피복공장 등은 노동자를 1천 명 이상 고용하거나 자본금이 1천만 원이 넘는 회사들이고, 기계공업의 용산공작소, 일본고주파중공업, 화학공업의 조선연탄, 전기공업의 경성전기는 자본금이 1천만 원이 넘는 회사들이며, 식품공업의 동아식품, 野田장유, 조선맥주는 자본금 500만 원이 넘는 회사들이다.[67]

귀속공장의 규모 우위는 규모별 구성에서 다시 확인된다. 즉 관영공장은 21%가 대공장임에 비하여 민영공장은 대공장이 2%에 불과하다.

<표 9> 관영·민영 공장의 규모별 현황(1948.1)

계	관영		민영		계	
	169	100%	667	100%	836	100%
9인 미만	6	36.1	187	72.0	193	64.7
10-19인	45		223		268	
20-24인	10		70		80	
25-49인	47	43.2	126	25.8	173	29.3
50-74인	19		35		54	
75-99인	7		11		18	
100-199인	18	20.7	13	2.2	31	6.0
200-499인	9		1		10	
500-999인	4		-		4	
1000인 이상	4		1		5	

출전:『제2차 남조선 노동통계 조사결과보고』

전체 대공장 50개 중에서 관영공장의 대공장이 35개로 70%의 비중을 차지하였다.

---

67)「귀속사업체 일람표」,『경제연감』(1949년판).

3. 한국전쟁의 피해 복구와 공업의 재편

1) 한국전쟁의 피해

 약 3년여에 걸친 한국전쟁으로 인한 공업의 피해는 막대하였다. 1951년 8월 말 현재 공업부문에서는 공장 건물의 44%, 공장 시설의 42%가 파괴되었다. 업종별로는 방직공업의 피해가 가장 커서 공업 전체 피해액의 80%를 차지하였고, 화학공업이 피해액의 13%를 차지하였다.[68] 한국전쟁의 물적 피해에서 주목해야 할 점은 주요한 물적 피해가 전쟁 발발 후 3개월 남짓한 기간에 집중되었으며, 특정지역에 집중되었다는 점이다. 지역별로는 서울·경기지역이 전체 피해의 53%, 경상도가 25%를 차지하였으며, 대규모 공장이 집중되어 있고 여러 차례 전선의 이동이 있었던 서울의 경우 전체 피해액의 43%를 차지할 만큼 피해가 막심하였다.[69]

 서울을 재수복한 후인 1951년 8월 서울시에서 607개 공장에 대한 생산기관 실태조사를 실시하였는데, 한국전쟁 직전에 비하여 건물 파괴율이 60%, 시설 파괴율이 62%에 달하였다.[70] 1951년 말 서울시 산업계에서 중소상공업자 실태조사를 실시한 결과, 기계, 화학, 요업, 인쇄, 식료품 등의 업종에서 140개 공장이 조업 중이었다.[71] 1952년 2월 서울상공회의소에서 1,709개 공장을 대상으로 서울지역 공장 피해 상황을 조사한 바에 따르면, 건물 70% 이상이 파괴된 공장과 시설 70% 이상이 파괴된 공장이 801개소나 되었고, 건물 피해가 30% 미만인 공장은 960개소, 시설 파괴가 30% 미만인 공장은 700개소였다.[72]

---

68) 한국산업은행조사부, 『한국산업경제십년사』, 1955, 996~997쪽.
69) 공보처, 『피해종합조사표』.
70) 『서울신문』 1951. 9. 5.
71) 『조선일보』 1951. 12. 3.
72) 『서울육백년사』 제5권, 377쪽.

한국전쟁 직전과 휴전 직전인 1953년 3월의 서울 공장 현황을 비교한 <표 10>에 따르면, 한국전쟁 직전 1,481개였던 공장이 1953년 3월에는 296개로 감소하였으며, 57,545명이던 노동자도 6,214명으로 격감하였다.

<표 10> 한국전쟁 전후의 공장 현황

		방직	금속	기계	요업	화학	공예	인쇄	식료	기타	계
공장	전쟁 직전	382	102	215	23	254	75	65	240	125	1,481
	1953.3.	87	22	22	6	39	8	9	77	26	296
	감소율(%)	77.2	78.4	89.8	73.9	84.6	89.3	86.2	67.9	79.2	80.0
노동자	전쟁 직전	24,581	2,836	8,508	553	14,495	1,181	1,117	2,498	1,775	57,545
	1953.3.	2,052	681	620	181	1,381	48	126	786	339	6,214
	감소율(%)	91.7	76.0	92.7	67.3	90.5	95.9	88.7	68.5	80.9	89.2

출전 : 『시세일람』, 1953년판.

1953년 초까지도 공장의 80%가 가동을 중단한 상태였다. 업종 중에서도 대규모 귀속공장이 중심이고 영등포 공장지대에 시설이 집중되어 있었던 방직, 기계, 화학공업의 피해가 컸다. 규모별로는 중소공장일수록 피해가 심하였고, 지역별로는 영등포의 공장지대가 가장 많은 피해를 입었다. 업종별 피해 상황을 살펴보면 방직공업의 피해액이 공업부문 전체 피해액의 2/3를 차지할 정도로 컸다.

<표 11> 업종별 피해 상황(1953. 3.)

	방직	금속	기계	요업	화학	공예	인쇄	식료	기타	계
공장수	234	87	152	57	221	31	35	182	140	1,139
피해액 (만원)	85,328	2,417	4,516	4,252	15,543	1,194	4,671	6,929	2,219	127,066

출전 : 『시세일람』, 1953년판.
비고 : (1) 피해액에는 건물 피해와 시설 피해가 포함
       (2) 가격은 한국전쟁 직전 가격으로 산출

서울의 4대 방직공장이라고 할 수 있는 고려방직(전 종연방적 경성공장), 경성방직, 전남방직(전 대일본방직 경성공장), 제일방직(전 동양방적 경성공장)에서 방추 131,648추, 직기 3,803대가 파괴되는 등 서울지역 방직시설의 약 90%가 소실되고 234개 공장이 피해를 입었다.[73] 다음으로 화학공업의 피해가 컸다. 영등포 공업지대에 집중되어 있던 대규모 귀속공장이 파괴되었으며, 고무공장이 대부분 파괴되어 화학공업의 피해액은 공업부문 전체 피해액의 12%에 달하였다. 기계공업은 몇몇 귀속공장을 제외하고는 영세한 관계로 피해액은 작지만 공장수의 90%, 노동자수의 93%가 감소하여 타격이 컸으며, 식료품공업은 공장의 감소는 작지만 대규모 귀속공장의 피해가 컸기 때문에 피해액이 상당한 비중을 차지하였다.

전력부문에서는 당인리화력발전소가 한국전쟁 직전 최대 발전용량 22,500kW이던 것이 1952년 2월에는 7,000kW로 70% 가량 감소되었다. 경성전기는 시설의 절반이 파괴되었고 전기공급부문은 40%가 파괴되었다. 이에 따라 경성전기의 월평균 수전량도 35% 정도 감소하였으며, 배전량도 32% 정도 감소하였다.[74]

2) 공업의 복구

한국전쟁으로 인한 공업부문의 피해는 빠르게 복구되었다. 전국적 공업 통계에 의하면 공업부문의 피해는 그리 크지 않았고, 1951년부터 공업 생산이 회복되기 시작하여 1953년이 되면 거의 전전 수준에 도달하게 된다.[75] 그렇지만 전쟁 동안 4번이나 주인이 바뀐 서울은 다른 지

---

73) 『서울육백년사』 제5권, 378쪽.
74) 『韓國電氣百年史』(上), 384~385쪽 ; 『서울육백년사』 제5권, 378쪽.
75) 강동원은 1949년 2차 산업의 비중이 2.4%(GDP 기준)에 불과했고 제조업 피해가 전체 피해금액의 9.8%에 불과했다는 점에서 제조업 부문의 물적 피해가 크지 않았고 빠르게 회복될 수 있었다고 한다. 강동원, 「한국전쟁의 물적 피

역에 비하여 피해가 격심하였고 그만큼 복구에 시간을 요하였다.

<표 12>에서 1950년대 전반의 공업 현황을 살펴보면 서울 공업은 1955~56년이 되어서야 전전의 수준을 회복하는 것으로 보인다.

<표 12> 1949~1955년의 공장 현황

	방직	금속	기계	요업	화학	공예	인쇄	식료	기타	계
①1949년말	382	102	215	23	254	75	65	240	125	1,481
	24,581	2,836	8,508	553	14,495	1,181	1,117	2,498	1,775	57,545
②1953. 3	87	22	22	6	39	8	9	77	26	296
③1954. 3	281	87	84	26	159	9	51	84	98	879
④1954.12	361	142	114	36	231	10	8	157	241	1,300
⑤1955.12	383	152	128	38	261	12	63	170	199	1,406
	13,537	4,088	3,142	1,660	8,530	414	862	6,426	5,668	44,327
⑥1956.12	394	258			25	445	22	70	158	178	1,550

출전 : 『시세일람』, 각년판.
비고 : (1) ①⑤의 상단은 공장수, 하단은 노동자수
(2) ①은 '6·25 전'이라고 기재되어 있으나 1949년 말로 추정
(3) ③의 인쇄공업 통계는 『서울도시요람』의 통계에서 보완

휴전 직전에 80%까지 감소했던 공장은 휴전 및 서울 환도 이후 복구 사업이 활발하게 진행되어 1954년 말에는 전전의 88% 수준에 이르렀으며, 1955년 말에는 전전의 수준에 달하게 된다.[76] 1954년 3월 현재[77] 서울 공장의 복구 현황을 살펴보면 파괴된 공장 813개 중에서 357개(44%)가 복구되었다.

해와 그 경제적 영향력」, 서강대 경제학과 석사논문, 2002, 43~44쪽.
76) 『광업 및 제조업 사업체조사 종합보고서』(한국은행 조사부, 1956)에 의하면 1955년 서울의 공장수는 1,689개, 노동자수는 40,492명으로 1949년 말의 공장 수를 크게 상회한다.
77) 『서울도시요람』에는 1954년 6월 30일 현황이라고 되어 있지만 『시세일람』 (1954년판)의 1954년 3월 31일 현황의 공장 통계와 일치하고 『시세일람』의 대부분 통계가 1954년 3월 31일 시점으로 되어 있는 것으로 보아 공장 통계는 1954년 3월 31일 현황으로 보아야 할 것이다.

<표 13> 서울 공장의 복구 현황(1954. 3.)

	방직	금속	기계	요업	화학	공예	인쇄	식료	기타	계
전쟁 전	297	103	185	62	246	33	43	212	154	1,335
파괴된 공장	133	59	135	46	136	25	33	134	112	813
잔존한 공장	164	44	50	16	110	8	10	78	42	522
복구한 공장	117	43	34	10	49	1	41	6	56	357
현재 가동중인 공장	281	87	84	26	159	9	51	84	98	879
	10,384	2,630	2,179	1,142	5,731	356	?	4,085	3,970	30,477

출전 : 서울도시요람편찬회, 『서울도시요람』, 1955, 143쪽.
비고 : 현재 가동중인 공장의 상단은 공장수, 하단은 노동자수이며, 기타공업의 노동자수는 인쇄공업의 노동자수를 포함함

업종별로는 방직, 인쇄공업의 복구가 빠르게 진행되고 있으며, 기계공업, 공예공업, 식료품공업의 복구가 지연되고 있음을 알 수 있다. 1954년 11월 서울시 조사에 따르면 방직공업은 거의 전쟁 전 수준에 달하였으나 기계공업 및 식료품공업은 절반도 복구되지 못한 상태였다.[78]

방직공업의 경우 방적기 보수를 위한 긴급재건계획(1951. 12), 새로운 방적기 도입을 위한 '방적기5개년계획'(1954)이 수립되고 UNKRA 자금과 정부보유불로 인한 시설 복구 및 기계 도입이 신속히 진행됨에 따라 다른 업종에 비하여 복구가 빠르게 진행되었다.[79] 인쇄공업의 경우에도 '사변피해부흥사업계획'의 일환으로 외화대부를 통한 인쇄기 도입이 이루어졌다.[80] 반면 식료품공업, 공예공업의 중소공장은 정부의 지원에서 소외되었을 뿐만 아니라 대대적인 소비재의 도입이라는 난관에 봉착하였다. 기계공업의 경우 영등포 공업지대의 복구가 지연

---

78) 『동아일보』 1954. 11. 11.
79) 『한국산업경제십년사』, 185~186쪽.
80) 서울의 주요 인쇄공장 17개소에서는 1953년부터 1958년 말까지 1,211천 달러 어치의 각종 인쇄기(활판인쇄기, 옵셋인쇄기, 교과서인쇄기, 특수인쇄기)가 도입되었다. 『한국의 산업-업종별 실태 분석-』(4).

되었다. 1953년 초 상공부는 경인지구 산업부흥계획을 수립하고 UNKRA 자금으로 중소공장 135개의 복구에 들어갔으나,81) 1956년 초까지도 51개 공장의 복구가 이루어지지 않은 상태였다.82)

공업의 복구를 위한 기반은 경제원조와 귀속공장의 불하에서 주어졌다. 1950년부터 1955년까지 CRIK 원조, ECA 원조, UNKRA 원조, ICA 원조(←FOA 원조) 등 각종 원조를 통하여 9억 달러를 넘는 원조물자가 도입되었는데, 1951~53년에는 전시 민간구호의 성격을 지닌 CRIK 원조가 중심이었으나 1954~55년에는 전후 재건을 지원하는 ICA(FOA) 원조가 중심이었다.83) <표 14>에서 원조물자의 구성을 보면 CRIK 원조와 FOA 원조 모두 소비재가 중심이었음을 알 수 있다.

CRIK 원조는 식료품과 의류가 2/3 정도의 비중을 점하였으며, 공업관련 원자재로는 건축자재, 연료, 고무가 소량 도입되었다. FOA 원조는 시설재와 소비재로 구성되었는데, 시설재는 주로 사회간접자본의 재건에 사용되었으며, 소비재는 원면, 생고무, 펄프 등의 원료 및 반제품이 절반을 차지하였다. 한국전쟁 직후 도입된 원조물자와 그 판매대금으로 적립된 대충자금이 공업의 재건에 투하되었으며, 원조물자로 도입된 원료 및 반제품을 이용할 수 있는 면방직, 제분, 고무 등의 소비재공업이 성장하였다.84)

---

81) 『동아일보』 1953. 7. 28.
82) 『동아일보』 1956. 2. 23.
83) 전체 원조에서 CRIK 원조가 차지하는 비중은 1951년 70%, 1952년 96%, 1953년 82%, 1954년 33%였으며, ICA(FOA) 원조가 차지하는 비중은 1953년 3%, 1954년 54%, 1955년 87%였다. FOA 원조는 1955년 ICA 원조로 개편되었으며, 1955의 ICA(FOA) 원조 205,815천불에는 FOA 원조 83,722천불과 ICA 원조 122,093천불이 함께 포함되어 있다. 노중기, 「1950년대 한국사회에 미친 원조의 영향에 대한 고찰」, 『사회와 역사』 16, 1989, 45, 55쪽.
84) 최상오, 「외국원조와 수입대체공업화」, 『새로운 한국경제발전사』, 나남출판, 2005, 366~367쪽.

<표 14> 원조물자의 구성(1950~55)

CRIK 원조(1951~55)		FOA 원조(1953~55)		
품목	구성	품목		구성
식료품	184,164	시설부분		69,188
섬유의류	111,404	소비재 부분	식량	6,318
의료위생용품	15,951		농업물자	29,307
연료	25,341		연료	10,419
건축자재	24,990		원료 및 반제품	72,283
운수용품	4,624			
농업용품	57,286		기계·차량	6,116
고무 및 제품	5,617		기타	2,683
잡제품	19,286		소계	136,127
		기타		740
합계	478,663	합계		206,055

출전 : 노중기, 「1950년대 한국사회에 미친 원조의 영향에 대한 고찰」, 『사회와 역사』 16, 1989, 48쪽·54쪽에서 재구성

또한 정부는 귀속공장 불하를 통하여 공업 재건을 추진하고자 하였다. <표 15>는 1950년대 전반기 서울 소재 귀속공장의 불하 추이를 보여준다.

서울의 귀속공장은 한국전쟁 종전을 전후하여 많은 수가 불하되었다. 중앙직할 귀속공장은 1952~53년, 서울시관할 귀속공장은 1953~54년에 집중적으로 불하되어 1955년까지 중앙직할 귀속공장 24개, 서울시관할 귀속공장이 182개 불하되었다.[85] 이들 귀속공장의 표면적 비중을 보면 중앙직할 귀속공장의 경우 1955년 대공장의 39%를 점하며, 서울시관할 귀속공장의 경우 1955년 중소공장의 11%를 점하였다.[86]

---

85) 1948년에서 1960년에 이르는 서울지역 귀속공장의 전체적인 불하 추이에 대해서는 최봉대, 앞의 글, 참조.
86) 1955년 대공장(100인 이상), 중소공장(5-99인) 통계는 『광업 및 제조업 사업체 조사 종합보고서』, 1956.

<표 15> 서울 소재 귀속공장의 불하 추이(1948~55)

		1948	1949	1951	1952	1953	1954	1955	합계
중앙직할	건수	-	-	7	6	5	4	2	24 (61.5)
	불하가격 합계(백만환)			25.8	864.0	3,376.2	379.3	123.7	4,769 (60.0)
서울시관할	건수	7	4	-	29	64	44	34	182 (85.8)
	불하가격 합계(백만환)	372.6	149.0		652.4	1,334.2	955.2	444.8	3,908.2 (92.4)

출전 : 최봉대, 「1950년대 서울지역 귀속기업체 불하 실태 연구」, 『국사관논총』 94, 2000, 284~285쪽에서 재구성
비고 : 합계의 비중은 1948~1960년 사이에 불하된 서울 소재 귀속공장 전체(중앙직할 39, 서울시관할 212)에 대한 비중임

1955년 말이 되면 기계, 공예, 인쇄 등의 업종에서는 전전의 수준에 미치지 못했지만 다른 업종에서는 전전의 수준을 넘어서게 된다. <표 12>에서 1949년 말과 1955년의 업종별 현황을 비교해 보면 금속, 요업이 크게 신장된 반면 기계, 공예공업이 크게 위축되었다. 방직, 기계, 화학공업에서 노동자가 크게 감소하여 방직공업은 45%, 기계공업은 63%, 화학공업은 41%나 감소한 반면 금속, 식료품에서 노동자가 크게 증가하여 금속공업은 144%, 식료품공업은 257%나 증가하였다. 한국전쟁 직후의 복구과정을 거치면서 기계, 화학공업이 감소하고 식료품공업이 증가함으로써 서울 공업은 점차 군수공업적 성격에서 벗어나 소비재공업으로 전환되었다.

3) 한국전쟁 직후의 공업 현황

1955년 무렵이 되면 서울 공업은 한국전쟁의 피해를 복구하고 전전의 수준을 회복하게 된다. 한국전쟁의 피해를 복구한 결과 서울 공업

에는 어떠한 변화가 생겼을까? <표 16>에서 1948년 초의 공업 현황과 1955년의 공업 현황을 비교해 보면 업종별 구성이 상당히 변화하였음을 알 수 있다.

<표 16> 한국전쟁 전후 서울 공업 현황(1948·1955)

	공장수			노동자수		
	1948.1.(A)	1955(B)	B/A	1948.1.(A)	1955(B)	B/A
방직	125(15.3)	218(12.9)	174.4	10,448	7,451	71.3
금속	87(10.6)	136(8.1)	156.3	1,639	3,215	196.2
기계	187(22.9)	198(11.7)	105.9	7,909	3,581	45.3
요업	21(2.6)	66(3.9)	314.3	530	1,907	359.8
화학	123(15.1)	243(14.4)	197.6	5,157	6,602	128.0
제재	58(7.1)	177(10.5)	305.2	894	2,560	286.3
인쇄	85(10.4)	128(7.6)	150.6	3,897	5,290	135.7
식료	83(10.2)	244(14.4)	294.0	3,567	5,123	143.6
기타	48(5.9)	279(16.5)	581.3	1,856	4,763	256.6
계	817(100)	1,689(100)	206.7	35,897	40,492	112.8

출전 : 1948년 1월 현황은 『제2차 남조선 노동통계 조사결과보고』, 1948. 8 ; 1955년 현황은 한국은행조사부, 『광업 및 제조업 사업체조사 종합보고서』, 1956.[87]

1948년에는 방직, 기계, 화학이 중심 업종이었고, 이들 업종이 전체 공업의 60% 정도의 비중을 차지하였으나 식료품공업과 기타 공업[88]이 크게 신장하고 기계공업이 위축되어 1955년에는 방직, 화학, 식료품,

---

[87] 1955년의 공업 통계이지만『시세일람』(서울특별시, 1955년판)과 『광업 및 제조업 사업체조사 종합보고서』(한국은행 조사부, 1955년판)는 상당한 차이가 있다. 『시세일람』에 조사 기준이 없어서 그 차이가 어디에서 연유하는지 알 수 없지만 『광업 및 제조업 사업체조사 종합보고서』가 공장명부의 작성을 기초로 한 것이기 때문에 『시세일람』에 비하여 신뢰성이 높다.

[88] 기타 공업에는 판지, 도량형기 · 광학기, 악기, 인조빙, 공예품(목가공품, 석가공품, 섬유가공품, 기타가공품) 등의 제작이 포함된다.『광업 및 제조업 사업체명부』, 1956.

기타 공업이 전체 공업의 60% 정도의 비중을 차지하였다. 기계공업의 부진은 영등포 공업지대가 완전히 복구되지 못한 점도 있지만 식료품, 기타 공업의 신장에서 보이는 것처럼 점차 서울 거주민의 수요에 부응하는 소비재공업이 발흥하고 있었다.

<표 17>에서 1948년과 1955년의 공장 규모를 비교해 보면 전체적으로 대공장이 감소하고 소공장이 크게 증가하였음을 알 수 있다.[89]

<표 17> 규모별 공장 현황(1948·1955)

계	1948			1955		
	836		100%	1,689		100%
9인이하	193			724		
10-19인	268	541	64.7	463	1,363	80.7
20-24(29)인	80			176		
25(30)-49인	173			153		
50-74인	54	245	29.3	112	265	15.7
75-99인	18					
100-199인	31			48		
200-499인	10	50	6.0	12	61	3.6
500-999인	4			-		
1000인이상	5			1		

출전 : <표 16>과 동일

대공장의 비중이 감소한 것은 한국전쟁으로 파괴된 대규모 귀속공장의 복구가 아직 이루어지지 않은 점, 불하된 귀속공장의 규모가 작아진 점 등에 기인한 것이었는데, 1955년 당시 500인 이상 대규모 공장은 경성방적 영등포공장이 유일하였다.[90] 소공장의 증가는 9인 미만

---

[89] 해방 직후에는 노동자 25인을 구분의 기준으로 삼았지만, 1950년대에는 노동자 30인을 구분의 기준으로 삼았기 때문에 1948년의 소공장이 과소평가되어 있다.

[90] 1955년 사업체명부에 의하면 경성방직의 노동자수는 2,019명이다. 한국다이야공업의 노동자수도 525명이지만 통계에는 누락되어 있다.

영세 소공장의 급격한 증가로 인한 것이다. 1948년에 193개이던 9인 미만 영세 소공장이 1955년에는 724개로 크게 증가하여 전체 공장의 43%를 점하게 되었다. 이는 전후 복구에 중요한 역할을 담당한 것이 중소공장이었음을 나타낸다. 방직공업에서 직물, 메리야스, 금속공업의 주물, 비철금속(알루미늄, 유기), 화학공업에서 유기화학(제유, 비누), 고무, 피혁, 식료품공업에서 양조, 주조, 제빵제과, 정미 등의 업종에서 소공장이 공장의 증가를 주도하였다.[91] 그러나 이들 소공장은 대부분 심각한 자금난에 봉착하였으며, 비누, 메리야스, 장유 등의 업종에서는 수입품의 대량 도입으로 어려움에 처해 있었다.[92]

<표 18>은 1955년의 규모별, 업종별 현황을 나타낸 것이다.

<표 18> 규모별·업종별 공장 현황(1955)

	계	29인 이하	30-99인	100인 이상
방직	218(100)	168(77.1)	43(19.7)	7(3.2)
금속	136(100)	108(79.4)	25(18.4)	3(2.2)
기계	198(100)	166(83.8)	29(14.6)	3(1.5)
요업	66(100)	49(74.2)	13(19.7)	4(6.0)
화학	243(100)	189(77.8)	38(15.6)	16(6.6)
제재	177(100)	156(88.1)	21(11.9)	-
인쇄	128(100)	78(60.9)	34(26.6)	16(12.5)
식료	244(100)	211(86.5)	25(10.2)	2(0.8)
기타	279(100)	238(85.3)	37(13.3)	4(1.4)
계	1,689	1,363	265	61

출전 : 한국은행조사부, 『광업 및 제조업 사업체조사 종합보고서』, 1955.

대공장은 화학, 인쇄, 방직에 집중되어 있으며, 소공장은 기계, 제재, 식료품, 기타 공업에 집중되어 있다. 화학공업의 경우 대규모 고무공장

---
91) 『시세일람』, 1955년판, 93~94쪽.
92) 『서울도시요람』, 135~142쪽.

이 13개(고무신 12, 타이어 1)이며, 인쇄공업의 경우 10개의 신문사가 대규모 인쇄시설을 갖추고 있었다. 기계공업의 경우 공업소(공업사), 공작소, 제작소 등의 상호를 내걸고 각종 기계기구 및 자동차·자전거의 제작 및 수리에 종사하는 소규모 작업장이 많았고, 제재공업의 경우 소규모 제재소와 가구점이 많았으며, 식료품공업의 경우 소규모 제과점, 양조업체, 주조업체가 많이 생겨났다.93)

이제 해방 전후 서울 공업의 변화를 전체적으로 살펴보기로 하자.
<표 19>에서 1941년에서 1955년에 이르는 변화를 개관해 보면 업종의 변화 추이를 엿볼 수 있다.

<표 19> 해방 전후의 서울 공업 현황(1941·1948·1955)

구분 업종	공장수			노동자수		
	1941	1948	1955	1941*	1948	1955
방직	94(3.4)	125(15.3)	218(12.9)	25.9	10,448(29.1)	7,451(18.4)
금속	117(4.2)	87(10.6)	136(8.1)	1.8	1,639(4.6)	3,215(7.9)
기계	372(13.4)	187(22.9)	198(11.7)	10.7	7,909(22.0)	3,581(8.8)
요업	79(2.8)	21(2.6)	66(3.9)	3.1	530(1.5)	1,907(4.7)
화학	157(5.7)	123(15.1)	243(14.4)	11.8	5,157(14.4)	6,602(16.3)
제재	384(13.8)	58(7.1)	177(10.5)	5.5	894(2.5)	2,560(6.3)
인쇄	136(4.9)	85(10.4)	128(7.6)	5.7	3,897(10.9)	5,290(13.1)
식료품	511(18.4)	83(10.2)	244(14.4)	23.4	3,567(9.9)	5,123(12.7)
기타	924(33.3)	48(5.9)	279(16.5)	12.2	1,856(5.2)	4,763(11.8)
계	2,774(100)	817(100)	1,689(100)	100	35,897(100)	40,492(100)

출전: 1941년 현황은 『京城における工場調査』, 1941년판; 1948년 현황은 『제2차 남조선 노동통계 조사결과보고』, 1948. 8; 1955년 현황은 한국은행조사부, 『광업 및 제조업 사업체조사 종합보고서』, 1956.
비고: *는 1941년 공장생산액 비중임

1941년에는 중심 업종이 방직, 기계, 화학, 식료품, 기타 공업이었지만 1948년에는 식료품의 비중이 감소하여 방직, 기계, 화학공업이 중심

---
93) 『광업 및 제조업 사업체명부』, 1955년판.

업종이 되었다. 전시통제경제 아래 기계, 화학, 기타 공업이 신장되고 방직, 식료품공업이 서울의 중심 업종으로 유지되었지만, 해방 직후 원료난으로 식료품, 기타공업이 격감하였고 전시통제를 벗어난 방직, 기계, 화학공업이 신장되었다. 1955년에는 식료품공업의 비중이 증가하고 기계공업의 비중이 감소하여 방직, 화학, 식료품이 중심 업종이 되었다. 한국전쟁의 복구를 위한 원조물자의 도입 및 중소공업의 발흥으로 제재, 식료품, 기타 공업의 비중이 증대하였으며, 복구의 지연으로 기계공업이 크게 감소하였다.

또한 한국전쟁의 복구 결과 업종의 편중이 완화되었다. 1941년의 경우 기계, 식료품, 기타 공업에 집중되어 있던 공장이 1948년에는 방직, 기계, 화학공업으로 집중되어 3개 업종의 비중이 60%에 이르렀다. 이러한 업종의 편중은 군수공업 지원 및 기업정비의 영향으로 인한 것이었지만 1955년에는 방직, 기계공업의 비중이 낮아지고 제재, 식료품공업의 비중이 증가하여 업종의 편중이 완화되었다. 한국전쟁의 복구 결과 나타나는 이러한 변화는 전시통제의 영향력에서 벗어나 원조물자의 기반 아래 출현하는 소비재공업의 원형을 보여주는 것이었다.

4. 맺음말

식민지 전시통제경제의 붕괴는 식민지 '경성' 공업의 재생산구조의 붕괴로 이어지면서 해방 직후 '서울' 공업의 위축을 가져왔다. 일반적으로 해방 전후 공업 생산의 위축을 거론하지만 해방 직후 약 2.5년 동안에 서울의 공장수가 50%, 노동자가 43% 감소되었다는 사실은 해방을 전후한 공업의 위축보다도 해방 이후 3~4년간 공업의 동요와 지속적인 위축이 더욱 격심했음을 보여준다. 해방 직후 서울의 공업은 대체로 '1945년 생산 위축→1946년 생산 증가→1947년 상반기 생산 감소→1947년 하반기 생산 격감→1948년 상반기 생산 증가→1948년 하반기 생산 격감'라는 추이를 나타내며, 해방 직후 귀속공장을 둘러싼 대립과 귀속공장의 지속적인 침체, 1946년 중소공업의 활성화와 원료난으로 인한 침체, 1948년 단전으로 인한 침체 등으로 크게 동요하였다.

해방 직후의 공업 변동이 결과한 서울의 공업 구조에는 여전히 전시통제경제의 여파가 남아 있었다. 1948년의 공장 통계에 의하면 방직, 기계, 화학이 중심 업종이었으며, 업종의 편중이 심하였다. 1946년에서 1948년에 이르기까지 대공장이 크게 감소하였으며, 귀속공장의 비중이 27%→20%→14%로 계속 감소하였다는 점은 귀속공장의 실질적인 위축을 보여준다. 중소공업의 활성화가 일시적인 공업 확대를 가져왔지만 공업 변동의 중심에는 귀속공장이 놓여 있었으며, 공업정책의 실패는 귀속공장의 침체와 공업의 격심한 동요로 나타났다.

한국전쟁으로 인한 서울의 공업 피해는 막대하였다. 건물과 시설이 60% 가량 파괴되었으며, 1953년 3월까지 공장의 가동은 20%에 불과한 상태였다. 특히 영등포 공장지대에 집중되어 있던 방직, 기계, 화학공업의 피해가 컸다. 전국적인 피해 복구는 빠르게 진행되어 1953년이 되면 거의 피해가 복구되지만 서울은 피해가 심한 만큼 복구도 시간을 요하였다. 서울의 공업 복구는 휴전 이후부터 활발하게 진행되어 1954년에는 파괴된 공장의 절반 가량이 복구되었으며, 1955-56년이 되면 거의 전전의 수준을 회복하게 된다.

전쟁 피해가 복구된 서울의 공업 구조에는 전시통제경제의 흔적이 사라지고 비로소 서울의 공업이 모습을 드러내었다. 1955년의 공장 통계에 의하면 해방 직후의 방직, 기계, 화학 중심에서 방직, 화학, 식료품, 기타공업으로 중심이 이동하였으며, 업종의 편중이 감소되었다. 1948년에서 1955년에 이르기까지 대공장이 감소하고 소공장이 크게 증가하였다. 전쟁 피해의 복구가 결과한 서울 공업의 변화는 전시통제의 영향력에서 벗어나서 서울시민의 수요에 부응하는 소비재공업의 발흥이자 경제원조를 기반으로 이루어지는 서울 공업의 원형이 출현하는 것이었다.

마지막으로 연속이냐 단절이냐라는 이분법으로 해방 전후의 변화를 압축하는 해방 전후 연속/단절의 문제는 물적 유산의 연속과 단절이라는 측면에 시야를 제한한다는 점에서 의문의 소지가 있다. 해방 직후 일본자본의 철수, 한국전쟁의 피해로 물적 유산이 축소되었을 것이라는 점은 누가 보더라도 명확한 사실이다. 여기에서 물적 유산의 얼마만한 부분이 식민지시대로부터 이어졌는가 라는 질문은 필요한 것이기는 하지만 자칫하면 소모적인 논의로 흐를 가능성이 다분하다. 본고에서 의도하였지만 제대로 분석하지 못한 부분은 국가와 자본의 교체에 따른 재생산구조의 재편이라는 측면이다. 이러한 측면이 분석의 중심에 자리잡을 때 비로소 생산 위축이라는 표면적 인식을 넘어 재생산구조의 재편을 둘러싼 갈등과 재생산구조를 형성하는 제도적, 구조적 측면에 대한 시야가 열릴 수 있을 것이다.

1940년대 한국 공장공업의 연속성의 정도에 대한 분석

허 수 열

1. 머리말

일제시대는 전근대사회가 오늘날의 근대적 한국사회로 바뀌어져 가는 과도기의 일부였고, 전근대와 근대가 서로 얽혀 있는 사회이며, 그 속에서 근대적 제 요소들이 점차 발전해 가고 있던 시기였다. 따라서 만약 한국의 근대적 제요소의 원류를 찾는다면 아마 상당 부분은 바로 이 시기에서 발견될 수밖에 없을 것이다. 그 때문에 일제시대의 조선과 해방 후 한국사회 사이의 연속적인 측면을 강조하는 견해가 대두하고 있는 것도 어쩌면 매우 당연한 일이라고 해도 좋을 것이다.

경제사 분야에서도 이러한 연속적인 측면을 강조하는 견해가 일찍부터 제기되고 있었다. 예컨대 조선식산은행의 조선인 은행원들이 해방 후 한국의 중요한 인적 자산으로 되었다는 모스코비츠의 연구를 비롯하여 연속성을 강조하는 견해는 매우 많고 다양하다.[1]

---

[1] 모스코비츠는 "중핵 엘리트의 명성과 높은 질이 전쟁전에 확립되었던 한편, 전시 중의 수적 증가는 중핵 엘리트가 은행뿐만 아니라 사회전체의 인재의 원천으로서 일할 수 있을 정도로 그 수가 팽창되었다. 중핵 엘리트의 멤버는 다양한 분야에서 지도자적 역할을 하고 있으며 오늘날에도 그들은 한국의 중요한 재산이다"라고 하였다. K. Moskowitz, *The Employees of Japanese Banks in*

그 반면 일제시대의 경제와 해방 후의 경제를 단절적으로 보는 견해도 있다. 이대근은 면방직공업 부문의 귀속사업체를 대상으로 한 연구에서 "생산시설이란 관점에서는 분명히 단절되는 측면을 찾아볼 수 있다"고 하였다.[2] 허수열은 일제시대 조선의 공업자산의 9할 이상을 차지하던 일본인 자산이 해방과 한국전쟁을 거치면서 크게 축소되어 남한에는 해방 당시 일본인 자산의 10.5%만이 남아서 한국전쟁 이후로 연결되었다는 것을 밝혔다.[3]

그러나 연속과 단절에 대한 지금까지의 연구는 거의 대부분 해방 후 잔존하게 되는 일본인 공업 혹은 자산에 대한 것이고, 조선인 공업이나 자본에 대한 것은 아니다. 조선인 공업의 변화과정을 구체적으로 밝혀줄 만한 자료가 충분치 못했던 것이 가장 큰 이유였다고 생각한다. 그리하여 1940년대라는 격변기를 거치면서 조선인 공업이 매우 격심하게 변해 갔을 것이라는 점에 대해서는 대체로 의견을 같이 하면서도, 그것이 구체적으로 어떻게 또 어느 정도로 변해 갔는지를 실증적으로 분석한 연구는 거의 찾아 볼 수 없다.

Colonial Korea, Harvard University, 1978, 211쪽. 박순원도 오노다시멘트의 조선인 직원에 대한 분석을 통해 인적 자본의 연속성을 긍정하는 연구결과를 내어놓고 있다. 朴淳遠, 「2次大戰期의 朝鮮工場勞動者들-小野田시멘트 勝湖里 工場의 事例」, 경제사학회발표문, 1992. 김낙년도 식민지기에 일어난 한국경제의 제 변화가 해방 후 한국경제 전개의 출발점이 되었음은 부정할 수 없고, 따라서 조선후기-식민지기-해방 후의 각 시기를 단절된 것으로만 볼 것이 아니라 장기적인 관점에서 각 시기를 관통하는 역사의 연속면을 파악하는 것이 중요한 과제라고 생각한다고 하였다. 김낙년, 『일제하 한국경제』, 해남, 2003, 286쪽.

2) 이대근, 「정부수립후 귀속사업체의 실태와 그 처리과정」, 안병직 외 편, 『근대조선공업화의 연구』, 일조각, 1993, 298쪽.
3) 허수열, 『개발 없는 개발』, 은행나무, 2005, 제6장 참조. 여기서는 해방 후 일본인이 남겨놓고 간 자산(귀속재산, 혹은 적산이라고도 한다)을 연합군최고사령부(SCAP)의 자료를 사용하여 구체적으로 밝히고 있다.

이 논문은 일제시대의 경제 분야에서 가장 괄목할 만한 발전을 이루었던 공업부문을 중심으로, 해방 이전과 이후의 조선인 공업 혹은 공장주의 연속성의 문제를 실증적으로 검토해 보려고 한다. 즉 1938년과 1949년에 각각 조사된 공장명부 데이터를 사용하여 1938년에 존재하던 공장이나 공장주가 1949년까지 얼마나 존속하고 있었는지 개별 공장이나 개별 공장주의 차원에서 서로 비교해 봄으로써 연속과 단절의 정도를 밝혀 보려는 데 목적이 있다. 공장이라는 것은 설립되면 무한히 존속되는 것이 아니라 일정 시간이 지나면서 대부분 사라져 가는 것이 보통이다. 특히 설립 초기에 많이 도태되고 오랫동안 잔존하는 것은 오히려 소수에 불과하다. 이 점을 염두에 둔다면 공장이나 공장주 중에서 몇 개 혹은 몇 명이 존속했다는 것만으로는 연속성의 정도를 설명할 수는 없다. 따라서 이 글에서는 일정 기간 동안 그 수가 어떻게 변해갔는지 비교하는 것을 통해 연속성의 정도를 판정하고자 한다.

한 가지 미리 밝혀 둘 것은, 이 논문에서 분석하는 것은 연속이나 단절에 관한 여러 논의 중의 일부에 불과하다는 점이다. 따라서 여기에서 도출된 결론으로 연속과 단절 현상을 전부 설명할 수는 없다. 또 자료의 제약으로 분석결과가 매우 엄밀한 것이라고 하기도 어렵다. 이 논문은 이런 여러 가지 한계를 가지고 있지만, 기존의 자료에서 실증할 수 있는 것은 실증해 줌으로써 연속과 단절이라는 큰 주제 중의 일부를 객관적으로 인식하는 데 일조할 수 있을 것으로 기대한다.

2. 자료의 성격

일제시대의 개별 공장에 대한 가장 자세한 조사자료로는 조선총독부 식산국에서 발간한『조선공장명부』를 들 수 있다. 이 책은 조사시점을 기준으로 하여 1930~1941년간 매년 발간되었다. 해방 후에도 『조선공장명부』와 거의 같은 방법으로 상공부에서 조사한 자료가 있다. 1949년 12월 말을 기준으로 조사한『공장광산명부』가 그것이다.[4] 다행스럽게도 이 두 자료는 조사방법이 비슷하여, 비교분석이 가능하다. 각 자료의 조사방법과 관련하여 각 책의 첫 페이지에 나오는 범례를 서로 비교해 보면 다음과 같다.

<조선총독부『조선공장명부』의 범례>[5]
1. 본서는 5인 이상의 직공을 사용할 설비를 갖거나 또는 상시 5인 이상의 직공을 사용하는 공장에 대해 조사한 것임.
2. 본서는 昭和 XX年末 현재에 있어서 조선내의 공장을 게재한 것으로서 관영공장 및 정련공장은 이를 포함하지 않음.
3. 공장의 배열은 조선공장자원조사규칙에 의한 생산분류에 따랐지만, 제품의 품목이 여러 가지인 것은 대체로 주요하다고 인정되는 제품으로써 공업별 도별로 게재함.
4. 등재사항 중 제품목에 대해서는 국방상 기밀에 속한다고 인정되는 것은 각각 적당 수정을 가하였음(이전 연도판에서는 이런 언급이 없다 : 인용자).
5. 본서의 소재 항목은 공장명, 소재지, 공업주의 성명 또는 명칭, 주요 사업 및 생산품목을 수록함(이전 연도판에서는 창업년월과 A, B, C,

---

4) 앞으로 이 글에서 ○○년판이라 하는 경우, 발간연도가 아니라 조사연도를 기준으로 하기로 한다.『조선공장명부』의 경우에는 조사연도와 발간연도 사이에 2년의 시차가 있다. 예컨대 1930년 12월말에 대한 조사결과는 1932년에 발간되었다. 단 상공부에서 발간한 1949년판『공장광산명부』는 1950년에 발간되었다.
5)『조선공장명부』범례의 내용은 다른 연도판에서도 거의 비슷하다. 그러나 1940년판 명부의 것이 다른 연도 보다 좀 더 자세하기 때문에 여기서는 1940년판의 것을 인용하였다.

D 등으로 구분된 직공수 정보가 게재되어 있다 : 인용자).

<상공부 『공장광산명부』의 범례>
1. 본서에는 단기 4282년(1949년) 12월말 현재 남한 각지의 5인 이상의 직공을 사용하고, 또 5인 이상의 직공을 사용할 수 있는 시설을 가진 공장, 광산을 조사 게재하였음.
2. 기업체의 배열은 산업별, 지역별로 게재하였음.
3. 소유의 구분은 아래와 같음. (1) 사유라 함은 한인소유공장 및 광산을 칭함. (2) 귀속이라 함은 귀속공장 및 광산을 칭함(주 : 임대계약된 귀속사업체는 사유에 포함되었음).
4. 본서의 소재항목은 공장 및 광산의 명칭, 소재지, 본사 및 출장소 소재지, 대표자 성명, 종업원수, 소유별, 주요 생산품명 등을 수록함(종업원수는 『조선공장명부』와 달리 實數로 기재되어 있다 : 인용자).
5. 부록으로 중요광공업단체명부를 게재함(주 : 본 명부에 누락된 공장, 광산은 기본조사서를 작성하여 관할 시도를 경유하여 상공부에 제출하시압).

이 두 범례를 비교해 보면, 두 자료가 거의 동일한 기준으로 조사된 것임을 알 수 있다. 둘 다 각 연도의 12월말을 기준으로, '5인 이상의 직공을 사용할 설비를 갖거나 또는 상시 5인 이상의 직공을 사용하는 공장에 대해 조사'하였다는 공통점이 있다. '기업체의 배열을 산업별, 지역별로 게재'한 것도 양자 모두 같다. 『조선공장명부』에서는 관영공장이 제외되어 있는 반면, 『공장광산명부』에서는 포함되는 것 같은 사소한 차이가 있을 뿐이다. 따라서 범례만 본다면, 이 두 자료는 조사형식에 일관성이 있어 서로 비교 분석이 가능할 것으로 생각된다. 다만 1949년판 명부의 조사 정확도는 다소 떨어지는 것으로 생각된다.

이 논문에서는 1938년판 『조선공장명부』와 1949년판 『공장광산명부』를 서로 비교하여 1940년대를 거치면서 공장공업이 어떻게 변해갔는지 검토해 보기로 한다. 1949년판은 해방 후 작성된 공장조사자료 중에서는 가장 빠른 것이다. 또 조사시점이 1949년 12월말이기 때문에 1940년대의 변화결과를 분석하는데도 적합하다. 나아가 이 자료는 1930년대의 조사자료인 『조선공장명부』와 조사기준이 동일하다. 한편 『조선공장명부』 중 가장 늦게 간행된 것은 1941년판이다. 그러나 1940년판 이후의 것은 창씨개명으로 인해 민족구분이 어렵게 되어 버렸고, 종업원 규모에 대한 정보가 탈락되어 자료로서의 가치도 한층 줄어들게 된다. 또 1940년판 범례에서 볼 수 있듯이 전시통제로 자료에 왜곡이 더해졌을 가능성도 배제하기 어렵다. 따라서 이 논문에서는 1940년판 대신 일단 1938년판을 사용하기로 하였다. 이 분석에서 사용할 두 가지 기본자료의 내역을 간략히 살펴 보면 <표 1>과 같다.

<표 1> 분석에 사용될 두 가지 기본자료

책이름	발행처	조사시기	발간연도	약칭
조선공장명부	조선총독부 식산국	1938년 12월말	1940년	38년명부
공장광산명부	상공부	1949년 12월말	1950년	49년명부

38년명부는 조선 전체를 대상으로 하고 있고, 49년명부는 북위 38도선 이남만을 대상으로 하는 것이다. 따라서 두 자료를 비교 분석하려면 38년명부를 남북한으로 구분해 주어야 할 것이다. 경상, 전라, 충청도가 남한에 속하고, 평안, 함경도가 북한에 속하는 것은 쉽게 알 수 있다. 그러나 38도선에 걸려 있는 황해, 경기, 강원도는 그것을 남북한 별로 나누어 주어야 한다. 이 연구에서는 군을 단위로 하여 <표 2>와 같이 구분하여 주었다. 군 중에서 38도선에 걸려 있는 군은 군청소재지를 중심으로 남북한 구별을 해 주었다. 일반적으로 공장은 도시나 인구밀집지역에 많기 때문에, 이런 분류가 큰 오류를 낳지는 않을 것이다.

<표 2> 행정구역의 분할

	남한	북한
경기	가평, 강화, 개성, 개풍, 경성(서울), 고양, 광주, 김포, 부천, 수원, 시흥, 안성, 양주, 양평, 여주, 용인, 이천, 장단, 진위(평택), 포천	연천
황해	연백, 옹진	겸이포, 곡산, 금천, 벽성, 봉산, 사리원, 서흥, 송화, 수안, 신계, 신천, 안악, 은률, 장연, 재령, 평산, 해주, 황주
강원	강릉, 삼척, 영월, 울진, 원주, 정선, 춘천, 평창, 홍천, 횡성	고성, 김화, 양구, 양양, 인제, 철원, 통천, 평강, 화천, 회양

이제 분석에 사용된 38년명부와 49년명부 및 참고자료로 사용할 30년명부에서 민족별로 공장수를 집계해 보면 <표 3>과 같다.

<표 3> 연도별 공장수의 변화

	1930년	1938년	1949년	1930-38년 증가율	1938-49년 증가율
조선인공장	1,464	2,513	3,865	71.7%	53.8%
일본인공장	1,651	1,947	1,099	17.9%	-43.6%
소계	3,115	4,460	4,964	43.2%	11.3%

출전 : 30년명부, 38년명부, 49년명부
비고 : 1949년의 일본인 공장에는 귀속공장(993) 외에 관영(23), 법인(2)공장을 포함시켰다.

남한의 조선인 공장수는 1930년 1,464개에서 1938년 2,513개로, 1949년에는 3,865개로 그 수가 증가하였다. 기간별 증가율은 1930~38년과 1938~49년에 각각 71.7% 및 53.8%로 1930년대의 증가율이 약간 높지만, 1940년대의 증가율도 상당히 높은 것으로 나타난다. 일본인 공장수는 1930년 1,651개에서 1938년 1,931개로 늘어났지만, 그 증가율은 17.9%로 조선인 공장수의 증가율보다 훨씬 낮은 것이었다. 1939년 이후에도 일본인 공장수는 증가했겠지만, 그것을 알 수 있는 자료는 없다. 다만 1949년의 공장자료를 보면 과거 일본인이 소유했을 것으로 볼 수 있는 공장수가 1,099개로 집계된다. 1938년에 비해 43.6% 감소한 숫자이다.

이 중 일본인 공장수에 대해서는 좀 더 설명이 필요하다. <표 4>는 49년명부를 소유형태별로 정리한 것이다. 사유가 77.9%인 3,865개이고, 관영, 귀속, 법인이 나머지 22.1%를 차지하지만 그 대부분은 귀속공장이었다. 소수의 관영공장도 있었는데, 형무소의 작업장이 14개로 가장 많았고 그 나머지는 전매국이나 지방행정청 소속 공장 혹은 후생회나 농회가 운영하는 공장이었다. 해방 이전에 일본인이 소유하던 공장 중 일부는 일본의 패전이 임박해지면서 서둘러 조선인들에게 매각된 경우도 있고, 귀속재산의 파악과정에서 상당 정도의 누락이 있었던 것이 확실하다.

<표 4> 소유형태별 공장수(1949년말)

관영	귀속	법인	사유	합계
23	1,074	2	3,865	4,964
0.5%	21.6%	0.0%	77.9%	100%

출전 : 49년명부에서 작성

그 뿐만 아니라 49년 명부에서는 임대된 공장을 사유로 취급하였는데,[6] 이 자료만으로는 얼마나 많은 공장이 임대되었는지 파악할 수 없다. 다만 비슷한 시기인 1949년에 발간된 『경제연감』의 자료에서 그 비중을 어느 정도 가늠할 수 있다. 이 자료에 의하면 <표 5>에서 볼 수 있듯이, 전체 귀속공장 2,336개 중에서 임대된 것은 428개 즉 전체의 18.3%를 차지하였다. 귀속공장의 일부가 임대에 의해 사유로 간주

---

[6] 49년명부 범례의 3의 '주'에서는, '임대계약된 귀속사업체는 사유에 포함되었음'이라고 하고 있다.

되었다는 점을 감안하더라도 1949년말 현재 한국의 공장공업은 공장수에 있어서는 사유가 압도적인 비중을 차지했다고 해도 좋다.

<표 5> 경영형태별 공장수

구분	관리	대표	불하	임대	공백	합계
합계	1,282	182	35	428	409	2,336

출전 : 조선은행조사부, 「귀속사업체 일람표」, 『조선연감』(1949년판)에서 작성

비고 : 불하 속에는 불하가계약(1), 불하결정(1), 불하완료(3), 소청중(1), 청산불하(2)가 포함되었고 관리에는 대리(1)를 포함시켰다. 원자료는 귀속사업체에 관한 것이어서, 공업뿐만 아니라 상업 교통업 등 다른 산업도 포함되는데, 이 표에서는 공업부분만 발췌하여 집계하였다. 그렇다고 하더라도 49년명부에 비해 이 자료의 귀속공장수가 훨씬 많은데, 그 까닭은 종업원수가 0이거나 밝혀져 있지 않은 공장이 상당한 수를 차지하기 때문인 것으로 짐작된다. 49년명부는 5인 이상의 종업원을 사용하는 것에 대해서만 조사한 것이다.

연도별 공장수의 변화를 조사해 보면, 49년명부가 가진 자료적 특징이 또 하나 나타난다. <표 6>은 남한의 공장수를 업종별로 비교해 본 것이다. 1938~49년간에 방직공업과 기계기구공업 공장수가 급증하였고, 금속공업과 화학공업 공장수도 제법 많이 증가하였다. 그러나 제재목제품공업, 가스전기업에 속하는 공장은 아예 없어져 버리고, 식료품공업에서도 공장수의 감소가 두드러지게 나타난다. 이러한 여러 변화는 실제의 변화를 반영하는 측면도 있고, 일부는 조사방법의 차이 때문에 생긴 변화였다.

기간별 공장수의 증가율을 보면, 방직공업과 요업의 경우에는 1938~49년의 증가율이 훨씬 높다. 이것은 1938~49년간에 이들 업종의 공장수가 급증했음을 의미하는데, 여러 가지 정황으로 미루어 볼 때 대부분 1945년 이후에 주로 증가했을 것으로 생각된다.

<표 6> 남한의 업종별 공장수 변화

업 종	1930년	1938년	1949년	1930~38년 증가율	1938~49년 증가율
방직공업	214	379	1,259	77.1%	232.2%
금속공업	134	172	290	28.4%	68.6%
기계기구공업	168	406	825	141.7%	103.2%
요업	210	235	449	11.9%	91.1%
화학공업	232	599	893	158.2%	49.1%
제재목제품공업	117	238		103.4%	-100.0%
인쇄제본업	171	245	198	43.3%	-19.2%
식료품공업	1,653	1,876	823	13.5%	-56.1%
가스전기업	26	18		-30.8%	-100.0%
기타공업	190	292	227	53.7%	-22.3%
합 계	3,115	4,460	4,964	43.2%	11.3%

출전 : 30년명부, 38년명부, 49년명부에서 작성

금속공업과 기계기구공업은 구분이 매우 어렵기 때문에 통합하여 보면 이것 역시 1938~49년에 매우 빠르게 증가한 것으로 되며, 해방 이후에 그 공장수가 급증했을 것으로 생각된다. 한편 화학공업의 경우에는 기간별 증가율이 급감하게 되는데, 가장 큰 원인은 1930년대 말까지 급증했던 동물유지제조업(주로 정어리기름 제조업) 공장수가 1940년대에 접어들면서 급감하였기 때문이다.[7] 이것을 제외한 나머지 화학공업 공장수는 1938~49년간에 역시 매우 빠르게 증가했을 것이고, 그 증가의 대부분은 해방 이후에 이루어진 것으로 생각된다.

그 반면 제재목제품공업과 가스전기업 및 식료품공업에서는 1949년

---

[7] 조선의 정어리 어획량은 1939년에 5,232樽이던 것이 1940년에는 2,133樽으로, 그리고 1941년에는 1,158樽으로 급격히 줄어들었다. 동양경제신보사, 『朝鮮産業の共榮圈參加體制』, 1942, 56쪽. 정어리기름 제조공장은 기업정비령에 의한 정비대상 업종으로서, 제1차로 909공장(기계식 15, 수착식 894)의 정비가 완료되었고, 제2차로 921공장(기계식 27, 수착식 894)에 대한 정비가 추진 중이라고 하였다. 『帝國議會說明資料』 제10권, 153~154쪽. 해방 시점에서 조선에서 온유비제조공장은 사실상 소멸되어 버렸다.

에 공장이 하나도 없던가 그 수가 크게 감소해 버린다. 이것은 실제로 이들 공장이 없어져 버린 것이 아니라 조사항목이 달라져 버린데 가장 큰 원인이 있다. 즉 1949년 현재 남한 각지에는 수많은 정미소와 제재소가 존재하고 있었지만, 조사에서는 가스전기업에 속하는 공장과 제재소와 정미소가 조사대상에서 제외했기 때문에 이런 통계가 나온 것이다.[8]

3. 연속의 정도

앞에서는 49년명부가 그 이전의 명부와 어떤 차이를 가지고 있는지 명백히 해 두었다. 이제 분석대상이 되는 자료가 갖는 특징과 한계를 전제로 하면서 공장 및 공장주의 연속성 문제를 본격적으로 분석해 보기로 한다.

공장공업의 연속성 문제는 두 가지 측면에서 접근해 들어갈 수 있을 것이다. 하나는 공장의 연속성이고 다른 하나는 공장주의 연속성이다. 전자가 물적인 연속성이라고 한다면 후자는 인적인 연속성의 문제에 초점을 맞추는 것이라고 할 수 있다.

그런데 실제로 공장명부라는 자료를 사용하여 연속성문제를 검토해 들어가 보면, 물적 연속성을 파악하는 것은 매우 어렵다는 것을 금방

---

[8] 49년명부의 공장이름에서 '제재'라는 단어가 포함된 공장은 부산제재공장 단 하나밖에 없는데, 이것도 기계공업에 속하는 것으로 분류되어 있다. 요컨대 49년명부에는 제재업이라는 것이 조사대상에 아예 포함되지 않았던 것을 알 수 있다. 또 49년명부에서 '정미소'라는 단어를 포함하는 공장을 찾아보면 경기도의 6개의 정미소가 전부이다. 정미소가 실제로 없어진 것은 아니다. 예컨대 「귀속사업체 일람표」(『경제연감』 1949년판)라는 자료를 보면, 정미소라는 명칭이 포함된 사업체가 87개가 있다. 한국인 소유의 정미소는 아마 더 많았을 것이다.

알 수 있다. 물론 38년명부와 49년명부에서 공장명칭이 동일하거나 비슷한 경우라면 양자를 동일한 공장으로 파악하는 것은 쉬운 일이다. 그러나 해방 후 실제로 동일한 공장이 명칭이 변경된 경우에 그것을 올바르게 파악하는 것이 쉽지 않다. 우선 주소정보를 활용하여 동일공장을 파악하려는 경우, 해방을 전후하여 행정구역의 명칭이 대대적으로 변경되어 버렸기 때문에 주소를 대조하여 동일한 공장인지 아닌지 파악하는 것은 지난한 일이 될 수밖에 없다. 또 현존하는 귀속재산에 대한 여러 자료를 이용하여 명칭이 바뀌어진 공장을 파악하는 방법도 생각해 볼 수 있는데, 이런 자료에서 해방 이전과 이후의 기업명칭의 변경에 대한 정보가 수록되어 있는 경우는 아주 소수에 불과하고 알수 없는 경우가 대부분이다. 결국 38년명부와 49년명부를 서로 대조하여 공장의 연속성을 파악하려는 시도는 결국 연속의 정도를 과소평가하게 될 것이다.

그 반면, 공장주의 연속성은 비교적 정확하게 분석이 가능하다고 생각한다. 인명, 공장명칭, 업종, 그리고 주소정보를 종합해 보면 상당히 정확하게 공장주의 연속성은 파악이 가능하다. 그러나 공장주를 중심으로 하는 분석에도 중요한 결함이 있다. 예컨대 해방 이전의 가장 대표적인 조선인 공장이었던 경성방직의 경우, 38년명부와 49년명부에서 공장주의 이름이 달라져버렸기 때문에 이 공장은 연속적이 아닌 것으로 취급되고, 김연수라는 공장주 역시 연속적이 아닌 것으로 취급된다. 공장이 회사의 형태로 되어 있는 경우, 이런 현상이 발생할 가능성이 매우 높다. 그러나 이런 경우는 실제로는 그다지 많지 않았다.

1) 공장주의 연속

이제 30년명부, 38년명부, 49년명부를 서로 비교하여 각 명부에서 동일한 조선인 공장주가 관계하던 공장수를 집계해 보면 <표 7>과 같다.

<표 7> 연속공장주가 경영한 공장수 및 그 비중

	1930년	1938년	연속공장주수
조선인공장수 (A)	1,464	2,513	
연속공장주 공장수 (B)	409	427	388명
연속률=B/A	27.9%	17.0%	
	1938년	1949년	
조선인공장수 (C)	2,513	4,964	
연속공장주 공장수 (D)	190	189	173명
연속률=D/C	7.6%	3.8%	

출전 : 30년명부, 38년명부, 49년명부에서 작성

30년 및 38년 두 명부 모두에서 이름이 나타나는 조선인 공장주는 모두 388명이고, 이들이 경영하던 공장수는 1930년에 409개, 1938년의 경우 427개였다. 이들 공장수가 각 연도의 조선인 공장수에서 차지하는 비중을 구해보면, 1930년에는 27.9%이고 1938년에는 17.0%였다. 연속공장주가 경영하던 공장수는 그다지 큰 차이가 없음에도 불구하고 그 비중이 크게 달라지는 것은 1930년에 비해 1938년에 공장수가 매우 많아졌기 때문이다.

동일한 방법으로 1938년과 1949년에 대해 분석해 보면, 연속공장주수는 173명이고, 이들이 관계한 공장수는 1938년의 경우 190개, 1949년의 경우 189개였다. 그리고 각 연도의 조선인 공장수에서 연속공장주가 관계한 공장수의 비율은 1938년의 경우 7.6%이고, 1949년의 경우 3.8%였다. 즉 1930~38년과 1938~49년의 두 기간의 연속공장주의 수적 증가를 보면 전자가 452명이었고, 후자가 173명으로 전자가 2.6배나 된다. 공장주연속률을 보더라도 33.5%와 7.6% 혹은 21.0%와 3.8%로 전자가 매우 높게 나타난다.

공장이란 설립되고 나면 언젠가는 소멸할 수밖에 없다. 이 점에서 생각해 본다면, 비교 대상이 되는 두 연도간의 간격이 크면 소멸률도 높아질 것이고, 연속률은 낮아질 것이다. 1930~38년간과 1938~49년간의 비교는 비교기간이 다르기 때문에 그 점도 영향을 주었을 것이다. 비교기간의 차이가 연속률에 어떤 영향을 줄까?

다음 <그림 1>은 1930년대의 조선공장명부의 데이터를 사용하여 그것을 분석해 본 것이다.

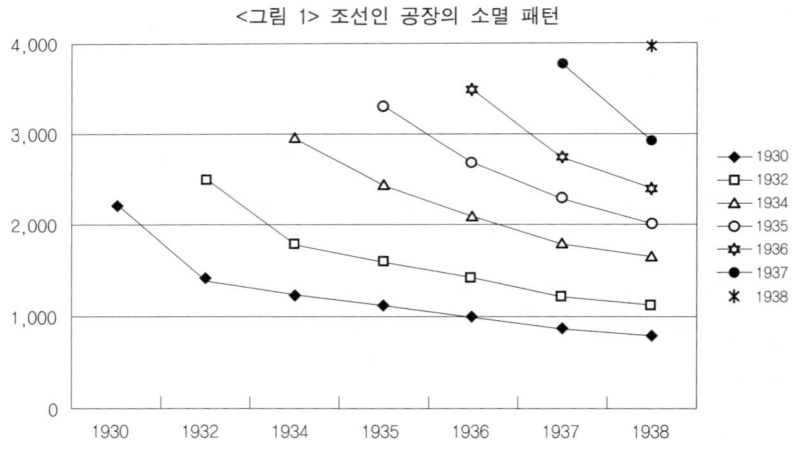

<그림 1> 조선인 공장의 소멸 패턴

출전 : 30년명부, 32년명부, 34년명부에서 작성

그림의 각 곡선은 시작연도에 존재하던 공장이 그 후 몇 개나 존재하는지를 보여주는 곡선이다. 예컨대 1930년 곡선의 1932년 공장수는 587인데, 이 값은 1930년에 존재하던 공장으로서 1932년에도 존재하는 조선인 공장수를 의미한다.

공장의 소멸 패턴이 <그림 1>과 같다면, 공장은 설립 초년에 크게 소멸하고 그 다음에는 소멸이 둔화되고 계속 존속하는 경향이 강해진다. 앞에서 언급했듯이, 1930~38년과 1938~49년의 연속률을 비교할 때, 비교기간이 서로 다르기 때문에 연속률에 차이가 발생할 수도 있 겠지만, 이 그림에서 보면 기간의 차이(8년과 11년)에서 오는 영향은 그다지 크지 않다고 해도 좋을 것이다. 즉 공장주의 연속이라는 측면 에서 보면, 순조롭게 공업이 발전하던 1930년대와 격변의 연속이었던 1940년대는 매우 다른 환경이었고, 이런 차이가 공장주의 연속률에 큰 영향을 주었던 것으로 생각된다. 그리고 이러한 분석결과로부터 38년 에 존재하던 공장주들은 이 기간 동안 거의 대부분 소멸해 버리고, 49 년명부에 존재하는 공장주들은 대부분 이 기간 중에 새롭게 출현한 것 이라고 추론할 수 있다.

1938~49년간의 각 연도별로 조선인 공장의 설립추세를 보면, 1943~ 45년에는 새롭게 출현한 조선인 공장주들은 거의 없었을 것이기 때문 에, 아마 1938~42년 및 해방 후에 집중적으로 생겨났을 것으로 생각된 다. 그런데 앞의 <그림 1>에서도 보았듯이 1938~42년에 설립된 공장 은 1930년대의 소멸패턴을 따른다면 1939~44년간에 1/2~3/4은 소멸되 어 버렸을 것이기 때문에 1949년에 존재하던 공장주들은 그 대부분은 해방 이후에 출현한 것으로 보아 마땅할 것이다.

<표 8> 공장규모별 연속공장주의 공장수

공장규모	1938년	1949년		
	연속공장주 공장수	귀속	사유	합계
5-49	168	21	140	161
50-99	6	1	14	15
100-199	6		4	4
200-	5	2	4	6
휴업 기타	5		3	3
합 계	190	24	165	189

출전 : 38년명부 및 49년명부에서 작성

연속공장주가 경영하던 공장은 규모별로 보았을 때, 그 88.4%는 종업원수 50명 미만의 영세공장 출신이었고, 종업원수 200명 이상의 대공장 경영주는 2.6%에 해당하는 5개뿐이었다. 한편 이들 연속공장주가 1949년에 경영하던 공장도 그 85.2%는 종업원수 50명 미만의 영세공장이었고 200명 이상의 대공장은 3.2%인 6개 공장에 불과하였다.

연속공장주의 공장을 업종별 규모별로 정리해 보면 <표 9>와 같다.

<표 9> 연속공장주의 업종별 규모별 공장수

	1938년						1949년					
	A	B	C	D	휴	계	A	B	C	D	휴	계
방직	23		2	1	1	27	33	5	3	3		44
금속기계	32	1	1			34	38	2				40
요업	8	1				9	10	2				12
화학	22	3	3	4	1	33	21	3	1	2	3	30
제재	1					1						
인쇄	20					20	15	2				17
식료품	56	1			2	59	40	1				41
기타	6				1	7	4			1		5
합 계	168	6	6	5	5	190	161	15	4	6	3	189

출전 : 38년명부 및 49년명부
비고 : 공장규모의 구분은 종업원수에 의한 것인데, A=5~49, B=50~99, C=100~199, D=200명 이상을 각각 의미한다.

50명 이상의 종업원을 갖는 공장은 방직공업과 화학공업에 집중되어 있다. 그 내역은 직물공장과 메리야스공장 및 고무제품제조업이 대부분이다. 금속공업과 기계공업은 대부분의 공장에서 선명하게 구분되기 어려울 정도로 규모가 영세하고 기술적으로 매우 초보적인 대장간과 주물공장이 대부분이었다. 화학공업은 대부분 고무제품제조업과 조선지를 제조하는 제지소로 이루어져 있었고, 요업 역시 도자기제조소나 벽돌공장이 대부분이었다. 인쇄소가 많은 수를 차지하는 것도 눈에

띈다. 다소 근대적 공업이라고 생각할 수 있는 업종은 면방직업을 중심으로 하는 소수의 직물공장과 고무제품제조업 및 자동차 서비스업을 포함하는 일부 기계기구공업 정도였다. 요컨대 일제시대에 숙련과 경험을 쌓아 해방 후 한국경제에서 무언가 역할을 할 수 있는 존재로서의 연속공장주는 지금까지 살펴 본 바와 같이 그 수가 매우 적었을 뿐만 아니라 그 내용도 매우 빈약한 것이었다. 자세한 것은 <부표>의 각 공장을 보면 된다.

2) 공장의 연속

앞의 분석이 인적인 연속의 정도를 계측하기 위한 시도였다면, 지금부터의 분석은 물적인 연속의 정도를 검토하기 위한 것이다.

해방과 더불어 일본인 공장주들은 일본으로 철수해갔지만, 일본인이 경영하던 공장은 귀속재산의 일부로 조선에 잔존하였다. 해방 이후의 공업에서 이들 귀속공장들 역시 물적인 연속의 일부로 해석할 수 있다. 그리고 해방 이전에 조선총독부가 관계하던 공장들 역시 마찬가지로 취급할 수 있다. 따라서 공장주의 연속과 달리 공장의 연속은 매우 광범하게 이루어졌다고 생각되고, 연속의 비율은 공장주를 기준으로 했을 때에 비해 크게 높아질 수밖에 없다. 그러나 현존하는 자료적 조건 하에서는 이 공장의 연속률에 대한 추계는 매우 부정확할 수밖에 없다. 이 점을 미리 전제하면서 아래의 분석을 행하여 보기로 한다.

우선 30년명부와 38년명부 및 49년명부에서 조선인 공장으로서 동일한 공장이 존재한 경우를 검토해 보자. 1930년과 1938년의 경우에는 공장명부 자체가 일관성이 있어 공장의 동일성 여부를 판명하는 데 큰 문제는 없다. 즉 비교적 정확하게 동일공장을 식별해 낼 수 있다는 것이다. 1938년과 1949년의 경우에는 공장명, 공장주, 주소, 업종 등의 여러 정보를 종합하여 파악하는 것으로 하였다. 당연히 자의성이 개재될 수밖에 없고, 이 경우에는 동일하다고 생각되는 공장을 하나씩 체크해 가는 방법을 사용하였기 때문에 실제로는 동일한 공장임에도 불구하고 제대로 파악하지 못한 오류가 발생할 가능성이 있다. 즉 공장의 연속성은 분석방법 그 자체로부터 과소평가될 가능성이 항존한다. 1949년의 주소에서 면단위 이하의 주소는 크게 달라지는 경우가 많기 때문에 주소 정보도 사실 큰 도움이 되지 않는다. 업종 역시 세부적으로 들어가 보면 공장의 주요생산물에 대한 분류가 1930년대의 공장명부와 상당한 차이가 있고, 공장이름도 해방과 더불어 크게 달라진 경우가 많기 때문에 이것도 충분한 정보를 제공해 주지 않는다. 이 모든 요인들로 인해 1938~49년간의 공장의 연속에 대한 파악은 결락이 많아질 수밖에 없고, 분석결과는 과소평가될 가능성이 높다.

<표 10> 조선인 공장의 연속

	1930년	1938년
조선인공장수 (A)	1,464	2,513
연속공장수 (B)	508	585
공장수 연속률=B/A	34.7%	23.3%
	1938년	1949년
조선인공장수 (C)	2,513	4,964
연속공장수 (D)	247	245

출전 : 30년명부, 38년명부, 49년명부

<표 10>에서 볼 수 있듯이, 30년명부와 38년명부 양쪽에서 모두 이름이 나오는 조선인 공장은 1930년의 경우 508개, 1938년의 경우에는 585개였다. 이것은 각 연도의 조선인 공장수의 34.7%와 23.3%를 차지하는 것이었다. 마찬가지로 38년명부와 49년명부 양쪽에서 모두 이름이 나오는 조선인 공장은 1938년의 경우 247개, 1949년의 경우 245개

이고, 그것이 각 연도의 조선인 공장수에서 차지하는 비중은 9.8%와 4.9%였다. 앞의 공장주의 연속에 비해 비율은 조금 더 높다는 차이는 있지만 1930~38년 기간에 비해 1938~49년 기간에 연속률은 현저히 떨어지는 것은 마찬가지이다. 즉 1949년에 존재하던 4,964개의 사유공장 중에서 1938년에 조선인 공장으로 존재하던 것이 이어진 것은 4.9%에 해당하는 245개에 불과하였다는 의미이다.

물적 연속이라는 점에서 본다면, 1949년 시점에서 조선의 공업은 일제시대 조선인 공장으로부터만 전승된 것은 아니다. 일제시대 일본인이 소유하던 공장도 어쨌든 해방 이후의 한국경제에서 생산에 활용되고 있었다. 49년명부에서 사유공장을 제외한 나머지 범주 즉 귀속공장, 관영공장, 법인공장으로 분류된 것이 여기에 해당할 것이다. 앞에서 집계된 일제시대에 연원을 갖는 245개의 공장에 이들 공장수를 합한 1,344개(245+1,074+2+23) 즉 1949년 당시의 남한의 공장수의 27.1%가 일제시대로부터 내려온 공장이 된다.

위의 집계에는 몇 가지 유보가 필요하다. 우선 귀속공장이 얼마나 정확하게 파악되었는지에 대해 의문이 있을 수 있다. 둘째로 일제시대의 조선인 공장에 연원을 갖는 공장수는 과소평가되어 있다. 1939~45년간에도 조선인 공장은 신설되었을 것이지만, 이것이 위의 집계에서는 전혀 반영되지 않았기 때문이다. 그러나 현존 자료로서는 이것을 밝혀줄 만한 것이 없다. 나아가 1949년의 시점에서 종업원수나 생산액이 많은 공장은 대부분 귀속공장이었기 때문에, 공장수가 아니라 종업원수나 생산액이라는 측면에서 보면 연속의 비율은 한층 크게 잡지 않으면 안 된다. 요컨대 위에서 계산된 27.1%라는 비율은 최소한의 비율이고, 실제로는 이보다 더 높았다고 함이 옳지만, 얼마나 더 높게 보아야 할 것인지는 확정할 수 없다는 것이다.

4. 맺음말

해방 후 공장 중에서 일제시대에 기원을 갖는 공장이 얼마나 존재하고 있었는가 하는 문제는 공업이라는 분야에서 해방 이전과 이후의 연속 혹은 단절의 정도를 판정하려고 할 때 매우 중요한 지표가 될 것이다.

이 논문은 1938년과 1949년의 공장명부를 서로 비교해 봄으로써 이런 문제에 접근해 보려고 시도하였다. 그러나 이들 두 자료는 연도별로 연속적인 것이 아니기 때문에 연속의 정도를 판정하는데 매우 큰 한계가 뒤따르지 않을 수 없었다.

이 논문에서는 그것을 1930년과 1938년의 공장명부에 대한 대조와 서로 비교해 봄으로써 연속과 단절의 정도를 간접적으로 설명해 보려고 하였다. 연속의 정도를 설명함에 있어서는 공장주 즉 기업가라는 인적 측면의 연속 정도와 공장 즉 사업체라는 물적 측면의 연속 정도를 각각 별도로 구분하여 분석하였다.

분석결과에 따르면 1949년말에 존재하던 공장의 대부분이 1938년에 존재하던 공장과는 관계없는 것들이었고, 또 공장주도 마찬가지로 1938년과는 전혀 다른 사람들이었다는 것을 강하게 시사해 준다.

조선인 공장주의 연속률은 1930~38년간의 경우 17.0%이던 것이 1938~49년의 경우에는 3.8%로 급감한다. 마찬가지로 조선인 공장의 연속률은 1930~38년간에 23.3%이던 것이 1938~49년에는 4.9%로 급감한다. 후자의 구간이 기간의 길이가 3년 더 길다는 점을 감안하더라도 이 기간에 공장주도 또 공장도 매우 큰 변화를 겪었다는 의미로 해석된다. 그리고 이것은 일제말기 전쟁경제의 강화와 붕괴, 해방으로 인한 분업체계의 붕괴, 그리고 해방 직후의 혼란, 기술, 노동력, 자금, 원료부족 등의 여러 변화 요인을 감안해 보았을 때 당연한 귀결이라고도 생각된다.

  공업의 연속성을 검토할 때, 개별공장이나 공장주의 연속성만을 따지는 것은 한계가 있다. 수많은 공장이 세워지고 또 소멸함에도 불구하고 공장공업은 계속 발달할 수 있기 때문이다. 그럼에도 불구하고 1938년 공장명부와 1949년 공장명부를 서로 비교하여 얻은 낮은 연속성이라는 결론은 충분하게 주목할 가치가 있다고 생각한다.

<부표> 38년명부와 49년명부에서 동시에 나타나는 공장주와 그 공장명

연번	공장주	1938년 공장명	1949년 공장명
1	姜大曄	월성지방	강대업제지공장
2	姜萬年	금전철공장	금전철공소 군산철공공업조합
3	金尙圭	김상규제지공장	금촌제지공장
4	姜壽萬	영창인쇄소	영창인쇄소
5	姜興燁	덕흥양말공장	한흥공업소
6	高德煥	김천주조	김천주조
7	權泰星	안동상공	안동상공
8	權赫彰	창흥사인쇄소	창흥사인쇄소
9	金基羽	봉남양조장	봉남양조장
10	金大吉	대기당인쇄소	대기당인쇄소
11	金東燮	충원인쇄소	충원인쇄소
12	金斗河	인접공장	포항양조㈜
13	金洛勳	보진제인쇄소	보진제인쇄소
14	金龍柱	대성철공소	대성고무공업소
15	金明五	대창고무공업소(2개소) 대립고무	신흥고무화학공업사
16	金明煥	조양인쇄소	영양양조㈜
17	金卜述	소화제면공장	태극제면공장 태양고무공업사
18	金鳳箕	금장양조장	금장양조장
19	金聲五	희성상회	조선화석공업소
20	金順根	식산정미소	식산신선공장
21	金英俊	천일고무공업사(부산, 2개소 ; 여수 ; 익산)	복본양말공장
22	金完道	김완도제지공장	영창제지공장
23	金瑢述	김용술정미소	정읍연탄공업조합
24	金容植	조선주양조	송학주조장
25	金傭俊	광문당인쇄공장	광문당인쇄소
26	金仁植	광성고무공업소	제일철공소
27	金仁郁	김인욱제승공장	광신공작소
28	金哉英	금산상회	금산상회
29	金在洪	금광철공소	금광공업㈜
30	金挺泰	경성옵셋정판사	경성옵셋정판사
31	金正浩	송고실업장	송고실업장
32	金鐘勳	죽청제지간이공동작업장	김종훈제지공장
33	金周植	해남양조장	해남견포공장
34	金中南	환중철공소	환중철공소
35	金智泰	조선지기(a/j)	조선견직㈜

36	金鎭甲	조선나전칠기제작소	신성공예사
37	金出伊	환금제분소	환금식량가공공장
38	金學奉	삼화주물공장	중앙주물제작소
39	金學濟	금풍양조장	금풍양조장 용산제과소
40	金學出	금광공업소	금광기계제작소
41	金漢雨	김한우직물공장	한성타올(자)
42	金亨默	동일고무공업소	대방화학고무공업소
43	金炯鳳	김형봉제지공장	공영제지공장
44	金炯元	김형원제지공장	김형원제지공장
45	羅明煥	나명환직물공장	나명환직물공장
46	南相奎	동수제사장	조선전지㈜
47	南松鶴	남양인쇄소	남양인쇄소
48	盧相基	히카리모터스	세화상사 피복공장
49	盧有萬	만석주물공장	만석주물제작소
50	明昌淳	광명양조장 명창순자건온제조	광명주조장
51	文錫煥	코리아미싱기계제작소	대양산업사
52	文日壽	문일수정미소	문명주조㈜
53	朴健裕	수원요업공장 풍미양조장	수원요업 수인양조장(자)
54	朴萬茁	부전철공소	부전제공소
55	朴邦佑	공화양말공장	환대섬유(유) 신흥피복(유)
56	朴福祿	경성제모소	경성제모점
57	朴永根	조선공무공업소	조선고무공업소(명)
58	朴榮秀	광주연와	광주요업사
59	朴仁煥	중앙인쇄소	중앙인쇄소
60	朴疇明	불로상회양조장	불로상회주조장
61	朴弼秉	안성양조	안성주조
62	朴厚榮	경성비누양초공장 조선정강제유소	경성비누공업소
63	朴喜淳	박희순제지공장	난전제지공장
64	方達容	부용양조장	부용양조장
65	裵基昌	계문사인쇄소	계원사인쇄소
66	裵興仁	일노출정미소	한일직물공업사
67	白樂承	태창직물 해동직물	태창직물㈜ 태천공업㈜
68	邊羽漢	삼성정미소	조흥주조㈜
69	徐悳昌	달성전기상회	달성전기상회
70	徐庸熙	청진양조소	세일장유양조장

71	成逸錫	강화방직공장	강화방직공장 동양자동차공업㈜ 조선후직공업㈜ 동양사피복공장 서울제망(자)
72	宋權殷	남창양조장	남창양조장
73	宋斗厚	계림양조장	풍전옥장유양조장
74	宋善日	송선일정미소	송선일정미소 삼성비누공장
75	宋仁瑞	전일양조장 전북국자	전일주장
76	申今奉	sk공작소	대동기계공작소 태화고무공업사
77	申萬植	소화인쇄소	남화인쇄소 남화제지공장
78	安南伊	경안철공소	경안철공소
79	安東源	부국고무공업소	부국고무공업㈜
80	安炳圭	경산양조	경산주조㈜
81	安炳壽	이등상점인쇄부	한양인쇄소
82	安好龍	영창연와공장 영창석회공장	영창연와공장
83	安孝龜	안효구제지공장	안효구제지공장
84	安孝德	안효덕정미소	조선화양묘공작소
85	연규대	경성목제제작소	경성목관제작소
86	芮東元	동원철공소	동원철공소
87	吳慶達	오정미소	동광요업공장
88	吳明鎭	산청조선양조장	산청내화요업(유)
89	王敬五	태흥철공소	태흥철공소
90	王文倫	금성철공소	금성철공소
91	禹相두	개성제과소	경성과자㈜
92	元奉喜	삼성철공소	삼성철공소㈜
93	元準玉	원창정미소	부국양조(자)
94	庾壽㐫	화성철공장	화성철공장
95	尹基浩	삼성정미소	신흥직물공장
96	尹世遠	인천인쇄	인천인쇄(자)
97	尹永福	윤봉제면소	조양피복㈜ 피복공장
98	尹學晟	윤학성차량제조공장	윤학성차축공장
99	李康賢	풍림철공소	조선직물㈜ 안양공장
100	李京成	이창정미소	봉래철공소
101	李圭顯	불이양조	불이양조(명)
102	李根澤	평화당 평화당인쇄공장	평화당㈜
103	李東祐	대구직물공장	대구직물공장
104	李晩秀	경성고무공업소(경성;군산)	경성고무공업사㈜ 군산 유덕산업사
105	李秉熙	협동인쇄	부산인쇄재료공급㈜

106	李鳳重	지성철공소	지성공작㈜
107	李相仁	이상인도기공장	조선토기감곡공장
108	李性晙	고려양조장	고려양조장
109	李壽漢	경룡공업사	경룡공업사
110	李永洙	동흥철공소	동흥철공소 기아전기제작소 인천금속공업㈜
111	李雲燮	용일양조장 희창정미소	용일양조장
112	李一同	백암지방	이일동제지공장
113	李載觀	한남정미소	한남정미소
114	李在元	재원철공소	세일공업사
115	李正八	이정팔패구공장	대정흥업㈜
116	李正鉉	원광직물공장	원광직물공장
117	李鍾勳	동양공작	영광철공소
118	李俊業	이준업제사소 이준업정미소	김천견사공업㈜
119	李晉淳	이진순직물공장	부일사직물공장
120	李昌福	해영사	이창복공예사
121	李昌周	창남공작소	화성제이사
122	李春慶	이춘경도기공장 조령제재소	교성도기공장
123	李漢復	동선인쇄	반도제지㈜
124	李興雨	이흥우제지공장	환삼제지공장
125	李熙俊	청주주조	청주주조㈜
126	印昌燮	삼공정미소	삼공제유소
127	任膺宰	삼산기업공동작업장	송산기업작업장
128	林漢興	제일공업사	제일공업사
129	林華植	임화식제지공장 임화식비료공장	일영제지공장
130	張景台	하동직조공장	하동직물공장
131	張大福	장대복토기제조공장	암사리토기공장
132	張斗光	장두광제지공장	중평제지공장
133	張萬福	부산제면공장	부산제면공장
134	張炳善	전일정미소	이리연탄공장 남선연료㈜연탄공장
135	張寅永	천일양조장	천일양조장
136	張在浩	장재호도기공장	금장토기공장
137	錢龍起	엄정양조(충주) 4개	엄정주조㈜
138	鄭德龍	정덕룡주물공장	광명상회주물공장
139	丁斗鉉	대창양조장	대창장유양조장
140	鄭小錫	대판철공소	마산조시공업소

141	鄭榮悳	남양양조장	남양주조장
142	丁任岩	메리야스군수대제조공장	여수메리야스공장
143	鄭禎潤	세창호양말공장	세창양말공장
144	鄭亨默	경성서비스	경성서비스
145	趙龍衍	상주양조장	상주주조㈜
146	趙寅燮	천일약방	천일제약㈜
147	趙仁行	수원양조	수원주조㈜
148	趙千燮	광산양조장	호남방직㈜ 광산피복공장
149	趙恒衍	동양제모사	동양제모㈜
150	車寶輪	광선인쇄소	광선인쇄㈜
151	崔庚守	문명철공소	문명철공소
152	崔金相	최금상제사소	동운직물공장
153	崔萬興	용진양조	용진주조(명)
154	崔炳斗	인천양조장	인천양조㈜
155	崔鳳植	일산주류제조공장 선광정미소	일산양조장
156	崔鳳千	최봉천비료공장	임원통조림공장
157	崔尙善	최상선양조장	상선주조장
158	崔錫天	창익정미소	남선농공㈜
159	崔準集	최준집비료공장 강릉합동양조2	강릉합동주조㈜
160	崔重九	죽림철공장	죽림주물공장
161	崔燦允	강릉인쇄조합	강릉인쇄조합
162	崔昌燮	송광제지공장	삼광상제지공장
163	崔洪泰	최홍태제망공장	목포연사제망공장 여수연사어망공업사
164	秋謙鎬	동양염직소(진주)	동양염직소(진주)
165	秋仁鎬	동양염직소(대구)	동양염직소(대구)
166	玄學俊	현학준공장	평화직물공장
167	洪達熹	홍달희주물공장	홍달희주물공장
168	洪東植	홍동식양말공장	광연양말공장
169	洪淳敏	홍순민철공장	홍순민철공소
170	洪元述	홍원술비료공장	홍아철공㈜
171	洪在龍	강화요업㈜	강화요업㈜ 홍익사
172	黃禮坤	황례곤비료공장	후포조선철공소
173	黃鎬一	광명주물공장	광명철물공장
공장수 합계		197	198 (귀속26, 사유 172)

출전 : 38년명부 및 49년명부에서 작성

비고 : 고딕은 귀속을 의미한다.

해방 후 '귀속 국내 법인'의 운영과 청산
―해동흥업공사(舊 불이흥업)의 사례를 중심으로―

洪 性 讚

1. 머리말

해방 직후 한국의 농업, 농촌 문제에 대해서는 그간 많은 연구가 축적되었다. 특히 이 시기의 지주제와 지주층에 관해서는 개별 지주 집안에 대한 사례 연구나 농지개혁에 즈음하여 작성된 각종 자료와 정책론들에 대한 치밀한 분석을 통해서 그 정치, 경제, 사회적 동향을 검토한 여러 연구가 나왔다.[1]

해방 당시 한국에는 일본정부나 그 민간이 소유하였던 소규모의 토지, 가옥, 상점, 회사에서부터 조선식산은행, 동양척식주식회사와 같은 대형의 국책 회사들에 이르기까지 다양한 형태의 일본인 재산과 법인

---

1) 朴錫斗,「농지개혁과 식민지 지주제의 해체-경주 李氏家의 토지경영사례를 중심으로」,『經濟史學』11, 1987 ; 洪性讚,『韓國近代農村社會의 變動과 地主層』, 지식산업사, 1992 ; 蔣尙煥,「農地改革過程에 관한 實證的 硏究(上, 下)」,『經濟史學』8, 9, 1984, 1985 ;「농지개혁에 의한 농촌사회 경제구조의 변화」, 金容燮敎授停年紀念韓國史學論叢刊行委員會 編,『韓國近現代의 民族問題와 新國家建設』, 지식산업사, 1997 ; 韓國農村經濟硏究院,『農地改革史硏究』, 한국농촌경제연구원, 1989 ; 이지수,「해방후 농지개혁과 지주층의 자본전환 문제」, 연세대 석사학위논문, 1994 ; 홍성찬 편,『농지개혁연구』, 연세대출판부, 2001 ; 禹大亨,『韓國近代農業史의 構造』, 韓國硏究院, 2001.

이 존재하였다. 그중에는 (株)熊本農場 같은 민간 회사나 동양척식주식회사 같은 국책 회사들처럼 한국에 방대한 농지를 가진 채 이를 지주제로서 경영한 다수의 농업회사도 있었다.

그리하여 이들은 해방 후에 일본인 재산, 즉 적산(enemy's property)으로 분류되어 미군정 재산으로 귀속되었다가, 1948년 8월 이후 한국정부의 소유로 이관되었으며, 그 후 오랜 기간에 걸쳐 그 재산은 매각, 처분되고 회사는 해산, 청산되었다.[2] 한국정부가 이들 귀속재산, 귀속법인에 대한 청산 업무를 최종적으로 완료한 것이 2000년대 초였으니, 이 분야에서의 식민지 유산의 청산은 해방 후 반세기가 지난 후에야 비로소 종결되었던 것이다.

해방 후 미군정을 거쳐 한국정부로 이관된 이들 귀속재산, 귀속법인 가운데 그 규모와 기능 면에서 가장 비중이 컸던 기관은 朝鮮殖産銀行(이하 식은으로 표기)이었다. 주지하듯이 식은은 1918년에 일제가 식민지 조선의 개발[拓植]과 수탈에 필요한 각종 자금을 조달, 운용하기 위하여 국가정책으로서 설립한 한국의 대표적인 특수은행이었다.[3] 그

---

[2] 김기원,『미군정기의 경제구조』, 푸른산, 1990 ; 이혜숙, 「해방후 미군정의 귀속재산 처리과정」,『근현대사강좌』 7, 한국현대사연구회, 1995 ; 박희진, 「귀속기업의 불하와 1950년대 대구지역 섬유산업」,『經濟史學』 23, 1997 ; 서문석, 「해방이후 귀속재산의 변동에 관한 연구」,『經營史學』 17, 1998 ;「귀속재산의 소멸에 관한 연구」,『經營史學』 20, 1999 ; 박광작, 「미군정과 한국정부의 귀속재산 민영화정책에 대한 일 평가」,『比較經濟硏究』 6, 1998 ; 김대래・배석만, 「귀속사업체의 탈루 및 유실(1945-1949)」,『경제학논집』, 한국국민경제학회, 2002.

[3] 식은은 '조선식산은행령'에 의하여 국가가 아닌 민간 주주들의 출자금으로 설립된 특수은행이다. 국가는 식은에 출자금이나 예금 외에 정부의 보증 아래 '식산채권'을 발행하여 거액의 자본금을 조달할 수 있도록 특권을 주었으며, 민간인 주주들에게는 일정액의 주식 배당을 보장하여 주었다. 그 대신 중역 임명을 비롯한 일체의 경영권은 국가가 가졌다. 식은에 대해서는 趙璣濬,『韓國資本主義成立史論』, 大旺社, 1977, 10장 ; 堀和生, 「植民地産業金融と

리하여 식은은 일본정부나 조선총독부의 방침에 호응하여 식민지 지배에 필요한 각종 정책자금, 구제 금융, 일반 산업자금을 공급하였을 뿐만 아니라, 정책적 필요에 따라서는 기존 기업의 주식, 채권을 인수하거나 신규로 자본금을 출자함으로써 기존 기업들을 인수, 합병하거나 새로운 기업을 신설하는 데도 적극 나섰다.

그 결과 식은은, 예컨대 1942년 말 현재를 기준으로, 흔히 '殖銀系'라고 불렸던 20여 개의 대회사와 4개의 금융기관을 방계 회사로 거느린 '식은 콘체른(konzern)'의 母會社이자 持株會社(holding company)가 되어 있었다.4) 식은은 일본의 三井, 三菱, 安田, 住友 같은 재벌콘체른들처럼 민간자본의 집적과 집중을 통해서 피라미드 형태의 자본 지배를 실현한 전형적인 콘체른은 아니었지만, 국가의 기획과 지원 하에서 식민지 조선의 개발과 수탈에 필요한 방대한 자금과 조직, 인력을 거머쥔 금융 왕국을 만들었던 것이다.

일제하 식은이 거느린 20여 개의 대회사 중에는, 당시 한국 산업의 대종이 농업이었던 까닭에, 당연히 농업회사도 포함되어 있었다. 우선, 식은은 1931년에 자본금 전액을 출자하고 설립 요원 전원을 파견하여

經濟構造」, 『朝鮮史研究會論文集』 20, 1983 ; 藤田文吉, 『一日本人行員の朝鮮史雜感と朝鮮殖産銀行』, 株式會社, 1988 ; 『朝鮮産業經濟の近代化と朝鮮殖産銀行』, 西田書店, 1993 ; 정병욱, 『한국근대금융연구』, 역사비평사, 2004 참조.

4) 당시 식은의 방계 회사는 광공업 분야의 일본고주파중공업, 일본마그네사이트화학공업, 金剛특종광산, 朝陽광업, 利原철산, 雲松광업, 若山니켈광업, 鯨水鐵山, 일본탄소공업, 한강수력전기, 조선제련, 조선전선, 교통운수 분야의 국산자동차, 경춘철도, 朝鮮郵船, 인쇄 분야의 조선서적인쇄, 금융 분야의 조선저축은행, 조선신탁, 조선상업은행, 조선화재해상보험, 농업 분야의 성업사, 불이흥업, 조선개척, 그리고 조선농기구제조 등이다. 東洋經濟新報社, 『朝鮮産業の共榮圈參加體制』, 『年刊 朝鮮』 제1회, 1942년판, 26~27쪽 ; 藤田文吉, 「俗稱 '殖銀コンツェルン」, 앞의 책, 1993, 제12장.

(株)成業社를 자회사로 설립하였다. 그리고 1934, 1935년에는 그 성업사를 통해서 당시 한국 굴지의 농업회사로서 주거래 은행인 식은에 거액의 부채를 짊어진 채 극심한 자금난을 겪고 있던 不二興業(株)과 朝鮮開拓(株)의 주식을 인수하고 경영진을 파견하여 이들을 孫會社로 거느렸으며, 1943년에는 조선개척을 불이흥업에 합병시켜 불이흥업을 동양척식주식회사에 버금가는 대규모 농사회사로 만들었다. 그에 앞선 1940년에는 성업사, 불이흥업, 조선개척 등과 함께 컨소시엄을 구성하여 조선에서 각종 농기구를 생산할 朝鮮農器具製造(株)를 설립하기도 하였다. 식은은 일제하 한국의 농업 부문에서도 식은(모회사)-성업사(자회사)-불이흥업·조선개척(손회사), 조선농기구제조회사로 연결된 피라미드형태의 기업 지배 구조를 구축하였던 것이다.

이에 그간 학계는 일제하 '식은 콘체른'의 전체 구조와 기능을 계통적으로 해명한다는 문제의식 아래 그 중요한 한 축을 형성하였던 한국 농업 분야에서의 기업 지배 구조, 즉 식은-성업사-불이흥업·조선개척, 조선농기구제조회사로 연결된 피라미드 형태의 자본 지배 구조가 어떻게 성립, 운영되었던가를 밝히는 데 주력하였다. 일제하 불이흥업, 조선개척, 성업사의 설립과 경영 변동, 이들의 '식은 콘체른'으로의 편입 과정 등을 다룬 일련의 글들[5]이 그것인데, 그 결과 일제하 금융자본, 은행자본과 농업회사, 지주제의 관계에 대해서도 좀 더 풍부한 이해를 가질 수 있게 되었다.[6]

---

5) 洪性讚,「日帝下 金融資本의 農企業 支配-不二興業(株)의 경영변동과 朝鮮殖産銀行」,『東方學志』65, 1990a ;「日帝下 金融資本의 農企業 支配-朝鮮殖産銀行의 成業社 설립과 그 운영」,『東方學志』68, 1990b ;「日帝下 金融資本의 農企業 支配-朝鮮開拓(株)의 經營變動과 朝鮮殖産銀行」,『國史館論叢』36, 국사편찬위원회, 1992a ;「日帝下 朝鮮開拓(주)의 農場支配」,『東方學志』, 1992b ; 李圭洙,『近代朝鮮における植民地地主制と農民運動』, 信山社, 일본, 1996 ; 정병욱, 앞의 책, 제3부 2장.

그런데 그간 학계는 일제하에 설립되어 해방 후 미군정과 한국정부에 귀속되었던 귀속법인들이 그 후 어떻게 변모되어 갔는지, 특히 그중에서도 식은을 정점으로 한 '식은 콘체른'이 해방 후 어떤 과정을 밟아 어떻게 변모되어 갔고, 그 과정에서 일제 때 식은이 한국 농업 부문에서 구축하였던 식은—성업사—불이홍업·조선개척으로 연결된 피라미드 형태의 기업 지배 구조가 그 후 어떻게 해체되어 갔는지를 밝히는 데는 상대적으로 큰 관심을 기울이지 못하였다.

본고는 이러한 연구사의 과제를 염두에 두면서 앞서 언급한 몇몇 선행 연구들의 연장선 위에서, 그중 해방 직후에 海東興業公社로 이름을 바꾸었던 불이홍업의 자료를 이용하여, 해방 후 해동홍업(舊 불이홍업)이 미군정에 귀속되었다가 다시 한국정부로 이관되고, 1973년에 회사의 해산을 결의하여 그 후 2000년에 최종적으로 회사의 청산을 종결하였을 때까지의 사정을 살펴보려는 것이다. 여기서 이 시기의 여러 귀속법인들 가운데 특별히 해동홍업의 사례에 주목한 이유는 크게 세 가지다.

첫째는 이들이 일제 때 일본정부나 그 민간이 소유하였던 회사들, 그중에서도 특히 한국 내에서 설립 등기되어 본점이 한국에 있었던 '귀속 국내 법인'[7]들의 해방 후의 해산과 청산, 이들 법인 소유 재산의 매각과 처분, 그 과정에서 발생한 법률적 문제 등을 계통적으로 보여주기 때문이다. 사실 해방 후 이들 '귀속 국내 법인'의 청산은 상당히

---

6) 洪性讚,「日帝下 企業家的 農場型 地主制의 歷史的 性格」,『東方學志』63, 1989 ;「日帝下 地主層의 存在形態」, 金容燮敎授停年紀念 韓國史學論叢 刊行委員會 編, 앞의 책 ; 李圭洙, 앞의 책.
7) 이 글의 '귀속 국내 법인'이란 해방 후 미군정과 한국정부에 귀속된 법인들 가운데 당초 한국에서 설립 등기가 이루어져 본점이 한국에 있었던 법인을 말한다. 全綎九,「歸屬休眠法人 所有財産의 性格」,『사법행정』7-1, 한국사법행정학회, 1966에서 따온 표현이다.

오랜 시간을 끌었다. 한국정부가 이들의 청산을 최종적으로 완료한 것이 2000년대 초였으니 해방 후 반세기가 지난 후에야 이 방면에서의 식민지 유산의 청산이 법적으로 종료되었던 것이다. 그렇지만 그간 학계는 해방 후의 귀속법인들 가운데 이들 '귀속 국내 법인'의 동향에 초점을 맞추어 그 변모, 해산, 청산 과정을 추적하는 데는 다소 소홀하였다.

둘째는 이 사례가 일제 때 '식은 콘체른'의 한 축을 이루었던 식은(모회사) - 성업사(자회사) - 불이흥업(손회사)으로 연결된 기업 지배 구조의 해체 과정을 잘 보여주기 때문이다. 그간 학계는 일제 때 식은 콘체른의 성립과 운영을 다룬 몇몇 연구를 축적하였으면서도 해방 후의 해체 과정에 대해서는 많은 연구를 내놓지 못하였다.

셋째는 이들이 해방 후 일본인 농업회사들이 직면하였던 거의 모든 과제를 집약적으로 보여주기 때문이다. 해방의 충격과 38선 이북 농지의 상실, 중역의 교체와 회사 명칭의 변경, 귀속농지의 분배와 농지개혁에의 대응, 6·25전쟁 이후의 휴전선 이북 소재 농지의 상실과 수복지구 농지의 환원 및 분배, 농지 부속시설과 軍징발 재산의 보상, 농지개혁에서 제외된 기타 부동산과 주식의 처분, 농지 보상금 지급을 둘러싼 정부와 '귀속 국내 법인' 간의 오랜 분쟁 등이 그것들이다. 그 점에서 이 사례는 해방 후 일본인 농업회사들이 직면하였던 문제들과 그 해결 과정을 구체적으로 보여주는 요긴한 소재가 아닐 수 없다.

2. 해방과 海東興業으로의 개편

해방 당시 불이흥업의 발행 주식은 모두 20만 주(주주 358명, 舊株 12만 5천 주, 新株 7만 5천 주)였다. 그중 5만 9,009주는 335명의 개인 주주가 소유하였고 나머지 14만 991주(75%)는 23개의 법인과 단체가 가졌는데, 성업사는 불이흥업의 전체 주식 가운데 11만 181주(55%)를 소유한 명실상부한 지배 주주였다.8) 불이흥업 주주의 국적은 거의 모두 일본이었다. 일본의 회사, 단체, 개인이 전체 주식의 97.8%를 소유하였고, 한국인은 겨우 2.2%인 4,379주(주주 20명)를 가지는데 그쳤다.9) 중역도 사장 矢鍋永三郎, 상무 淺野健一, 平原保, 土屋泰助, 취체역 石塚峻, 澤村九平, 倉田保, 감사역 林豊, 中富計太 등 모두 일본인이었다.

1945년 8월 15일에 일본의 패전 선언으로 한국의 일본인 사회는 엄청난 충격을 받았다. 식은과 그 방계 회사들도 마찬가지였다. 식은에는 이튿날인 8월 16일 아침부터 일본인 고객이 몰려들어 예금 인출을 꾀하였고, 일본인 행원들은 극도의 불안감에 빠졌다.10) 불이흥업의 일본인 중역들도 바로 다음 날인 8월 16일 아침에 경성부 중구 黃金町 본사에서 "終戰에 伴한 시국 급변"으로 "비상 처치를 採할 필요"가 있다며 서둘러 취체역회를 열었다. 그리하여 이들은 불이흥업 임직원들의 보수, 상여금, 위로금, 봉급, 수당, 舍宅料, 귀국여비 등을 그 회계연도

---

8) 1945년 10월 현재 불이흥업의 주식을 2천 주 이상 소유한 회사 및 단체 주주는 성업사(11만 181주), 조선신탁(1만 7,892주), 朝鮮無盡(5,430주) 등이고, 개인 주주는 小松百太郎(4,503주), 蓮沼長藏(3,306주), 松村喜美子(2,100주), 迫間一男(2,001주), 金澤仁兵衛(2천 주), 藤井寬太郎(2천 주) 등이다. 『臨時總會 議事錄』(1945. 10. 11. 이하 인용 문서의 생산 주체가 명시되지 않은 것은 모두 불이흥업 또는 해동흥업공사의 문서이다).
9) 이름으로 '추정'한 한국인 주주는 郭愛禮(796주), 金光泰熙(700주), 金光圭瑢(205주), 金光圭珽(100주), 金光圭珣(100주), 金杉祐輔(605주), 張秉良(675주), 崔暎祺(300주, 奉天省), 安村秉瑞(200주), 安村信男(150주), 安村龍男(100주), 康田善永(100주), 康田應泰(10주), 金利枝(100주), 吳南善(55주), 全泰龍(50주), 李秉億(50주), 林保雄(50주), 林照美(30주, 鳥取縣), 金澤明煥(3주) 등이다. 『臨時總會 議事錄』(1945. 10. 11).
10) 藤田文吉, 앞의 책, 1988, 665, 668쪽.

말인 1946년 3월분까지 앞당겨 지불하며, 차제에 회사의 적립금인 職員身元保證金과 별도 적립금도 반환해주기로 하였다.11) 같은 날 식은에서도, 조선은행과 협의한 기준에 따라서, 임직원에게 1년분 임금을 지불하며 기타 퇴직금과 移職 수당도 각각 규정액의 50% 가량을 지불하기로 하였다.12)

불이흥업의 일본인 중역들은 8월 중에 또 한 차례 취체역회를 열었다. 그리하여 중역과 직원의 퇴직 위로금을 증액하는 한편 일본인 직원에게는 귀국 여비를 따로 지급하기로 하였다.13) 이들은 9월 11일에도 취체역회를 열어 한국인 직원에게도 일본인 직원의 1/5 가량에 해당하는 귀향 여비를 주기로 하였다.14) 같은 날 식은 역시 한국인 사원에게도 귀향 여비를 주기로 하였다.15)

---

11) 『取締役會 決議錄』(1945. 8. 16). 단, 役員의 賞與金과 퇴직 위로금 지급은 "適當한 時期까지 保留"하기로 했다.
12) 殖銀行友會 編, 『朝鮮殖産銀行終戰時の記錄』, 1978 ; 정병욱, 앞의 책, 393쪽.
13) 퇴직 위로금의 증액은 본사의 課長, 농장장, 農園長, 20년 이상 근속자는 3할, 副場長, 본사의 係長, 15년 이상 근속자는 25%, 各部 主任, 分場長, 農場 課長 및 계장, 10년 이상 근속자는 2할, 3년 이상 근속 직원은 1할, 2년 이상 3년 미만 근속 직원은 본봉 2개월분, 2년 미만 근속 직원은 본봉 1개월분이었다. 應召者는 종래의 '役職'에 준해서 지급하기로 하였다. 「非常 處置에 의한 退職 慰勞金 및 歸國 旅費 支給의 件」(1945).
14) 여비는 일본인의 경우, 常勤 重役은 5천 원, 參事 및 기사는 3천 원(한국인 600원), 書記 및 技手는 2천 원(한국인 400원), 雇員 1천 원(한국인 200원), 傭員 1천 원(한국인 100원)이고, 囑託은 봉급액에 상당하는 社員들의 수준에 준하여 지급하되, 일본인 單身者는 해당액의 1/3, 한국인 독신자는 해당액의 1/2를 주기로 하였다. 당시 한국인은 參事 및 기사 2명, 서기 및 기수 165명, 雇員 140명, 傭員 35명 등이었다. 「非常 處置에 의한 퇴직 위로금 및 귀국 여비 지급의 건」(1945) ; 「半島人 職員 歸鄕 旅費 支給의 件」; 「旅費 槪算」(1945. 9. 11).
15) 「半島人 職員 歸鄕 旅費 支給의 件」; 「旅費 槪算」(1945. 9. 11).

1945년 9월 초에 남한에 진주한 미군은 9월 25일에 법령 제2호를 발표하여 그 해 8월 9일 현재의 일본인 재산, 적산에 대하여 전면적인 동결과 移轉 제한 조치를 취했다. 그러나 미군정은 이에 관한한 더 이상의 추가 조치는 취하지 않았으므로 불이흥업을 비롯한 적산기업의 경영권은 당분간 일본인 중역들이 그대로 가졌다. 그런데 당시 남한 각지에서는 노동자, 농민들이 '아래로부터의 자주관리운동'을 벌여 일본인 소유 기업과 농지 등에 대한 다양한 형태의 접수 관리 운동을 벌였다.16) 1945년 9월에 황해도 옹진군 소재 일본인 末永農場의 소작인들이 수동농민조합을 조직하여, 성업사가 오래 전부터 식은의 위탁을 받아 관리해왔던 그 농장을 강제로 접수 관리한 것이 그런 예였다.17) 이에 식은과 그 방계 회사였던 성업사, 불이흥업은 해방 후의 이러한 환경에 서둘러 대응하지 않을 수 없었다.

우선 식은은 해방 당시의 중역이, 일제 때 강원도, 충청북도 지사를 지낸 후 패전 직전인 1945년 7월 14일에 식은의 이사가 된 尹泰彬(伊藤泰彬)18)을 제외하고는, 모두 일본인이었다. 그런데 식은의 조선인 직원들은 해방 직후부터 '조선인직원위원회'를 따로 구성하는 등 새로운 움직임을 보이기 시작하였다.19) 이에 식은은 은행 실무를 한국인 직원들에게 대폭 넘기기도 하였지만, 경영권만은 여전히 일본인 중역들이 그대로 행사하였다.20) 이런 가운데 미군정은 그해 9월 27일부터 일본인 이사 山口重政의 협조를 받아 식은에 대한 접수 작업을 시작하였

---

16) 김기원, 앞의 책 ; 성한표, 「8·15직후의 노동자자주관리운동」, 『한국사회연구』 2, 한길사, 1984.
17) 洪性讚, 「해방직후의 農場自主管理運動과 그 歸結」, 『東方學志』 70, 1991.
18) 『每日新報』 1945. 7. 17.
19) 정병욱, 앞의 책, 374, 412쪽.
20) 조선인 직원들은 8월 하순에 장경환이 상업금융부를, 9월 중순에 김진형이 특별금융부를 접수하는 등 이미 은행 실무를 맡았다. 정병욱, 앞의 책, 427쪽.

다. 그리하여 그해 11월 11일에는 미군정 재무관 로빈슨(Harry J. Robinson)을 식은의 새 頭取로 임명하였고, 11월 30일에는 식은의 기존 중역진을 한국인 취체역 張鳳鎬, 權石臣, 張慶煥, 金鎭炯, 金丞植, 白樂承, 감사 金寶永 등으로 대거 교체하였다.21)

식은의 자회사이자 불이흥업의 지배 주주였던 성업사도 10월 10일에 임시 주주총회를 열었다. 그리하여 일본인 취체역 林豊, 山口毅, 寺田敬一, 立山軍藏과 감사역 井田德次郎, 福地義二郎이 모두 사퇴하고, 그 대신 식은 출신의 한국인 취체역 朴奉魯, 尹鍾鉉, 黃一圭, 감사역 金寶永, 金鎭炯 등이 새로운 중역진을 구성하였다.

식은의 방계[孫] 회사이자 성업사의 자회사였던 불이흥업의 일본인 중역들도 그 다음날인 10월 11일에 임시 주주총회를 열었다. 그리하여 이들은 "終戰에 伴한 時局 急變"을 이유로 전원 사표를 제출하고 그에 따른 보결 선거를 실시하였다.22) 보결 선거는 주주 飯泉幹太의 제안에 따라서 불이흥업 사장 矢鍋永三郎에게 그 指名을 일임하기로 하였다. 이에 矢鍋는 취체역 尹泰彬(伊藤泰彬), 宋文華(山木文華), 金泰熙(金光泰熙), 감사역 朴奉魯(木下竹二), 金鎭炯(金子鎭雄)을 지명하였고 참석한 주주들이 이를 만장일치로 찬성하여 불이흥업 역시 한국인들로 새로운 중역진이 구성되었다.23)

---

21) 정병욱, 앞의 책, 375쪽. 식은의 일본인과 한국인 '有志'들은 해방 직후에 식은의 경영진 人選을 꾀하기도 하였지만 9월초에 진주한 미군은 이를 인정하지 않았다. 藤田文吉, 위의 책, 1988, 667쪽.
22) 『臨時總會 議事錄』(1945. 10. 11). 주주총회에 출석한 주주는 위임장을 제출한 경우도 포함하여 성업사(11만 181주), 조선신탁(1만 7,892주), 朝鮮無盡(5,430주), 不二厚生會(1,039주), 불이흥업 사우회(400주), 불이흥업의 취체역 矢鍋永三郎(123주), 淺野健一(250주), 澤村九平(1,020주), 石塚峻(500주), 감사역 林豊(600주), 中富計太(150주)와 기타 일본인 소액 주주 8명, 그리고 한국인 郭愛禮(796주), 金泰熙(700주) 등이다.
23) 식은의 방계 회사였던 조선신탁(주)도 10월 31일에 정기 주주총회를 열어 대

불이흥업의 신임 취체역들은 곧바로 윤태빈을 사장, 송문화를 상무로 互選하였다. 사장 윤태빈은 1912년에 경기도 書記로 들어가 경기도 권업과장, 함경남도 재무부장, 충청남도 내무부장, 경기도 參與官을 거쳐 강원도와 충청북도 지사를 지낸 인물로서 패전 직전인 그해 7월에 식은의 理事로 선임된 터였다. 상무 송문화는 1920년에 경기도 서기로 출발하여 경기도 강화, 광주, 양주, 수원 등지의 군수와 개성 부윤 그리고 평안북도 참여관, 중추원 참의 등을 지냈다. 윤태빈과 송문화 모두 일제 때 지방행정 분야의 최고위직에 오른 몇 안 되는 한국인들이었다.

그밖에 취체역 金泰熙는 불이흥업의 한국인 주주 20여 명 가운데 두 번째로 많은 700주를 소유한 주주였다. 그렇지만 그의 아들 圭班(100주), 圭瑢(205주)과 조카 圭珣(100주)이 소유한 주식까지 합하면 그는 당시 식은의 한국인 주주 중에서 가장 많은 주식을 가진 주주였다. 그는 늦어도 19세기 말부터 종로 1가에서 壽南商會라는 포목상점을 운영한 상인으로서 1910년대 말에는 白完爀, 김한규 등의 후원으로 경성상업회의소의 평의원이 되었고, 1926년 이후로는 일본에서 견직물을 직수입하여 전국에 공급하는 무역업에 치중하였다. 1929년에는 서울의 한국인 견직물 수입업자들과 함께 京城絹布商同盟會를 조직하여 회장을 맡았고, 그 후 해방될 때까지 무역업에 종사하며 일본의 수출업자나 서울의 수입업자들과 긴밀한 관계를 유지하였다. 아울러 당시 그는 각지에 방대한 농지를 소유한 대지주이기도 하였다.[24] 일본인 중역

표 김한규 등 한국인으로 새 중역진을 구성하였다. 한일은행, 『한일은행 45년사』, 1975, 75쪽 ; 김기원, 앞의 책, 127쪽.

[24] 김태희는 해방 직후 서울 재계의 주요 인사들이 이승만 등의 정치자금 지원을 목표로 조직한 大韓經濟輔國會의 회원으로도 활동하였다. 김태희와 그의 집안에 대해서는 洪性讚, 「한말 일제하의 서울 鐘路商人 연구-金泰熙 家의 포목상점 '壽南商會' 경영을 중심으로」, 『東方學志』 116, 2002 ; 「한말 일제하

들은 총독부 고위 관료 출신이자 식은 이사였던 윤태빈과 역시 고위 관료 출신인 송문화, 그리고 오랫동안 對日 무역업에 종사해온 김태희를 영입하여 새로운 취체역회를 구성하였던 것이다.

이날 불이흥업의 신임 감사역이 된 박봉로, 김진형은 그 전날의 성업사 임시 주주총회에서 성업사의 대표 취체역과 감사에 선임된 식은 출신 인사들이었다. 박봉로는 선린상업을 졸업한 후 식은의 전신인 한호농공은행에 들어갔다가 그 후 식은에서 조치원, 대구 지점장 대리와 박천, 북청 지점장 등을 지냈는데 1935년 현재 식은의 조선인 직원 가운데 유일하게 지점장(1927년 박천지점)까지 오른 인물이었다.25) 김진형 역시 1926년에 일본 山口高商을 졸업한 후 줄곧 식은에서 근무하였다. 불이흥업의 지배 주주였던 성업사는 자회사인 불이흥업에 감사 2명을 파견하였던 것이다.

한편 불이흥업은 이날 임시 주주총회에서 가능한 한 빠른 시일 내에 불이흥업의 社員 중에서도 회사의 '役員'(임원)을 선임하기로 하였다. 윤태빈 등으로 '위로부터의 자주관리' 기구를 만들면서 '아래로부터의 자주관리운동'에도 대응한 것이다. 이날 임시 주주총회는 중역과 직원의 보수, 상여금, 위로금을 앞당겨 지불하기로 하였던 앞서의 취체역회 결의를 승인하였다. 역원의 보수, 상여금, 퇴직 위로금은 그해 10월분

의 地主制 연구-서울 종로 포목상 金氏家의 농지투자 사례」, 『東方學志』 122, 2003 ; 「한말 일제초 서울 鐘路商人의 日常활동-포목상 金泰熙 家의 사례를 중심으로」, 홍성찬 외, 『일제하 경제정책과 일상생활』, 혜안, 2008 ; 「일제하 韓日 무역 네트워크 형성의 한 樣相-1920, 30년대 초 견직물 무역업계의 사례」, 『東方學志』 145, 2009 ; 「한말 서울 東幕의 미곡객주 연구-彰熙組合, 西署東幕合資商會의 사례」, 『經濟史學』 42, 2007 ; 「한말 서울 東幕 객주의 미곡 반입과 船運業-객주업체 '東泰元'의 자료를 중심으로」, 『韓國史研究』 145, 2009 참조.
25) 阿部薰 編, 『朝鮮功勞者銘鑑』, 民衆時論社, 1935 ; 정병욱, 「조선식산은행원, 식민지를 살다」, 『역사비평』 여름호, 통권 78호, 2007, 331쪽.

까지 지불하며, 직원들에게는 이듬해 3월분까지 지출하기로 승인한 것이다. 불과 45분 만에 끝났지만 불이흥업으로서는 중요한 결정이 내려진 회의였다.

신임 한국인 중역들은 곧 정상 업무를 시작하였다. 그리하여 10월 13일에는 회사 창업 이래 처음으로 한글로 작성한 통지문을 만들어 불이흥업의 각 농장장과 山林部長, 群山地所部長, 京城農園長 등에게 중역 교체 사실을 알리며 향후 '前 役員'들과 똑같이 식량 증산에 매진하여 국가 건설에 기여하고자 하니 더욱 협력해주길 바라며 당면한 소작료 징수에도 만전을 기해 달라고 요청하였다.26)

한편, 1945년 9월 25일에 일본인 재산에 대한 전면적인 동결과 이전 제한 조치를 취했던 미군정은 그해 12월 6일이 되어서야 법령 제33호를 제정하였다. 그리고 12월 12일에 이를 공포하여 일본정부와 그 국민, 기관, 단체 등이 직접 간접적으로 전부 또는 일부를 소유 관리해왔던 군정청 관내의 모든 재산을 그 해 9월 25일부로 미군정에 귀속시켰다. 이로써 성업사와 불이흥업 역시 미군정 관할아래 들어갔다.

미군정은 법령 제33호를 제정한 나흘 후인 12월 10일에 곧바로 불이흥업의 임시 주주총회를 소집하였다. 그리하여, 앞서 10월 11일에 일본인 중역들의 주도아래 열린 임시 주주총회에서 중역에 선임되었던 한국인 가운데, 11월 30일자 식은 주주총회에서 식은 이사직을 사임한 불이흥업의 대표 취체역 윤태빈과, 상무 송문화를 제외시키고 그 대신 불이흥업의 민간인 주주 張秉良을 취체역에 추가하여 대표 박봉로, 상무 林錫弼(식은 출신), 취체역 김태희, 장병량 등으로 새로운 취체역회를 구성하였다.27) 그리고 1946년 1월 22일에는 재차 임시 주주총회를

---

26) 당초 일본어로 썼다가 "淨書하여 要再回"하라는 지시에 따라서 한글로 고쳤다. 「취체역회 결의록」(1945. 10. 11).
27) 정병욱, 앞의 책, 412쪽 ; 「제32기 영업보고서」(1945. 4~1946. 3).

열어 金鎭炯을 감사역으로 추가 補選하였다.

그런데 이때의 불이흥업의 중역진 선임은 뒷날 미군정청 재무국장 찰스 고든(Charles J. Gordon, 중령)이 "조선식산은행의 추천을 받아 朝鮮人 人事課의 銓衡을 거쳐 재무국에서 임명"[28]했다고 언급한데서 보듯이 미군정 재무국에서 결정한 일이었다. 미군정은 1945년 12월 6일에 제정한 법령 제33호에 기초하여, 일본정부와 그 국민, 기관, 단체 등이 소유 관리하여왔던 군정청 관내의 모든 재산을 그해 9월 25일부로 미군정에 귀속시킨 터였으므로, 그 해 10월 11일에 열렸던 불이흥업 임시 주주총회의 결의를 인정하지 않고 차제에 '식은의 추천'과 '朝鮮人 人事課의 전형'을 거쳐 방계 회사인 불이흥업의 중역진을 새로 구성하였던 것이다.

당시 미군정이 1945년 10월 10일에 열렸던 불이흥업의 임시 주주총회와 거기서 이루어진 중역진 개편을 인정하지 않았음은 불이흥업의 1945년도 영업보고서에 "12월 10일 미군정청에서 '주주총회의 缺如로 因하여'(필자 강조) 朴奉魯씨를 대표 취체역, 林錫弼씨를 상무 취체역에, 金泰熙, 張秉良씨를 취체역에 임명"[29]했다고 기록한 점이나, 불이흥업(해동홍업)의 등기부에 12월 10일자로 舊 일본인 중역들의 퇴임 등기와 그날 새로 임명된 대표 취체역 박봉로 등의 취임 등기가 동시에 기재된 점에서 분명한 듯하다.[30] 미군정은 12월 10일 이전에는 불이흥업의 주주총회가 '缺如'되었으므로 앞서의 중역 선임 역시 인정하지 않은 채 차제에 총독부 고위 관료를 지내 친일 혐의가 있었던 윤태

---

28) 「1946. 1. 24. 재무국장 찰쓰 골돈. 재산관리인 대리 엘 에이 란델 대위 殿. 成業社 及 不二興業 兩 會社에 關한 件」.
29) 「제32기 영업보고서」(1945. 4~1946. 3).
30) 불이흥업(해동홍업)의 등기부 참조. 미군정은 10월 10일에 열린 성업사의 임시 주주총회도 인정하지 않았다. 성업사 등기부에 성업사의 신, 구(일본인) 중역의 사임일, 취임일이 등기된 것은 1946년 1월 31일자이다.

빈과 송문화를 교체하고 새로운 중역진을 구성하였던 것으로 보인다.
　1945년 12월 10일에 미군정에 의해서 새로 선임된 불이흥업의 중역들은 1946년 1월 17일에 취체역회를 열어 불이흥업의 社名 변경을 위한 임시 주주총회를 소집하기로 하였다. 그리고 2월 12일에 임시 주주총회를 열어 불이흥업의 이름을 海東興業公社로 고쳤다.[31]

3. 해동흥업의 경영변동과 청산

1) 지주경영의 변모와 농지 매각

(1) 지주경영의 계속

　해방 당시 불이흥업(해동흥업)은 한국 최대의 농업회사 가운데 하나였다. 이들은 38선 이남의 延海, 全北, 沃溝, 海美 농장과 이북의 鐵原, 西鮮 농장에 1만 8,881정보의 농지를 소유한 채 이를 地主制로서 경영 중이었고, 이들 각 농장의 본관, 附屬舍, 창고, 分場 건물, 場員 주택 등 무려 398동의 건물과 소작인 가옥 290동도 소유하였다(<표 1>).
　전라북도 群山의 시가지와 그 接續地 약 25만 평, 건물 22동, 서울 본사의 부지와 市街地 약 11만 평, 본관 및 부속사, 직원 주택, 郊外 건물 등 건물 36동과 畜舍, 그리고 경북, 황해, 평남의 임야 1만여 정보도 소유하였다. 그리하여 1946년 3월말 현재의 부동산 가액은 약 2,370만 원(당시 화폐액)이나 되었다. 朝鮮農器具製造(주)의 주식 8,300주를 비롯한 다량의 유가증권도 가졌다. 동산도 적지 않았다. 각 농장들이 소유한 종자, 비료, 農糧, 농구, 繩(새끼줄), 叺(가마니), 기타 재료, 기계, 집기는 물론이고, 소 79頭, 젖소 49두, 말 4두, 돼지 778두, 닭 837

---

31) 「제32기 영업보고서」(1945. 4~1946. 3).

羽 등의 가축도 가졌다.32)

<표 1> 해동흥업 각 농장의 管理 재산(1946. 3. 31 현재)

소재	농장명	畓	田기타	건물	소작인가옥
황해	延海농장	5,610町	1,042町	169동	
전북	全北농장	1,531	272	51	138동
	沃溝농장	939	44	30	
충남	海美농장	24	484	5	26
강원	鐵原농장	2,349	2,411	52	
평북	西鮮농장	3,995	180	91	126
	계	14,448	4,433	398	290

자료 : 「財産目錄」(1946. 3. 31). 건물은 농장의 本館, 附屬舍, 倉庫, 分場 建物, 場員 住宅 등.

미군정은 1946년 2월에 新韓公社를 발족하여 앞서 법령 제33호로써 귀속시켰던 적산 농지들을 신한공사로 이관시켰다. 그러나 해동흥업의 농지는 여기서 제외되었다. 성업사도 마찬가지였다. 1946년 1월에 미군정 재무국장 고든은 재산관리인 대리였던 란딜 대위에게 "조선식산은행이 과거에 (성업사와 불이흥업을) 관리했던 관계상 이 은행으로 하여금 관리시키도록 인가"해 달라고 요청하였고, 1월 26일에 재산관리관 쟈페(Morton S. Jaffe)가 이를 인가하였다.33) 이로써 해동흥업은 해방

---

32) 이상 「財産目錄」(1946. 3. 31. 현재). 해동흥업의 소유 주식은 조선농기구제조 8,300주, 貯藏食糧 1,000주, 多獅島鐵道, 大東實業, 京畿林産種苗 각 500주, 조선화재해상보험, 江原殖産 각 200주, 조선신탁, 조선축산, 조선목재 각 100주, 京城薪炭 40주 등이다. 이밖에도 국채, 저축채권, 報國채권, 애국채권을 소유하였고, 조선식량영단(3,200구좌), 기타 각종 조합(5구좌)에도 출자구좌를 가졌다.

33) 「1946. 1. 24. 재무국장 찰쓰 골돈. 재산관리인 대리 엘 에이 란딜 대위 殿. 成業社 及 不二興業 兩會社에 關한 件」; 「1946. 1. 26. 財産管理官 해군 중위 몰튼 에스 쟈페. 재무국장 殿. 1. 上記 認可함. 재산관리인에 代理하여……확인함. 재무국 해군 소좌 하리 제 로빈손」.

전처럼 38선 이남의 4개 농장을 지주제에 입각하여 경영할 수 있었다. 이들의 지주경영은 1945년 가을부터 소작료 3·1제가 실시된 것을 제외하고는 큰 변화가 없었던 셈이다.

당시 미군정이 해동흥업의 농지를 신한공사에 이관시키지 않은 데는 크게 두 가지 이유가 있었다. 하나는 그간 식은이 이를 관리해온 노하우를 인정하여 이들에게 농지를 계속 관리토록 한 점이다.34) 다른 하나는 법령 제33호의 해석과 관련된 좀 더 본질적인 이유였다. 법령 제33호가 공포되자 1945년 8월 9일 이전에 한국에서 설립되어 本店이 한국에 있었던 영리 법인이나 조합의 株式은 의당 미군정 재산으로 귀속되어야 했다. 그러나 그런 '귀속 국내 법인'이나 조합이 소유한 재산까지 귀속재산으로 볼 수 있겠는가를 둘러싸고는 많은 논란이 벌어졌다.

하나는 법령 제33호를 "正面的으로 해석"하여, 일본 정부나 그 국민, 기관, 단체가 소유 관리하던 재산을 1945년 9월 25일부로 미군정에 귀속시킨 이상, 불이흥업처럼 한국에 본점을 둔 기업의 소유 재산도 마땅히 국가에 귀속시켜야 한다는 논리였다. 다른 하나는 한국인 自然人들이 소유한 재산을 미군정에 귀속시키지 않은 이상 한국에서 창립 등기된 법인의 소유 재산도 귀속시켜서는 안 된다는 논리였다. 자연인과 법인의 권리를 동등하게 인정하여 '귀속 국내 법인'의 소유 재산 역시 귀속되지 않는다고 보아야 하며, 그게 한국의 권리 보호에도 유리하다는 주장이었다.35)

미군정은 늦어도 1946년 4월에는 이 중 후자가 논리적으로 더 타당하다는 결론을 내린 것 같다. 즉, 미군정은 1946년 4월 1일자 부속 문서의 제5항에 기초하여 법령 제33호의 정신을 "귀속 회사의 재산은 귀

---

34) 후술할 주 36) 참조.
35) 姜明玉, 『歸屬財産處理法解義』, 明世堂, 1949, 7쪽.

속 않는다. 그 재산은 부동산의 권리, 소유권, 이익을 포함"한다고 해석하였고,36) 4월 27일에는 군정장관 대리의 指令 제3항에서 "귀속에 관한 법령 제33호가 여하히 법인 재산에 적용되는가에 관하여 法制長官의 의견은……일본 乃至 일본인(자연인, 법인)이 소유하였든 주식(또는) 이에 대한 기타 소유권은 군정청에 귀속하였으나 如斯한 법인의 재산에 대한 소유권 名義는 여전히 당해 법인에 在함"이라고 밝힌 것이다.37)

물론 미군정은 이론상으로는 이처럼 귀속법인의 재산은 귀속되지 않는다고 해석하였지만 실제로는 "정책상 또는 기타 필요로 인하여 주식의 50%이상을 前 일본인이 소유하였던 법인은 純 적산 취급을 하고 그 외의 법인에 대하여서는 그 법인의 주식만 귀속된 것으로 취급하는" 등 그 후 많은 혼란을 일으켰다.38) 그렇지만 적어도 공식적으로는 1947년 9월 17일에도 「조선 내에서 창설된 법인 관리에 관한 건」을 공표하여 이들의 法人格을 존중하였고, 그해 12월 6일에는 관재령 10호

---

36) 1946년 봄에 식은 頭取(대표 취체역)가 신한공사로 보낸 「조선식산은행 두취……로빈손. 新韓公社 貴中(재무부장 經由). 末永農場에 關한 件」의 "下記 이유에 의하여 성업사가 말영농장의 현재 관리를 維持할 것을 허용되기를 요구한다. a. 법령 제33호의 해석 하에 귀속회사의 재산은 귀속 않는다(1946년 4월 1일부 附屬 文書 제5항). 그 재산은 부동산의 권리 소유권 이익을 포함함. 末永家族에 의하여 설정한 質權은 식은에(의) 법률상 권리이며 그 권리는 부여된 조항에 의해 喪失되지 않는다. b. 성업사는 7년간 그 농장을 良好히 관리했다. 바다를 개척한 그 농장에 대해서는 특별한 주의를 요하는 바 성업사는 이 농장에 독특한 각종 문제 해결에 경험이 있다. c. 未完濟인 거액의 대부를 가진 고로 식은은 그 농장의 효과적 경영에 권리를 보유한다. 만약 그 농장을 미숙한 경영자에 양도하면 토지는 악화되고 그 은행은 금융상 손실을 당하고 米 생산업의 손실을 당하는 결과가 될 것"도 참조.
37) 「法制經 제267호. 4282. 8. 10. 法制處長 申泰益. 農林部 長官 貴下. 朝鮮 內에 창립된 法人財産收入金 處理에 관한 건」에서 재인용.
38) 姜明玉, 앞의 책, 9쪽. 정부 수립 이후도 마찬가지였다. 全縱九, 앞의 글.

로써 이를 재확인하였다.

이런 이유로 해동흥업은 신한공사가 창립되어 귀속 농지를 일괄 편입시킨 속에서도 여전히 농지 소유권을 가지고 지주경영을 계속할 수 있었다. 성업사 역시 직할 농장인 황해도 옹진군의 龍淵農場과 충남 보령군의 大川農場, 한국에 본점을 둔 朝鮮農工(株)에서 수탁 관리 중이던 蘇江農場, 그리고 귀속 농지였던 首洞農場(舊 末永농장)을 여전히 지주제로서 경영하였다.39)

해방 후 해동흥업의 지주경영은 그리 순탄치 않았다. 1945회계연도에는 남북분단으로 그간 전체 수확고의 5할 가량을 점했던 38선 이북의 철원농장과 서선농장을 상실하였고, 38선 이남의 농장들도 정치 사회적 혼란으로 안정된 지주경영이 어려웠다. 이들이 현지의 정치 사회 단체였던 야경단, 자위단, 무장 자위대, 보안대, 監視隊 같은 치안 단체와 건국준비회, 건국준비협력회 등에 수시로 기부금을 낸 것이 그걸 보여주는 예였다.40) 게다가 해방 전부터 "農村 壯丁의 징용 또는 징병 등으로 인한 勞力 不足과 비료 기근"이 심했고, 해방 후에는 소작료 3·1제까지 실시되어, 그해의 소작료 수납량이 평년보다 75% 가량이나 격감하였다.41)

1946회계연도도 마찬가지였다. 비료가 극히 부족하고 각종 '作害'가 겹쳤다. 38선 이북에 저수지가 있던 연해농장은 通水가 지연되어 적기

---

39) 성업사, 「제20회(1950년도) 정기 주주총회 결의록 서류」.
40) 아래는 불이흥업의 「기부금 내역」(1945. 4~1946. 3)에서 몇몇 정치 사회 단체의 이름을 뽑은 것이다(날짜, 금액은 생략). 本社 黃金町 1정목 夜警自衛隊, 延海 天台 야경단, 延安 自衛團, 龍道面 자위단 本部, 용도면 보천동 자위단 본부, 용도면 현암倉庫 自衛團 本部, 용도면 부현리 自衛團 본부, 新浦 武裝自衛隊, 보안대 위로금, 高北 보안대 農場分隊, 海龍面 자위단, 海美 監視隊, 延海 건국준비 龍道協會, 延海 建國準備協力會, 全北 建國오산면위원회, 沃溝面 建準委員會, 米面 건준위원회, 海美 高北面 協力會 건국축하회.
41) 「제32기 영업보고서」(1945. 4~1946. 3).

에 파종하지 못하였고, 모내기도 순연되어 최종 適期인 6월 20일까지 전체 농지의 23%만을 移秧하는 데 그쳤다. 6월 하순에는 폭풍우로 저지대가 1주일 이상 침수되어 피해가 컸고, 피해가 가장 컸던 연해농장은 苗 부족으로 600여 정보에 모내기조차 못하였다. 호열자가 만연하여 제초도 부실하였다. 8월 出穗期에는 음산한 날씨로 도열병이 발생하였는데 이는 모내기가 늦었던 연해농장이 특히 심했다. 추수기에는 더 큰 위기를 맞았다. "때마침 南鮮 지방에서 농민 소요 사건이 폭발하여 각 농장 지대에는 다수의 농민이 成群作黨하여 농장 직원을 위협하고 소작료 불납 동맹을 체결하여 檢見, 打租를 방해하는 등 정당한 소작료 결정을 거부"하는 사태가 벌어졌다.42) 결국 의외의 '大減收'를 보았다.

(2) 위탁 경영으로의 전환

미군정 관재처는 해방 후의 거듭된 흉작으로 식량난이 심해지자 1947년 2월 21일에 管財手續要領 제9호 「귀속기관 소속 농지 보고에 관한 건」을 발표하여 그간 귀속 기업들이 관리 중이던 농지를 신한공사로 일괄하여 이전토록 하였다. 6월 17일에는 '指示 通牒'을 보내 이를 재차 강조하였다.43)

---

42) 「제33기 영업보고서」(1946. 4~1947. 3).
43) 한국농촌경제연구원, 앞의 책, 264~265쪽 ; 鄭光鉉 編,『敵産關係法規竝手續便覽』, 東光堂書店, 1948, 11~12쪽. 管財手續要領 제9호의 내용은 다음과 같다. 1. 귀속법인 중, 특히 금융기관 계통 중에는 광대한 농지를 그 종속된 토지 관리 회사를 통하여 보유하고 있는 법인이 허다한데 신한공사 설치 목적은 귀속 농지를 전부 그 管理 下에 종속시킨 후에 비로소 달성된다. 2. 이 지시의 목적은 은행, 신탁회사, 기타 귀속기관 등이 현재 관리하고 있는 귀속 농지를 그 作物 産出 여부를 불문하고 신한공사로 이관시키는 것이다. 3. 이 지시에 의하여 신한공사로 이관된 모든 농지의 운영은 금후 신한공사가 직접으로 감독 관리한다. 4. 농지를 관리하고 있는 모든 귀속 법인, 회사, 조합 등

이런 가운데 미군정은 해동흥업에도, 신한공사와 별도 계약을 체결하여, 38선 이남의 4개 농장을 신한공사에 위탁 관리시키도록 하였다. 성업사에 성업사의 직할 농장인 용연, 대천농장, 위탁 농장인 소강농장, 귀속 농지인 수동농장을 계속 관리시켰던 것과는 다른 조치였다.[44] 이에 당시 해동흥업의 사장 金寶永은 1947년 7월 10일에 "당국의 지시"[45]에 따라서 신한공사 총재 크라이드 밋첼(Clyde Mitchell)과 아래의 '管理契約'을 체결하였다.

契約書
1. 해동흥업공사 소유의 左記 농장은 신한공사가 관리함. 延海농장(경기도 연백군 소재), 沃溝농장(전북 군산 부근 소재), 全北농장(전북 이리 부근 소재), 海美농장(충남 소재).
2. 토지 소유권은 해동흥업공사에 依然 存續하고 신한공사는 단지 소유자의 代理人으로서 농장을 관리함.
3. 신한공사는 매년 3월 31일 사업연도 말에 회계보고서를 작성하고 純利益金을 海東公社에 제출함. 此 순이익금은 所定 농장의 총수입으로부터 직접비를 차감하고 간접비 즉 一般費, 諸掛費는 면적비례로 差減함으로써 산출함. 임시비 又는 다액의 직접비는 해동공사에 보고함.
4. 부동산 及 중요 설비의 처분은 管理規則에 의거하여 당사자의 同意를 要함.
5. 해동공사의 小作人으로서 신한공사에 滯納 소작료, 비료대금, 生産

　　은 이 지시를 접수한 5일내로 신한공사에 관련 서류를 제출한다. 한편 미군정은 그에 앞선 1946년 11월에 성업사, 해동흥업, 三井農林, 朝鮮電業 등이 관리 중인 敵産 농지 2만 8천여 정보를 이듬해부터 신한공사로 넘겨 관리시키기로 내정한 바 있다. 『조선일보』 1946. 11. 30.
44) 성업사, 「제20회(1950년도) 정기 주주총회 결의록 서류」.
45) 「제35기 영업보고서」(1948. 4~1949. 3).

借入金 등의 지불을 거부하는 자에게는 해동공사의 요구에 의하여 소작권을 해제하며 적당한 他 소작인을 代置함.
6. 新韓公社는 上記 農場干係 직원을 전부 인수함.
7. 此 계약은 서기 1947년 7월 10일부로 효력을 발생하고 管財處長 又는 軍政長官의 명령에 의하여 失效함. 본 계약에 관하여 當事者 간의 疑義가 있을 때는 管財處長이 此를 조정함.

해동홍업이 토지 소유권을 계속 가진다는 조건아래 이들 농장과 직원 및 사무 일체를 신한공사에 위탁 관리시키되 신한공사가 지주제(당시는 소작료 3·1제 실시)에 입각하여 이를 경영한 후 매년 수확액에서 직접비, 간접비, 임시비 등 해당 관리비를 뺀 순이익금을 해동홍업에 지급토록 한 것이다. 그리하여 해동홍업은 그 첫 해인 1947회계연도에, 비료와 노동력 부족으로 소출이 크게 줄었음에도 불구하고, 총수확액(농산물 수입금) 4,794만여 원에서 관리비 2,666만여 원을 뺀 2,127만여 원(당시 화폐액)을 순이익금으로 수령하였다(<표 2>).46)

(3) 농지 매각과 지주경영 해체

미군정은 1948년 3월 22일에 법령 제173호로 귀속 농지 분배를 실시하였다. 연평균 소출의 30할을 15년간 균등 상환하는 조건이었다. 그 과정에서 미군정은 1947년 7월 10일부터 신한공사가 위탁받아 관리 중이던 해동홍업의 38선 이남의 4개 농장 농지도 함께 불하하도록 하였다. 군정장관 대리가 1948년 5월 25일에 중앙토지행정처로 보낸 指示 제1항에서 해동홍업의 소유 농지도 포함한 귀속 농지 전부를 소작농에게 移讓하는 것이 군정청의 방침이니 "此等 토지를 양도하도록 지시"하였고,47) 해동홍업 역시 아래에서 보듯이 머지않아 농지개혁이 실시

---

46) 「제34기 영업보고서」(1947. 4~1948. 3).

될 것이므로 차제에 솔선하여 國策에 호응하는 것이 좋겠다는 판단아
래 이를 따랐다.48)

　　당시 同 기관(신한공사 : 필자)에서 관리 중에 있는 當社 소유 농지
분배 여부에 대하여……감독 관청인 財務部로부터 당사의 방침 여하
를 照會하여……당사로서는 "不遠한 장래에 한국 법인이 소유한 토지
처분에 관한 방책이 수립될 것이 예측될 뿐만 아니라 농지 분배는 絶
大 國策이며 장래 발포될 농지개혁 내용이 법령 제173호의 내용과 大
差가 無하다면 차라리 他에 솔선 국책에 순응하여 소작인에게 불하할
용의가 있다"라는 답신을 재무부장관에게 제출한 결과 적산 토지 분배
요령에 準하여 토지행정처를 통하여 농가에 분배하였든 것……당사에
[의] 소유 농지를 분배한 것은 日人 소유 농지를 분배키 위한 법령 제
173호에 의한 것이 아니고 當社 자체의 의사에 의한 자율적인 조치
임.49)

---

47) 「＊법제처장 신태익. 농림부 장관 귀하. 조선 내에서 창립된 법인재산수입금 처리에 관한 건」에서 재인용(＊는 판독 불능, 이하 같음). 「상고이유서」(1967) 의 "군정법령 173호가 시행……귀속 농지가 분배를 보게 되고 모든 非 귀속 농지도 역시 장차 분배를 보게 될 추세에 있을 뿐 아니라 국가 기관인 중앙 토지행정처가 私企業體인 原告(해동흥업 : 필자)의 토지를 언제까지나 관리 할 수 없는 형편"이라서 매각을 요청했다는 설명도 참조.
48) 성업사도 1948년 5월 4일에 末永農場의 매각을 식은에 건의하였다. 귀속 농지인데다 일본인 토지가 모두 불하되는 터에 이것만 빠지면 관리에도 지장이 클 것이라며 국책에 순응하는 의미에서 자진하여 관리권을 포기하고 중앙토지행정처에 이관하자는 것이었다. 식은도 미군정에 같은 뜻을 전달하였다. 그러나 미군정은 이를 매각하지 않았다. 이는 1950년 4월 24일 귀속농지관리국에서 "末永農場 및 鬼頭農場(은)……군정법령 제33호 및 관재수속요령 제9호에 의거하여……신한공사가 당연히 접수 관리해야 할 것인데 管理 漏落된 관계로 貴社에서 任意 관리한 것으로 思料되오니 농지 분배 실시 중인 차제에……이관"하라고 지시한데서 분명하다. 洪性讚, 앞의 글, 1991.
49) 「理由書」(연도 미상)에서 재인용.

매각 방법도 '約定'하였다. 귀속 농지 분배 요령에 준하여 매각하되 매각 대금의 징수 등 일체의 업무를 중앙토지행정처에 맡기며, 매각 대금은 중앙토지행정처가 매년 受配 농민들로부터 상환 받은 토지 대금(연수확의 2할)에서 그간의 所要 경비(관리비)를 뺀 금액을 15년간 지급받기로 하였다.50)

2) 농지 매각 대금의 수령과 여타 부동산의 경영

1948년 귀속 농지 분배 당시에 38선 이남의 4개 농장의 농지를 자진하여 모두 매각한 해동흥업은 그 후 관련 업무가 신한공사, 중앙토지행정처, 귀속농지관리국 등으로 이관된 가운데 이들 부서에서 매년 '순이익금' 명목으로 토지 대금을 지급받았다.51) 1948회계연도 분은 담당 부서가 자주 바뀌어 整理 사무가 '지연'되었음에도 불구하고 1949년 10월 21일에 4,492만여 원을 수령하였다. 1949회계연도 분도 6·25전쟁으로 순이익금 청구가 중단되고 9·28수복 후 재청구한 것 역시 중공군 개입으로 제때 수령하지 못하는 등 여러 어려움을 겪었지만 결국 1950

---

50) 「4282. 12. 8. 社長 取締役 支配人 總務課長 仰 決裁. 社有 農地 賣却 代金 積立 基準에 關한 件」; 「海東發 제*호 단기 4288년 11월 9일 海東興業. 농림부 장관 귀하. 農地 補償 申請에 關한 件」의 "4개 농장의 財産 一切에 관하여는 과거……신한공사와 위탁 관리 계약을 체결하였고……日人 토지를 소작인에게 분배할 당시 동일한 要領 下에 분배된 것을 계기로……농지관리국에서 계승……관리하여 왔든 관계로 매년 토지 대금 중에서 관리국의 제반 管理費를 공제한 잔액을 관리국으로부터 受取하고 있는 바"; 「상고 이유서」(1967)의 "원고(해동흥업)와 중앙토지행정처는 合意 下에……법령 173호의 규정에 準하여 本件 토지를 各 소작인에게 年賦로 매각하기로 하고……매매대금의 징수 등 一切의 업무는 계속 중앙토지행정처가 담당하되……징수한 매매 대금은 소요 경비를 공제한 후 매년 原告에게 지급하기로 한 것" 참조.
51) 귀속 기업의 재산은 귀속시키지 않는다는 원칙은 한미협정 제5조에 따라서 법률 제74호 귀속재산처리법(1949. 12. 19. 공포)에 그대로 반영되었다.

년 12월 9일, 1951년 3월 12일, 3월 31일 세 차례에 걸쳐 모두 1억 2,540만여 원(이상 당시 화폐액)을 지급받았다.52)

해동흥업으로서는 이때 38선 이남의 농지 대부분을 자진하여 매각한 터라서 그 후로는 크게 두 가지 업무만 남게 되었다. 하나는 향후 지급받을 농지 대금을 적립하여 이로써 새로운 사업을 찾는 일이고, 다른 하나는 그 당시 매각에서 제외되었던 부동산 등을 활용하여 역시 새 사업에 진출하는 일이었다. 그리하여 이들은 한편에서는 농지 매각 대금의 적립 기준을 만들어 1949회계연도부터 적립을 시작하였고,53) 다른 한편에서는 회사의 장기적인 '경영 개선' 방안으로서 서울 서대문구 녹번동, 불광동에 있던 기존의 京城農園을 "我國의 모범적인 種畜農園"으로 확장하는 방안 등을 추진하였다.54)

해동흥업은 1950년 농지개혁과 곧 이은 한국전쟁(6·25)으로 또 한 차례 변화를 겪었다. 그렇지만 그중 농지개혁에 따른 변화는 그리 크지 않았다. 앞서 매각한 4개 농장 농지의 보상 방식이 연평균 수확의 30할을 15년간 균등 보상받는 것에서 15할을 5년간 균등 보상받는 방식으로 바뀌었고,55) 또 분배 농지의 부속 시설에 대한 보상금을 지급받게 된 것을 빼고는 큰 변화가 없었다. 1948년 귀속 농지 분배 때 농

---

52) 후술할 표 2-1, 2, 3 ; 「제35기 영업보고서」(4281. 4~4282. 3) ; 「제36기 영업보고서」(4282. 4~4283. 3).
53) 「제36기 영업보고서」. 적립금 산출 방법은 아래와 같았다. 1만 6,276石(연평균 소출의 2할)×2,400원(1948년도 법정 곡가)=3,906만 2,400원. 3,906만 2,400원×7.606=2억 9,711만 1,739원. 2억 9,711만 1,739원/15=1,980만 7,449원. 단, $7.606=1/(1+0.1)+1/(1+0.1)^2\cdots\cdots+1/(1+0.1)^{15}$. 「4282. 12. 8. 社長, 取締役, 支配人, 總務課長 仰 決裁. 社有農地 賣却 代金 積立 基準에 關한 件」.
54) 「제36기 영업보고서」(4282. 4~4283. 3). 1948년에도 불광동에서 1천여 마리의 병아리를 키웠다. 『동아일보』 1948. 5. 26, '海東興業 全燒'.
55) 1951년 4월 5일의 법률 제185호 「귀속농지 특별조치법」으로 귀속 농지와 일반 농지의 상환(보상)이 통합되었다.

지를 매각당하지 않았던 성업사가 1950년 농지개혁으로 직할 농장인 용연, 대천농장과 천안, 온양, 고양, 경주의 소규모 농지들을 모두 분배당하고 위탁 농장인 소강농장과 귀속 농지인 수동농장 역시 조선농공(주)과 귀속농지관리국에 각각 반환해야 하였던 것[56]에 비하면 큰 변화가 아니었다. 해동흥업은 오히려 한국전쟁으로 더 큰 변화를 맞았다. 전쟁으로 휴전선 이북의 연해농장을 잃은 대신, 철원농장을 되찾아 수복 지구 농지개혁 때 그 보상금을 지급받게 되었으며, 전쟁 후 軍 징발 재산에 대한 보상이 이루어지면서 옥구농장과 철원농장의 징발 농지 보상금을 지급받을 길도 열렸다.[57]

그럼에도 불구하고 해동흥업에는 여전히 두 가지 업무만 남았다. 첫째는 휴전선 이남의 分配 농지, 수복 지구인 철원농장의 수복 농지, 옥구농장과 철원농장의 軍 징발 용지에 대한 보상금을 수령하는 일이었다. 둘째는 경성농원 등 여타 부동산의 활용 방안을 강구하여 회사의 장기적인 운영 대책을 마련하는 일이었다. 성업사가 농지개혁에서 제외된 경기도 양주군의 倉洞農園과 그 밖의 부동산(未墾地, 부대 저수지, 수로, 대지, 임야, 雜地 및 각 농장의 사택, 사무실, 창고, 揚水場, 小屋)을 활용하여 축산 사업, 시가지 경영에 진출할 계획을 세운 것도 같은 예였다.[58]

첫째의 농지 보상금 수령은, 비록 몇 가지 어려움은 있었지만, 적어도 1953회계연도 분까지는 그런대로 잘 이루어졌다. 농지개혁이 한창

---

56) 성업사, 「제20회(1950년도) 정기주주총회 결의록 서류」.
57) 「해동발 제83호. 4291. 2. 18. 해동홍업. 한국식산은행 청산위원장 귀하. 弊社 農地 補償金에 관한 건」에 따르면 전북, 옥구, 해미농장의 旣 補償 受領金 잔액은 4,999만 5,077환, 철원농장 수복 농지 보상 분은 1억 4,645만 7,538환, 옥구농장 징발 농지 보상 분은 701만 1,525환으로 총 2억 246만 4,090환이었다.
58) 성업사, 「제20회(1950년도) 정기주주총회 결의록 서류」.

이던 1950년 4월 15일에 해동흥업공사는 농림부 농지관리국으로부터 공문을 받았다. "귀 공사는 한국 내에 설립된 법인으로서 특히 서기 1947년 7월 10일자로 신한공사 총재 크라이드 밋첼과 체결한 계약서에 의하여 당해 농장의 순이익금을 매년도 말 지불됨으로 본 계약이 실효되지 않은 한 지가증권을 발급할 수 없"다는 것이었다.59) 38선 이남의 4개 농장(연해농장 포함) 농지의 지가증권을 발급하지 않고 종전처럼 순이익금을 계속 지급하겠다는 통보였다.

사실 농림부 농지관리국은 그에 앞선 1949년 7월 14일에 법제처로 질의서(歸農局 제260호)를 보내 이 문제를 상의한 바 있었다. 농지개혁법이 제정된(1949. 6. 21) 직후로서 동법(1950. 3. 10)과 그 시행령(1950. 3. 25), 시행규칙(1950. 4. 28)이 공포되기 전이었다. 법제처는 곧 아래 요지의 답변서를 보냈다.60) 첫째, 조선 내에서 창립된 법인의 재산에 대한 소유권은 당해 법인에 존속한다. 둘째, 해동흥업의 재산을 귀속농지관리국(前 신한공사, 중앙토지행정처 및 그 소속 지방기관. 이하 동일함)에서 관리하여 얻은 수입 중 관리비를 뺀 순이익금은 해동흥업에 반환해야 한다. 셋째, 해동흥업 농지를 귀속농지관리국에서 관리하다가 법령 제173호로 소작농에게 양도 처분하였을 경우 거기서 얻는 收入代價는 소유권자인 해동흥업에 반환해야 한다. 농지관리국은 법제처의 이러한 '見解'에 입각하여 해동흥업에 지가증권을 발급하지 않기로 했던 것이다.

해동흥업도 농지관리국의 이 조치를 그대로 받아들였다. 농지개혁법에 따를 경우 대통령령 제451호「매수 농지 대가 보상에 대한 체감률

---

59)「海東發 제*호. 4288. 11. 9. 해동흥업. 농림부 장관 귀하. 農地 補償 申請에 關한 件」에서 재인용. 1952년 10월 1일에도「農地 제1495호」로 같은 취지의 공문을 보냈다.
60)「法制經 제267호. 4282. 8. 10」.

규정」(1951. 2. 제정)에 의해서 높은 遞減率을 적용받아야 했던 것이다.[61] 그래서 1951년 12월에 해동흥업의 부산 임시사무소에서 열린 취체역회에서 "체감률 적용을 받는 관계상 막대한 數量에 差異가 有함으로 지가증권은 청구치 않고 현재대로 귀속농지관리국을 통하야 수입금을 領收하기로" 결의하였다.[62]

이로써 해동흥업은 농지개혁 후에도 앞서의 관리 계약에 따라서 농지관리국이 "年年 예산을 計定"하여 지급한 순이익금을 수령하였다.[63] 우선, 1950회계연도 분은, 그간 1・4후퇴로 직원들이 피난하여 업무가 마비되고 또 연해농장이 停戰線 북쪽에 놓이는 혼란을 겪었음에도 불구하고, 1952년 2월 4일에 1억 5,477만여 원을 수령하였다.[64] 1951회계연도 분도 1952년 12월 23일과 1953년 3월 26일 두 차례에 걸쳐 전북농장, 옥구농장, 해미농장 분과 연해농장의 "農地代의 일부"(1만 5,683석을 1석당 8,025원으로 환산한 1억 2,585만여 원)까지 포함한 6억 2,792만여 원을 수령하였다. 1952회계연도 분 역시 1953년 11월 21일과 1954년 1월 12일, 2월 2일 세 차례에 걸쳐 연해농장을 뺀 3개 농장 분으로 1,016만여 환을 받았고, 1953회계연도 분도 1954년 9월 13일에 연해농장을 제외한 3개 농장 분으로 1,850만여 환을 지급받았다(이상의 금액은 지급 당시 화폐액).

해동흥업은 이상의 보상금을 지급받기 위하여 주무 관청인 농림부에 긴밀히 협조하였다. 예컨대, 이들은 1951년 12월 하순에 농지 대금 6억 2,792만여 원의 교부를 신청하여 수령할 당시 농림부 농지관리국장, 보상상환과장, 농지계장으로부터 농림부 직원의 후생 사업 기관인

---

61) 체감률은 한국농촌경제연구원, 앞의 책, 734쪽.
62) 「중역회 결의록」(4284. 12. 29. 起案).
63) 「法制2 제49호. 4289. 4. 19. 法制室長. 農林部, 財務部 長官, 審計院長 貴下. 海東興業公社 所有 農地 補償에 關한 質疑의 件」.
64) 이하 각 연도 「영업보고서」; 표 2-1, 2, 3 참조.

'農林部公務員和親會'의 운영 기금 1천만 원을 대여해 달라는 요청을 받았다. 액수가 크고 또 비록 명색은 貸與였지만 사실은 "寄贈과 흡사한 성격"이라서 응하기 곤란한 일이었다. 그렇지만 이들은 "과거는 물론 今後 계속하여 토지 대금을 조속히 또한 유리하게 교부를 받아야 할 입장"인데다, 이를 거부할 경우 "장래 유형무형의 손실을 초래할 우려가 不無할 것"이라는 판단아래 1952년 1월의 취체역회에서 그 절반인 500만 원을 대여하기로 하였다.65) 이자율도 상환 기간도 정하지 않은 대여로서, 해동흥업은 1년 후에 그 전액을 결손 처리하였다.66) 1952년 12월 23일과 1953년 3월 26일에 농림부로부터 미수복 지구인 연해농장의 보상금까지 일부 지급받았던 데는 이런 배경도 작용하였던 셈이다.

둘째의 京城農園과 기타 부동산 관리도 그런대로 잘 추진되었다. 우선 경성농원은 1950회계연도의 경우 직원들이 모두 피난한데다 전쟁으로 牛, 豚, 鷄 등 畜類는 물론이고 기타 시설까지 燒失 파괴되어 약간의 蔬菜 田作만을 경작하는 데 그쳤다.67) 그러나 1952회계연도에는 그곳 과수원과 田作部를 경작하는 외에 새로 孵化사업을 시작하였고, 1953회계연도에는 부산에서 환도하여 경성농원의 부화실, 養鷄舍, 사무실 복구에 착수하는 동시에 과수원과 田作 경영, 부화사업 확충, 그리고 養鷄, 育雛 사업에도 나섰다.68) 그리하여 1955년 1월 현재 서울

---

65) 「취체역회 결의」(4285. 1. 6).
66) 「취체역회 결의록」(4287. 3. 11)의 "4285년 12월 하순에 農地 代金 受領 당시……5만圓 대여 요구가 有하여 其後 관계 등을 고려하고 부득이……和親會에 융자한 바이나 현재 同 기관은 해체되고 관계자도 퇴직되어 회수는 도저히 가망이 無함으로 玆에 결손 처분키로 결의".
67) 「제38기 영업보고서」(4284. 4~4285. 3).
68) 「제39기 영업보고서」(4285. 4~4286. 3), 「제40기 영업보고서」(4286. 4~4287. 3). 1951년 말에는 관계 당국에 孵化器 2臺의 구입을 신청하였다. 「중역회 결의록」(4284. 12. 29).

녹번동 산 2-1번지의 사무실 2동(2층 건물과 부속 건물. 총건평 46평), 부화실 1동(木造 瓦茸 平家, 28평)과 불광동 43-17번지의 鷄舍 2동(木造 각 102평, 96평)에 孵化器 4대(1만개入 木材 立體 부화기. 2대는 1953년도, 2대는 1954년도 제조품), 발전기 1대(5kW 차량용), 양수기 1대, 화물 자동차 1대(오스팅 1951년式)를 설치 운영 중이었다.[69]

해동흥업은 대지, 임야, 건물 등 기타 부동산의 관리에도 진력하였다. 1952년 11월에는 정부 당국과의 오랜 협의 끝에 과거 귀속농지관리국에서 수탁 관리해 왔던 전북농장, 옥구농장의 부동산 일체를 반환받았고, 1953년 7월에는 해미농장의 부동산을 반환받아 그 임대료 징수에 박차를 가했다.[70] 1954회계연도에는 경북 산림부의 製炭, 벌채 사업에 주력하면서 1947년 가을에 燒失되었던 서울 본사의 舊 사옥 부지에 공사비 5천여만 환을 들여 지상 3층과 지하실을 갖춘 빌딩을 신축하기로 하고 그에 필요한 자재 도입을 서둘러 1954년 11월에 공사를 시작하였으며 1955년 9월까지 이를 준공하기로 하였다.[71]

그런데 농림부는 1955년에 돌연 해동흥업의 38선 이남의 농지에 대한 1954년도(최종 연도) 분 순이익금 지급을 중단하였다. 1954년도 국회에서 "(해동흥업에) 지급한 보상금 중 한국인 주식 16.1% 해당액만을 공제하고는 다시 회수하기로 결정하고 예산을 삭감"한 때문이었다.[72]

---

69) 「취체역회 결의록」(4288. 1. 20).
70) 「제39기 영업보고서」(4285. 4~4286. 3).
71) 「제41기 영업보고서」(4287. 4~4288. 3). 서울 본사는 을지로 1가 半島호텔 건너편에 있었으나 해방 후 미군이 사용하다가 1947년 11월에 燒失되었다. 그래서 전체 408평 중 도로 편입 분을 뺀 200여 평에 延 400평의 현대식 빌딩을 짓고 外國人 商社(1층), 韓人 商社(2, 3층), 식당(지하)을 입주시켜 임대료를 받을 계획이었다. 예상 공사비 약 5,100만 환은 서울 시내 舍宅 매각 대금 600만 환, 군산 소재 부동산 매각 대금 500만 환, 경북 소재 立木 매각 대금 700만 환, 1954년도 農地 補償金 중 1천만 환, 은행 차입금 2,300만 환 등으로 충당할 계획이었다. 「社屋再建計劃」.

해동흥업을 귀속기업체로 간주하여 해동흥업이 발행한 주식 가운데 국유 및 歸屬株의 비율에 해당하는 만큼의 보상금을 지급하지 않기로 한 것이다. 당시 정부는 귀속 국내 법인의 소유 재산을 귀속재산으로 오인하여 임의로 임대, 불하한 경우가 많았는데,73) 그 연장선 위에서 해동흥업과 그 재산을 귀속기업, 귀속재산으로 간주하여 그중 國有 및 歸屬株 몫에 해당하는 만큼의 보상금 지불을 거부한 것이다.

이에 해동흥업은 1955년 11월에 38선 이남의 연해농장, 전북농장, 옥구농장, 해미농장 등 4개 농장의 농지에 대한 지가증권(전체 보상 석수에서 既 청산량과 관리비를 뺀 5만 6,324석에 대한)의 발급을 청구하였다. 해동흥업이 한국 내에서 창립되고 등기된 국내 법인이며 소유 농지도 귀속 농지가 아니므로, 신한공사와 체결하였던 앞서의 관리 계약이 농지개혁으로 "자연 解消"된 이상, 그간 수령한 순이익금을 뺀 '未補償 殘量'에 대한 지가증권을 발급해 달라는 것이었다.74)

그리고 이튿날에는 해동흥업이 귀속 기업체가 아님을 증명해달라는 요청서를 식은 청산위원회를 경유하여 재무부로 보냈다.75) 당시 식은은 1954년 4월의 임시 주주총회에서 그 해산이 결의되어 청산인 9명으로 구성된 청산위원회가 청산 업무를 진행 중이었다. 따라서 그들 역

---

72) 「서울지법 판결문」(1962. 6. 12) ;「상고 이유서」(1963. 9. 2)의 "(1954년) 以降……잔여 대금의 지불을 중지……이유는 국회에서 원고(해동흥업) 회사의 주식의 대부분이 國家 所有라 하여 본건 代金條로 계산된 豫算을 삭감한 결과".
73) 전정구, 앞의 글, 113~114쪽.
74) 「海東發 제*호. 4288. 11. 9. 해동흥업공사. 농림부 장관 귀하. 農地 補償 申請에 關한 件」.
75) 「해동발 제223호. 4288. 11. 10. 해동흥업. 한국식산은행 청산위원장 귀하. 當社 非歸屬企業體 證明에 關한 件」;「殖淸 證第 號. 4288. 11. 11. 한국식산은행 청산위원장. 재무부 장관 귀하. 株式會社 海東興業公社 非歸屬企業體 證明 依賴之件」.

시 식은의 방계 회사인 해동흥업의 보상금 문제에 무관할 수 없었다.
　그 후 해동흥업, 식은 청산위원회와 재무부, 농림부, 審計院(지금의 감사원 : 필자), 법제처는 이 문제로 논란을 벌였다. 그리고 1956년 4월에 법제처는 농림부 등으로 아래 요지의 답변서를 보냈다.[76] 첫째, 해동흥업은 귀속재산처리법상 한국 내에서 설립된 법인으로서 농지개혁법상의 買收 대상 농지를 소유하였고 또 그 농지가 그 법에 따라 분배되었음이 분명하다. 둘째, 농지를 매수당한 地主에게는 지가증권을 발급해야 함에도 불구하고 농림부가 이를 발급하지 않은 것은 농지개혁법의 적용을 그르친 것이다. 셋째, 신한공사와 해동흥업이 체결한 관리계약은 농지개혁으로 그 농지가 "實際로 分配된 時期"에 "自動的으로 失效"된 것으로 보아야 하며 따라서 농림부가 그 후에도 지가증권을 발급하지 않고 순이익금 명목으로 1953년(분)까지 현금을 지급한 것은 "법적 근거가 없는 부당 지출"이다. 넷째, 농림부는 지금이라도 해동흥업에 所定의 지가증권을 발급하여야 한다. 다섯째, 1949년 8월 10일자 법제처 '견해'[77]에 따라서 "年年 예산을 計定하여 순이익금을 1953년도(분)까지 지출"하였다는 농림부 주장은 법제처의 견해를 오인한 것으로서 그 '견해'는 농지개혁법 시행령과 시행규칙 등이 제정되기 前의 일로서 본 질의에 적용될 성질이 아니다.
　審計院의 생각도 같았다. 당시 심계원장이 법제처로 알린 내용은 다음과 같았다.[78] 첫째, 농림부는 해동흥업에 지가증권을 발급해야 한다. 둘째, 해동흥업의 재산 가운데 歸屬性을 띤 것이 있더라도 이는 재무부와 해동흥업이 추후 계산할 문제(감독 관계에 불과)에 불과하므로 농림부는 해동흥업의 "固有 부분에 관한 것이든 귀속株에 관한 것이든"

---

76) 「法制2 제49호. 4289. 4. 19」.
77) 앞 주 60)에서 인용한 「法制經 제267호. 4282. 8. 10」을 말한다.
78) 「不二農場件」(1956. 4. 16).

일괄하여 지가증권을 발행 교부하면 될 뿐이지 이를 "분리하여 성질별로 분석하여 발행 교부"할 일이 아니다. 셋째, 그간 해동흥업에서 현금으로 수취한 것은 지가증권 접수와 함께 상쇄하여 그 차액에 대해서만 증권을 발부하면 된다. 넷째, 장차 해동흥업을 유지, 존속할지 또는 해산, 청산할지는 지가증권 발급 이후의 문제로서 지가증권 발부와는 별개 문제다. 법제처와 심계원의 이러한 유권해석에도 불구하고 농림부는 지가증권을 발급하지 않았다. 식은 청산위원회는 1957년 2월에 민의원 농림분과위원회에도 진정서를 보냈으나 역시 무위였다.79)

그런데 해동흥업으로서는 이 문제야말로 다른 무엇보다 중요한 일이었다. 식은 청산위원회도 마찬가지였다. 해동흥업이 귀속 기업체로 간주될 경우 이들 농지의 보상금은 물론이고 전쟁 후 수복 지구로 편입된 철원농장의 지가 보상금도 받을 수 없었다. 해동흥업은 1954년 11월에 공사비 5천여만 환이 예상되는 빌딩 신축 공사를 기공한 터라서 1955년에 앞의 순이익금 지급이 중단되자 이듬해부터 당장 "尤甚한 資金難"에 빠졌다.80) 그 전까지는 매년 농지 대가를 지급받아 자금에 여유가 있었고 그래서 성업사에 자금을 빌려주거나,81) 사원 복지에도 상당한 배려를 하였지만,82) 이젠 자금 부족으로 앞서 계획한 빌딩 신

---

79) 「陳情書. 식은 청산위원회. 민의원 농림분과위원회 위원장 귀하」(1957. 2.).
80) 「제43기 영업보고서」(4289. 4~4290. 3).
81) 1952년 12월에 성업사가 일반 경비 5천만 원의 대여를 해동흥업에 요청하자 "본사 대주주이고 동일한 식은 방계이라 편의를 도모"할 필요가 있다며 3천만 원을 대여하였다. 금리는 日步 5전 4리, 반제 기한은 1953년 3월말이고, 약속어음에 성업사 중역들이 개인 자격으로 裏書 보증하였다. 「취체역회 결의록」(4285. 12. 23). 1953년 6월에도 성업사에 영농 자금 500만 환을 대부하였다. 금리는 日步 5전, 반제 기한은 1954년 6월말, 담보는 해동화재해상보험회사 주식 5만 주였다. 「취체역회 결의록」(4286. 6. 4).
82) 1951년 겨울에 본사, 농원, 지사 등의 薪炭 구입비 117만 원, 沈菜(김장)자금 238만 원, 월동자금 115만 원, 1952년 4월에 피복 구입비 266만 원 등을 대출

축, 경성농원 확장, 경북 산림부의 벌채 사업까지 타격을 받았다.[83] 게다가 경성농원의 양계 및 부화 사업은 同業者가 늘어 이미 "過剩 상태"에 빠졌고, 경북 산림부의 제탄 및 벌채 사업도 곧 악화되었다.[84]

결국 해동흥업은 1956년 2월에 빌딩 신축자금을 마련하기 위해서 京城農園의 서울 불광동 소재 田 1만 175평과 임야 2만 1,320평을 매각하기로 하였고,[85] 1959회계연도에는 수익성이 없는 경북 산림부를 폐쇄했으며,[86] 성업사나 은행에서 빌딩 신축자금과 일반 경비까지 차입해야 했다.[87] 해동흥업은 적자 사업 부문을 정리하고 직원을 감원하는 등 경비 절약에 힘썼음에도 불구하고 전쟁 후의 물가 앙등으로 적자는 물론이고 "재산 관리상(의) 損耗"도 면할 수 없었던 것이다.[88] 그리하여 이들은 1955회계연도에는 당장의 지출 경비를 마련하기 위해서 2,762만 환(부동산 기타 賣却益 690만 환, 立木 매각익 2,272만 환)에 달하는 재산을 처분하였고, 1956회계연도에도 3,344만 환(부동산 매

한 것, 1952년 말에 薪炭 구입비 7만 원, 沈菜 자금 7만 원, 1953년 1월에 월동 자금 7만 원, 8월에 收復費 16만 원 등을 대출한 것이 예다. 이들 역시 "물가앙등으로 인하여 도저히 回收 곤란"하다며 그 후 모두 "缺損 처리"하였다. 1953년 2월 8일 社友會에 2,200만 원을 無利子로 대부한 것도 같은 예다. 「취체역회 결의록」(4286. 1. 10, 2. 8, 9. 30).

83) 「제43기 영업보고서」(4289. 4~4290. 3).
84) 「제42기 영업보고서」(4288. 4~4289. 3).
85) 「취체역회 결의록」(4289. 2. 15) ; 「부동산 매각 입찰 공고」 ; 「제45기 영업보고서」(4291. 4~4292. 3).
86) 「제46기 영업보고서」(4292. 4~4293. 3).
87) 「1955. 1. 20. 한국저축은행에서 빌딩 건축자금 2,500만 환을 부동산 담보로 차입」; 「1956. 5. 2. 성업사에서 삘딩 2층 構體 工事代를 차입」; 「1956. 6. 16. 성업사에서 빌딩 2층 構體 工事資金 400만환 차입」. 해동흥업은 성업사에서 1957년 9월 6일에 50만 환, 1958년 2월 7일에 250만 환, 4월 28일에 100만 환, 5월 31일에 50만 환 등의 일반 경비도 차입하였다.
88) 「제43기 영업보고서」(4289. 4~4290. 3) ; 「제44기 영업보고서」(4290. 4~4291. 3).

각익 2,426만 환, 입목 매각익 917만 환)의 재산을 추가로 처분할 계획이었다. 이에 식은 청산위원회는 1956년 8월에 성업사로 지시를 보내 해동흥업에 대한 감독 강화를 요구하였고 그해 9월에는 성업사와 해동흥업의 임원진도 개편하였다.[89]

1958년 2월에 해동흥업은 농지 보상금 청구와 관련한 대정부 교섭에 더 이상 기대할게 없다고 보고 크게 두 가지 대안을 검토하였다. 하나는 행정소송을 제기하여 법적 해결을 모색하는 길이었다. 다른 하나는 회사의 여타 재산은 처분하되 농지에 대해서는 정부 보상액을 정확히 계산한 후 정부의 주장대로 "법인, 개인株와 귀속株 비율"에 따라서 대금을 청산 배분받는 방안이었다.[90]

그런데 1960년 1월 21일에 대법원은 그간의 管財행정에 새로운 '이정표'를 세운 '획기적'인 판례를 내놓았다.[91] 귀속재산처리법 제2조 3항에 따라서, 1945년 8월 9일 이전에 한국에서 설립되어 그 주식 또는 지분이 일본의 기관, 국민 또는 단체에 소속되었던 영리 법인의 법인격은 여전히 同一性을 유지하며, 따라서 그 소유 재산도 국가에 귀속되지 않는다는 판결이었다.

---

89) 「殖淸 제768호 4289. 9. 貴社 및 해동흥업공사 役員 개편에 관한 件. 殖銀 淸算委 사무국장. 成業社 귀하」의 "제16차 임시 위원회의 결의에 의하여 귀사 및 貴 傘下 해동흥업……역원을……(아래와 같이) 개편하기로 되었아오니……임시 주주총회에서 如此 선임하시도록……敬望……揭記의 건에 관하여……해동흥업공사에 善히 조치하여 주시기를 倂望." 식은 청산위는 해동흥업이 약 500만 환의 직원 가불금(전세 보증금, 후생 糧穀代, 연료 운반비 등)을 미회수하였고, 재산도 公賣가 아닌 隨意 계약으로 매각하는 등 회사를 방만하게 운영했다고 지적하면서 성업사에 적절한 조치를 취한 후 그 결과를 재산 손모 방지 방안과 함께 보고하라고 지시하였다. 「殖淸 제596호 4289. 8. 3. 殖銀 淸算委員會. 成業社 귀하. 海東興業公社 管理에 관한 件」.
90) 「海東發 제83호. 4291. 2. 18」.
91) 전정구, 앞의 글, 113~114쪽.

이런 가운데 해동흥업은 1961년 8월에 정부를 상대로 전북농장, 옥구농장, 해미농장의 농지 보상금 지불을 청구하는 소송을 서울지법에 제출하였다. 다음 <표 2-1, 2, 3>은 해동흥업이 소송에 대비하여 작성한 것으로 보이는 문서를 정리한 것이다.

<표 2-1> 1961년 9월 15일 현재의 地價 補償 현황

연도	총 보상(실제 보상) 규모			未拂 보상 청구 규모	
	石數	법정 곡가(1석)	환산금액	石數	환산금액
1947					
1948		24.00환			
1949		48.10환			
1950	12,281석	148.14환	1,819,438환	298석	44,275환
1951	12,281석	588.30환	7,225,434환	2,600석	1,530,147환
1952	12,281석	1,805.60환	22,176,175환	6,572석	11,867,307환
1953	12,281석	1,805.60환	22,176,175환	1,745석	3,152,118환
1954	12,281석	2,775.00환	34,082,236환	12,281석	34,082,235환
합계	61,409석		87,479,459환	23,499석	50,676,090환

자료 : 「4294년 9월 15일」. 石, 圜 미만은 버림. 따라서 합계가 조금 다를 수 있음. 화폐 단위가 1953년 2월 15일에 圓에서 圜으로(원화와 환화의 교환 비율은 100 : 1), 1962년 6월 10일에 圜에서 圓으로(환과 원의 교환 비율은 10 : 1) 바뀌었지만 圜으로 통일하여 표기함.

<표 2-2> 1961년 9월 15일 현재의 地價 補償 현황

연도	既 受領 보상 규모		未收復지구의 既受領 보상규모		순이익금 수령액(3)
	石數	환산금액(1)	石數	환산금액(2)	
1947					479,471환
1948	9,107석	218,588환	18,293석	428,574환	97,088환
1949	9,626석	463,044환	18,240석	877,355환	161,913환
1950	11,983석	1,775,165환			3,073환
1951	9,680석	5,695,287환	15,683석*	1,258,590환	
1952	5,709석	10,308,870환			
1953	10,536석	19,023,475환			
1954					
합계	56,644석	37,484,431환	52,216석	2,564,520환	741,547환

참고 : 전북, 충남의 연도별 既 受領 보상액(石數)은 각각 1950년 8,481석, 625석, 1951년 9,330석, 305석, 1952년 1만 1,223석, 760석, 1953년 7,344석, 2,336석, 1953년 5,071석, 635석, 1954년 8,577석, 1,958석임.
＊ : 1950년도분의 단가(법정 곡가)는 80.25환으로 환산됨. 농지 이외 재산의 반환은 전북 4285년 11월 25일, 충남 4286년 7월 13일에 이루어짐.

<표 2-3> 1961년 9월 15일 현재의 地價 補償 현황

연도	補償금액과 農産收入 (1)+(2)+(3)	委託管理費	差減受領額	지불기관	受領日
1947	479,471환	266,697환	212,774환	신한공사	
1948	744,251환	295,026환	449,224환	신한공사	1949.10.21
1949	1,502,313환	248,256환	1,254,057환	신한공사	a
1950	1,778,239환	230,467환	1,547,771환	신한공사	1952.2.4
1951	6,953,877환	674,601환	6,279,275환	농지관리국	b
1952	10,308,870환	146,086환	10,162,784환	농지관리국	c
1953	19,023,475환	517,103환	18,506,372환	농지관리국	1954.9.13
1954					
합계	40,790,499환	2,378,239환	38,412,259환		

참고 : a=1950년 12월 9일, 1951년 3월 12일, 3월 31일. b=1952년 12월 23일, 1953년 3월 26일. c=1953년 11월 21일, 1954년 1월 12일, 2월 2일.

우선 세 농장의 분배 농지 규모는 전북(옥구농장 전부, 전북농장 일부)의 답 684만여 평, 전 44만여 평과 충남(해미농장 전부, 전북농장 일부)의 답 45만여 평, 전 44만여 평 등 모두 819만여 평이고, 그에 대한 총 보상 석수는 11만 2,968석이었다.[92] 여기서 체감률 47%를 적용한 체감 석수 5만 3,095석과 기초 공제액 1,536석을 뺀 실제 보상 석수 6만 1,409석을 5년간 균분하면 1만 2,281석이 되고, 이를 1950~1953년의 법정 곡가로 각각 환산하여 합산하면 실제 보상 금액이 8,747만여 환이었다. 그런데 해동흥업은 농지개혁 후에 순이익금(1950~1953년

---

92) 「4294년 9월 15일」.

분) 명목으로 이미 3만 7,908石(3,680만여 환)을 지급받은 터였으므로, 未補償 잔액은 2만 3,499석(5,067만여 환)이며, 여기서 다시 1948년도와 1949년도에 각각 수령한 9,107석(21만여 환)과 9,626석(46만여 환)을 빼면 잔여 石數가 4,765석(4,999만여 환 : 실제 계산결과는 잔여 石數가 4,768석인데 이는 石 미만을 버리고 합산한 까닭에 생긴 오차이다)이 되었다(이상 <표 2-1, 2, 3> 참조).

  서울지법의 공판에서 해동홍업은, 자신이 귀속법인이 아닌 이상, 위의 4,765석을 모두 지급받아야 한다고 주장하였다. 반면 정부는 그중 "국유 및 귀속株에 배당될 비율"만큼은 지급할 수 없다고 하였다. 1962년 6월 12일에 서울지법(1심)은 해동홍업이 귀속법인이 아니라고 판결하였다. 따라서 정부는 "(해동홍업의) 固有 주식에 관한 것이나 귀속 주식에 관한 것이거나를 막론하고 일단 일괄적으로 (지가증권을) 교부"하되, 여러 증거로 보아 농지 규모가 앞의 819만여 평이 아닌 808만 9,132평(답 45만 3,381평, 전 33만 8,243평)임이 분명하므로, 4,765석이 아닌 4,610석에 해당하는 지가증권만 발급하면 된다고 판시하였다.[93] 해동홍업으로서는 그 직전인 그해 6월 7일에도 대법원에서 이와 같은 취지의 판결을 내린 터라서 승소가 어느 정도 예상된 일이기도 하였다.[94]

---

93) 「서울지법 판결문」(1962. 6. 12). 4,610석의 산출식은 다음과 같다. 총 보상 석수 11만 2,676석-5만 1,421석[11만 2,676석×0.47(체감률)-1,536석(기초 공제)] = 6만 1,254석. 6만 1,254-5만 6,644=4,610석.
94) 대법원 판결의 주요 내용은 "(귀속 국내 법인의) 全 주식이 歸屬株라고 하더라도……귀속 기업체도 아니며……재산도 귀속 재산이 될 수 없다.……재산에 대한 처분 권한은……그 회사 만에 있고……국내 법인이 해산되어 본건 토지가 원고에게 분할 매각되었다면 몰라도 그렇지 않고서는 관재 당국은 본건 토지를 처분할 권한이 없으며……본건 불하는 처분 권한(이) 없는 관재 당국의 처분 행위로서 無效"라는 것이었다. 정부는 그 후 이런 소송이 거듭되자 '귀속재산 처리에 관한 특별조치법'(1963. 5. 29 시행)을 제정하여 1. 귀속

1963년 7월 2일에 열린 서울고법(2심)의 결심 공판도 문제가 된 해동흥업의 농지가 귀속 농지가 아니라고 보았다. 그러나 보상금 산정에서는 크게 다른 견해를 보였다.[95] 1948년에 해동흥업이 토지행정처와 약정하여 농지를 분배한 것은 사실이지만 1950년의 농지개혁으로 그 약정이 '失效'된 이상 그 후의 보상은 농지개혁법에 따라야 한다고 판시하였다. 즉, 실제 보상 석수 6만 1,254석 가운데 1948, 1949년도에 보상받은 1만 8,734석을 뺀 4만 2,520석이 농지개혁법에 따른 보상 석수이므로, 이를 5년간 균분한 8,504석을 그해의 법정 곡가로 각각 환산하여 합계한 총 240만 7,482원만 지급하면 된다고 하였다.[96] 1심보다 무려 4백여만 원이 줄어든 것이다.

해동흥업은 그해 9월 2일에 대법원(3심)으로 상고 이유서를 제출하였다. 그러면서 이들은 그동안 해동흥업 농지에 대한 "귀속농지 취급(의) 解除"에 주력했던 것[97]과 달리 이번에는 농지개혁 전에 '약정'한대로 농지 대가를 보상받아야겠다고 주장하였다. 재판 청구 취지를 변경

    휴면 법인, 2. 귀속된 주식이나 지분이 전체 주식의 1/2 이상인 영리 법인, 조합 기타 단체, 3. 미수복 지구 내에 본점이나 主 사무소를 둔 법인 등의 재산 전부 또는 일부를 매각한 것에 대하여 異議가 있는 이해 관계인은 동법 시행일로부터 2개월 내에 訴를 제기하되 訴 제기가 없거나 동법 시행일에 時效가 완성된 것은 동법 및 귀속재산처리법에 의하여 처리된 것으로 간주하도록 하였다. 전정구, 앞의 글, 113~115쪽.
95) 고법에서 정부는 未補償 4,610석의 연도별 구성이 1952년 2,794석, 1954년 1815석이므로 이를 그 해의 법정 곡가인 180원 56전, 277원 50전으로 각각 환산 합계한 100만 8,531원만 지급하면 된다고 주장하였다. 반면, 해동흥업은 이 토지가 중앙토지행정처와의 '약정'에 의해서 분배되었으므로 4,610석을 상환 당시(1961년)의 법정 곡가(1석당 1,394원 90전)로 환산 지급해야 한다고 하였다.
96) 6,057만 1,025환[4만 2,520석을 5등분한 연간 보상 석수 8,504석을 당년도 법정 곡가로 환산 합계한 금액]-3,649만 6,202환[1950~1953년에 보상한 3만 7,909석의 환산액]=240만 7,482원(正租 4,610석분).
97) 「제51기 영업보고서」(1964. 4~1965. 3).

한 것이다. 즉, 농지개혁 전에 분배가 이루어졌고, 그 보상도 지가증권이 아닌 수배 농민의 상환곡을 기준으로 매년 현금 보상받기로 하였으며, 농지개혁 후에도 실제로 그렇게 보상받아왔으므로, 앞서의 약정이 농지개혁법에 저촉되지 않는 이상 당초 약정한대로 보상받아야 한다는 것이었다.[98] 대법원(3심)의 생각도 같았다. 그래서 1964년 5월 대법원은 고법(2심)의 원심을 파기 환송하였다.

고법(4심)은 1967년 2월 1일자 결심 공판에서 법령 제173호에 따른 앞서의 농지 분배가 농지개혁법에 저촉되지 않는 "전부 有效"한 조치였다고 보았다. 그러므로 정부는 "그 법령(제173호)이나 그에 의하여 約定한대로" 해동흥업에 正租 5,063석을 지급하거나, 이를 1964년 12월말의 법정 곡가(2,674원 25전)로 환산한 1,354만 1,201원을 지급하라고 판시하였다.[99] 1967년 5월 30일에는 대법원(5심)도 이를 그대로 받아들였다. 이로써 해동흥업은 그해 12월에 그 전액을 수령하였다.[100] 보상금 지급이 중단된 지 12년만의, 소송을 시작한지 6년만의 일이었다.

3) 기타 농지개혁 관련 보상금의 수령과 부동산의 관리 처분

(1) 수복 지구인 철원농장의 농지개혁

정부는 6·25전쟁으로 38선 이북의 강원도, 경기도 일부가 휴전선

---

[98] 「상고 이유서」(1963. 9. 2).
[99] 고법(4심)은 정부가 농지 828만 5,704평에 대하여 6만 1,707석(총 보상 11만 3,530석 - 5만 1,823석)을 보상하기로 약정한 것, 중앙토지행정처가 매년 수배 농민들로부터 받은 정조에서 "법정 체감 석수(실은 관리 비용임)를 공제한 正租(따라서 매년 보상 석수가 일정하지 않음)"를 교부하기로 약정한 것, 그간 현금으로 보상한 이유도 정부의 양곡 매상 때문에 편의상 그렇게 했던 것임을 모두 인정하였다. 「서울고법 제4 민사부 판결문」(1967. 2. 1).
[100] 「대법원 제4부 판결문」(1967. 5. 30) ; 「제54기 영업보고서」(1967. 4~1968. 3).

남쪽의 수복 지구로 편입되자 1954년 3월부터 그곳에 歸農線(민통선)을 설정하여 농민을 입주시키고 종자, 비료, 농우 등을 지원하였다. 그런데 이곳은 해방 이후 북한의 통치 지역에 속했던 곳이라서, 북한식의 토지개혁이 실시되었을 뿐, 남한식의 농지개혁은 실시되지 않은 터였다. 게다가 이곳은 6·25전쟁 때 엄청난 격전을 치른 지역이라서 관공서 건물은 물론이고 그곳에 보관 중이던 각종 公簿마저 거의 멸실된 상태였다.

그래서 정부는 유엔군으로부터 이들 수복 지구에 대한 행정권을 이양받는대로 이곳에서 농지개혁을 실시하기로 하고 1954년 8월부터 준비에 나서, 1956년 상반기에는 전쟁 때 격전을 치렀던 강원도 철원, 금화 등지의 멸실된 부동산 등기부에 대하여 '滅失 回復 등기'를 실시하게 하는 등 각종 公簿의 복구도 추진하였다.101) 그리고 1957년 3월에는 '수복 지구 농지개혁 실시에 관한 법률안'을 국회에 제출하였다.

정부는 이에 대한 국회의 심의가 늦어지자 1958년 2월에 대통령령으로 '수복 지구에 대한 농지개혁법 실시에 관한 特例'를 제정하기로 하고, 그해 3월의 국무회의 의결을 거쳐, 4월에 대통령령 1360호로 이를 공포하였다.102) 수복 지구의 농지개혁은 그 후 빠르게 진척되어 그해 8월에는 농지분배 통지서를 발급하였고, 9월에는 지가증권 발급도 거의 마쳤다.103)

---

101) 『조선일보』 1954. 8. 20, 1956. 2. 20. '回復 등기'란 기존의 등기가 부당하게 소멸된 경우에 이를 부활하여 재현하는 등기를 말하며, 회복 등기 가운데 하나인 '멸실 회복 등기'는 등기부의 전부 또는 일부가 멸실된 경우에 이를 회복하기 위하여 행하는 등기를 말한다.
102) 金沄根, 李斗淳, 曺一煥, 『收復地區의 農地管理體系에 대한 南北韓 比較硏究』, 한국농촌경제연구원, 1989, 125~129쪽.
103) 『조선일보』 1958. 4. 12, 4. 15, 8. 7 ; 「철농 제19호 4291.8.16. 철원농장 관리인. 취체역 지배인 귀하. 農地 補償에 관한 건」.

당시 해동흥업은 수복 지구에 많은 농지를 가지고 있었다. 1958년 현재 수복 지구 내의 公簿上 소유 농지가 492만여 평(그중 답이 32만여 평)이었으므로, 답과 전 1두락(답 200평, 전 100평 기준)의 보상 석수를 각각 3석과 1석으로 환산한 총 보상 석수는 5만 905석이었다. 여기서 45%의 체감률을 적용한 체감 석수 2만 2,907석을 빼도 실제 보상 석수가 2만 7,998석이나 되었다.[104]

따라서 해동흥업은 곧 실시될 수복 지구의 농지개혁에 대비하여 1956년 6월에 그곳 토지에 대한 회복 등기를 마쳤다.[105] 1957년 2월에는 8·15 이전의 연고자나 수복 후에 그곳 농지위원회에서 농지를 분배받아 경작 중이던 사람들에게 '社有農耕地確認證'을 교부하고 實耕地 조사도 실시하였다.[106] 그리고 1958년에 수복 지구의 농지개혁이 진행되자 그해 7월에 귀농선 남쪽의 농지 293만여 평(북쪽의 265만여 평은 제외)에 대한 地主申告書도 제출하였다.[107]

그리하여 이들은 1959년 4월 22일 현재 귀농선 남쪽의 해동흥업 농지 254만여 평 가운데 강원도 철원군 동송면의 138만여 평, 갈말면의 6만여 평, 경기도 연천군 관인면의 1만여 평 등 모두 146만여 평의 농지

---

104) 「海東發 제83호. 4291. 2. 18」. 1957년도 법정 곡가(1석=5,231환)로 환산하면 1억 4,645만여 환에 달하는 거액이다.
105) 「復命書. 4292. 1. 사원 변희중」. 해동흥업은 이곳의 다른 지주들과 함께 철원 지구 농지대책위원회를 조직하여 정부에 건의문도 냈다. 「4289. 7. 27. 建議書……鐵原地區 農地對策委員會」의 "收復이래……제반 權限을 획득치 못하고……今般 회복 등기를 실시……소유권을 법적으로 認證됨은 물론 매매 및 양여 등 제반 권리가 인증되고 있음에 鑑하여……금년도 수확부터는 농지 분배 실시까지……헌법에 보장되어 있는 소유 권한을 행사함과 동시에 소작료를 징수함이 당연지사……連名 건의하는 바……8월 15일까지 回示하여 주심을 바라는 바."
106) 「철농 제1호 철원농장 관리인. 해동흥업 사장 귀하. 社有 農耕地 確認證 교부에 관한 건」.
107) 「1958. 7. 9. 결재. 농지개혁법에 의한 지주신고서 제출의 건」.

를 이미 분배당한 터였다. 총 보상 석수가 9,863석이고, 38선 이남의 분배 농지까지 합산하여 체감하면, 실제 보상 석수가 5,119석(철원농장분만 체감하면 6,742석)이나 되는 규모였다.[108]

그렇지만 해동흥업은 이에 대한 보상금을 지급받지 못하였다. 정부가 이를 귀속 농지로 간주하여 지급을 거부한 것이다.[109] 게다가 해동흥업은 당시 그곳 주민들과 식자층, 공무원, 자유당 간부들마저 이를 적산으로 간주하였기 때문에, 거기에서 '維持費' 명목의 사용료조차 징수하기 어려웠다.[110] 강원도 管財局에서 한때 철원농장 소유 垈地를 적산으로 간주하여 이를 연고자들에게 임의로 임대했던 것도 그 같은 사정을 보여주는 예였다.[111]

그러나 해동흥업은, 1964년 5월에 대법원으로부터 해동흥업이 귀속기업체가 아님을 재차 인정받자, 그 소송이 종결될 때까지 더 이상 기다릴 것 없이 차제에 보상금을 즉각 지급해달라고 정부에 촉구하였다.[112] 그 해 9월에는 그간 관청에서 작성한 農家別 분배농지표, 地主

---

108) 「復命書. 1959. 4. 23. 과장 대리 변희중」.
109) 「철산 제 호 4291. 9. 22. 철원군수. 각 읍면장 귀하. 38線 以北 收復 地區 農地改革 實施의 件」의 "不二農場 日本人 土地에 대하여 計定別(買收 농지, 歸屬 농지)이 확정치 않아 道에 질의한 바 우선 귀속 농지로 처리하라……"; 「1964. 8. 12. 수복지구 분배 농지의 분배통지서 청구의 건」의 "보상 신청 절차는……귀속 농지로 취급함으로 인하여 中斷."
110) 「復命書. 4289. 10. 26. 과장 백덕성, 사원 임석현」의 "昨今 自由黨 某職이며 철원군 農民會長인 김봉조 씨가 來鐵하여 해동흥업은 敵産으로서 加之 今般 식산은행 청산위원회에 吸收당한 사실이니 耕作料는 물론이고 垈地料도 補償에 應치 말라고 敷衍"; 「철농 제6호. 철원농장 지배인. 해동흥업 지배인 귀하. 4290年度 農地 維持費 徵收 方法 意見 進達의 건」의 "一般에게 혹은 有識層 公務員 중에서 社有 토지를 敵産으로 간주……지장을 일으켜 耕作人 太半에게는 징수 불능."
111) 「강관재 제276호. 4291. 2. 21. 강원도 관재국. 식은 청산위 귀하」.
112) 「해동 제92호(2-3231). 1964. 7. 28. 해동흥업. 농림부 귀하. 수복 지구 농지분배 통지서 청구」; 「1964. 8. 31. 수복 지구 분배농지 보상 청구의 건. 대표 이사.

別 農地簿, 토지대장 등을 토대로 하여 철원군과 연천군 소재 소유 농지 152만 9,438평의 필지별 지목, 등급, 상환 석수, 受配者를 적은 分配農地調査簿를 만들었다.[113]

그렇지만 당시 이들 분배농지 관계 서류는 여러 면에서 부정확한 점이 많았다. 우선 公簿上의 지목과 등급 등이 실제와 크게 달랐다. 그래서 해동흥업은 보상금 산정의 가장 중요한 기준이던 지목과 등급만이라도 再査定 받을 필요가 절실하였다. 게다가 정부의 '귀속 농지 指定 해제'가 늦어질 경우에는 38선 이남의 분배 농지들까지 합산하여 체감 석수를 결정하게 될 것이므로 그에 따른 손해도 막심하였다.

이에 해동흥업은 1964년 가을에 이상의 업무를 신속히 처리하기 위해서 鄭載敎, 金鎭壽 등 '기술적 대행업자'들과 계약을 맺어 "농지개혁법에 의한 농지 보상금 신청 및 수령 수속에 관한 一切의 사무"를 이들에게 위임하기로 하였다.[114] 그리하여 해동흥업은 그해 12월에 "各面 농지분배부와 등기부상 표시가 일치"한 철원군 동송면, 갈말면의 농지 136만여 평의 보상금으로 727여만 원을 수령하였고,[115] 그 후에

농림부 귀하」.
113) 총 보상 석수가 1만 536석이고, 여기서 철원농장만의 체감 석수(3,415석)를 뺀 실제 보상 석수는 7,120석인 농지였다. 「복명서. 사원 변희중, 이광복」(1964. 9. 12).
114) 「1964. 9. 22. 철원 수복 지구 분배농지 보상금 신청」. 수수료는 보상금의 2할 (成果給)로 정했다. 당시는 이런 경우가 많았는데 수수료는 대행업자가 경비를 부담하면 보상금의 4할, 소유자가 경비를 부담하면 3할이 일반적이었다. 「1964. 9. 18. 철원 수복 지구 분배농지 보상 신청」.
115) 총 보상 석수는 9,190석이고, 체감률 38%를 적용하고 636석을 差減한 체감 석수는 2,856석이므로, 실제 보상 석수는 6,334석이다. 5년간 균분한 1,266석을 법정 곡가(1958~1960년 953원, 1961년 1,394원, 1962년 1,489원)로 환산 합계하면 727만 6,106원이다. '대행업자'에게는 수수료 2할(145만여 원)을 주었고, 미보상 분배 농지의 지번, 지적, 등급을 수정하여 보상금을 더 받아내면 2할의 수수료를 추가 지급할 예정이었다. 「1964. 12. 28. 鐵原 收復 地區 分配

도 이 지역의 측량이 진척되어 公簿가 추가로 작성되고 境界와 地積이 정비됨에 따라서 나머지 농지에 대한 보상금을 계속 수령하였다.116)

해동흥업은 귀농선 남쪽의 垈地 사용료도 징수하였다. 1964회계연도에는 귀농선 북쪽의 농지 등에 대한 회복 등기도 마쳐117) 거기서도 사용료를 받게 되었다. 軍 작전 지구라서 유랑민이 집단 이주하여 농사를 짓다가 흉작이 들면 다시 나오는 경우가 많아 징수에 어려움이 컸지만 직원들이 軍의 출입 증명을 받아 현지에 들어가 지적도 등을 조사하고 사용료 징수에 박차를 가한 결과 그 후 상당액을 징수하였다.118)

(2) 분배 농지 부속 시설의 보상

농지개혁법 제2조 2항과 同 시행령 제1조에는 분배 농지의 부속 시설에도 보상금을 지급하도록 규정되어 있었다. 당시 해동흥업은 전라북도와 강원도에 저수지, 제방, 용수 통관, 揚水場, 導水路, 制水門, 用水 幹支線, 교량, 暗渠, 排水門, 도로, 溝渠, 제방, 溜地, 하천 등 방대

農地 補償金 受領에 관한 건」.
116) 1965회계연도에 108만 원, 1966회계연도에 75만 원, 1967회계연도에 135만 원, 1968회계연도에 66만 원, 1969회계연도에 101만 원을 받았다. 각 연도 「영업보고서」.
117) 「제51기 영업보고서」(1964. 4~1965. 3) ; 「복명서. 1964. 11. 7. 小職 金榮武」의 "귀농선 북방……농지에 대한 회복 등기가 未畢되어 금반 해당 면사무소의 土地申告證을 경유 철원군에 제출하여 토지대장에 등록 然後 筆別 토지대장 등본을 작성하여 철원 등기소에 접수시킴으로써 회복 등기를 완결……동송면(어운면) 중강리 畓外 169필지 60만 863평, 강산리 畓外 33필지 10만 7,224평……" 참조.
118) 1968회계연도에 47만여 원, 1969회계연도에 101만여 원, 1971회계연도에 217만여 원을 징수하였다.

한 규모의 부속 시설과 부지를 가지고 있었다.

그런데 정부는 농지개혁 직후에는 예산 부족 등을 이유로 이에 대한 보상을 미루었고, 1958년 9월에 겨우 제1차 '농지부속시설 보상 요강'을 제정하여 보상을 시작하였지만 그 때에는 보상 대상을 극히 제한한 데다 보상액도 낮게 평가하여 보상액이 수속 비용에도 못 미친 경우가 많았다. 따라서 해동흥업은 당분간 보상금 신청을 미루고 있다가 1961년 12월과 1965년 3월에 정부가 보상 조건을 거듭 개선하자 드디어 신청에 나섰다.[119]

사실, 농지 부속시설이란 그 형태와 종류가 다양하여 농지 부속 여부를 판단하거나 또는 그 보상 금액을 정확히 평가하기 어려웠다. 그래서 해동흥업은 일체의 보상 수속을 '기술적 전문업자'들에게 대행시키기로 하였다. 대행업자들은 1966년 10월에 전라북도와 강원도에 신청서를 제출하였다. 1967년 12월 전라북도는 신청서에 대한 '技術 鑑定'과 '제반 심사'를 마쳐 농림부로 서류를 올렸고, 농림부는 1967, 1968회계연도에 그중 옥구농장의 농지 부속시설(일부)에 대한 보상금으로 각각 2,443만여 원, 4,456만여 원을 지급하였다.

한편, 정부는 1968년 3월에 농지개혁 사업의 조기 종료를 위해서 '농지개혁 사업 정리에 관한 특별 조치법'을 제정하였다. 분배 농지와 그 부속 시설에 대한 보상금 청구를 1년 내로 종결짓기로 한 것이다. 이에 해동흥업은 청구권 시효가 소멸되기 직전인 1969년 3월 11일에 농지 부속시설에 대한 보상금 청구 소송을 제기하였고, 1970년 1월에 서울지법은 옥구농장(전북 김제군의 聖德농장 포함)의 농지 부속시설에 대한 보상금으로 7억 6,110만여 원을 지급하라고 판시하였다.[120]

---

119) 「農地 附屬施設 補償金 請求訴訟 經緯」(1970. 2. 5). 이하 각 연도 「영업보고서」.
120) 「제56기 영업보고서」(1969. 4~1970. 3) ; 「農地 附屬施設 補償金 請求訴訟

그러나 이듬해 6월 서울고법은 다시 해동홍업에 일부 패소 판결을 내려 보상금을 200만 원으로 축소시켰고 대법원도 1972년 2월에 이를 받아들였다.121) 그 후 해동홍업은 1975, 1980년에 해미농장과 철원농장의 농지 부속시설에 대한 보상금으로 각각 50만 원, 100만 원을 지급 받는 등122) 농지 부속시설에 대한 보상금 문제를 종결지었다.

(3) 軍 징발 재산의 보상

1950년 7월에 정부는 대통령 긴급명령 제6호로써 전쟁 수행에 필요한 토지, 건물, 차량, 화물을 징발하였다. 해동홍업도 전라북도 옥구농장, 강원도 철원농장의 상당한 용지를 징발 당하였다.123) 전쟁 후 그에 대한 보상 문제가 사회 문제가 되었으나 정부는 예산 부족과 유엔군과의 협상 필요성 등을 들어 이를 조기에 해결하지 않았다.

그 후 정부는 1957년에 연간 5억여 환의 예산을 책정하여 당시 900억여 환(국군 부담 200억, 유엔군 부담 700억)에 달했던 보상금 가운데 극히 일부인 長期 징발 재산과 극빈자들로부터 징발한 재산부터 보상하기로 하였다.124) 1963년 5월에는 '징발법'을 제정하여 이를 긴급명령 제6호에 대체하면서 기왕의 징발 재산들을 모두 이 법에 의해서 징발

經緯」(1970. 2. 5).
121)「제59기 영업보고서」(1972. 3~1973. 4).
122) 한국농촌경제연구원, 앞의 책, 801쪽.
123) 1958년에 해동홍업에서 조사한 바로는 전북 군산 비행장 용지 등 군 징발 농지가 답 59만 1,990평, 전 7,131평 등이었다. 1두락(논 200평, 밭 100평)의 보상 석수를 논 3석, 밭 1석으로 환산한 총 보상 석수는 8,948석이고, 여기서 체감률 45%를 적용한 체감 석수 4,026석을 뺀 실제 보상 석수는 4,932석이다. 이를 5년으로 나눈 984석에 1950~1954의 법정 곡가를 각각 곱하여 합산한 보상금은 701만 1,525환이다. 「해동발 제83호. 4291. 2. 18」.
124)『조선일보』1953. 10. 9, 11. 25, 1955. 6. 24, 11. 17, 9. 10, 1957. 2. 27, 3. 21, 3. 29.

한 것으로 간주하기로 하였다.

1970년 1월에 정부는 '징발 재산 정리에 관한 특별 조치법'을 제정하였다. 1971년 말까지 私有 재산에 대한 징발을 모두 해제하되 그때까지 해제하지 않은 재산은 국가에서 매수하기로 한 것이다(이 時限은 그 후의 법 개정으로 수차 연기되었다). 매수 방법도 정했다. 즉, 국방부가 징발 재산의 매수를 결정하면 우선 피징발자에게 징발 통지서를 보내고 매수 대가로서 징발보상증권을 발급하되 이 증권에 대해서는 발행 후 1년간 거치하였다가 그 후 10년간 균등 상환하기로 한 것이다(미상환금에는 연간 5%의 이자를 추가 지급).[125]

이로써 해동흥업은 <표 3>의 몇몇 예에서 보듯이 1971년부터 징발보상 증권을 순차적으로 발급받아 1년간 거치하였다가 그 후 10년 동안 균등 상환을 받음으로써 이 문제 역시 종결지었다.

<표 3> 해동흥업의 軍 징발 재산 보상금 수령 사례

소재지	지목	면적	買受 연차	증권 발행일	買受 대금	증권 受領日
철원	田	77,673평	71년 3차	1971. 9. 1.	4,652,360원	1972. 3. 6.
군산	垈	1,680평	71년 4차	1971.12. 1.	16,800,000원	1972. 6.10.
옥구	林	135,600평	71년 2차	1971. 6. 1.	13,560,000원	1972.11.17.
옥구	임	15,017평	71년 2차	1971. 6. 1.	1,517,750원	1974. 4. 8.
철원		9,451평	72년	1972.12. 1.	1,197,240원	1973. 3. 9.
철원	임	8,715평	73년 1차	1973. 9. 1.	658,560원	1974. 1.30.

자료 : <軍徵發財産 補償金 受領 綜合表>.

(4) 기타 부동산 및 주식의 관리 처분

해동흥업은 전북 群山 시내에 7만여 평의 대지(대부분 地上에 타인의 건물이 있었다)가 있었고, 옥구, 전북, 해미, 南浦 등 舊 농장들의

---

125) 이환균, 「징발재산정리에 관한 특별조치법」, 『지방행정』 19권 204, 205호, 1970 ; 『조선일보』 1971. 8. 10.

관내에도 상당한 토지를 가지고 있었다. 그리하여 오래 전부터 그 토지에 대한 임대료를 징수하였는데 징수 실적이 좋지는 않았다.

1965년 10월 21일에 식은 청산위원회는 성업사의 임시 주주총회를 열어 성업사의 해산을 결의하였다.[126] 이로써 그간 성업사에서 소유하고 있던 해동흥업의 주식 2만 2,008주(전체 4만주의 55%)가 정부 소유로 이관되어 그 후 해동흥업은 정부가 전체 주식의 85.2%인 3만 4,093주를 소유한 사실상의 정부 소유 법인이 되었다.[127] 이런 사정과도 관련해서 해동흥업은 1965회계연도부터 군산 일대의 임대료 체납자들에게 지급 명령이나 가차압 선고 같은 법적 조치를 취하며 징수에 박차를 가하여 상당한 성과를 거두었다.

그런데 1968년에 군산시에서 도로 확장 등 도시계획사업을 추진하자 해동흥업은 그곳의 대지를 매각하지 않을 수 없었다. 아울러 舊 농장들 관내의 부동산도 관리와 임대료 수납에 많은 경비가 소요되어 매각이 불가피하였다. 게다가 해방 전부터 그곳 대지에 건물을 가지고 있었던 건물주들은 오래 전부터 소유 건물의 재산권 행사에 제약을 받아온 터라서 불만이 많았다. 대주주인 정부로서는 이들의 불만 누적도 걱정하지 않을 수 없었다.

---

126) 성업사는 청산인 3명을 선임하고 1965년 10월에 해산 등기를 하였다. 사무국도 재무부 국고국 기업자산과로 옮겼다. 1969년 9월에 1차 청산, 2000년에 최종 청산되었다. 『閉鎖登記簿』; 「成淸委 제6호 1965. 10. 28. 성업사 대표 청산인. 수신 한국식산은행. 주식회사 성업사 해산 통지」. 당시 성업사는 1962년 3월에 식은이 소유 중이던 성업사 주식을 모두 국가에 현물 분배한 터라서 국가가 모든 주식을 소유한 정부 소유 법인이었다. 聯合淸算事務局 편, 『國家歸屬淸算法人淸算資料集』, 財政經濟部聯合淸算委員會, 2000a, 473쪽.
127) 「海東興業 沿革 및 現況」. 1963년 4월에는 新 상법에 따라 법인을 재조직하여 자본금 2천만 원, 총 주식 4억주가 되었다. 그해 8월에는 주식을 합병하여 자본금 2천만 원, 총 주식 4만주가 되었다. 聯合淸算事務局 편, 앞의 책, 538쪽.

이에 해동흥업은 대주주인 정부(재무부)와 협의하여 군산시의 대지를 연차적으로 매각하기로 하였다. 1971년 1월에 해동흥업은 제1차 매수 신청서를 낸 사람 가운데 "善良한 占有人" 59명을 선정하여 이들에게 일시불(대금의 3할을 할인) 또는 5년 연부 상환의 조건으로 총 5,338평을 매각하였으며 이를 시작으로 그 후 본격적인 불하에 나섰다. 舊농장들 관내의 부동산도 마찬가지였다. 그 일대의 지적 정비, 분할 측량, 경계 측량이 끝나는 대로 이를 모두 매각하기로 하였고, 1972회계연도에 그중 전북농장의 일부 농지(답 10,259평)를 매각한 것을 시작으로 역시 본격적인 매각에 나섰다.

해동흥업은 서울 불광동에도 3만여 평의 대지를 가지고 있었다. 이곳은 원래 임야, 과수원이었던 곳인데 4·19 직후에 무려 800여 세대가 무단으로 입주하여 무허가 건물을 지었다.[128] 그러나 해동흥업의 대주주였던 정부는 이들의 강제 철거에 따른 사회적 물의와 특히 주택난 해결에 부심 중이던 정부의 처지를 감안하지 않을 수 없었다. 그리하여 해동흥업은 이들과 임대차 계약을 맺어 당분간 사용료를 징수하되 장차 이를 모두 매각하기로 하였고 1965년 12월에는 그간 임대료를 완납한 사람들을 대상으로 그중 50여 필지에 대하여 일반 경쟁 공매 입찰(3년 연부 상환 조건)을 실시하였다. 그러나 이때의 공매 입찰은 입주민들이 염가 방매, 사용료 전액 면제 등을 요구하며 시위를 벌인 가운데 유찰되고 말았다. 결국 정부는 1965년 12월 29일의 해동흥업 임시 주주총회에서 사태 해결에 따른 "사회적 물의를 최소화"한다는

---

[128] 해동흥업은 여러 차례 철거를 시도하였지만 입주자들은 연좌, 투석시위로 저항하였다. 그래서 해동흥업은 서울지법에 소송을 제기하여 1961년 10월 법원에서 이를 매각하되 입주자들이 7개월 내에 이를 매수하지 않으면 회사에 '건물 철거 집행력을 부여'한다는 和解 판결을 얻었지만 입주자들은 그것도 불응하였다. 「해동 제105호 1964. 9. 1. 해동흥업. 佛光洞 垈地拂下 推進委員長 귀하」.

방침아래 그곳 주민들과 절충을 벌여 그 이듬해 8월부터 5년 연부 상환의 조건으로 이를 매각하기로 함으로써 이 문제 역시 일단락을 지었다.[129)]

해동흥업은 이밖에도 적지 않은 주식을 가지고 있었는데 1966년 3월에 그중 금융기관 주식을 매각하기로 하였다. 이를 팔아 은행에 예치한 후 연평균 30%의 금리를 받는 것(그 경우 예상 수익은 218만여 원이다)이 그걸 소유한 채 연평균 12%의 배당금을 받는 것(그 경우 예상 수익은 119만여 원이다) 보다 유리했던 것이다.[130)]

4) 해산과 청산의 종결

해동흥업은, 앞서 말한 대로, 정부가 1955회계연도에 돌연 38선 이남의 분배 농지에 대한 보상금 지급을 중단한 까닭에 그 후 1960년대 중반까지도 "적극적인 운영을 止揚"한 채 남아있던 일부 부동산을 매각 처분하거나 관리 보전하는데 급급한 소극 경영에 머물 수밖에 없었다.[131)] 그러나 1964년 말부터 그동안 현안이었던 수복 지구인 철원농장의 농지 보상금을 지급받게 되고 특히 1967년에는 38선 이남 농장의

---

129) 1966회계연도에 사용료 217만여 원과 매각 年賦金 1,138만여 원, 1967회계연도에는 매각 대금 1,273만여 원을 받았다. 1968회계연도 이후는 인플레이션으로 지가가 올라 매각 연부금 징수가 순조로웠다. 그리하여 연부금 납부 최종 연도인 1970회계연도에는 미수금이 530만여 원에 불과하였고, 1971, 72회계연도에도 101만여 원, 27만여 원의 미납금만 남겼다. 각 연도「영업보고서」참조.
130) 매각 주식은 한일은행 주식 3,314주(1주당 장부 가격 543원, 시세 710원), 제일은행 주식 5,300주(548원, 750원), 조흥은행 주식 1,300주(599원, 700원), 상업은행 주식 50주(473원, 729원) 등 9,964주였다.「重役會 回議票. 1966.3.21. 當社 소유 주식 金融機關 주식 매각 처분에 관한 건」.
131)「제48기 영업보고서」(1961. 4~1962. 3) ;「제49기 영업보고서」(1962. 4~1963. 3) ;「제50기 영업보고서」(1963. 4~1964. 3).

농지 보상금에 대한 지급 청구 소송에서 최종적으로 승소하여 1,354만 원에 달하는 보상금을 지급받게 되자 이를 토대로 회사의 장기 발전 방안을 구상하기 시작하였다. 1968년도 해동홍업의 주주총회에서 "這間 당 회사의 보유 자원이 다소간 확보"된 차제에 재무부와 협의하여 "서울시 외곽 주택 지대의 택지 조성 사업"이나 "遊休 社有 토지의 뽀뿌라 造林 사업" 같은 수익성과 안전성이 좋은 사업에 진출하는 방안을 모색하기로 한 것,[132] 1969년도 주주총회에서 정부의 축산 장려 정책에 호응하여 차제에 낙농 사업에 진출함으로써 축산 소득과 부동산(牧野地) 투자 효과를 동시에 얻는 방안을 모색하기로 한 것 등이 그런 예였다.[133]

그중 조림 사업은 일부 실행에 옮겼다. 정부의 조림 정책에 호응하여 당시 합판, 건축, 제지, 人絹絲用 원료(펄프)로 널리 쓰였던 이태리 포플러를 조림하기로 하고 1968년 9월의 해동홍업 이사회에서 해당 用地를 물색하기로 하였으며, 그 후 기술 조사를 거쳐 충남 부여군 장암면 하황리의 백마강 하류 지역의 유휴 社有地 4만여 평을 적지로 선정하였다. 토질, 기온, 우량, 日照가 적합하여 인근에 1, 2년생 포플러가 밀집 성장 중인 곳으로서 충남도청과 협의하여 포플러 묘목도 2만 5천 주나 매입하였다.[134]

---

132) 「제55기 영업보고서」(1968. 4~1969. 3). 1967년 5월 정기 주주총회 때도 조림 사업에 관심을 가졌으나 '투자 자원' 부족으로 그만 둔 터였다. 「제54기 영업보고서」(1967. 4~1968. 3).
133) 정부는 이들 축산 기업에 牧野地 선정, 유통 사료 需給, 축산물 가공 시설, 자금 융자, 稅 감면, 외자도입 우선, 농경지 소유 제한 해제 등의 혜택을 주었다. 따라서 축산업에 진출할 경우 축산 소득은 물론이고 방대한 牧野地를 매입하여 "부동산 투자의 효과까지" 볼 수 있으므로 우선 50頭 규모의 낙농에 착수한 후 韓牛 肥育, 한우 육성 같은 부대사업에도 진출할 계획을 검토하였다. 「제55기 영업보고서」(1968. 4~1969. 3).
134) 「제54기 영업보고서」(1967. 4~1968. 3).

그러나 조림 사업은 두 가지 이유로 무산되었다. 하나는 주민 반발이다. 원래 그곳은 침수가 잦아 오랫동안 유휴지로 방치되어 온 터라서 이미 인근 주민들이 무단 입주하여 채소, 낙화생 등을 재배 중이었다. 따라서 이들부터 추방해야 했는데 저항이 심하여 그게 어려웠다.135) 다른 하나는 좀 더 근본적인 이유로서 대주주인 정부(재무부)가, 조림 사업이 단기에 이익을 얻기 힘든 장기 투자 사업임을 들어, 당시 현안 문제이던 분배 농지의 부속 시설에 대한 보상금 수령 문제(전술함)가 일단락된 후에나 이 문제를 재론하자며 사실상 계획 자체를 무산시켰던 것이다.136)

1970년대 초의 해동흥업은, 정부의 입장이 이러했으니, 여타 택지 조성 사업이나 축산 사업 같은 장기 투자 사업도 더 이상 추진하기 어려웠다. 게다가 이때는 38선 이남의 분배 농지에 대한 보상, 수복 지구인 철원농장 농지에 대한 보상, 분배 농지 부속시설에 대한 보상, 軍 징발 재산에 대한 보상, 군산 및 불광동 일대에 소유한 부동산의 처분, 은행 주식의 매각 등 중요 현안들이 거의 해결된 때였다.

따라서 1972년 말 현재 해동흥업은 이미 "환가 가치 있는 자산은 거의 매진된 실정"이므로 더 이상 해동흥업을 '존속'시킬 필요가 없다는 평가를 받고 있었다.137) 결국 해동흥업은 당시 전체 주식의 85.2%(나머지는 6개 법인 주주가 12.2%, 개인 주주 5명이 2.5%를 소유)를 가진 정부가 1973년 5월 11일 해동흥업의 정기 주주총회에서 해동흥업의 해산을 결의함으로써 '淸算人會'와 '事務局'에 청산인 2명, 감사 1명과 사무국 직원 9명만을 가진 해산 법인으로 전락하였다.138) 그리하여 향후 5

---

135) 「造林 事業에 關한 業務 計劃」. 이들과 植樹 방해 배제 請求 및 출입 금지 가처분 소송까지 벌였다.
136) 「제56기 영업보고서」.
137) 「제17 해동흥업공사」.
138) 「淸算 終決 促進을 위한 方案」(1975. 3. 31 현재).

년 내에 地籍이 확정된 토지는 매각하고, 미확정된 것은 분할 측량, 경계 측량을 실시하여 연차적으로 매각하며, 기타 매각이나 환가 처분이 불가능한 도로 등은 정부에 寄附 採納하거나 銷却 처리함으로써 해동홍업의 청산을 종결하기로 하였다.[139]

그렇지만 해동홍업의 청산 종료는 그 후로도 많은 시간이 걸렸다. 청산을 주관한 정부 기관이 국세청(1976), 재무부(1977), 성업공사(1982) 등으로 수차례 변경된 가운데, 재무부는 1977년 7월에 해동홍업을 청산 법인으로 지정하여 그 해 10월부터 본격적인 청산에 나섰다. 그리고 2000년 12월 말에는 성업공사의 후신인 한국자산관리공사가 그 해 10월말로써 모든 결산을 마치고 마침내 해동홍업의 청산을 종결하였다. 해동홍업은 1973년 5월에 해산을 결의한 후 이때까지 모두 102억여 원(토지 6,242필지, 1,182만여m^2)에 달하는 자산을 매각하였고, 매각 및 환가 처분이 곤란한 69억여 원의 재산은 株主인 정부에 현물로 분배하였으며, 도로 기타 등 매각 및 환가 처분이 곤란한 161억여 원의 재산은 정부에 현물로 증여하였다.[140]

이렇게 하여 해동홍업은 법인세 등 제세 공과금과 청산 종결 비용을 뺀 나머지로써 株主인 국가(39,742주, 99.4%)에 현금 69억여 원과 현물

---

139) 「淸算 業務 計劃書」(1973. 5. 12 현재). 물론 그때까지는 재산의 보전 관리에 힘쓰기로 하였다.
140) 『閉鎖登記簿』; 聯合淸算事務局 편, 앞의 책, 2000a, 539쪽. 국가에 증여한 재산(정부 미수금)은 서대문구 불광동(1978), 강원도 철원읍(1980)의 토지이다. 국가에 현물 증여한 재산은 전북 군산시(1996, 1998), 옥구읍(1997), 강원도 철원읍(1996, 1999)의 토지이다. 국가에 현물 분배한 재산은 충남 서산군(1985), 전북 김제군(1985), 군산시(1987, 1988, 1995, 2000), 옥구읍(1995), 익산시(1995)의 토지이다(괄호 안의 숫자는 국가에 증여 또는 현물분배한 연도임). 상세한 내역은 聯合淸算事務局 편, 『國家歸屬淸算法人淸算資料集 別冊 제3권 淸算終結法人別 賣却財産 및 贈與財産目錄』, 財政經濟部聯合淸算委員會, 2000, 379~717쪽.

69억여 원을 분배하고, 민간 주주(258주, 0.6%)에게 현금 2억여 원을 분배하였으며, 도로 등 161억여 원의 재산은 정부에 현물 기증함으로써 청산을 종결하였다.141) 불이흥업의 창업주 藤井寬太郎이 來韓한 지 96년, 그가 불이흥업(株)을 창립한 지 86년, 해방된 지 55년만의 일이었다.142)

4. 맺음말

제2차 세계대전 후에 정치적 독립을 얻은 신생 국가들은 '敵産'을 신국가 건설의 재원으로 널리 활용하였다. 한국도 마찬가지였다. 일본정부나 그 민간이 소유하였던 재산을 국유로 이관하거나 민간에 불하하여 재정 자금으로 활용한 것이다. 그런데 그간 학계는 일제강점기의 일본인 기업이나 그 재산에는 큰 관심을 보였으면서도 막상 해방 후의 이들 기업의 동향에는 큰 관심을 기울이지 못하였다.

본고는 이러한 연구사를 염두에 두면서 일제하 '식은 콘체른'의 방계[孫] 회사이자 한국 최대의 농업회사 가운데 하나였던 해동흥업(舊 불이흥업)의 해방 후의 경영 변동과 그 해산, 청산 과정을 검토한 것이다. 이하 이 사례가 가지는 몇 가지 의의를 언급함으로써 결론에 대신하고자 한다.

첫째, 해동흥업의 사례는 일제하의 일본인 농업 회사들이 해방 후에 직면하였던 거의 모든 과제를 집약적으로 보여준다. 해방에 따른 충격과 미군정기의 회사 개편, 지주경영의 계속과 신한공사와의 관리 계약

---

141) 聯合淸算事務局 편, 앞의 책, 2000a, 539쪽.
142) 정부는 2000년에 국가 귀속 청산 법인에 대한 청산 업무가 대부분 종료되자 앞서 언급한 자료집(聯合淸算事務局 편, 앞의 책, 2000, 2000a)을 간행하였고, 2005년 12월에는 마침내 연합청산위원회도 폐지하였다.

체결, 귀속 농지 불하 정책에 따른 38선 이남 지역 농지의 매각, 정부 수립 후의 농지개혁 실시와 농지 보상 방식의 변화, 38선 이남 지역 농지에 대한 정부의 귀속 농지 취급과 보상금 지급 중단, 정부의 귀속 농지 취급에 대한 반발과 그 해제를 위한 소송 제기 및 승소, 수복 지구 농지개혁과 농지 부속시설 및 軍 징발 재산에 대한 보상, 기타 부동산과 주식의 관리 처분, 지배 주주였던 성업사의 해산(1965)에 따른 정부 소유 법인으로의 전환, 새 사업 분야로의 진출 모색과 좌절, 회사의 해산 결의(1973)와 재산 처분, 청산 종결(2000) 등 해방 후 일본인 농업 회사들이 겪었던 거의 모든 과제를 망라하여 보여준다.

둘째, 이 사례는 일제 때 한국에서 설립 등기되어 한국에 본점이 있었던 '귀속 국내 법인'들의 해산과 청산, 그리고 이들 법인이 소유하였던 재산의 귀속과 처분 과정을 계통적으로 보여준다. 해방 후 '귀속 국내 법인'의 재산 귀속에 대한 미군정과 한국정부의 공식적인 입장은 이들이 발행한 주식 가운데 일본정부나 그 민간이 소유한 것만 귀속시킬 뿐 이들 법인이 소유한 재산은 귀속시키지 않는다는 것이었다. 귀속재산에 관한 법규가 그랬고 법원의 견해도 그러했다. 그러나 현실은 그렇지만은 않았다. 미군정과 한국정부는 '귀속 국내 법인'이 소유한 재산을 임의로 매각 처분하기 일쑤였고 그래서 많은 문제를 야기하였다.

결국 정부는 1960년 이후 이런 관행에 제동을 거는 대법원 판결이 잇따르자 1963년에 '귀속 재산 처리에 관한 특별 조치법'을 제정하여 그 수습에 나섰다. '귀속 국내 법인'의 해산 절차를 밟은 이후에나 이들 법인이 소유한 재산을 매각 처분할 수 있도록 한 것이다. 1948년 귀속 농지 매각 당시 해동흥업에서 38선 이남의 소유 농지를 자진하여 매각했던 것, 1954년 말에 정부가 해동흥업을 귀속 법인으로 指定하고 농지 보상금 지급을 중단한 것, 해동흥업이 그에 반발하여 1961년에 정부의 귀속 농지 지정 解除와 보상금 지급을 요구하며 법원에 소송을 제기하고 1967년에 최종 승소했던 것, 그리고 1965년에 성업사가 해산 되어 해동흥업의 대주주가 된 정부가 1973년에 해동흥업을 정식 해산 하고 그 후 해동흥업이 소유한 재산의 처분에 나서 결국 2000년에 최 종적으로 청산을 종결한 것은 이런 사정을 계통적으로 보여주는 일이 었다.

셋째, 이 사례는 일제하 '식은 콘체른'의 한 축으로서 당시 한국 농 업계에서 막강한 영향력을 가졌던 식은(母회사)-성업사(子회사)-불 이흥업(孫회사)으로 연결된 피라미드 형태의 기업 지배 구조가 해방 후 어떤 과정을 밟아 해체되어갔고 또 그것이 얼마나 장기간에 걸쳐 이루어졌던가를 보여준다.

우선, 한국정부는 식은의 대주주로서 1954년 4월에 한국산업은행을 설립하면서 식은을 해산하고 '식은 청산위원회'를 발족하였다. 1962년 3월에는 식은 청산위원회에서 소유하고 있던 성업사 발행 주식을 모두 정부 소유로 이관하여 성업사를 정부 소유 법인으로 만들었다. 그 후 정부는 1965년 10월에 다시 성업사를 해산하면서 그동안 성업사에서 소유해왔던 해동흥업 발행 株式을 모두 정부 소유로 옮겨 해동흥업 역 시 정부 소유 법인으로 만들었다. 그리고 1973년에는 해동흥업마저 정 식으로 해산하였다. 요컨대 일제하 한국 농업계에서 막강한 영향력을 가졌던 식은-성업사-불이흥업으로 연결된 '식은 콘체른'의 한 축은 해방 후 식은, 성업사, 불이흥업의 순서로 해산되었다.

청산도 마찬가지였다. 정부는 1982년 4월 3일에 식은의 청산을 종결 하였고, 성업사와 불이흥업은 2000년 12월 27일에 모두 청산을 종결하 였다. 한국정부가 국가 귀속 청산 법인들에 대한 청산 업무를 최종 종 료한 것도 대개 이때쯤이었다. 그래서 정부는 2000년에 『國家歸屬淸 算法人淸算資料集』을 펴냈고, 2005년 말에는 그동안 이 업무를 담당하였던 연합청산위원회도 폐지하였다. 이 방면에서의 식민지 유산에 대한 법적 청산은 해방 후 60년이 경과해서야 비로소 완료된 것이다.

넷째, 이 사례는 식민지 유산의 또 다른 측면도 보여준다. 해방 후 해동흥업과 관계를 맺었던 소작농, 세입자, 임차인 같은 이해 당사자들은 해동흥업의 재산이 원래 일본인 재산이었다는 강한 의식을 가지고 있었다. 이는 1965년에 해동흥업이 정부 소유 법인이 된 이후도 마찬가지였다. 명색은 국유 재산이지만 원래는 일본인 재산이라는 의식이었다. 그래서 이들은 그 재산의 정당성에 의문을 가졌고, 이런 의식은 일반 주민은 물론이고 여당인 자유당 간부나 공무원, 식자층 사이에도 널리 퍼져 있었다. 그리하여 이들은 그 후에도 해동흥업이나 국가의 재산권 행사에 순순히 응하지 않았고 해동흥업이나 정부도 그 때마다 사회적 물의를 최소화한다는 방향에서 사태를 수습하려고 하였다. 식민지 경험이 가져다 준 또 다른 유산이었다.

다섯째, 이 사례는 해방 후에 '귀속 국내 법인'을 포함한 국가 귀속 법인의 운영이 결코 투명하고 효율적으로만 이루어지지는 않았음을 보여준다. 해동흥업은 회사 재산을 처분하여 직원 후생비 같은 일반 경비를 지출하였고, 정부 기관에 '寄贈'과도 흡사한 대부를 해주었으며, 社有 재산들을 公賣가 아닌 수의 계약 방식으로 매각하기도 하였다. 직원과 정부 기관에 대여하였던 대부금을 그 얼마 후 결손 처리한 것도 같은 예였다. 방만하고 자의적으로 운영된 것이다. 언젠가 국가 소유로 이관되거나 민영화되어 국가 건설 재원으로 활용되어야 했던 적산은 당시 그 관리와 매각을 둘러싸고 숱하게 불거졌던 여러 不正 사건들을 일일이 거론하지 않더라도 그만큼 합리적으로 관리되지만은 않았던 것이다.

제2부
제도의 변동

정부수립 후 노동위원회의 설치와 노동문제

이 상 의

1. 머리말

한국사회의 노동문제는 일제강점기부터 이미 본격화되어 있었다. 노동자에 대한 보호장치가 전혀 없었던 일제의 지배 하에서 진행된 노동운동은, 해방 이후 급격히 성장하였고 정부수립 이후와 전쟁의 와중에도 지속되었다. 그러한 배경 위에서 마침내 헌법과 노동법이 제정되면서 법적인 차원에서 노동자의 권리가 보장되기에 이르렀다.

정부수립 이후의 노동문제는 일제강점기와 미군정기 노동문제의 연속선상에 있으면서도 이전 시기와는 달리 주권국가 안에서의 노동문제라는 커다란 차별성을 지니고 있었다. 또한 이 시기의 노동문제는 노동법과 노동정책의 기본 체계가 갖추어진 상태에서 발생한 것으로서, 이후 한국사회 노동문제의 원류가 되었다는 의의를 갖는다.

정부수립 이후 진행된 노동법 제정의 움직임은 1953년 勞動組合法과 勞動委員會法, 勞動爭議調整法, 勤勞基準法의 소위 노동4법 제정이라는 성과를 거두었다.[1] 이 노동법들은 한국사회의 경제발전과 경험

---

1) 노동법의 제정과 그 의미에 대해서는 金三洙, 『韓國資本主義國家の成立過程 1945~53年』, 東京大學出版會, 1993 ; 임송자, 「1953년 노동조합법 제정과 대한노총의 조직변화」, 『史林』 21, 2004 ; 송종래 등, 『한국노동운동사 4 : 정부수립기의 노동운동』, 지식마당, 2004 등의 논저를 참조할 수 있다.

을 토대로 만들어진 것이 아니라 그 당시 선진국의 법률을 참고하여 제정된 탓에 한국의 사회현실과는 동떨어진 내용이 많았다고 평가받고 있다. 그러나 적어도 법적으로는 노동자의 권리를 옹호하고 민주적 노동운동을 할 수 있는 기초를 완성시킨 것임이 분명하다.

노동법의 입안 과정 중 1951년 노동조합법안과 노동쟁의조정법안의 심사과정에서 새로이 노동위원회법을 제정할 필요성이 제기되었다. 노동위원회법의 입안과 그에 의한 노동위원회의 설치, 운영은 행정기관의 권한이 강조되던 정부수립 초기의 분위기와는 다른 기조에서 이루어졌다. 곧 노동위원회의 설치는 한국사회에 처음으로 합리적인 노사분쟁해결기구가 설립되었다는 의미를 가지는 것이었다.

노동위원회는 미군정기와 정부수립 이후에도 존재하였고 현재도 존재하고 있는 기구이다. 미군정기 이후의 노동위원회는 사회부장관의 자문기구로서 노동정책에 관한 조사・심의 역할을 담당하였으며, 현재는 노동문제의 판정과 조정업무를 담당하고 있다. 이에 비해 정부수립 이후 설치된 노동위원회는 여타의 노동법에서 정한 사항을 심사・결의하고, 노동쟁의의 조정과 중재 역할, 나아가 노동조건의 개선에 관하여 행정관청에 건의하는 등의 광범위한 역할을 맡고 있었다.

본고에서는 정부수립 이후의 노동법, 그중에서도 노동위원회법에 주목하여 노동위원회법의 입안과정과 노동위원회의 구성과 역할, 활동에 대하여 고찰한다. 이러한 작업을 통해 당시 노동법의 특징과 노동문제의 성격, 그리고 당대인들의 노동문제 인식의 일면을 규명하고자 한다. 현실 노동문제의 기원과 그 해결책의 한 갈래를 찾아보고자 함이다.

2. 정부수립 후 노동법 제정과 노동위원회법 입안

1) 노동법 제정과 노동위원회 논의

　정부수립을 앞두고 1948년 7월에 공포된 헌법에서는 한국사회에서 처음으로 노동3권을 법으로 보장하였다. 헌법 제17조의 '모든 국민은 근로의 권리와 의무를 가진다'는 조항과 제18조의 '근로자의 단결, 단체교섭과 단체행동의 자유는 법률의 범위 내에서 보장된다'는 조항이 그것이다. 이와 아울러 '영리를 목적으로 하는 사기업에서 근로자는 법률이 정하는 바에 의하여 이익의 분배에 균점할 권리가 있다'고 하여 노동자의 利益均霑權에 대해서도 규정하고 있었다. 그러나 이러한 헌법의 내용에도 불구하고 그것을 뒷받침할 후속 법률을 제정하지 못한 상태에서 현실에서는 여전히 노동권이 인정되지 않고 있었다.

　전시하에도 노동쟁의는 부단히 발생하였다. 개개인의 안정적인 삶이 보장되지 않는 전쟁 속에서도 노동자들은 살아가야 했고, 그 몸부림은 각종 쟁의, 파업의 형태로 나타나기도 하였다. 1951년 9월 인천부두노동자들의 임금쟁의가 진행되었고, 1952년 초 국내 최대의 방직공장인 부산 조선방직에서 4개월에 걸쳐 파업·가두시위가 발생한 데 이어, 그 해 2월 주요 광산노동자들의 체불임금 지급과 식량대책을 요구하는 쟁의가 계속되었다. 뿐만 아니라 전시물자를 수송하던 부산부두에서 두 차례에 걸친 부두노동자 파업이 발생하는 등 노동자 파업과 쟁의가 지속되었다.[2] 그러나 노동쟁의가 발생하여도 이를 해결할 노동법이 부재한 상황에서 대개의 사건들은 노동자에게 불리한 방향으로 귀결되었다.

---

　2) 이 시기 노동운동의 실태에 대해서는 김사욱, 『한국 노동운동사』, 産經文化社, 1974 ; 金潤煥·金洛中, 『韓國勞動運動史』, 一潮閣, 1975에서 자세히 서술하고 있다.

노동문제의 확대는 이승만 정부의 노동정책과 대한노총 지도부의 한계를 드러나게 하였고, 헌법에 규정된 노동자 보호의 이념을 구체적으로 법제화할 필요성을 높였다. 따라서 사회 각층에서 노동법 제정을 지속적으로 요구하였다. 대한노총 광산연맹의 경우와 같이 노동법의 입법을 직접 청원하는 경우도 있었으며, 조선방직 쟁의와 대한노총의 분규를 통해 노동자만이 아니라 노동행정 당국과 국회의원들도 노동법 제정의 필요성을 절감하게 되었다.[3]

이미 1949년부터 사회부 노동국에서는 노동법 제정에 착수하고 있었다. 그해 1월 勞動組合法과 利益均霑法의 초안이 완성되었고, 5월에는 勞動爭議調停法과 勤勞基準法의 초안도 완성되었다. 이후 이 노동법 초안은 법제처의 심의와 국무회의의 의결을 거쳐 국회로 이송할 준비를 하고 있었다. 그러나 도중에 전쟁이 발발하면서 입법화하는 단계까지는 나아가지 못하였다.

전쟁이 일단 진정되기 시작한 1951년 4월, 대한노총 출신의 국회의원 林基奉과 趙光燮 외 93명의 의원이 노동조합법안을 국회에 제출하였다.[4] 이에 대응하여 정부에서도 그해 6월 노동조합법안과 노동쟁의조정법안을 작성하였다. 국회의원안과 정부안이 서로 대조적인 성격을 지니고 있는 가운데, 국회 社會保健委員會에서는 두 안을 절충하면서도 새로운 내용을 포함시킨 형태의 대안을 작성하였다.[5] 마침내 1952년 11월 국회의원안과 정부안이 폐기되고 대신 사회보건위원회의 대안이 통과되었다. 이 대안은 기왕의 정부안에 비해 기본적으로 노동쟁

---

3) 金潤煥·金洛中, 위의 책, 160쪽 참조.
4) 노동조합법 제정 과정에 대해서는 임송자, 「1953년 노동조합법 제정과 대한노총의 조직변화」, 『史林』 21, 2004에서 상술하고 있다.
5) 노동법에 관련된 국회의원안과 정부안, 사회보건위원회안의 차별성에 대해서는 金三洙, 『韓國資本主義國家の成立過程 1945~53年』, 東京大學出版會, 1993, 241~279쪽 참조.

의권을 인정하고 노동자 및 노동조합의 권리를 한층 적극적으로 승인한다는 면에서 커다란 전환을 의미하는 것이었다. 이후 사회보건위원회의 대안은 본회의에서 약간의 수정을 거친 후 거의 그대로 입법화되었다.

이러한 과정을 거쳐 한국 사회에서 노동관계법이 제정된 것은 1953년에 들어서였다. 정부는 그 해 3월 8일 노동위원회법을 비롯하여 노동조합법, 노동쟁의조정법을 공포한 데 이어 5월 10일 근로기준법을 공포하여 마침내 노동 관련 기본법을 구비하는 성과를 이루었다.[6]

노동위원회법의 제정·공포에 의해 발족된 노동위원회는, 그 명칭은 1949년 7월 사회부령 제1호에 의거해 설치된 노동위원회에서 유래하였고, 그 역할은 미군정기부터 기능해 오다가 1949년 6월 주무관청을 미군정에서 한국정부 사회부로 변경한 노동조정위원회에 기반을 두고 있었다. 한국정부는 출범 후 1948년 11월 사회부를 설치하고 그 안에 노정과와 직업과, 복리과, 조정과의 4과로 구성된 勞動局을 설치하였다. 이어 1949년 7월 사회부령 제1호에 의거하여 사회부 내에 노동위원회를 설치하였다. 이 노동위원회의 역할은 '사회부장관의 자문에 응하여 중요한 노동정책에 관한 사항을 조사·심의하'는 것이었다.[7] 즉 당시 노동위원회는 노동쟁의의 조정과 중재 역할은 지니고 있지 않았다. 그 해 6월 제정된 노동조정위원회 직제에 의하면, '노동쟁의를 심의·조정'하는 역할은 미군정기에 설치된 노동조정위원회가 담당하고 있었다.[8]

---

6) 북한에서는 1946년 6월 북조선임시인민위원회에서 「북조선 로동자 및 사무원에 대한 로동법령」을 제정하여 여덟시간 노동제 등을 법으로 규정한 바 있다 (法務部, 『北韓法硏究 6 勞動法』, 1987 참조).

7) 노동위원회 규정 제1조 사회부장관의 자문에 응하여 중요한 노동정책에 관한 사항을 調査·審議하기 위하여 사회부에 노동위원회를 둔다[1949.7.28 제정, 사회부령 1호].

노동위원회 설치의 필요성은 노동조합법안과 노동쟁의조정법안의 심사과정에서 대두하였다. 1951년 5월 5일자와 6월 10일자로 임기봉·조광섭 의원이 발의한 노동조합법안과 6월 8일 정부에서 제출한 '노동쟁의조정법안'이 각각 국회 사회보건위원회에 회부되면서 국회에서 이의 심사를 진행하였다. 그 결과 국회의원이 발의한 노동조합법안은 노동위원회에 관한 사항까지 포함하고 있는데 이는 별도의 법률로 제정하는 것이 타당하며, 지나친 노동운동의 자유를 전제로 하고 있다고 평가되었다. 한편 정부안은 의원발의안과는 반대로 행정기관에 의한 '노동운동의 관리'를 전제로 하고 있다고 보았다. 정부에서 제출한 원안은, 대통령령으로 구성하고 주무부장관의 감독하에 있는 노동조정위원회로 하여금 노동쟁의를 중재·조정토록 규정함으로써 노사분규를 행정관청이 행정권으로 해결하도록 규정하고 있었다.

사회보건위원회에서는 국회의원안과 정부안을 폐기하고, 대신 노동쟁의와 노동위원회에 관한 법률을 노동쟁의법안과 노동위원회법안으로 분리하여 대안을 입안하기로 결정하였다. 정부안을 기초로 입안 작업에 착수한 사회보건위원회는 노동문제가 행정부의 간섭을 받을 경우 진정한 의미의 노동운동이 될 수 없다는 입장을 보였다. 따라서 행정권의 간섭을 최대한 배제하여 독자적이고 공평한 입장에서 쟁의의 중재·조정은 물론 일반 노동행정 문제에도 관여할 수 있는 노동위원회를 조직하도록 하는 내용의 대안을 작성하였다.9) 1952년 11월 4일

---

8) 이 시기 노동조정위원회는 노동쟁의의 조정과 중재를 담당하였던 미군정기의 그것과는 달리 쟁의 당사자에 대한 구속력을 지니지 못하였다. 1949년 7월 이후 노동조정위원회에 의한 조정은 1건도 없었고, 쟁의를 선언하는 노동자는 공산주의자로 몰려 단속되고 있었다. 노동조정위원회의 기능이 형해화되었던 것이다(중앙노동위원회, 『노동위원회 50년사 : 1953~2003』, 2003, 64~65쪽).
9) 1952년 12월 5일 현재 사회보건위원회 소속 의원은 총 15명으로 소속별로 살펴보면 다음과 같다. 자유당(원외) : 鄭文欽, 裵恩希, 金翼基(위원장), 崔勉洙,

사회보건위원회가 제출한 대안에서는 '노동운동의 최후 수단인 노동쟁의를 조정하고 중재하며 일반 노동행정의 민주화를 위한 정책입안 과정에 적극 참여하는 노동위원회를 설치하여 근로자의 사회적·경제적 지위향상과 노자간의 협조를 기하게 하기 위하여 본 법안을 제안한다'고 그 제안 이유를 설명하였다.10)

1953년 1월 제15회 국회 본회의에서 노동위원회법을 심의하는 자리에서 사회보건위원장 金翼基는 '지금까지 노동쟁의가 일어나면 사회부가 행정권을 가지고 조정하고 지도해 왔는데, 사회부가 관권으로 또는 독단적으로 조정이나 지도를 할 때는 노동자의 이익보다 사용자의 이익을 도모하는 경향이 있다'고 지적하였다. 그런 까닭에 사회보건위원회에서는 사회부가 노동위원회의 결의에 따라서 노동문제에 대한 명령 또는 감독을 하도록 구상하였다는 것이다.

나아가 그는 '노동위원회법은 순전히 노동자를 위해서, 즉 대부분의 근로자의 복리를 위해서 사회보건위원회에서 창안해 만든 것'이라 하고, '노동쟁의조정법에 의해 노동쟁의위원회를 조직한다 해도 그것은 노동쟁의에만 국한된 법안이므로 노동위원회법이라는 좀 더 강력한 법안을 만들어 행정부가 임의로 관권을 발동하거나 독선적인 행위를 하지 못하도록 억제하고자' 한다고 하여, 노동위원회의 필요성을 언급하였다.11) 즉 사회보건위원회에서 앞서 폐기한 노동조정위원회법안에 의하면 노동조정위원회는 쟁의의 조정만 담당하고 있고, 일반 노동행

金洛五, 朴永出, 梁又正, 민주국민당 : 兪昇濬, 成得煥, 자유당 : 金用雨 趙大衍 金永善, 신라회 : 韓國源, 무소속구락부 : 朴順天 錢鎭漢(『國會史-資料編』, 大韓民國國會事務處, 1971, 69쪽).

10) 『國會史 : 制憲國會 第2代國會 第3代國會』, 國會事務處, 1971, 799·805~808쪽.

11) 『第十五回 國會定期會議速記錄』 第十三號(勞動委員會法案 第一讀會, 1953. 1. 24), 國會事務處, 6~7쪽.

정은 사회부에서 담당하게 되어 있었지만, 노동위원회법은 노동조정은 물론이고 일반 노동행정에 대해서도 노동위원회의 결의로 행정부에 건의할 수 있고, 사회부는 그것을 존중해 시행하도록 구상하였다는 것이다. 노동위원회법 제1조에서 언급하는 바와 같이 '노동행정의 민주화'를 위하여 행정관청의 독단을 방지하고 노자의 공평을 기하는 것이 노동위원회법의 목적임을 강조한 것이다.

2) 노동위원회법의 입안

사회보건위원회에서 제출한 노동위원회법안은 대부분 그대로 통과되었지만, 1953년 1월 제1독회와 제2독회를 거치는 과정에서 다양한 수정안이 제기되었고, 노동위원회법 제정 반대 의견도 제기되었다. 예컨대 자유당 金奉才 의원의 경우 '현재 근로자의 지위가 극히 불안전하고 불행한 원인은 행정력의 약화에서 오는 근로관리의 불철저'에 있다고 하고, '만일 이 노동관계법률이 통과되면 근로자들이 자신의 지위가 확보되는 것을 악용하거나 평소의 불만이 폭발해 파업이나 쟁의가 빈발할 우려가 있고, 그러면 국내 긴요생산 기록에 큰 지장을 초래하는 혼란이 있을 것'이라고 주장하였다. 이에 대해 사회부장관 金容澤은 "노동위원회법과 쟁의법을……통과함으로써 전쟁하는 우리나라가 더 전쟁을 잘 할 수 있고 전력증강이 되고, 기업주의 불필요한 박해를 받던 우리 근로대중이……자기의 의무를 다 완수"할 것이라고 답변하였다.[12]

독회과정에서 제기된 수정안은 노동위원회의 취지 내지 기능과 자주성·공정성의 확보에 대한 내용이 대부분을 차지하였다. 곧 노동위원회의 기능과 역할, 특히 위원회의 관리 권한을 소관 행정관청이 가

---

12) 위의 자료, 13~14쪽.

지도록 규정한 법안 제2조와 위원이 공무원 신분을 가지도록 규정한 법안 제9조에 대한 수정 논의가 집중적으로 이루어졌다.13)

먼저 제도 내지 기능과 관련하여, 노동위원회법의 목적을 어떻게 할 것인가, 중앙노동위원회에 대한 재심신청 요청을 어떻게 할 것인가 등에 대한 논의가 있었다. 노동위원회법의 목적을 규정한 원안 제1조의 "본법의 목적은 국민경제의 발전과 근로행정의 민주화를 기하기 위하여 노동위원회를 설치함을 목적으로 한다"에 대해서 "근로행정의 민주화"를 "노동행정의 민주화, 노동운동의 자주화"로 수정하자는 제안이 李鎭洙 의원 외 37인에 의해 제출되었다. 노동의 의미를 명확히 하고 노동위원회가 관료화하거나 비민주화하는 것을 법률로 방지하고자 제안한 것이다. 또한 중앙노동위원회에 대한 재심신청과 관련하여, 제19조의 "중앙노동위원회는 지방노동위원회 또는 특별노동위원회의 처분을 재심사하여 취소 승인 또는 변경하는 권한이 있다. 전항의 재심사는 지방노동위원회 또는 특별노동위원회의 처분이 있은 후 2주 이내에 당사자 일방의 신청이 있거나 또는 직권으로 행한다"는 원안 중에서 "당사자 일방의 신청이 있거나 또는 직권으로 행한다"를 "일반사업에 관한 처분에 있어서는 당사자의 쌍방, 공익사업에 관한 처분에 있어서는 당사자의 일방의 신청이 있거나 또는 직권으로 행한다"로 수정하는 안이 錢鎭漢 의원 외 40인에 의해 제기되었다. 그러나 이들 수정안은 모두 부결되고 원안 그대로 가결되었다.

노동위원회의 자주성 혹은 공정성에 대해서는, 원안 2조의 "노동위원회는 소관 행정관청이 관리해야 한다"는 조항을 삭제하자는 수정안이 제기되었다.14) 노동위원회 자체가 자주적인 기관으로서 독립성을

---

13) 중앙노동위원회, 앞의 책, 2003, 69~71쪽.
14) 이 수정안은 李鎭洙 의원 외 37인이 제기하였다(『第十五回 國會定期會議速記錄』第十五號, 國會事務處(勞動委員會法案 第二讀會, 1953. 1. 27)).

지녀야 하기 때문이라는 것이 그 이유였다. 또한 제4조 위원의 구성 및 공익위원의 임명과 관련하여, 위원을 노·사·공익 각 3인씩으로 구성하고, 중앙노동위원회의 공익위원은 대통령이, 지방 및 특별노동위원회의 공익위원은 주무장관이 임명한다는 원안을 수정하자는 안이 제기되어 논의되었다. 우선 노동자의 소기의 목적을 완수하기 위한 노동위원회라고 하면 공익위원이 사용자위원과 야합할 가능성을 방지하기 위해 위원구성을 노·사·공익위원 각 3인이 아니라 근로자위원 6인, 사용자위원 3인, 공익위원 3인으로 하자는 안이 제기되었다.15) 이와 더불어 전진한 의원 등은 공익위원의 임명에 대해 "공익위원은 노사위원의 추천에 의해 중앙노동위원회는 대통령이, 지방과 특별노동위원회는 주무장관이 임명한다"는 내용과 함께, 공정을 기하기 위해서는 "공익위원 중 2인 이상의 위원이 동일한 정당 혹은 사회단체에 속해서는 안된다"는 수정안을 제기하였으나 모두 부결되었다.

또한 원안 제9조에서 "노동위원회 위원은 그 신분을 공무원으로 한다"는 내용을 삭제하자는 수정안이 제기되었다. 신분을 공무원으로 하면 여러 가지 제약을 받기 때문이라고 이유를 제시하였는데,16) 드물게 이 수정안이 받아들여졌다. 그 외 근로자와 사용자라는 용어는 둘의 관계가 주종관계임을 인정하는 것이므로 근로자위원과 사용자위원의 명칭을 근로위원과 기업위원으로 바꾸자는 안과,17) 공익위원의 임명을 공익사업체 등에서 추천하여 대통령이 임명하도록 하자는 수정안이 제기되었으나, 모두 원안대로 가결되었다.

회의소집 절차와 의결권 행사에 관련한 수정안도 제기되었다. 원안

---

15) 李鎭洙 의원 외 37인(위와 같음).
16) 한편 전진한 등이 제기한 이 발언이 진정으로 행정관청으로부터 자립을 추구한 것인지에 대해 의문을 제기한 연구도 있다(金三洙, 앞의 책, 264쪽).
17) 姜慶玉 의원 외 20인(『第十五回 國會定期會議速記錄』第十五號, 國會事務處(勞動委員會法案 第二讀會, 1953. 1. 27)).

제11조에서 회의소집을 위원장이 하도록 한 것에 대해 위원장이 회의 소집을 거부할 수도 있으므로 위원 과반수가 회의 소집을 요구할 경우에도 회의를 소집할 수 있게 해야 한다는 수정안이 이진수 의원에 의해 제기되어 가결되었다. 이와 함께 원안 제12조에서 과반수 위원 출석과 출석위원 과반수로 의결을 행할 때 "노·사위원 각 1인 이상이 출석하여야 한다"는 내용을 "노동위원 2인 이상과 사용자위원 1인 이상이 출석하여야 한다"로 수정하자는 안이 제기되었지만[18] 부결되었다.[19]

다양한 논의를 거쳐 마침내 1953년 3월 8일 노동위원회법이 공포되었다. 노동위원회법은 총칙, 조직, 회의, 권한, 벌칙의 5장으로 구성되어 있었으며, 그 기본적인 틀은 현재도 그대로 유지되고 있다.

---

18) 李鎭洙 의원 외 37인(위와 같음).
19) 이외에도 제6조를 '노동위원회는 위원장 1인, 부위원장 1인, 서기장 1인을 선출한다'로 수정하고, 제20조 "노동위원회는 위원 3분의 2 이상의 출석과 출석위원 3분의 2 이상의 결의로 일정한 사항에 관한 처분에 공익위원만이 참여할 것을 결정할 수 있다. 이 경우에 있어서도 결정에 앞서 행하는 심문에는 근로자위원 또는 사용자위원이 참여할 수 있다"는 내용을 사족이라 하여 삭제하고, 제25조 "본법 시행에 관하여 필요한 사항은 대통령령으로서 정한다"고 되어 있는 원안을 노동위원회에서 정한다로 수정하자는 의견 등이 이진수 의원 등에 의해 제기되었으나, 모두 부결되고 원안이 가결되었다(『第十五回 國會定期會議速記錄』 第十五號, 國會事務處(勞動委員會法案 第二讀會, 1953. 1. 27)).

3. 노동위원회의 구성과 역할

1) 노동위원회의 구성과 '독립성'

노동위원회법에 의하면 노동위원회는 "국민경제의 발전과 근로행정의 민주화를 기하기 위하여" 설치되고, 소관 행정관청인 사회부에서 관리하도록 되어 있었다. 본 장에서는 노동위원회 구성의 특징과 그 역할에 대해 고찰한다.

먼저 그 조직에 대해 살펴보면, 노동위원회는 총 세 종류로 구성되었는데, 두 지역 이상의 특별시나 도에 걸친 사건과 전국적으로 중요한 사건을 관할하는 중앙노동위원회, 특별시와 도의 사건을 관장하는 지방노동위원회의 이심구조를 기본으로 하고, 특별한 필요가 있을 때는 일정한 지역 또는 사항에 관하여 특별노동위원회를 설치하도록 하였다.

노동위원회는 勞·使·公의 三者가 同數로 구성되어 합의제로 운영되는 특징을 지니고 있었다. 즉 임기 1년의 노동자를 대표하는 근로자위원과 사용자를 대표하는 사용자위원, 공익을 대표하는 공익위원 각 3명씩 총9명으로 조직되었다. 그 중 근로자위원은 노동조합에서, 사용자위원은 사용자 단체에서 추천하는 자 중에서 선발하되, 중앙위원회 위원은 대통령이, 지방과 특별노동위원회 위원은 사회부장관이 임명하였다. 공익위원 역시 중앙노동위원회 위원은 대통령이, 지방과 특별노동위원회 위원은 사회부장관이 '일반직 공무원에 재직한 자 또는 노사문제에 학식과 경험이 풍부한 자' 중에서 임명하기로 하였다.

이렇게 구성된 노동위원회는 노동관계법에 의한 다양한 권한을 수행하는 독립적인 행정위원회로 설치되었다.[20] 사회보건위원장 김익기

---

20) [1963. 4. 17 전문개정, 법률 제1328호] 노동위원회는 법령에 의하여 그 권한

의 설명에 의하면, 노동위원회법은 노동행위의 민주화를 위하여 행정관청의 독단을 방지하고 노자의 공평을 기하기 위한 것으로서, 노동위원회는 애초에 일종의 특수관청으로 구상되고 있었다.[21]

정부수립 이후 행정기구의 조직과 더불어 금융통화운영위원회, 선거관리위원회, 노동위원회 등의 독립된 행정위원회가 출범하였다.[22] 그 중 노동위원회는 미국, 일본 등의 노동위원회를[23] 모범으로 하여 설치된 것으로서, 국가의 삼권분립적 기구구성에 대한 비판에서 유래하였다. 사법절차에서 경제적인 약자인 피고용자와 강자인 고용자를 동등한 개체로서 대우하였으므로 오히려 양자의 관계가 공평하게 유지되지 못하는 경우가 많았으며, 따라서 실질적인 공평을 확보하기 위해서는 새로운 행정적 방법을 필요로 하였던 것이다.

곧 노사관계의 분쟁에서 신속한 처리, 간이한 절차, 기관 자신에 의한 법규범의 발견과 그에 상응하는 유연한 처리, 경우에 따라서는 사전억제 등의 목적을 위하여 전문적인 지식과 숙련성을 갖는 기관이 필

에 속하는 사항을 독립하여 행한다(중앙노동위원회, 앞의 책, 2003, 80쪽).
21) 『第十五回 國會定期會議速記錄』 第十三號(勞動委員會法案 第一讀會, 1953. 1. 24), 國會事務處, 7쪽.
22) 20세기 들어 세계적으로 위원회 제도가 진전되었는데, 이는 행정국가에서 새로 대두된 규제 기능을 담당할 기관의 필요에서 비롯되었다. 위원회 가운데 독립규제위원회는 주로 미국에서 발전하였다. 私經濟 단체 간의 갈등은 점차 심해지는데 행정국가화하면서 강화된 행정권에 그 조정, 규제를 맡길 수 없었기 때문에 소위 제4부로서 독립된 위원회를 만들게 된 것이다(白光鎬, 「우리나라 勞動委員會에 관한 硏究」, 서울대 석사학위논문, 1981, 7쪽 ; 車聖雄, 「우리나라 獨立規制委員會에 관한 硏究」, 연세대 석사학위논문, 1987, 4·13쪽).
23) 1935년에 조직된 미국 전국노사관계위원회는 독립적인 연방행정기관으로서, 산업평화를 유지하기 위해 부당노동행위 사건에 대한 조사·판정과 노조의 교섭대표권 결정을 위한 선거를 실시하는 임무를 가지고 있다(중앙노동위원회, 앞의 책, 2003, 378쪽).

요하게 되었으며, 사법과 행정의 절충적인 기관, 즉 위원회가 생기게 되었다.24) 이러한 배경에 의해서 구성된 노동위원회는 형식면에서 준입법적, 준사법적 작용을 하는 독립된 행정위원회라는 특징을 가지고 있다.

그러나 그러한 취지에도 불구하고 노동위원회법에서는 노동위원회를 소속 행정관청인 사회부에서 관리하도록 하여, 실질적인 독립성을 인정하지 않는 한계를 가지고 있었다. 더욱이 노동쟁의의 첫 절차인 斡旋은 행정관청에 의해 주도되고 있었으며, 强制仲裁 절차에는 정부가 의도적으로 개입할 여지가 많았다. 또한 노동위원회의 위원들을 대통령이나 주무부장관이 임명하도록 되어 있었으므로 노동위원회는 정치상황에 따라 그 독립적 성격을 상실하고 행정기관의 외곽단체로 될 가능성마저 지니게 되었다.25)

이와 함께 법 제정과정에서도 이진수 의원 등에 의해 지적되었듯이, 공익위원의 편중성과 중립성 문제를 안고 있었다. 공익위원만이 참여할 수 있는 의결사항을 광범위하게 규정하여 근로자위원과 사용자위원은 자문기관화할 가능성이 있었으며, 노동위원회가 행정관청에 소속되어 있고 공익위원이 관권의 영향력을 받을 수 있다는 점에서 공정성이 결여되기 쉬운 구조를 지니고 있었다.26) 또한 공익위원의 임명과정에서도 행정관청에 의해 공익위원이 위촉되었으므로 정부의 정책에

---

24) 車聖雄, 앞의 논문, 1987, 16·30~31쪽.
25) 金亨培, 「韓國勞動法의 變遷」, 『世界의 文學』 1980 봄호, 民音社, 67쪽.
26) 실제 보사부장관이 중앙노동위원회에 1955년 4월 1~3일에 개최된 대한노총 대의원대회의 의결 취소를 요청하여 그대로 결의된 사건이 있었다. 이는 곧 당시 중앙노동위원회 근로자위원이자 자유당과 정부의 지지를 얻고 있었던 丁大天의 주장이 관철되었던 것으로, 중립성·공정성이 결여된 판정이었다고 볼 수 있을 것이다(『朝鮮日報』 1955년 4월 3일자, '投者보다 많은 投票數, 勞總大會 第二日은 修羅場化'; 1955년 5월 10일자, '大韓勞總 無效宣言에 再審要請, 鄭氏派서는 12日 總會를 召集').

동조하는 자가 선출될 가능성이 높아 공정성과 중립성을 침해당할 우려가 있었다.27)

즉 노동위원회는 애초에 노동문제를 해결하기 위한 독립적인 행정위원회로 설치되었으나, 그 취지와는 달리 실제 운영과정에서는 독립성·공정성이 유지되기 어려운 한계를 지니고 있었다.

2) 노동위원회의 권한

노동위원회법안을 작성한 사회보건위원회의 위원장 김익기에 의하면, 노동위원회법은 '노동자의 복리를 위해 절대적인 힘을 부여해 보자는 취지'에서 만들어진 것이었다. 애초 정부에서는 노동쟁의조정법으로서 노동쟁의를 조정하는 법률을 마련하고자 구상하였다. 그러나 사회보건위원회는 사회부장관이 노동쟁의에 대해 강력한 감독권을 가지는 것에 반대하여 사회부에서 작성한 노동쟁의조정법안을 폐기하고,28) 대신 노동위원회법안과 노동쟁의법안을 별도의 법안으로서 같은 시기에 상정하였다.29) 노동쟁의법을 통해 단체운동의 자유권, 즉 쟁의권 확보에 주력하는 한편, 노동위원회의 역할이 노동쟁의의 조정·중재의 범위를 넘어서서 일반 노동행정에 대해서도 관여할 수 있도록 한 것이다.

노동위원회법에 의하면 노동위원회는 노동조합법·근로기준법과 기

---

27) 車聖雄, 앞의 논문, 1987, 66~67쪽. 일본의 경우 행정관청의 위촉에 앞서 노사 양측의 동의를 얻도록 되어 있다(일본노동법 제19조 72항).
28) 『第十五回 國會定期會議速記錄』, 第十三號(勞動委員會法案 第一讀會, 1953. 1. 24), 國會事務處, 8~9쪽.
29) 사회보건위원회에서 작성한 노동쟁의법은 독회 과정에서 전진한 의원에 의해 법률제목에 대한 수정안이 제기되어 勞動爭議調整法으로 수정되었다(『第十五回 國會定期會議速記錄』 第十六號(勞動爭議法案 第二讀會, 1953. 1. 28), 國會事務處, 8~9쪽).

타 법령에서 정한 사항의 심사결의, 노동쟁의조정법에서 정한 노동쟁의의 조정과 중재, 그리고 근로조건의 개선에 관하여 행정관청에 건의하는 역할을 지녔다.30) 곧 법률이 정한 사항의 심사의결권, 노동쟁의의 조정 및 중재권, 노동조건 개선에 관한 건의권 등의 권한을 가지고 있었다. 이 중에도 중심이 되는 것은 노동조합법과 근로기준법에서 정하고 있는 判定의 권한, 노동쟁의조정법에서 정하고 있는 調整의 권한으로, 이 세 종류의 역할에 대해 구체적으로 살펴본다.31)

우선 노동조합법에 관련된 노동위원회의 역할은 주로 노동조합의 활동과 일정지역 내에서의 단체협약 적용여부의 판정에 대한 것으로서, 그 내용은 다음과 같다. ① 노동조합의 규약이나 결의가 법령에 위반하거나 공익을 해할 경우 행정관청은 노동위원회의 결의를 얻어 취소 또는 변경을 명할 수 있고, ② 노동조합이 법령에 위반하거나 공익을 해하였을 경우 행정관청은 노동위원회의 결의를 얻어 해산을 명할 수 있게 규정하였다. 이와 함께 ③ 한 지역에서 종업하는 동종 근로자의 3분의 2 이상이 한 단체협약의 적용을 받게 되었을 때 행정관청은 노동위원회의 결의를 얻어 당해지역의 동종 근로자와 사용자에도 당해 단체협약의 적용을 받도록 결정할 수 있게 하였다.

다음은 근로기준법에 관련된 노동위원회의 역할로서, ① 사용자 또는 근로자는 본법의 시행에 관하여 사회부, 노동위원회 또는 근로감독관의 요구가 있는 경우에는 지체없이 필요한 사항에 대하여 보고 또는

---

30) 1954~61년간의 중앙노동위원회의 판례를 통해 그 역할을 살펴보면, 조정, 중재판정, 재심판정, 결의, 재해사건 이의에 관한 심사, 해고에 대한 지급제외 인정에 관한 심사, 업무상 병에 관한 과실인정 신청에 대한 심사, 해고에 대한 지급제외 인정 재심신청에 관한 심사 등의 업무를 담당하고 있었다(中央勞動委員會, 『勞動委員會判例集(縮小版) 1954年~1986年』, 1988 참조).
31) 韓國銀行調査部, 『韓國産業經濟十年史』, 1955, 697~700쪽에 수록된 노동위원회법을 참고한다.

출석하여야 한다. ② 명시된 근로조건이 사실과 달라 근로자가 손해배상을 청구할 경우에는 노동위원회에 신청할 수 있다. ③ 근로자의 귀책사유로 인한 해고시에는 귀책사항에 관하여 노동위원회의 인정을 받아야 한다. ④ 사회부가 최저임금을 정하고자 할 경우에는 노동위원회의 동의를 얻어야 한다. ⑤ 여자와 18세 미만 근로자가 귀책사유로 인해 해고되어 사용자가 그 사유에 대하여 노동위원회의 인정을 받았을 경우에는 귀향여비 부담을 예외로 한다. ⑥ 장기습득을 요하는 특정기능자를 근로 과정에서 양성할 필요가 있는 경우 그 규정은 노동위원회에 자문하며 대통령령으로 정한다. ⑦ 근로자가 중대한 과실로 업무상 부상 또는 질병에 걸리고 사용자가 그 과실에 대하여 노동위원회의 인정을 받은 경우 휴업보상 또는 장해보상을 행하지 않아도 무방하다. ⑧ 업무상의 부상, 질병 또는 사망의 인정, 기타 보상 실시에 관하여 이의가 있거나 사회부의 심사와 중재 결과에 불복하는 자는 노동위원회의 심사나 중재를 청구할 수 있다. ⑨ 본법에 의한 재해보상에 관한 사항에 대하여 민사소송을 제기할 때는 노동위원회의 심사나 중재를 거쳐야 한다는 조항 등이 있다.

노동쟁의조정법에 관련된 노동위원회의 역할은 노동쟁의의 調整이 있는데, 이는 알선과 조정, 중재의 세 과정으로 구분된다.[32]

우선 斡旋에 대해 보면, 노동쟁의가 발생할 경우 행정관청의 알선으로 사건이 해결되도록 노력하되, 일반사업에서는 1주일, 공익사업에서는 2주일 이내에 알선으로 사건이 해결되지 않을 때에는 그 사건을 즉

---

[32] 노동위원회법 제정 당시 부당노동행위에 대해서는 처벌주의를 택하고 있었으므로 노동위원회가 부당노동행위 구제신청을 받아서 심판하는 기능은 가지고 있지 않았다. 현행 노동조합 및 노동관계조정법상 부당노동행위 구제절차와 같은 규정은 1963년 노동조합법의 개정에 이르러 원상회복주의를 취하면서 도입되었다(중앙노동위원회, 앞의 책, 2003, 77쪽).

시 노동위원회에 이송하여야 한다. 이로써 노동위원회의 기능이 개시된다. 이 알선은 노동위원회의 조정과 동일한 효력이 있다.

　調停은 행정관청으로부터 알선에 실패한 사건을 노동위원회가 이송받은 경우 행하는 것으로, 지방노동위원회 또는 특별노동위원회가 행한 조정이 성립되지 않은 경우에는 중앙노동위원회가 관계 당사자의 쌍방 또는 일방으로부터의 신청, 행정관청의 요구 또는 직권으로 그 사건의 조정을 행할 수 있다.33) 노동위원회는 조정안을 작성하여 관계 당사자에게 제시하고 수락을 권고하는 동시에 그 조정안에 이유를 붙여 공표할 수 있으며, 필요할 때에는 신문이나 라디오에 의한 협력을 요구할 수 있고, 조정이 성립된 경우에는 확정판결과 동일한 효력을 가진다.

　끝으로 仲裁는 관계 당사자 쌍방이 노동위원회에 중재신청을 했을 때, 관계 당사자 쌍방 또는 일방이 단체협약의 규정에 의하여 노동위원회에 중재신청을 했을 때, 공익사업에서 행정관청의 요구 또는 노동위원회의 직권으로 노동위원회의 중재에 회부하는 결정이 있을 때,34) 개시하도록 하였다. 중재판정은 서면으로 작성하여야 하고, 효력발생기일도 기입하도록 하였다. 중재판정에 대하여 당사자의 일방이 불복할 때는 15일 이내에 행정소송을 제기하며, 행정소송을 제기하지 않은 채 15일이 경과하면 확정판결과 동일한 효력이 있다. 단 지방노동위원

---

33) 행정관청의 요구 또는 직권으로 조정을 행할 수 있도록 한 것은 오늘날 긴급조정과 같이 직권으로 조정을 개시할 수 있음을 의미한다.
34) 제정 당시 노동쟁의조정법상의 공익사업은 운수산업, 통신사업, 수도·전기 또는 가스공급사업, 의료 또는 공중위생사업 등이었다. 특히 국회의 동의를 얻어 사업의 정폐가 국민경제를 위태롭게 하거나 공중의 일상생활을 위협하는 사업은 1년 이내에 한하여 공익사업으로 지정할 수 있도록 규정하였다. 오늘날 공익사업에 대한 직권중재제도는 제정법에서부터 출발하였다고 볼 수 있다(중앙노동위원회, 앞의 책, 2003, 79쪽 참조).

회나 특별노동위원회의 판정에 당사자의 일방이 불복할 때에는 10일 이내에 중앙노동위원회에 그 재심을 요구하여야 하며, 재심판정에 불복할 때에 한하여 15일 이내에 행정소송을 제기할 수 있도록 하였다.35)

이러한 권한 외에도 노동위원회는 사무를 집행하는 데 필요하다고 인정할 때에는 사용자나 그 단체, 노동조합 기타 관계자에 대하여 출석, 보고 혹은 필요한 서류의 제출을 요구하거나 위원 또는 직원으로 하여금 관계 공장·사업장 기타 직장의 업무상황, 서류 기타 물건을 조사시킬 수 있는 調査權을 가졌다. 중앙노동위원회의 경우 자신이 행하는 절차와 지방노동위원회 또는 특별위원회가 행하는 절차에 관한 규칙을 제정하여 공포할 권한인 規則制定權과, 지방노동위원회 또는 특별노동위원회의 처분을 재심사하여 취소, 승인 또는 변경할 수 있는 再審取消權이 있었다. 이밖에 노동쟁의가 극단적으로 전개될 경우에는 공익위원이 위원 2/3의 결의로서 일정한 사항에 관한 회의를 진행할 수 있는 공익위원 특별참여권이 있었다.36)

요컨대 노동위원회법 제정에 의해 구상된 노동위원회는 당시의 노동법 운영과정과 노동문제의 진행상황에 광범위하게 개입할 수 있는 권한을 지니고 있었다. 그리고 이러한 노동위원회의 권한은 그에 응하지 않을 경우 "노동관계 당사자가 본법에 규정한 보고를 하지 않거나

---

35) 출범 당시와는 달리 1971년 국가보위에 관한 특별조치법의 공포로 노동자의 단체교섭권 및 행동권이 제약되면서 노동위원회의 조정기능이 정지되었고, 행정관청에서 단체교섭 등 조정업무를 담당하게 되었다. 1980~81년에는 행정관청의 심의·위탁에 따라 각급 노동위원회가 조정업무에 다시 개입하였다가 1981년 국가보위에 관한 특별조치법이 폐지되면서 다시 조정업무를 맡게 되었다(白光鎬, 앞의 논문, 1981, 17~18쪽).
36) 『第十五回 國會定期會議速記錄』 第十三號(勞動委員會法案 第一讀會, 1953. 1. 24), 國會事務處.

서류의 제출 또는 조사를 거부하거나 허위 보고를 한 때에는 3월 이하의 징역 또는 3천환 이하의 벌금에 처"하는 등의 벌칙규정에 의해 뒷받침되고 있었다.

4. 노동위원회의 활동과 노동문제 인식

1) 노동위원회의 활동

노동위원회법이 시행되면서 종전에 노동조정위원회에서 담당하던 역할이 노동위원회로 이관되었다. 그러나 노동위원회는 법이 제정된 지 근 1년이 지난 1954년 2월 20일이 되어서야 출범하였다.[37] 전후의 혼란으로 인해 시간이 지연되기도 하였지만, 노동자를 대표하는 위원의 선정과정이 파벌 다툼으로 번지고 지체된 데도 원인이 있었다. 당시의 노동조합들은 노동조합법에 따라 모두 해체되고 조직을 재구성하는 과정을 겪었으며, 대한노총 역시 새롭게 조직의 재편이 요구되어 이를 둘러싼 대립이 격화되고 있었다.[38] 따라서 근로자위원의 선정은 대한노총 차원에서 논의가 이루어지지 못하고 개별 노동조합간의 조정과 타협이라는 과정을 거쳐야 했다.[39]

중앙노동위원회는 첫 회합에서 대법관 金世玩을 위원장으로, 서울대 총장 崔奎南을 부위원장으로 선출하였다. 그리고 노동행정에 수반

---

37) 『東亞日報』1954년 2월 22일자, '勞動爭議를 解決, 中央 勞動委員會 發足' ; 『朝鮮日報』1954년 2월 22일자, '근로행정을 민주화. 중앙노동위원회 드디어 발족'.
38) 대한노동의 조직 재편 과정에 대해서는 임송자, 『대한민국 노동운동의 보수적 기원 : 1945년 해방~1961년까지』, 선인, 2007 참조.
39) 중앙노동위원회, 앞의 책, 2003, 72·205~206쪽 ;『조선일보』1953년 12월 29일자, '위원장에 丁大天씨, 노동위 최초회합'.

하는 중요 사항을 심사 결의하고 중요 노동쟁의 문제를 조정하는 한편, 근로조건의 개선 등을 주무 당국에 건의하는 것으로 노동위원회의 역할을 확인하였다.40) 이 날 정식 발령을 받은 9명의 중앙노동위원과 아울러 이후 거의 매년 다시 발령된 중앙노동위원의 명단과 발령 당시의 직위를 살펴보면 다음과 같다.

△ 1954년 2월 발령41)
공익위원 : 위원장 金世玩(대법관), 부위원장 崔奎南(서울대총장), 吳兢善(사회사업연합회장)42)
사용자위원 : 李世賢(직물공장협회장), 鄭完圭(대한광업협회장), 任鳳淳(조선운수사장)43)
근로자위원 : 丁大天(경전노조위원장), 金周洪(철도연맹위원장), 李俊洙(광산노련위원장)44)

---

40) 『동아일보』 1953년 12월 28일자 '中央 勞動委員長에 京電 丁大天氏 選出'.
41) 위와 같음.
42) 金世玩 : 노동위원회 위원장(1954. 2. 20~1960. 11. 9), 경성전수학교 졸업, 헌법위원회 위원, 대법관, 한국신문윤리위원회 위원장
  崔奎南 : 연희전문학교 졸업, 오하이오 웨슬리안대학 이학박사, 서울대 총장, 중앙선거위원, 아시아민족반공대회 한국대표, 문교부장관
  吳兢善 : 미국 세인트폴대학 의학과 졸업. 금융조합 평의원, 경성부협의원, 세브란스연합의학전문학교 교장, 조선사회사업협회 이사
  이하 중앙노동위원회 위원의 인적사항에 대해서는 국사편찬위원회의 한국사 데이터베이스(http://db.history.go.kr)에서 크게 도움을 받았다.
43) 李世賢 : 조선물자운송조합연합회 이사, 남조선견직물공업조합연합회 이사장, 서울시상공회의소 부회장, 조양견직물주식회사 사장
  鄭完圭 : 東興工務社 사장, 조선탁구협회장. 朝鮮研武館會 회장, 조선광업협회 이사, 조선토건협회 상담역
  任鳳淳 : 서울청년회 활동, 동아일보사 편집국장, 南電 이사, 朝運 사장, 대한해운조합연합회 회장, 대한상공회의소 부회장.
44) 金周洪 : 철도노조 대구지구 위원장, 자유당 중앙위원, 대한노총 최고위원
  丁大天 : 韓靑 경성단부 훈련소장, 대한노총 중앙본부 감찰부 부회장, 경전노

△ 1955년 4월 발령[45]
공익위원 : 위원장 金世玩, 부위원장 崔奎南, 吳兢善
사용자위원 : 鄭完圭, 任鳳淳, 金恒福(공업협회연합회 이사장)[46]
근로자위원 : 丁大天, 金周洪, 金正元(대한석탄광노조위원장)
△ 1956년 8월 발령[47]
공익위원 : 위원장 金世玩, 부위원장 鄭近永(변호사), 鄭順錫(대검총장)[48]
사용자위원 : 鄭完圭, 任文恒(대한상선공사장), 李鴻稙(朝鮮電業 사장)[49]
근로자위원 : 丁大天(대한노총최고위원), 金周洪(대한노총최고위원), 李俊洙(대한노총최고위원)
△ 1958년 1월
공익위원 : 위원장 金世玩, 부위원장 鄭近永, 朴天一(대검차장)[50]
△ 1959년 7월[51]
공익위원 : 위원장 金世玩, 부위원장 鄭近永, 蘇鎭燮(대검차장)[52]
사용자위원 : 鄭完圭, 任文恒(米倉 사장), 李鴻稷

    조 위원장, 대한민국중앙노조 위원, 민의원
  李俊洙 : 대한노총 전국광산연맹 위원장, 대한重石 기사, 대한노총 사무총장.
45) 『東亞日報』1955년 4월 21일자, '中央 勞委任員 決定' ; 中央勞動委員會, 『勞動委員會判例集(縮小版) 1954年~1986年』, 1988, 7쪽.
46) 金恒福 : 早稻田大 졸업, 평양 숭인상업학교 교장, 신흥섬유공업 사장, 대한메리야스공업협회연합회 이사장.
47) 『朝鮮日報』1956년 8월 7일자, '四代 中央勞動委 發足'.
48) 鄭近永 : 경성제대 법학과 졸업, 변호사, 서울여의대 예과 강사, 교통부 법률촉탁, 성대 법대 교수.
  鄭順錫 : 판사, 해주지방법원 재령지청 서기, 검찰총장.
49) 任文恒 : 朝鮮商船주식회사 사장, 상공부차관, 조선광업진흥주식회사 사장, 농림부장관.
  李鴻稙 : 연희전문 문과 졸업, 조선일보 기자, 남선전기주식회사 이사, 조선전업주식회사 사장.
50) 朴天一 : 전주지방검찰청 검사장, 대검찰청 검사, 법무부 검찰국장.
51) 『東亞日報』1959년 12월 22일자 '中央勞動委서 復職判定 解雇當한 京電職員五名'.
52) 蘇鎭燮 : 부산지방검찰청 검사장, 대검찰청 차장검사, 변호사.

근로자위원 : 金琪玉(대한노총위원장), 崔龍洙(대한노총부위원장), 成周甲(대한노총최고위원)53)

△ 1960년 11월54)

공익위원 : 위원장 高在鎬(대법관), 부위원장 鄭近永, 梁會卿(대법판사)55)

사용자위원 : 李熙畯(朝鮮電業 사장), 朴斗秉(동양맥주 사장), 鄭寅旭(강원탄광 사장)

근로자위원 : 金末龍(勞協會 의장), 金正元(광산연맹위원장), 申鉉洙(南電 노조위원장)

△ 1962년 2월 발령56)

공익위원 : 위원장 鄭近永, 부위원장 李恒寧(고려대 법정대학장), 邊基燁(변호사)

사용자위원 : 朴英俊(한국전력사장), 金老星(韓國貿易協會 理事), 鄭完圭(대한상공회의소특별위원)57)

근로자위원 : 金光洙(한국노총 부위원장, 전국섬유노동조합위원장), 南俊鉉(한국노총 부위원장), 韓基洙(한국노총 사무총장)58)

---

53) 金琪玉 : 전국부두노조연맹 위원장, 대한노총위원장
　　崔龍洙 : 대한노총부위원장, 전력노조 위원장, 한국노총위원장, 제8, 9대 국회의원.
54) 『東亞日報』1960년 11월 24일자 '첫 中央勞動委開催 各代表任命'.
55) 高在鎬 : 경성제대 법문학부 졸업, 대구고등법원장, 대법관, 대한변호사협회 회장, 한국신문윤리위원회 위원장
　　梁會卿 : 일본 中央大學 졸업, 서울고등법원 판사, 부산지방법원장, 대법원 판사.
56) 『朝鮮日報』1962년 2월 7일자, '中央勞動委員 任命' ; 『東亞日報』1962년 2월 7일자 '委員長에 鄭近永氏 선출 어제 中央勞動委 첫 委員會' ; 중앙노동위원회, 앞의 책, 2003, 420~422쪽 : 1961년 11월 10일.
57) 朴英俊 : 국방연구원 졸업, 임시정부 理財課長, 제1야전군사령부 기획참모부 근무, 한국전력주식회사 사장
　　金老星 : 대한물산주식회사 이사, 近海商船주식회사 이사, 전남방직주식회사 사장, 한국무역협회 이사.
58) 金光洙 : 경기도노동위원회 위원, 금성방직노동조합 위원장, 전국섬유노동조합 위원장, 한국노동조합총연맹 부위원장

노동위원 중 공익위원은 조정과 심판이라는 기능에 맞추어 초기에는 법률전문가와 사회의 원로로 구성되어 있었으나 점차 법률가 중심으로 변화되었다. 사용자위원은 대한상공회의소에서 선출하였는데, 주로 당시의 주력 산업이었던 광업, 공업, 운수업 등의 사용자들이 임명되었다. 근로자위원은 초대 중앙노동위원회부터 대개 대한노총의 최고위원 혹은 사무총장 등으로 충원되었다.

공익위원은 중앙위원회의 경우 대통령이, 지방 혹은 특별위원회의 경우 사회부장관이 임명하였던 점을 감안하면 정부의 입장, 경우에 따라서는 자본가의 입장을 대변하기 쉬웠을 것임을 짐작할 수 있다. 또한 사용자위원 중 상당수는 국영이나 공영기업의 사장으로서 개별 자본가라기보다는 정부관련 인사의 성격이 짙었다. 나아가 근로자위원도 대한노총의 최고지도부로 충원되었다. 곧 노동위원회는 처음부터 권력의 이익을 대변하는 기구로 전락할 위험성을 내포하고 있었다. 공익위원과 사용자위원, 근로자위원이 3 : 3 : 3의 동수로 만들어진 노동위원회의 구성이 사안에 따라서는 6 : 3의 구도로 변화되거나 때로는 9 : 0의 구도로까지 갈 가능성을 지니고 있었다. 즉 노동위원의 구성상 노동자를 위한 기관이라는 표명과는 달리 애초부터 그 역할을 수행하기 어려운 구도였다.

노동위원회의 구성은 이후에도 수월하지는 않았던 것으로 보인다. 예컨대 3대 중앙노동위원 임기가 1956년 4월 19일자로 만료되었으나 8월에 이르기까지 제4대 중앙노동위원회를 구성하지 못하고 있어, '중앙노동위원회가 약 3개월 반은 실질상 공백상태에 놓이게 되어 중요한 노동문제를 해결치 못하고 버려두었다'는 비판이 보건사회부로 향하였다.[59] 또한 지방노동위원회의 경우 노동위원회법이 공포된 지 3년이

韓基洙 : 한국생산성본부 이사, 산업재해보상보험심의위원회 위원, 의료보험심의위원회 위원, 대한노총 사무총장.

지난 시점까지도 아직 구성되지 않은 지역이 있을 정도로 그 설치과정이 부진하였다. 1956년 6월 대구 대한방직의 노사분쟁보고서에서 국회조사단이 '경상북도에 노동위원회를 조직하지 않아 쟁의조정기관이 없다'고 하면서 보건사회부의 과오를 지적하고 있었다.[60]

다음 <표 1>은 노동위원회의 역할을 살펴보기 위해 1954~61년간 있었던 중앙노동위원회의 판례를 시기별로 정리한 것이다.[61]

<표 1> 1954~61년간 중앙노동위원회의 判例

날짜	형식	사건 명칭	신청자	피신청자	판정 결과
1954	결의	준법노동조합에 대한 의법조치에 관한 건	사회부장관	전국노동조합연맹위원장 이진수	이진수는 노동조합법 제3조 4호에 해당하고 동 제22조 위반이라고 결의
1954	조정	당사자간 노임인상사건	대한노총전국자유노동조합연맹 위원장 김희봉	조선운수주식회사 사장 임봉순 외 2명	금융조합연합회 소관 하역작업 노임률도 단기 4286년 11월 11일부터 외자관리청소관 하역작업 노임률과 동일한 수준까지 인상할 것
1954	재심판정	전라남도노동위원회 중재판정에 대한 재심판정	대한석탄공사 화순광업소 소장 최광휼	대한석탄공사화순탄광노동조합 위원장 이경환	재심요구 법정기간이 지났고, 내용상 원심판정 지지, 각하
1955	결의	대한노총대의원대회 결의 취소사건	보사부장관	대한노총	단기 4288년 4월 1~3일에 개최된 대한노동조합총연합회 연차전국대의원대회의 의결(임원선거사항) 취소를 결의

---

59) 『朝鮮日報』1956년 8월 7일자, '四代 中央勞動委 發足'.
60) 『東亞日報』1956년 6월 20일자, '國會調委 政府處事糾彈, 使用者側 利益만 擁護」,「大韓紡織勞使分爭」調査報告書서 指摘'; 任松子,「大韓勞總 硏究」, 성균관대 박사학위논문, 2003, 163쪽.
61) 中央勞動委員會, 앞의 책, 1988, 3~24쪽.

172 제2부 제도의 변동

1955	재심 판정	제주해륙운수 주식회사 노동쟁의 심의	제주 도지사	대한노총자 유연맹 제주 부두노동조 합 위원장 고 창규 제주도해륙 운수주식회 사 사장 고창 기	양당사자는 제주도내의 사용자 와 동종의 기업체인 한국미곡창 고주식회사 제주출장소 및 조선 운수주식회사 제주지점과 근로 자인 대한노총자유연맹 제주부 두노동조합의 단기 4288년 5월 중에 체결될 단체협약의 노동조 건과 동등한 기준에 의하여 단 체협약을 성실히 갱신체결할 것.
1955	조정	당사자간 징계면직 취소등 사건	남선전기노 동조합 위원 장 신현수	남선전기주 식회사 사장 박만서	1. 본건 쟁의는 노자협조정신에 의하여 평화적 해결을 기할 것 2. 회사는 신현수 용희창 김경호 김진규 4명에 대한 면직사령 을 취소할 것 3. 노조전원은 사규를 존중 이행 할 것
1955	재심 판정	서울특별시노 동위원회의 중재판정에 대한 재심 요구	서울특별시 내여객자동 차운송사업 조합 이사장 장홍태	서울지구자 동차노동조 합 위원장 박 근보	재심요구 각하
1956	재심 판정	재해사건 이의에 관한 심사	협성해운주 식회사 대표 자 왕상은, 왕정식	재해자(노동 자) 정격진	심사청구 각하
1956	조정	노임인상의 경남노동위원 장 조정불성 립 사건에 대한 신청	부산지구피 복공노동조 합 위원장 김덕후	경남피복공 업조합 이사 장 김판남	1. 본건 쟁의는 노자협조정신에 의하여 평화적 해결을 기할 것 2. 군피복작업복 1, 2 차분 공히 노임을 착당 145환씩 계산 지 불할 것
1956	재심 판정	임금인상 쟁의에 관한 전라북도노동 위원회의 중재판정에 대한 쌍방의 재심요구	대한노총군 산출판노동 조합 조합장 박학순, 군산 신문사 부사 장 김갑영	쌍방	재심판정 각하

정부수립 후 노동위원회의 설치와 노동문제 173

1956	조정	부당해고 등 쟁의사건	대한방직 대구공장노동조합 위원장 배형	대한방직주식회사 취체역 사장 설경동	1. 본건 쟁의는 노자협조정신에 입각하여 평화적 해결을 기할 것. 2. 해고된 배형 등 14명에 대하여는 본조정안 수락 동시 복직케 하고 신규 채용시 순차적으로 복직케 할 것 3. 배형과 소외 김상연은 회사와 연대책임하에 현하 실시되고 있는 공장내 평화산업이 유지 증진되도록 특단의 유의와 상조에 진력할 것
1958	재심판정	재해사건 이의에 관한 심사	주식회사 신양사 대표취체역 장세환	재해자 노동자 정기택	심사청구 각하
1958	재심판정	부당해고에 관한 전남노동위원회의 중재판정에 대한 재심요구	목포세관구 내하역사 대표 강성복	대한노총 목포지구부두 노동조합 위원장 배철	재심요구 각하
1959	재심판정	단체협약에 관한 경상남도 노동위원회의 중재판정에 대한 재심요구	중앙택시 주식회사 사장 정연주 등	경남지구택시노동조합 위원장, 이재구	재심요구 각하
1959	결의	대한노총민영탄광노동조합연합회 외 2개 연합회 해산명령사건	보건사회부 장관	대한노총 민영탄광노동조합 연합회 위원장 박청산 등	3개 연합회는 노동조합법 제2조 정신에 배치되는 법령위반의 연합체라고 결의
1959	중재판정	노동쟁의에 관한 심의	보건사회부 장관	경성전기주식회사 사장 고재봉 전 노조원 신두철 외 4명	사용자는 단기 4292년 4월 22일부 근로자 신두철 박효원 차병희 이종원 안병준 5명에 대한 징계면직 발령을 취소하고 복직수속을 이행

1959	귀인심사	해고에 대한 지급제외인정에 관한 심사	경성전기주식회사 대표 취체역 고재봉	해고자 신두철 외 3명	재심신청 각하
1959	재심판정	노임청구 쟁의 사건에 관한 충북노동위원회의 중재판정에 대한 재심요구	충북여객자동차주식회사 사장 홍길표, 당무취체역 이하영	충북여객자동차주식회사 노동조합 위원장 이한우	재심요구 각하
1961	재심판정	임금인상 등 쟁의에 관한 전남노동위원회의 중재판정에 대한 재심요구	대한노총목포지구 축항노동조합 대표 위원장 강재룡 천생건설주식회사 취체역사장 이창연	쌍방	재심요구 각하
1961	재심판정	단체 교섭에 관한 경남노동위원회의 중재판정에 대한 재심요구	명신여객자동차 주식회사 대표 이윤세 등	경남지구 여객운수노동조합 위원장 김두호	재심요구 각하
1961	중재판정	노동쟁의조정법 제17조에 의거 이송된 노동쟁의에 관한 심의	보건사회부 장관	극동해운주식회사 사장 남궁연 한국해원노동조합 조합장 장을용	1. 노사쌍방은 3월 15일까지 단체협약을 체결 완료한다. 1. 고려호정원은 42명으로 한다. 1. 사용자는 쟁의조정 중 해직발령한 오기록 등 근로자를 3월 10일까지 복직하도록 한다. 1. 근로자는 차후 항해 중 또는 외지정박 중인 선원은 쟁의행위를 하지 않는다는 규정을 단체협약에 삽입하는 데 동의하여야 한다. 1. 사용자는 시간외 근무수당을 법정률에 의하여 지급한다.

정부수립 후 노동위원회의 설치와 노동문제 175

1961	재심 판정	재해사건 이의에 관한 심사	대한석탄공사 총재 김성호	재해자(노동자) 광부 이주필	심사청구 기각
1961	재심 판정	재해사건 이의에 관한 심사	중앙산업주식회사 취체역 조성철	재해자(노동자) 목공 양회근	심사청구 기각
1961	심사 결의	업무상 병에 관한 과실 인정신청에 대한 심사	서울교역처 미군서울지구사령부 교역처 책임장교 존 지 세타로	미8군 영내 소재 교역처 관하식당 노동자 이순재	본건은 과실로 인정한다.
1961	심사 결의	해고에 대한 지급제외 인정결의에 대한 재심신청	(노동자) 박석재, 원홍순	대한석탄공사 영월광업소 소장 김상백	강원도지방노동위원회 결제5호를 취소하고 근로자귀책사유인정 신청을 기각
1961	심사 결의	해고에 대한 지급제외 인정에 관한 심사	대한석탄공사 삼척도계광업소 소장 백정종	대한석탄공사 삼척도계광업소 탐탄부 김신우 등	강원도지방노동위원회의 심사결정은 정당하므로 본건 신청 기각
1961	심사 결의	해고에 대한 지급제외 인정에 관한 심사	대한석탄공사 삼척도계광업소 소장 백정종	대한석탄공사 삼척도계광업소 탐탄부 김신우	강원도지방노동위원회 제3호를 취소하고 본건은 중과실로 인정한다.
1961	심사 결의	해고에 대한 지급제외 인정에 관한 심사	대한중공업공사 공원 김종탁	대한중공업공사 취체역 사장 장기춘	경기도지방노동위원회의 심사결정은 정당하므로 본건 신청 기각
1961	심사 결의	해고에 대한 지급제외 인정 재심신청에 관한 심사	대한해운공사 사장 임광섭	대한해운공사 전조기장 고석찬	본건 신청 기각
1961	심사 결의	재해사건 이의에 관한 심사	경성공작주식회사 취체역 사장 박득묵	유분희(재해자 고 김병업의 처)	강원도지방노동위원회의 심사에 불복한 사용자의 재심청구 기각

| 1961 | 심사결의 | 해고에 대한 지급제외 인정에 관한 심사 | 대한철현주식회사양양현업소 소장 임선재 | 대한철현주식회사양양현업소 착암조수 김덕기 | 강원도지방노동위원회 심사결정은 정당하므로 본건 신청 기각 |

자료 : 中央勞動委員會, 『勞動委員會判例集(縮小版) 1954年～1986年』, 1988

이 표에서 보면 중앙노동위원회는 조정, 중재판정, 재심판정, 결의, 심사결의 등의 역할을 수행하였다. 출범 초인 1950년대에는 노동위원회의 담당 사건이 많지 않은 가운데 노동쟁의의 조정과 중재 역할이 상대적으로 컸다.

재심의 경우에도 지방노동위원회에서 담당했던 노동쟁의가 중심을 이루고 있었고, 간혹 행정기관이 노동행정에 필요한 결의나 노동쟁의의 중재를 요청하는 경우도 있었다. 1961년에 들어서서는 중앙노동위원회에서 담당하는 사건의 수가 이전에 비해 급격히 증가하였다.[62]

각 사건의 판정결과를 살펴볼 때, 노동위원회가 활동하면서 개개 사건에 대한 판정에서 노동자의 권리가 일정 부분 보장되고 있었음을 확인할 수 있다. 그러나 이 표의 1954년 준법노동조합에 대한 의법조치에 관한 건과 다음 해 대한노총 대의원대회 결의 취소 사건 등에서 볼 수 있듯이, 사안에 따라서는 노동위원회가 정부의 입장을 대변하고 있었음이 확인된다.

4·19혁명 이후 노동위원회는 점차 노동쟁의 조정·중재기관으로서의 역할을 확대하도록 요구받고 있었다. 노동운동이 활발해지는 가운데 그것을 조정할 노동위원회의 공백상태를 전하는 다음 기사는 노동위원회의 역할에 대한 기대가 그만큼 컸음을 반증한다.

---

62) 중앙노동위원회는 1961년 한해동안 총 50건이 접수된 가운데 44건을 해결하였다(『東亞日報』 1962년 2월 7일자, '委員長에 鄭近永氏 선출 어제 中央勞動委 첫 委員會').

노동쟁의 조정 중재를 하는 최고기관인 중앙노동위원회와 각 지방노동위원회가 四·二六 혁명 이후 완전히 공백상태가 되어, 앞으로 자유로운 노동운동이 전국에서 일어날 것이 예상되는데 한 명의 중앙노동위원도 임명하지 못하여 위험상태를 조성하고 있다.……四·二六 혁명 이후 노동운동에도 급격한 변동이 일어나서 근로자위원, 사용자위원, 공익위원 등 각 三명(도합 九명)이 시급히 선임되어야 하는데, 근로자대표는 전국에 걸친 노조가 개편 중이어서 선출되지 못하고 사용자대표는 대한상공회의소에서 선출해야 하는데 역시 개편 중이어서 선임하지 못하고 시일을 끌고 있다 한다.63)

결국 보건사회부는 노동운동의 확대에 대비하여 노동위원회를 강화하기로 발표하였다. 우선 9명의 중앙노동위원 외에 노동문제 전문가를 새로 전문위원으로 임명하고 사무국을 강화하여 노동쟁의에 임하는 한편, 사문화되어 있는 노동감독관의 직제를 통과시켜서 각 공장 등에 고정 배치하도록 결정하였다.64)

1963년에는 그간 행정관청에서 담당하던 노동쟁의의 알선을 노동위원회의 역할로 넘기고, 이를 담당하게 하기 위하여 중앙노동위원회와 지방노동위원회에 각각 특별조정위원을 두도록 노동쟁의조정법을 변경하면서 노동위원회의 역할을 점차 확대해 갔다.65) 그러나 이러한 변화는 그해 4월 17일 정부가 국가권력의 개입을 강화하고 노동쟁의의 규제도 강화하는 방향으로 노동관계법을 개정하는 틀 내에서 진행된

---

63) 『東亞日報』 1960년 6월 12일자, '空白狀態의 勞動委 爭議의 最高調停機關'.
64) 『東亞日報』 1960년 6월 14일자, '勞動委强化 勞組紛糾를 조정키로'. 그러나 실제 중앙노동위원회는 11월에 가서야 개최되었다(『東亞日報』 1960년 11월 24일자, '첫 中央勞動委開催 各代表任命').
65) 1963년 4월 17일 법률 제1318호로 노동위원회의 상임위원제를 신설하여 중앙에 2명, 지방에 2명 이내의 상임위원을 두었으며, 같은 날 법률 제1327호로 노동쟁의조정법을 변경하였다(중앙노동위원회, 앞의 책, 2003, 80쪽).

것이었다.

2) 노자협조 정신의 강조

1953년 공포된 노동법은 2차대전 이후 미군정하에 있었던 일본 노동법의 영향을 상당히 받았다. 노동위원회법에서도 일본의 노동조합법에서 취사선택한 것이 많았는데,[66] 일본의 노동위원회 제도는 미국의 전국노사관계위원회 제도를 변형시킨 것으로서 노자협조적인 특징을 지니고 있었다.

노자협조 정신은 일제하의 총독부 권력과 미군정 권력, 정부수립 이후 이승만 권력이 노동문제의 해결책으로서 일관되게 주장해 온 것이었다. 노동위원회법의 경우에도 입안과정은 물론 독회과정에서 勞資協調 정신이 지속적으로 요구되었다. 사회부차관 김용택은 "노동쟁의법이나 노동위원회법의 정신이 전쟁을 수행하는 우리나라로서 계급투쟁의 정신에 치중하지 않고 노자가 협조함으로써 전력증강과 생산의 의욕을 기할 수 있는 一括한 정신으로 사회보건위원회와 정부가 난상토론 후 합의"한 것이라고 하면서 노자협조 정신을 강조하였다. 또한 노동자 입장의 입법을 강하게 주장하던 이진수 의원도 "노동위원회는 노동자의 심리안정을 보호하는 것이 원칙이다. 심리가 안정이 되어야 노자협조가 되고 증산도 될 수 있다"고 하여 역시 노자협조 정신을 주

---

66) 일본의 노동위원회 제도는 우리의 경우와 유사한 점이 많다. 노사공익 위원 3자의 동수로 구성되고, 노동쟁의의 조정과 부당노동행위의 구제 등 심판이라는 두 가지 기능을 가지고 있는 점, 지방노동위원회와 중앙노동위원회의 2심 구조로 되어 있다는 점이 그러하며, 따라서 준사법적 독립적 행정위원회로서의 위상도 마찬가지이다. 그러나 지방노동위원회는 지방자치단체가 관장하여 분권화되어 있고, 노동위원회 위원장은 공익위원 중에서 선출하는 등의 차이점도 있다(중앙노동위원회, 앞의 책, 2003, 403~404쪽).

장하고 있었다.67)

 이러한 면은 노동위원회법의 조문을 통해서도 확인된다. 파업이 아닌 조정에 의한 쟁의의 해결, 협조기관을 통한 쟁의 발생의 방지 등 이른바 '건전한 노동조합'이 요구되고 있었던 것이다. 노동위원회의 판례를 살펴보면 대개의 경우 "본건 쟁의는 노자협조 정신에 의하여 평화적 해결을 기할 것"을 거론하면서, 시종 노자협조 정신을 강조하고 있었다. 예컨대 1956년 대한방직주식회사에서 해고된 노조위원장 배형을 비롯한 노조 간부 14명이 부당해고라고 주장하면서 취체역 사장 설경동을 상대로 중앙노동위원회에 조정을 신청하였는데, 이에 대해 노동위원회에서는,

① 본건 쟁의는 노자협조정신에 입각하여 평화적으로 해결할 것
② (해고된)14명은 본조정안 수락 동시 복직케 하고, 동 8월 31일까지의 해고자는 신규 채용시 순차적으로 복직케 할 것
③ 배형과 소외 김상연은 회사와 같이 연대책임 하에 공장 내 평화산업이 유지 증진되도록 특단의 유의와 상조에 진력할 것68)

이라는 내용의 조정안을 제시하였다. 이러한 조정안을 제시한 이유에 대해서도 노동위원회는 "국가산업과 노자협조라는 대원칙정신에 입각해서 시시비비의 판단을 잠시 보류하고 쌍방간 타협에 전력"한 것이라고 언급하였다. 이렇게 노동위원회의 운영에서 노자협조 정신이 거듭 강조되면서, 한편으로 그것은 정부수립 이후 1950~60년대의 정치 현실 속에서 노동자의 계급성을 사상시킬 가능성을 보이기도 하였다.

---

67) 『第十五回 國會定期會議速記錄』第十三號, 國會事務處(勞動委員會法案 第一讀會, 1953. 1. 24), 11·17쪽.
68) 中央勞動委員會, 앞의 책, 1988, 12~13쪽.

<표 2> 제1·2공화국 시기의 노동쟁의 발생·처리현황(1953~61)

연 도	발생 상황		처리 상황					
	발생건수	참가인원	알선(비율)	조정	중재	처벌	공익사업	노동위이송
1953	9	2,271	5(55.6)	-	-	3	1	-
1954	26	26,896	14(53.8)	11	1	-	-	-
1957	45	9,394	37(82.2)	7	-	1	-	-
1958	41	10,031	24(58.5)	6	9	2	-	-
1959	95	49,813	52(54.7)	7	17	12	2	5
1960	227	64,335	150(66.1)	54	4	-	9	10
1961	81	16,208	9(11.1)	40	4	10	3	5

자료 : 보건사회부, 『보건사회통계연보』, 1962
비고 : 포고령 제5호(1961. 6. 5)와 「근로자 단체활동에 관한 임시특례법」이전까지의 노동쟁의만 대상에 포함하였음.

<표 2>에서 제1, 2공화국 시기의 노동쟁의 처리상황을 살펴보면, 노동쟁의 중 절반 이상은 행정관청에 의한 알선에 의해 해결되었지만, 이후 조정이나 중재를 위해 노동위원회로 이송되는 경우도 적지 않았다. 전체 노동자의 보호·노동운동의 보장에 노동위원회가 어느 정도의 역할을 하였는지는 가늠하기 어렵지만, 판례 중에는 특히 조정의 비중이 컸으며, 앞서 보았듯이 1960년대에 들어서면서 그 비중이 확대되어 갔다.

1953년 노동법 공포 이후 전국에서 노동조합이 활발히 조직되어 갔다. 노동조합 결성에 합법성이 부여되면서 1953년 202개의 노동조합과 11만 2,731명의 노동조합원이 1년만에 396개, 14만 2,175명으로 대폭 증가하였다.[69] 그런가 하면 노동위원회 발족 이후에는 이전 시기에 비해 노동쟁의의 건수가 크게 감소하였는데, 이러한 면 때문에 노동위원회법은 노동쟁의조정법과 더불어 '쟁의행위금지법'이라 불리기도 하였다. 한편 1950년대 반공이데올로기가 강조되는 사회 분위기 속에서 정

---
69) 『大韓民國統計年鑑 1954』, 1955, 214~215쪽.

부는 점차 권위주의적인 노동정책을 실시하면서 노동운동에 대한 제약을 만들어 갔으며, 노동단체들은 정치권력의 하부조직으로 전화하여 갔다.[70]

요컨대 노동법의 제정·공포와 더불어 노동위원회의 설치·운영은 노동운동에 합법성을 부여하는 동시에 노동자의 대표가 노동문제의 해결 과정에 참여할 수 있도록 제도화했다는 측면에서 이전 시기와는 확연한 차별성을 지니고 있었다. 그러나 한편으로는 시대적인 여건 속에서 노동위원회 설치 당시에 구상하였던 독자적인 기능을 수행하지 못하고 노동운동을 약화시켜 간 측면도 있었다고 하겠다.

5. 맺음말

1948년 제정된 헌법에서는 한국사회에서 처음으로 노동의 권리와 노동자의 단결권을 명백히 규정하고 있었다. 이어 1953년에는 헌법에 보장된 노동권을 뒷받침하는 노동관계법이 제정됨으로써 노동자들이 권리를 주장하고 민주적 노동운동을 할 수 있는 법률적 기초가 완성되었다. 노동법의 입안으로 노동조합의 성장이 가능해졌고, 노동자들은 법률 면에서 합리적인 대우를 받게 되었다. 일제강점기나 미군정기와는 달리 국가가 있고, 노동법이 있고, 국민을 위한 정책이 시행되고 있다는 것이 이전 시기와는 큰 차이점이었다.

그러나 현실에서 노동자들은 여전히 불평등하고 부자유한 처지에 놓여 있었다. 헌법에서는 노동자의 단결, 단체교섭권과 단체행동의 자유를 언급하였지만, 그것이 '법률의 범위 내에서' 보장된다고 하여 단결의 자유를 제한할 여지를 남겼다. 또한 노동법에서는 전체적으로 국

---

70) 임송자, 앞의 책, 2007 참조.

가가 노동문제에 지나치게 개입하고, 단체협약 체결의 단위를 공장·사업장·기타 직장으로 하여 노동조합의 활동 단위를 현저히 축소시킬 가능성을 보였다. 곧 현실에서는 단결권이 허용되는 주체의 범위가 좁고, 단결에 관한 국가적 규제가 강하였으며, 쟁의를 억제하는 성격이 강하였고, 단체협약 체결단위를 기업 내로 한정하여 봉쇄하고자 하는 등의 특징이 있었다.

노동자대표와 사용자대표, 공익대표의 합의기관이자 독립기관의 형식을 지닌 노동위원회의 설치는, 행정기관의 권한이 강조되던 정부수립 이후의 역사에서 볼 때 독특한 경험이라 할 수 있다. 노동위원회법의 제정과 노동위원회의 출범은 적어도 형식 면에서는 중립적이고 독립적인 기관에서 심판과 조정을 담당하도록 하여 노동법의 이념에 따른 기틀을 마련했다는 의의를 지닌다. 실제 노동위원회의 활동을 볼 때 개개 사건에 대한 판정 혹은 결의 과정에서 노동자의 권리가 일정하게 보장되고 있었음을 확인할 수 있다.

그러나 한편으로 노동위원회는 행정기관에 의해 알선이 진행된 이후의 조정과 중재 판정만을 담당하였으며, 이 노동위원회의 결의가 당시 노동행정에 미쳤던 영향이 크지 않았던 한계도 지니고 있었다. 따라서 전체 노동자의 보호, 노동운동의 보장에 어느 정도의 역할을 할 수 있었을지는 가늠하기가 어렵다. 곧 입안 당시 강조되었던 노동자를 위한 기관으로서의 역할을 담당하기는 어려웠을 것이다. 또한 노동위원회의 운영에서는 노자협조 정신이 강조되면서 노동자의 계급성을 사상시킬 가능성을 보이기도 하였다. 노동4법 제정 당시의 지향과 노동현실의 괴리가 노동위원회의 운영과정에서도 그대로 드러나고 있었던 것이다.

1950년대 후반과 1960년대를 거치면서 반공이데올로기의 영향으로 노동자들은 법에 제시된 수준의 권리도 요구하기 어려운 처지가 되어,

노동법의 존재가 유명무실해진 것과 마찬가지로 노동위원회의 역할도 점차 약화되었다. 이후 1970년대에 들어서서는 안보 차원에서 노동쟁의가 억제되었고, 사용자측의 우위를 바탕으로 한 종속적 노사관계에서 노동자에게 일방적으로 협력이 강요되었다. 이러한 분위기 속에서 노동위원회의 기능도 크게 위축되어 갔다.

  글을 맺으면서, 본고와도 관련하여 당시의 노동법과 노동정책의 성격을 규명하기 위해 노동법 입안에 관여했던 인물, 특히 사회부 노동국과 국회 사회보건위원회 소속 의원들의 사상궤적을 고찰하는 일은 별도의 후속 작업으로 진행하고자 한다.

1950년대 농업협동조합법 제정과정과 농업협동체론

이 경 란

1. 머리말

　해방 이후 토지개혁과 농업협동조합(이하 농협)의 실현은 식민지 농업구조의 전면적 개혁과 농민경제의 안정화를 꾀해야 한다는 농업개혁 구상에서 큰 비중을 차지하는 주제였다.[1] 이 두 문제는 일제하부터 민족해방과 국가건설을 위한 농업개혁방안으로 지속적으로 제기된 사안이었다. 그렇지만 남북 분단과정에서 그 실현 방향과 내용은 서로 달라졌다. 남한의 경우 농협의 활성화 문제는 1950년 무렵에 와서야 본격적으로 사회적 논의에 올랐지만, 그 조차도 제대로 진행되지 못한 채 지지부진했다. 그 와중에 일제하에 설립된 관제 기구인 금융조합(금융조합연합회)은 1950년대까지 농업금융과 비료 및 양곡사업을 담당하면서 방대한 조직을 유지했지만, 농협으로서 제대로 역할하지 못하였고, 정부도 설립사업을 시도했으나 제대로 성과를 거두지 못하였다. 전쟁을 거치면서 점점 어려워져 가는 농민경제의 파탄을 막기 위해 농업금융의 필요성이 크게 대두되었지만 금융조합은 자금조달과 운영에

---

[1] 방기중,「농지개혁의 사상 전통과 농정이념」, 홍성찬 편,『농지개혁연구』, 연세대 출판부, 2001.

많은 문제를 안고 있어 대응할 수 없었고, 그것을 대신할 어떤 조직도 없었다.

농협문제가 법제정으로 가시화되기 시작한 것은 1950년 '농지개혁법'이 제정되고, 농림부를 위시한 정부에서 '농업협동조합법' 제정을 위한 준비에 들어가면서부터였다. 이 시도는 전쟁발발로 중단되었지만 전쟁이 소강상태에 들어가면서 곧바로 다시 추진되었다. 그런데 농협설립문제는 법제정과 농협설립운동이라는 두 축으로 진행되어 아래로부터의 농협설립운동에 집중하지도 못하고 법제정도 그리 수월하지 못했다. 그렇지만 농지개혁이 실시된 이후, 농업협동조직과 생산기술지도기관, 농산물 가격보장제도와 협동적 유통구조 등의 지원체계가 마련되지 않은 과소영세농체제는 점점 취약해져 갔다.[2] 농업문제를 걱정하는 모든 사람들은 협동조합만이 살 길이라고 입을 모았고, 정부에서 조직하는 농민조직들도 모두 협동조합설립운동으로 흘러갔다. 매년 국회에서 농협에 관한 법률이 상정될 정도로 그의 설립문제는 1950년대 농업문제 해결을 위한 핵심 이슈로 떠올랐다. 이 과정에서 농협의 설립문제는 자본주의의 발달에 따른 공업과 상업에 의해 열악해져 가

---

2) 李明輝,「1950年代 農家經濟 分析」,『經濟史學』16, 1992 ; 최봉대,「1950년대 지방자치제와 농촌지역 사회의 정치적 지배집단 형성-경기도 3개군 관내 읍 면지역 사례연구」,『사회와 역사』54집, 1998 ; 김동춘,「1950년대 한국 농촌에서의 가족과 국가-한국에서의 '근대'의 초상」, 역사문제연구소 편,『1950년대 남북한의 선택과 굴절』, 역사비평사, 1998 ; 김성보,「이승만정권기(1948.8~1960.4) 양곡유통정책의 추이와 농가경제 변화」,『한국사연구』108, 2000 ; 김소남,「1950년대 임시토지수득세법의 시행과정 연구」,『역사와 현실』43, 2002 ; 김성보,「1945-50년대 농촌지역의 권력 변화-충청북도 면장·면직원 분석을 중심으로」,『호서사학』35집, 2003 ; 김동노,「1950년대 국가의 농업정책과 농촌 계급구조의 재구성」, 문정인·김세중 편,『1950년대 한국사의 재조명』, 선인, 2004 ; 김성보,「1950년대 이승만정권의 농정과 농업문제의 성격」,『인문학지』29집, 충북대 인문학연구소, 2004 ; 이명휘,「1950~60년대 契와 사금융시장」,『여성경제연구』제2집 제1호, 2005 참고.

는 영세하고 분산된 사회적 약자인 농민들이 협동하여 대항력을 키운다는 사정을 떠나 정부와 사회가 농민경제를 살리기 위한 법제정과 금융체계, 유통체계를 정비하고 지원한다는 의미를 더 띠게 되었다. 따라서 농협과 관련된 법제정 논의는 어떤 규모의 조직과 사업내용을 담고, 정부는 어떤 역할을 해야 하는가를 둘러싸고 전개되었다. 이런 '법' 제정이라는 방향에서 농협설립문제가 일단락된 것은 1957년 '농업협동조합법'(이하 농협법)과 '농업은행법'(이하 농은법)이 제정되는 데 이르러서였다.

그런데 현재 많은 논자들은 한국의 농협이 농민들의 자주성을 훼손하는 관제기구이며, 농민의 이해와 요구에 따른 사업보다는 금융기관으로서 농민경제에 군림하는 존재라고 문제제기해 왔다. 최근 농협의 민주화가 진행되고 있지만 농민에 기반한 민주적 구조로의 전환은 원활하게 이루어지지 못하고 있다. 그렇기 때문에 농민들은 농협 속에서 농민의 목소리를 표현하지 못하고 그 바깥에서 농협과 농민을 배제하는 농업정책과 경제정책을 비판하면서 새롭게 자주적인 농민조직을 결성하는 방향으로 자신의 이해와 요구, 그리고 열망을 드러냈다. 농민조직의 성장과 발전과정, 그리고 그 성격은 한국 농협의 형성과정에서 배태된 또 다른 산물이라는 성격을 밑에 깔고 있다. 그렇다면 이런 농업협동조합의 성격은 언제 어떻게 구조화된 것일까?

본 연구에서는 이런 의문을 농협법 제정과정에서 드러나는 농협론의 문제로 검토해보려 한다. 해방 이후부터 1957년 농협법이 제정되기까지 다양한 논의와 시도가 있었다. 이 논의들과 협동조합 설립의 경험들, 여러 단위들이 제출했던 법안들은 각기 한국경제의 방향과 관련된 농업구조의 개편에 대한 견해를 담고 있었다. 이 법안을 둘러싼 논의는 농민들의 자주성에 대한 평가, 국가와 협동조합의 관계(중앙조직, 설립주체와 감독권), 협동조합의 자주성 문제, 금융자본주의와 협동조합금융(신용업무문제), 기초단위 조합구역 문제 등 협동조합 자체의 문제만이 아니라, 농촌현실에 대한 평가와 농업구조에 대한 전망, 나아가 국가건설의 방향 및 산업구조의 문제까지 내포하면서 전개되었다.

그동안의 농협설립과정에 대한 연구에서도 이런 여러 문제들이 조금씩 검토되어 왔다. 초기 농협 설립에 대한 연구들은 금융조합을 중심으로 서술하는 데 집중했지만,[3] 최근에는 해방 이후 전개된 다양한 갈래의 국가건설론·경제건설론 속에서 농업과 농협의 위상과 역할이 무엇인가를 검토하는 작업으로 나아가고 있다. 이 연구들은 주로 경제정책 전반 또는 토지개혁론, 금융조합을 비롯한 농업단체의 재편과정 등에 관심을 기울였다.[4] 그 결과 1950년대 농업협동조합론의 추이를 둘러싼 전체상이 차츰 정리되는 중이다.

이런 연구성과를 수렴하면서, 본 연구에서는 1950년대 중후반기의 농협법과 농은법이 제정되는 전후 시기의 논의과정을 집중적으로 살펴보려 한다. 이 법들이 제정되었던 1950년대 후반기의 논의는 일제하

---

3) 農林部,『建國十週年 農林行政槪觀』, 1958 ; 農業協同組合中央會,『韓國農業金融史』, 1963 ;『韓國農協五年史』, 1966 ;『韓國農政20年史』등 농협의 역사정리 등 참고.

4) 方基中,「解放政局期 中間派 路線의 經濟思想 : 姜辰國의 産業再建論과 農業改革論을 중심으로」,『經濟理論과 韓國經濟』, 崔虎鎭博士 講壇 50週年 紀念論文集刊行會, 1993 ; 洪性讚,「일제하 李順鐸의 農業論과 해방직후 立法議院의 土地改革案」, 위의 책 ; 李承億,「8·15 후 南韓에서의 金融組合 再編過程(1945~1958)」, 한양대 석사학위논문, 1993 ; 이임하,「이승만정권의 농촌단체 재편성」,『역사연구』6, 1998 ; 鄭眞阿,「第1共和國 初期(1948~1950)의 經濟政策 연구」,『한국사연구』106, 1999 ; 방기중,「1953~55년 금융조합연합회의 식산계 부흥사업연구」,『동방학지』, 1999 ; 方基中,『裵敏洙의 農村運動과 基督敎思想』, 연세대학교출판부, 1999 ; 朴泰均,「1956~1964년 한국경제개발계획의 성립과정-경제개발론의 확산과 미국의 대한정책 변화를 중심으로」, 서울대 박사학위논문, 2000 ; 방기중, 앞의 글, 2001 ; 趙南圭,「李承晩 政府期의 經濟建設과 經濟政策論」, 서울대 석사학위논문, 2004.

부터 진행된 논의들의 연장선에 있으면서도 국가주도적 성격과 농업문제를 금융문제로 인식하는 경향이 분명하게 드러나기 시작한다. 이런 성격은 한국 농협의 성격과 농촌사회의 위상변화라는 점에서 볼 때, 주요한 전환점이라고 할 수 있다. 다양한 농업론에 기반한 농협론이 등장했음에도 불구하고, 왜 국가가 주도하는 금융 중심형의 농협구조로 결론이 내려졌는가가 본 연구의 핵심질문이다.

특히 농협법과 농은법의 제정을 촉발시켰던 '죤슨안'과 '쿠퍼안'으로 표현되는 미국측의 한국 농협과 농업금융정책에 대한 방침이 1950년 전반기의 논의와 실제 법 제정 속에서 어떠한 맥락을 갖고 있는가를 살펴본다. 이어 1957년 농협법과 농은법 제정 시의 논쟁구도와 그 이후 개정과정을 검토하여 이후 농업정책과 농협문제의 전개방향을 검토하고자 한다.

2. 1950년대 전반기 농업협동조합론과 미국측의 방안

1) 1950년대 농업협동조합 설립과 법 제정 논의의 추이

1950년대 남한에서 진행된 농협 설립과정에서 보이는 특성 중 하나는 '법'제정 중심으로 논의가 진행되었다는 점이었다. <표 1>을 보면 정부와 국회, 농민단체, 금융조합 나아가 미국까지 관계되는 모든 단위에서 법안을 제출하였다.

<표 1> 1950년대 농업협동조합 법률안 발의 상황

제출자	법령 명칭
농림부안	1948년 「농업협동조직요강」과 농업협동조합법 기초(국무회의 상정)
기획처안	1949년 「협동조합법」 제헌의회 종언으로 폐기

국회 농림위원회안 (제헌)	1949년 산업위원회안은 심의도중 전쟁으로 폐기
대한농민총연맹안	① 1949년 「농업협동조합법안」
국회농림위원회안 (2대)	① 1951년 농림위원회결의 「법안요강」에 의하여 입안된 조봉암 의원 외 116인의 제안 「농업협동조합법안」
농림부안	① 1951년 「농업협동조합법안」
농림부안	② 1952년 「농업상호조합법안」
국회농림위원회안 (2대)	② 1952년 「농민협동조합법안」
농림부안	③ 1953년 「사단법인실행협동조합정관준칙」
국회농림위원회안 (2대)	③ 1953년도 「농업협동조합법안」
대한농민회안 (농총안 포함)	② 1953년 「농민협동조합법안」
농림부안	④ 1954년 「농업협동조합법안」
대한금융조합연합회안	1954년 「농촌산업조합법안」
법무농림재무부공동안	1954년 (국무회의통과) 「농촌산업조합법안」
대한농민회안	③ 1954년 「농업협동조합법안」
국회농림위원회안 (2대)	④ 1954년도 「농업협동조합법안」
국회재정경제위원회안 (2대)	1954년 「농업협동조합법안」
대한원예협회안	1954년 2월 「농민협동조합법안」 또는 「농촌산업조합법안」(원예협동조합중앙회 포함)
대한축산동업조합안	1954년 12월 「농업협동조합법안」(축산협동조합중앙회 포함)
국회농림위원회안 (3대)	① 1955년도 농림재경 양위원회 공동기초안 「농업협동조합법안」
국회농림위원회안 (3대)	② 1955년도 「농업협동조합법안」
국회재정경제위원회안 (3대)	① 1955년 (농림재경 양위원회 공동기초) 「농업협동조합법안」
국회재정경제위원회안 (3대)	② 1955년 「농업협동조합법안」
국회재정경제위원회안 (3대)	③ 1955년 「농림은행법안」
죤슨안	1955년 「농업협동신용판매구매법안」

쿠-퍼안	1956년 「농업협동조직법안」, 「한국농업은행법안」, 「신용조합법안」
농림부안	⑤ 1956년 「농업조합법안」
재무부안	1956년 「농업은행법안」, 「신용조합법안」
재무부	1957년 2월 1일 「농업은행법」 제정
농림부	1957년 2월 1일 「농업협동조합법」 제정

자료 : 金永倫, 「農業協同組織法案의 歸趨」, 『國會報』 6, 1956. 5, 64~103쪽 ; 농업협동조합중앙회, 『韓國農業金融史』.

이 법안 제출의 양상은 몇 시기로 나눠볼 수 있다.

첫째는 1948년 정부수립 직후 농지개혁과 함께 정부 중심으로 농협의 설립이 논의되던 시기이다. 둘째는 한국전쟁 중인 1951년부터 1953년까지로 국회에서 법제정의 발의가 시작되고 실행협동조합 같은 농림부 중심의 농협 설립 활동이 전개되는 한편, 정부 내에서 농림부와 재무부의 견해 차이가 드러나는 시기이다. 셋째로 1954년에는 정부, 국회, 관계 단체 모두가 법안을 제출하였다. 국회는 국회대로 농림위와 재경위에서 각각 법안을 제출했고, 정부는 산업조합법을 제정하여 금융조합을 활용하는 정책방향을 취한 데 비해, 금융조합의 재부각을 반대하는 대한농민회의 법안이 제출되는 등 협동조합 설립을 둘러싼 여러 입장들이 등장하는 시기이다. 넷째는 1955~1956년으로서 법제정 문제에 모든 논의가 치중되어 논의의 장이 국회로 이동하는 한편, 미국이 협동조합 설립문제에 본격 개입하는 시기이다. 다섯째로 1957년 정부와 국회가 법안 방향에 합의하고 법을 제정하는 시기이다. 여섯째는 1958~1959년에 법이 개정되는 시기이다.5)

이를 보면 1950년대 전 시기에 걸쳐 매년 법 제정 논의가 지속되었으나, 정부의 견해도 몇 차례 수정되었으며, 정부 부처별로 의견이 달

---

5) 법제정에 대한 전반적인 개요는 농업협동조합중앙회, 『한국농업금융사』, 228~230쪽 참고.

랐고, 그와 연결된 국회내 농림위와 재경위의 견해가 대립하고, 관계 단체인 금융조합연합회, 대한농민회, 대한원예협회, 대한축산동업조합의 이해관계가 드러나고, 나아가 경제정책 전반에 영향력을 행사하고자 하는 미국의 개입까지, 법 제정 자체는 한국농업의 방향을 둘러싼 논쟁의 축소판이었다. 따라서 이 과정은 각 시기별로 제기되는 입장들이 어떤 방향으로 조율되었고 어떤 견해들이 배제되었으며, 또 누가 힘을 얻어 가는가 등 바로 농업정책의 기조가 어떻게 바뀌어 가는가를 살펴볼 수 있는 사안이다.

정부수립을 전후한 시기에 논자들은 협동조합이 농민들의 자주적인 노력으로 설립되어야 한다는 원칙을 강조하면서도[6] 정부를 중심으로 하여 시급히 법을 제정하고, 정부가 주도하여 농협의 설립을 추진하는 방안이 필요함을 강조하였다. 초기의 주도 그룹은 농지개혁을 추진했던 농림부그룹이었다. 이들은 조합국가체제를 기반으로 계획경제를 수립해야 한다는 구상을 가졌다. 이 구상은 정부 전체의 방침으로 받아들여져 생산협동조합을 통해 생산과 소비에 대한 조합적 계획을 전 산업분야에 관철시키고 생산력을 증진시킨다는 국가계획경제와 생산협동조합체제 구상으로 확대되었다.[7] 하지만 이들의 구상은 조봉암의 실각과 국회프락치 사건 등으로 실현되지 못하고 논의의 주류에서 밀려

---

6) 일제하부터 1950년대까지 협동조합의 설립과 관련된 거의 모든 논자들은 농민들이 자주적으로 협동조합을 설립해야 하는 협동조합의 일반원칙이 관철되어야 한다는 데 합의하고 있었다. 당시의 대표적인 협동조합관련 저서들은 劉載奇, 『協同組合組織論』, 基督敎興國兄弟團出版部, 1946 ; 金永浩, 『協同組合論』, 博文出版社, 1948 ; 朴東奎, 『協同組合講話』, 朝鮮金融組合聯合會, 1949 ; 홍병선, 『농업협동조합과 조직법』, 光文出版社, 1949 ; 홍병선, 『정말농촌과 농촌의 재건』, 光文出版社, 1951 ; 朴東奎, 『協同組合槪論』, 金龍圖書, 1952 ; 李昇勳, 『模範諸國과 協同組合』, 豊國學園出版部, 1956 ; 홍병선, 『농업협동조합강화』, 崇文社, 1958 등이 있다.

7) 이 시기 농업개혁론에 대해서는 방기중, 앞의 글, 1993 참고.

났다. 이후 이 구상은 1951년 국회 농림위원회의 법안이나 1956년 진보당의 경제정책으로서 다시 드러났으나 진보당 사건을 거치면서 표면에서 사라졌다. 해방 이후 남한사회에 남아있던 균등경제를 지향하는 세력들이 반공 논리에 의해 배제되어 가는 과정이기도 했다.[8]

  1954년은 국회와 정부의 두 방향에서 법제정 움직임을 볼 수 있다. 9월 3대 국회는 현안인 농협법을 농림위원회와 재정경제위원회가 합의안을 내서 조속히 기초할 것을 결의하였다. 그 결과 정준 의원을 비롯한 70여 명의 의원발의로 제출된 「협동조합법안기초를 위한 특별위원회 구성에 관한 결의안」을 통과시키고, 양 위원회에서 각 4명씩의 위원을 선출하여 농업협동조합법안 기초위원회라는 특별위원회를 구성하였다.[9] 그러나 이 연석회의에서 두 위원회는 합의를 보지 못한 채 1955년 10월 농림위는 특별위안으로 중앙금고제를 포함한 농협법안을, 재경위는 독자적으로 농은법안을 부수한 농협법을 성안하여 법사위에 회부하였다.[10] 그러나 이 안들에 대한 후속조치가 지연되어 1956년 6월에 이르기까지 본회의에 회부조차 하지 못했다. 여기에는 자유당이 정부안의 제출문제를 놓고 국회안의 결정을 미루게 했던 데도 이유가 있었다.[11] 바로 정부의 「산업조합법」 제기 때문이었다. 이 법안은 금융조합을 새로운 협동조합의 기초로 삼자는, 기존의 논의와 다른 맥락에서 사안을 접근한 것이었다. 여기에 반발한 대한농민회가 법안을 제출하자 이 정부안은 그대로 유보되었다.[12]

---

  8) 이경란, 「전시경제체제의 유산과 한국자본주의」, 방기중 편, 『식민지파시즘의 유산과 극복의 과제』, 혜안, 2006.
  9) 「제3대국회 제19회 제40차 국회임시회의 속기록」, 국회사무처, 1954. 9. 5, 29~32쪽.
 10) 「제3대국회 제21회 제17차 국회본회의회의록」, 국회사무처, 1955. 10. 14.
 11) 「제3대국회 제22회 제23차 국회본회의회의록, 황남팔 의원 발언」, 국회사무처, 1956. 6. 1.

그러다가 미국이 이 사안에 개입하면서, 즉 1955년 죤슨의 제안과 1956년 쿠퍼의 제안이 나오면서 지지부진하던 농협법 제정 움직임은 급물살을 탔다. 또한 이는 한국 내부에서 전개되어 오던 농협론이 전환되는 분기점이었다. 미국측의 농협론 제기부터 농협법이 제정되기까지의 상황을 간단하게 살펴보도록 하자.

 1955년 8월 OEC(주한경제조정관실)의 초청을 받고 내한한 미국의 농업금융실무가 죤슨 박사 일행은 한국의 농촌현지를 조사하고 정부관계부처와 협의하여 작성한「한국농업신용의 개선에 관한 건의서」를 주한미경제조정관을 통해 정부에 제출하였다. 이 건의서를 기초로 해서 이른바 협동조합법의 '죤슨안'이 나왔다.[13] 한미법안기초위원회는 죤슨안에 의거하여「협동적 농업신용판매구매에 관한 법안」을 작성하고 한미 간의 의견조정을 위해서 CEB(합동경제위원회)에 제출하였다. 이 안은 한국 협동조합법에 관심을 갖고 있던 이들의 주목을 받았으며 여러 방면의 파장을 불러일으켰다. 그러나 정부측의 견해와 충돌되는 점들이 많아 정부의 법제정으로 이어지지 못하고 폐기되었다.

 그후 경제조정관실에서는 다시 필리핀에 주재하는 ICA(국제협조처) 직원인 존 쿠퍼를 초청하였다. 쿠퍼는 1956년 2월 이른바 농업은행법, 신용조합법, 농업조합법을 골자로 하는「한국의 협동조합 금융입법에 관한 건의」를 작성하여 주한미경제조정관을 통해 정부에 제출하였다. 정부는 쿠퍼안을 수정하여 정부안으로 작성하였다. 그 과정에서 신용조합법은 폐기되고 재무부가「농업은행법안」을, 농림부가「농업협동

---

12) 이승만정부의「산업조합법」은 배민수를 금융조합연합회장으로 발탁하고 추진한 '식산계부흥운동'을 비롯한 일련의 금련내부 개혁작업과 연결되어 있는 제안이었다(방기중, 앞의 글, 1999).

13) 편집부,「한국농업의 신용발전을 위한 제의①~⑥(이하「제의」)」,『주보』177 ~182, 1955. 9. 28~11. 2.

조합법안」을 입안하였다.

1957년 1월 23일 두 개의 법안은 국회에 상정되었고, 2월 1일 「농업은행법」과 「농업협동조합법」이 통과되었다. 정부는 2월 14일 법률 436호로 법안을 공포했으며, 4월 4일 대통령령 1268호로 「시행령」 공포, 4월 11일 농림부령 52호로 「시행세칙」 공포, 4월 12일 농림부고시 279호, 280호, 281호, 282호, 283호로 각종 조합의 정관례가 고시되어 농은과 농협 설립에 관한 법적인 조치를 마련하였다. 또한 4월 12일자로 농림부장관은 각도지사와 특히 시장에게 「설립지도요령」을 상세히 규정·통첩함으로써 이후 각 지역에서 농협이 설립될 수 있도록 하였다. 이로써 '법'이라는 측면에서 접근하는 농협의 설립과 농업금융정책이 본격화되었다.

2) 미국의 농협문제 개입과 제안의 성격

(1) 미국의 농협문제 개입 배경

미국측에서 방안이 제출되는 것과 동시에, 1955년 합동경제위원회는 한국의 농업환경을 개선하려면 농업신용문제를 해결하는 게 관건이라고 보고 농업은행 설립을 추진할 소위원회 구성에 합의하였고,[14] 정부는 농업은행의 설치를 전제로 해서 백억의 영농자금을 방출할 것이라고 발표하였다.[15] 한국정부과 미국 경제조정관실이 농업은행을 설립하기로 합의를 이뤄 농업은행의 설립은 급물살을 타고 진행되었다.

그러면 미국이 농업협동조합과 농업은행의 설립문제에 전격적으로 개입하게 된 이유는 무엇일까? 미국은 미군정기부터 협동조합 설립에 관심을 갖고 농민들과 행정직원들의 교육을 실시하였고, 한국전쟁 이

---

14) 「농업은행 설립 소위, 합경위서 구성합의」, 『조선』 1955. 9. 22.
15) 「백억 영농자금 방출, 농업은행 설치 전제」, 『조선』 1955. 9. 20.

후에는 민간과 국제기구가 진행하는 마을 단위의 농촌생활 개선사업과 교육사업에 관여하였다.16) 그런데 미국이 법제정 문제와 농업은행 설립을 비롯한 농업신용문제까지 관심을 기울이게 된 이유는 경제정책 수립의 기조였던 '경제안정론'이 유지되면서도 대한원조를 관리하는 경제조정관실에서 의견의 변화가 일어나고 있었기 때문이었다. 그 동안 한국정부는 미국에게 기간산업 건설을 중심으로 한 경제재건과 부흥, 경제자립을 위해서 원조자금의 증액을 요구해 왔다. 이 요구는 경제안정 기조를 유지하고 경제정책 수립에 미국의 영향력을 확대하는 것을 전제로 수용되었고,17) 경제조정관실의 정책방향은 1956년 중반 무렵부터 바뀌어 간 것으로 보인다.18) 이들은 미국의 대한경제원조가 줄어들고 한국군 병력을 축소하는 대신 감군에서 생기는 여유자원을 기반으로 경제개발을 이룬다는 구상을 갖고서, 우선 경제조정관실을 확대하고, 한국정부의 행정 능력을 높이기 위한 기술훈련과19) 지역

---

16) 이 시기 민간이나 유엔 등의 국제기구가 실행한 마을단위 사업은 3방향에 전개되었다. 외국종교단체들이 주관하는 모범농촌부락에 대한 기술, 보건, 성인교육을 실시하는 '농촌진흥사업'(1954년), 저개발국가들에서 추진되던 지역사회개발사업을 남한에 적용해 보고자 했던 '국제연합 한국재건단'(운크라)와 '주한민사처'의 '부락봉사사업', 농촌진흥사업과 부락봉사사업을 유네스코의 新生活敎育院의 활동과 통합시켜 전국적인 지역사회개발과 신생활교육의 기초를 마련하고자 한 유네스코의 '신생활교육'(1955년)을 들 수 있다(허은, 「1950년대 후반 지역사회개발사업과 미국의 한국 농촌사회 개편 구상」, 『韓國史學報』 제17호, 2004. 7, 279~282쪽).
17) 정진아, 「제1공화국기(1948-1960) 이승만정권의 경제정책론 연구」, 연세대 박사학위논문, 2007, 149~156쪽.
18) 경제조정관실의 현실인식에 대해서는 이현진, 「1950년대 미국의 對韓援助구상과 경제조정관실」, 『韓國思想史學』 제26집 참고.
19) 1955년 이후 경제조정관실은 한국정부의 행정 능력을 높이기 위해 기술훈련을 담당하는 기술운영실을 확대하였다. 농업분야 기술을 담당하는 농업국도 이때 생겼다. 미국이 원조를 전반적으로 삭감하려 했기 때문에 원조를 효율적으로 운영할 수 있는 전문 인력을 양성하고 행정인력이 중요함을 강조한

사회개발프로그램을 실시하였다.20) 지역개발사업은 장기적 경제개발사업의 필요성을 강조하는 입장과 연결되어 1956년 농촌사회의 안정화를 위한 기초조직인 농협과 안정적 농업금융체계의 설립, 농업교도사업에 대한 시급한 정비의 필요성을 불러일으켰다고 볼 수 있다. 따라서 농협법 제정 문제에도 미국이 개입할 명분과 위상이 주어진 것이다. 그리고 경제조정관실은 경제안정화를 해치지 않는 범위에서 자원을 충당하고 순환시키는 방안과 지역개발사업의 취지처럼 마을단위 민주적 소통구조를 갖춘 협동조합과 농업금융체계를 구축한다는 기조를 법 제정과정에서 원칙으로 제기하게 된 것이다.

(2) '존슨안'과 '쿠퍼안'의 내용

경제조정관실은 우선 농업신용기구에 대한 조사와 제안을 위해 미국에서 전문가들을 초빙하였다. 내한한 전문가단은 워싱턴 농지은행 부이사보이자 연방농지저당회사 및 농지신용국 부총재인 에드워 C. 존슨 박사를 단장으로 하여, 오하이오주 콜럼버스시 오하이오농업국 부총재 겸 정보교도부장인 C. 모리스 위팅 박사, 루이지애나주 레이크찰스시 아메리카 미곡생산자협동조합 총지배인 겸 재무부장인 조지 B. 브레이가 단원으로 구성되었다. 이들은 한국에 주재하는 미국 관리들

것에 출발했다. 특히 1956년 원이 새로운 조정관으로 부임한 후 경제조정관실은 확대 개편되었다. 이는 50년대 중반 이후 시행된 지역사회개발 프로그램과 관련이 있었다(이현진, 앞의 글, 365~366쪽).
20) 지역사회개발사업은 1954년경부터 실시하던 여러 방향의 지역사회개발사업들을 하나로 통합하여 진행되었다. 미국은 기술원조를 통해 후진국가들이 근대화 과정에서 동반되는 사회적 갈등을 극복하고 국가적 통합을 이룰 수 있도록 지원하는 한편, 마을단위의 민주적 의사소통구조의 형성을 통해서 민주주의의 기초를 확고히 하면서 '미국식 가치'를 확대함으로써 한국사회 내에서 미국의 지위를 강화하고자 하였다(허은, 앞의 글, 2004 참고).

과 대한민국 정부의 농림부·재무부·부흥부 장관들과 한국은행 금융 조합연합회 및 기타 기관의 직원들과 개인적으로 회합한 후, 각기 1주일간 5개도에서 현지 개별조사와 농민들, 금융조합 직원, 도청 직원들과 접촉하여 면접을 한 것을 토대로 하여 제안서를 작성하였다.

 이 '존슨안'은 크게 두 가지 부분으로 구성되었다. 앞부분은 남한의 농업금융제도와 농업단체에 대한 평가이며, 뒷부분은 한국 농업신용개선책이었다. 이를 종합해서 이 제안에서 제기하고 있는 내용을 정리해 보자.

 그들은 한국농업의 현실 속에서 급속히 생산을 확충하는 최선의 방법은 자금조달을 제1차 목적으로 하는 제도를 수립하는 길밖에 없다고 확신하고 협동농업신용제도 수립을 제안하였다.[21] 그리고 농업신용을 담당할 기구로 금융조합과 금융조합연합회(이하 금련)를 주목하였다. 그들은 금융조합이 형식적으로 조합조직의 형태로서 제도의 전 소유권이 조합원에게 귀속되고 있음에도 불구하고 실질적으로 인사와 활동이 정부-연합회-도지부-지방금융조합 및 지소라는 체계 속에서 정부의 강력한 통제를 받고 있다는 문제점을 지적하였다. 그래서 한국 농업신용제도는 금련을 농은으로 개편하고 지방금융조합 및 지소는 농업조합 명칭의 농협으로 재조직하는 방안을 제시하였다.[22] 이때 농업조합은 기존의 금융조합 업무를 이어받아 신용 업무를 비롯해서 비료 농약 등의 농업용품 공급, 유리한 곡물매매 등을 실시하는 4종 겸영조합이었다. 겸영조합을 선택한 이유는 농업이 소규모이고 자원이 제한되어 있는 후진국가에서는 다기한 목적을 가진 협동조합이 적합하다는 판단 때문이었다.[23]

---

21) 「제의 ③」, 『주보』 179, 21쪽.
22) 「제의 ①」, 『주보』 177, 22~23쪽.
23) 「제의 ⑤」, 『주보』 181, 41~43쪽.

이와 더불어 금련 계통조직의 재편성을 위한 원칙이 제시되었다. 먼저 금융조합 내부에서 일반 협동조합의 원칙을 강조하였다. 그들은 소속 농민들에 의해 관리되는 민주적 관리의 원칙으로서 1인 1표제나 이용고에 비례한 배당 등의 조합원 주권제도와 자본에 대한 제한적 수익이라는 일반적 원칙과 더불어, 금융조합의 개편과정에서 조합 이사의 조합원 선출과 이사회의 조합 지배인 선임규정 등 기구와 정관을 조합원이 지배하도록 변경하는 방침,24) 통제력이 농민으로부터 출발해서 상부기관에 미치도록 하는 원칙, 이사회의 간부직원 임명, 농민조합원에 의한 주식구입과 예치 등 자본의 자주적 축적방식, 농민수익증대를 위한 농업기술교육과 교육사업, 정치적 종교적 중립 등을 강조하였다.25)

다음으로 농은과 정부의 상호관계가 중점적으로 제안되었다. 자본출자, 운영자금, 운영구조, 그리고 감독에 관한 사항에서 볼 수 있다. 농은의 자금 조달을 비롯한 기본조성에 정부가 결정적 역할을 하도록 규정하였다. 농은의 공칭자본금의 출자는 정부와 농업조합만 허용했으며, 정부는 대충자금을 활용하여 출자를 할 수 있도록 했다.26) 금련의 청산과정에서 생기는 자산과 출자지분의 유입과 더불어 정부의 농은 지원을 확고히 하려는 조치였다. 그리고 대부자금은 자본금과 준비금, 기관과 개인으로부터의 예금수입, 한국은행에서의 대부, 증권발행 등으로 준비하는데, 이 경우에 대부분 한국정부가 출자하도록 하였다. 즉 농업에 대한 지원체계로서 농업신용기구는 정부의 적극적인 보살핌과 지원이 필요함을 제기하는 대목이었다.

죤슨안은 정부의 지원을 강조하면서도 농은과 농업조합의 운영구조

---

24)「제의 ⑤」,『주보』181, 41~43쪽.
25)「제의 ⑤」,『주보』181, 43~44쪽.
26)「제안 ④」,『주보』180, 20~21쪽.

에서 독립성을 보장하려 했다. 먼저 농은과 농업조합은 운영구조상 밀접하게 연계되도록 구상하였다. 농업조합 임원과 이사는 조합원이 선출하며, 농은도 12인으로 이사 중 3인은 재무장관·농림장관·한국은행총재가 맡고 나머지 9인은 농은의 주식을 보유하는 각도의 농업조합에서 선출한 인물이 맡도록 하였다. 농업조합이 농은 운영에 중심역할을 하도록 구성한 것이다. 이사 중 재무부장관과 농림부장관 및 한국은행총재는 의결권이 없는 직권상의 이사였고 정부가 보유한 주식도 무의결권주로서, 이후 농은이 인수한 후에 의결권주로 전환하도록 조치하였다.27) 즉 정부의 지원과 관리는 받지만 운영의 자주성과 독립성을 유지할 수 있는 구조였다. 또한 농은은 정부로부터 감독을 받지 않고 독립기관에서 장부문서의 검사와 감사를 받도록 규정하였다.28) 이런 일련의 조항을 통해서 농업조합과 농은이 정부로부터 독립성을 유지하면서도, 농은은 정부의 지원을 받아 자본금과 운영자금을 확보함으로써 농업신용을 활성화할 수 있는 기초를 마련할 수 있다는 것이다. 마을마다 민주적 의사결정의 훈련을 통해 사회통합을 이뤄간다는 지역사회개발사업의 기본 인식이 협동조합설립과 중앙기구와의 관계 문제에 이르기까지 관철되고 있음을 알 수 있다.

  이 제안은 한미법안기초위원회에서「협동적 농업신용판매구매에 관한 법안」으로 작성되어 1955년 합동경제위원회에 제출되었다. 미국측은 이 안을 지지했으며, 안이 공개되자 전 사회적으로 특수은행으로서의 농업은행 설립은 기정사실화된 것처럼 받아들여졌다. 그렇지만 합동경제위원회에서는 금융조합계통기관을 농업금융기관과 농업조합으로 개편한다는 부분은 받아들였으나, 그것을 보완하는 조직 내 민주주의 등의 내용들은 채택하지 않았다.29)

---

27)「제안 ③ ④」,『주보』179~180, 22~23쪽, 20쪽.
28)「제의 ④」,『주보』180, 23쪽.

존슨안이 폐기된 이후 경제조정관실은 필리핀의 ICA 협동조합전문가인 존 쿠퍼를 불러 다시 제안서를 만들도록 하였다.30) 그는 2차에 걸쳐 내한하여 조사하고 1956년 2월 제안서를 제출하였다. 정부는 그 안을 수정하여 「한국농업은행법안」,「신용조합법안」,「농업조합법안」을 제안하려 했다. 이들 법안의 내용을 살펴보자.

첫째, 신용업무를 전담하는 농업은행－신용조합, 농업은행과 별개로 부락협동조합－농업조합/특수조합－농업협동조합중앙회라는 이원적 조직계통을 수립하였다. 이 중 농은과 신용조합은 금융조합 계통조직과 자산을 이어받도록 하였다. 신용조합이라는 농업금융을 담당하는 별도 조직이 구성되었으므로, 기초단위인 부락협동조합과 그것을 조합원으로 하는 농협과 특수조합은 예금 수입 업무를 하지 않고, 신용조합과 농은에서 받은 대부금의 사용 감독과 담보물의 위탁보관과 판매, 생산 증강에 필요한 물자의 획득과 신용을 사용하는 업무를 맡았다.

---

29) 배성룡은 농업은행에 대한 관치지배라는 측면이 한국의 식자들의 불신을 가져왔을 뿐만 아니라 경제조정관 우드를 절망하게 했다고 생각했다. 즉 우드는 "농민의 이익을 위하여 농촌사업기관을 만들고 그를 강화시켜서 관력의 침범할 수 없는 독립체가 되도록 의도한 것인데 마침내 관력지배의 범위에 두어서 그 손아구리에서 녹아버릴 수도 있게 되었으니 그런 기관에는 대충자금을 투하할 필요가 없다"는 견해를 가졌다고 서술하였다. 그는 이것이 운크라의 태도 즉 존슨안을 지지했던 미국측의 입장이라고 보았다. 裵成龍,「協同運動의 將來-빨리 존슨案으로 돌아가라」,『농은』 1956. 9, 57쪽.
30) 필리핀의 농협과 농업금융은 이 시기 식민지를 거친 국가에서의 모범사례로서 가장 주목받고 있었다. 필리핀은 농민들에게 농업신용을 공급해주는 금융기관은 3곳이 있었다. 소농들에게 신용공급과 협동조합 조직설립을 촉진하기 위한 기관인 농업신용 및 협동조합금융행정처(1952년 설립), 촌락은행행정처(1952년 설립), 농업, 상업과 공업의 재건과 전쟁피해를 입은 시설의 부흥을 위한 금융기관인 재건금융공사(1946년 설립)이다. 이들 기관들과 더불어 농업협동조합은 1915년부터 설립되기 시작하다가 1952년 법제정 이후부터 본격화되었다. 법제정 이후 1957년 현재 농협 459개, 11,089부락, 조합원 26만여 명에 달하는 성과를 거두었다. 농업은행조사부,『농업연감 1958』, 495~497쪽.

상위조직인 농협중앙회는 생산품의 처리, 운반 저장, 판매 그리고 자재 구매업무에 집중하는 공동판매와 공동구매라는 유통사업 부문의 중앙조직으로 규정되었다.31) 신용조합을 둠으로써 농업금융은 농협조직과는 완전히 별개의 계통을 갖게 되었다. 기존의 논의가 신용업무와 농협계통의 일정한 연관성을 유지하고자 했던 것에 비한다면, 여기서는 농업금융체계에 대한 농협의 발언권이 거의 사라져버리고 말았다.

둘째, 존슨안에 비해서 정부의 감독과 개입비중이 커졌다. 협동조합에 대한 감독권은 농림부장관이 가지며, 농은은 신용업무와 관련한 감독책임을 지게 하였다. 농업금융위원회가 신용조합의 인가권을 갖고32) 농은과 신용조합의 업무운영관리에 관한 기본방침을 수립하며 일반적인 지시와 감독에 관한 책임을 맡도록 했다. 이 위원회는 재무부차관과 농림부차관, 한국은행 수석부총재, 한국농업은행 총재의 4명과 전국을 3지구로 나눈 각 지구 내 신용조합장회의에서 선출된 '농업 및 농업금융에 관하여 탁월한 경험을 가진 자' 3명의 위원을 합한 7명으로 구성했다. 그 의장은 재무부차장이며, 유고시 농림부차관, 농업은행총재 순으로 담당하며, 가부동수일 경우 의장이 결정권을 갖는 의결구조였다. 또한 3인의 선출위원도 '최초의 위원은 재무부장관과 농림부장관이 합의 추천하여 대통령이 임명하도록' 하였다.33) 당시 한국의 여러 논자들은 존슨안과 비교해서 쿠퍼안에서 제시한 농업은행의 정책결정 체계가 관료들이 농협을 농단하려는 기도이며 농민의 의사를 꺾어버리는 비민주적인 규정이라고 비판하였다.34)

---

31) 편집부, 「農業協同組合 '쿠-퍼'案」, 『주보』 197, 1956. 2. 15, 15~18쪽.
32) 「政府의 信用組合法內容」, 『조선』 1956. 2. 20.
33) 「社說 農業銀行法案의 不合理한 點」, 『조선』 1956. 2. 22.
34) 權赫鼎, 「農業系統立法에 對하여」, 『조선』 1956. 2. 22. ; 裵成龍, 「協同運動의 將來-빨리 존슨案으로 돌아가라」, 『농은』 1956. 9.

(3) 금융 중심의 농협론으로 전환

'존슨안'과 '쿠퍼안'은 미국의 제안이었지만, 당시 한국 내부에서 진행된 논의의 맥락 속에 있으며, 한편으로는 문제제기를 하는 측면이 있었다.

첫째, 농업신용의 기축을 금융조합과 금련을 재편하여 창설한다는 원칙은 해방 직후부터의 논란에 종지부를 찍는 결정이었다. 금융조합은 한말 정부에 의해 설립된 농업신용기구로서 일제하 전 기간에 걸쳐 식민지 농업정책을 수행하는 정책실행기관으로서 역할해 온 관제기구였다. 금융조합이 수행했던 농업금융, 공동판매와 공동구매, 식산계를 통한 유통기구의 합리화 시도 및 전시의 농업 농민통제기구화의 활동은 늘 논란에 싸여 있었다.35) 이것이 일제의 수탈기구이므로 청산대상이 되어야 한다는 주장도 있었고, 한편에서는 일제하에서는 그나마 유일했던 농민지원기구였다는 평가도 있었다.36) 그렇지만 해방 직후에 식민지 농업단체를 해체·통합하여 단일 협동조합을 건설하자는 의견이 제출되면서 금련·금융조합의 해체와 청산은 당연한 것처럼 여겨졌다. 이런 여론에 대응하기 위해서 금련은 협동조합으로서 재탄생할 것을 선언하고 자신의 인맥과 자산을 기반으로 살아남기 위해 움직여 갔다.37) 그 결과 금련은 농회와 정부가 관리하던 미곡과 비료, 고공품 등의 물자 배급과 관리업무를 확보함으로써 활동을 이어갈 수 있었

---

35) 이경란, 『일제하 금융조합 연구』, 혜안, 2002 참고.
36) 앞의 『한국농업금융사』.
37) 제1공화국 시기 정부에서 활동하였던 인물들 가운데 금융조합 이사출신은 원용석, 박동규 등 상당수 있었으며, 금융조합과 밀접한 관계를 가진 조선식산은행인 조선은행 출신으로서 송인상이나 백두진 등은 금융조합에 대한 생각을 공유하고 있었다고 볼 수 있다(이경란, 「경제전문가집단의 경제인식과 경제관-금융조합 이사를 중심으로」, 방기중 편, 『일제하 지식인의 파시즘 체제 인식과 대응』, 혜안, 2005).

다.38) 조직과 관리 인력을 갖고 있고, 통제경제체제하의 물자관리를 경험했던 금련은 국가경제 관리기구와 같이 협동조합기구를 활용하고자 했던 이승만 정부에게는 활용가치가 높은 존재였다. 게다가 1955년 이후 협동조합 논의의 중심은 협동조합을 통한 생산과 유통의 계획과 관리를 중심으로 하는 농협론에서 금융을 통한 농업자금 지원을 중심으로 하는 농업금융기관론으로 전환되어 갔다. 그에 따라 산업경제체제의 재편성과 관련된 재정의 역할이 강조되는 당시의 경제운영구조 덕분에 재무부가 이 논의에서 주도권을 가지게 되었다.39) 이런 변화 속에서 이승만 정부는 재무계통과 오랜 연관관계에 있고, 실적과 재원 그리고 조합원을 가지고 있는 금련과 금융조합을 농은과 농협 조직의 기반으로 삼는 방향을 선택하였다. 이 방향은 경제기조를 함께 결정하고 있던 미국과 수월하게 합의할 수 있는 지점이었다.

둘째, 농업신용기구를 농협의 계통조직에서 분리하여 농은으로 독립시킨 것은 당시 재무계통에서 주장하던 내용을 받아들인 것이라 볼 수 있다. 제안서는 당시 농림 계통과 재무 계통이 농업신용기구를 농협체계 안에 두느냐, 밖으로 독립시키느냐 또는 협동조합의 주무감독관청을 농림부로 하느냐 재무부로 하느냐를 둘러싸고 팽팽하게 대립하던 5~6년간의 논쟁의 축을 전환시켜 버렸다.40) 그런데 미국측의 안이

---

38) 금련의 정부대행업무에 대해서는 이승억, 앞의 글 참고.
39) 정진아, 앞의 글 참고.
40) 농림부측은 농협이 신용업무를 독자적으로 운영해야 하며, 중앙회 내에 협동조합중앙금고를 설치하여 농협의 유통과 생산사업에 필요한 자금원을 안정적으로 확보해야 한다는 입장이었다. 따라서 농업정책의 일부로서 농업금융이 위치지워지므로 농림부장관이 행정적 감독권을 가져야 한다는 입장을 취했다. 그에 비해서 재무부측은 협동조합에서 사업부문과 신용부문을 함께 운영할 경우 신용업무의 불안정성을 초래하므로 신용업무는 분리해서 독립적이고 안정적인 운영을 해야 한다는 입장이었다. 동시에 농업금융업무도 통화와 전 산업경제의 자금순환과 관련되는 문제이므로 재무부가 행정적 감독권

농은을 독립시켜 신용사업을 독립 체계로 분리했음에도 불구하고 반발이 적었음은 매우 흥미로운 현상이다. 그동안 농림위와 같이 독자적인 협동조합안을 내고, 그 안에 협동조합이 제어할 수 있는 중앙금고를 두어야 한다고 주장했던 사람들을 제외하고, 상당수가 농은의 설립방안에 호의적인 반응을 보였다.[41] 농업조합이 농은의 의사결정권을 가지도록 한 것에 합의할 수 있었기 때문일 것이다. 이에 따라 논의의 축은 농협설립 논의에서 농업은행 논의로 바뀌었다.

셋째, 존슨안에서 제기한 정부 또는 국가에 대한 자주성 확보라는 양자의 관계 정리는 기존 한국 농협론과 다른 접근방식이었다. 그들은 당시 농업조직에서 재원 마련방안과 농업단체에 대한 정부의 통제가 가장 큰 문제점이라고 파악하였다. 그러므로 농민이 스스로 운영하는 농업조합이 농은을 관리함으로써 농은과 농업조합의 관계를 농업조합이 주도하도록 하는 아래로부터의 조직운영논리와 운영의 자율성과 민주성을 강조하였다.

이는 기존의 논의와는 다른 쟁점이었다. 이미 재무부와 상공부를 중심으로 하는 경제정책의 기조는 후진경제의 급속한 성장을 위해서 외국자본과 국가자본을 집중적으로 투자하는 방향을 선택했고, 그 속에

을 행사해야 한다는 입장이었다.
[41] 존슨안이 제안되자 각 언론매체에서는 이 안에 대한 의견들을 싣기 시작했다. 대표적으로 당시 금련의 기관지였던 『협동』에서는 존슨안이 발표되자 농협 논의에서 주요한 논자들에게 존슨안에 대한 견해를 비롯해서 농업은행의 위치, 농업조합의 업무, 단위농조의 운영문제, 계몽교육사업의 주관단체, 존슨안의 한국현실과의 적합성 문제에 대해서 질문하였고, 그에 대해서 최호진, 주석균, 홍창섭, 송인상이, 답변하였다(「나는 존슨案을 이렇게 본다」, 『協同』 53, 1955. 12, 46~48쪽). 『재정』에서는 원용석과 최호진, 김준보, 홍성하 등의 의견을 듣는 등 협동조합문제에 관심있는 사람들이라면 거의 모두 의견을 제시하는 분위기였고, 『조선일보』에서는 사설을 통해서 자신의 견해를 밝히는 등 사회적으로 파장을 일으키고 있었다.

서 농촌사업자금은 직접적인 농민수탈과 농업금융기관을 통한 민간자본 동원으로 해결한다는 농업배제에 두어졌다. 그 속에서 금융조합은 농업자금 공급과 물자유통정책 면에서 그들의 요구를 수행할 수 있는 조직체로 인정되어, 이를 농협으로 전환하려는 방향을 취한 것이다. 이런 상황에서 농협과 농은의 자주성과 민주성에 기반한 농업개혁과 회생방안은 한국정부의 정책기조에 대한 문제제기이기도 했다.

미국측의 제안이 나오고 나서 농협을 둘러싼 논의 방향은 크게 두 가지 상충되는 방향으로 흘러갔다. 하나는 재무부에서 본격적으로 농은안을 구체화시키기 시작하여 금련의 농업은행화와 그에 대한 재무부의 감독권을 당연시하는 논의였다. 또 하나는 농협이 농은을 지배하고 정부의 개입을 억제하도록 하는 방향이었다. 이는 이후 협동조합의 민주적 운영, 그리고 농협과 정부의 관계라는 면에서 쟁점으로 떠올랐다.

3. 1950년대 후반기 농업은행의 설립과 농업협동조합론의 변화

1) 법제정 과정의 주요쟁점

(1) 일반은행으로서의 농업은행 설립

1956년 2월부터 한국정부와 미국은 죤슨안과 쿠퍼안, 그리고 재무부의 안을 종합수정한 발췌안을 가지고 검토를 시작하였다. 당시 정부안에 대해서 경제조정관실을 비롯한 미국측과 정부가 마찰을 빚게 된 것으로 보인다. 정부의 농업은행법이 제안된 후 2월초 한미 간에 협의가 진행되었으나 별다른 진전을 보이지 못하였다. 논의가 교착되어 미국측의 대충자금 지원과 기본자금 조성문제가 해결되지 않은 상태에서,

재무부장관은 농은에 대충자금을 활용한 40억 원, 양곡관리특별회계에서 20억 원을 출자할 것이다, 그리고 농업은행법안 및 신용조합법안의 성안에 따라 금련은 해체될 것이라고 말하는 등 농은의 설립을 급히 추진하려는 의도를 드러냈다. 나아가 정부는 대통령의 지시에 따라서 금융업무는 농은에서 일괄 취급하기로 하고 신용조합법안을 폐기[42]하는 한편 일반은행법에 기초한 '농업은행'의 설립을 추진하였다.[43] 정부는 이 방안이 시급하게 떠오른 영농자금의 방출문제를 해결하기 위한 임시조치이며 특수은행법에 의한 농업은행법이 통과되기까지의 잠정조치라고 주장하였다.[44]

이에 국회의 농림위원회와 재정경제위원회는 '일반은행' 방향을 반대하고 특수은행으로 농업은행법을 제정할 것을 주장했다. 그러나 반대의견은 받아들여지지 않았고, 일반은행법에 의한 농은의 설립은 빠르게 진행되었다. 정부는 농은에 대한 정부 출자를 원칙적으로 보류하며, 순전히 농민 출자로 이루어질 것이라고 성격을 정하였으나, 농은을 지원하는 조치로서 농업은행을 통해서 영농자금을 방출하는 방침을 세웠다.[45] 농은은 신용조합의 계통기관이 아니라 일반은행이자 정부의 영농자금관리기관으로 위치지워진 것이다.

정부의 방향이 결정되자 농은 설립의 주 대상인 금련은 필요한 절차를 밟으며 설립에 앞장섰다. 전국금융조합대의원대회에서 농은의 주식

---

42) 「信用組合法案 廢止. 金融業務는 農業銀行에서 一括 取扱, 農業銀行法案 再策定을 言明」, 『조선』 1956. 3. 12.
43) 「普通銀行으로서의 農業銀行을 설립. 金顯哲 財務部長官 談」, 『조선』 1956. 3. 13.
44) 「一事一言 : 波紋던진 農業銀行 設立要綱」, 『조선』 1956. 3. 15.
45) 「농업은행 통해 방출. 비료 영농장금 백8억원」, 『조선』 1956. 4. 17 ; 「농업은행 내월 1일 발족, 재무자금 49억원을 영달」, 『조선』 1956. 4. 23 ; 「자금 35억원, 농업은행 당국에 일괄 배정을 요청」, 『조선』 1956. 5. 12 ; 「농업은행 담당을 결정. 농림부문 자금의 일괄취급」, 『조선』 1956. 5. 15.

인수 및 업무 인계에 관한 토의를 하고(3. 30), 전국금융조합장회의를 개최하여 10명의 발기인을 선출하고 금련의 해산을 성명(4. 1)한 후, 곧바로 제1차 발기인대회에서 농은의 정관을 결정하였다(4. 4). 금련이 주축이 되어 농은의 설립준비에 착수한 것이다. 발기인회는 한국은행 감독부에 농은의 설립 인가신청을 제출하고(4. 6), 농은의 역원 10명을 선출하였다(4. 11). 이에 발맞춰 농림부장관은 농은이 발족하는 즉시 영농자금 30억 원을 방출할 것임을 언명하였고(4. 16), 재무부는 농림부와 합의하여 매호당 1만원 이내의 영농자금 융자액수를 정하였다(4. 26). 곧이어 농업은행장은 연내로 영농자금 200억 원 방출과(4. 27), 5월 1일부터 농은 지점을 통한 30억 원의 농사자금 방출을 발표했다(4. 30). 이런 일련의 준비를 거치고 5월 1일 농은은 개업식을 거행하였다.[46]

일반은행의 형식으로 농은이 실체를 드러내자, 국회는 시급하게 특수은행법으로서의 농은법과 농협법을 제정해야 하는 압박을 느꼈다. 그런데 이런 일련의 과정을 거치면서 많은 사람들 속에서 농은이 정부의 농업자금 운영기관이며, 정부가 농은의 운영자금을 적극 지원하리라는 생각이 당연한 듯 자리잡아갔다. 이후 특수은행으로서의 농은의 성격을 논의할 때 이런 일반은행으로서의 농은에 대한 기대는 영향을 미칠 수밖에 없었다. 또한 재무부가 추진했던 농업신용에 대한 지배구조는 농은을 통해서 이제 당연한 것으로 받아들여지는 분위기가 만들어졌다.

결국 1957년 1월 국회에서는 주식회사 농업은행을 특수법에 의한 농업은행으로 전환시켜 농민에게 영농자금을 방출하여야 한다는 점에 동의하고, 농은법은 재경위가 담당하고 일반협동조합법은 농림위가 담당하기로 합의했다. 더 이상 농협과 농업금융체계의 관계에 대한 논의

---

46) 洪性宗·金鐵 편, 『韓國農政日誌』, 韓國農村經濟硏究院, 1985, 150~156쪽.

는 제기되지 않았다. 이미 미국의 협동조합정책 참여과정에서 농은의 방향이 당연하게 자리 잡았고, 일반은행으로서 농은이 발족해 버린 상황에서 농협/중앙금고안을 주장하며 농은의 설립에 반대하던 농림위도 중앙금고안을 더 이상 주장하기 어려웠기 때문이었다. 국회 내의 법안 합의에서 가장 큰 걸림돌이 소멸된 1957년에 진행된 국회의 토론은 그다지 격렬하지 않았다. 농림위 위원들도 원칙을 강조하는 한둘을 제외하고는 재경위의 농업은행안을 받아들였다.[47] 이들은 일반 농은에 특수은행으로서의 성격을 부여하여 은행이 재정자금을 받을 수 있는 길을 열 수 있다는 점을 중시했으며, 농은이 재정자금을 취급하기 때문에 운영방침이나 감독규정이 필요하다는 방향에서[48] 이 안을 수용한 것이다.

(2) 농협법 제정의 쟁점

농림위에서 제출한 「농업협동조합법」의 골자는 다음과 같다.[49]

첫째 협동조합의 최저 기초 단위를 리·동에 두었다. 리동조합은 그 리동에 거주하는 농민이나 사업장을 가진 농민을 조합원으로 하며, 리

---

47) 이들의 생각을 구체적으로 볼 수 있는 자료로는 元容奭, 「자립위한 농공업 균형발전」, 『중앙정치』 2-5, 1957. 11 ; 곽의영, 「농은법과 농협법 제정의 의의」, 『국회보』 11, 1957. 4 ; 황병문, 「농촌진흥과 협동조합」, 『지방행정』 605, 1957. 5 ; 황남팔, 「농촌경제와 협동조합」, 『국회보』 11, 1957. 4 ; 박정근, 「농협의 신용업무겸업을 통감, 비율빈과 일본의 예를 보고」, 『식량과 농업』 1-2, 1957. 8 ; 좌담회, 「농업협동조합운동과 그 전망」, 『식량과농업』 1-1, 1957. 7.
48) 「제3대국회 제23회 제10차 국회본회의회의록. 농업협동조합법안및 농업은행법안, 재정경제위원장 박만원의원 발언」, 국회사무처, 1957. 1. 24, 18~23쪽.
49) 「제3대국회 제23회 제10차 국회본회의회의록. 농업협동조합법안및 농업은행법안, 농림위원장 조병문의원 발언」, 국회사무처, 1957. 1. 24, 15~16쪽 ; 「부록 농업협동조합법안」. 이하 국회내에서의 쟁점사안은 국회회의록에 근거한다.

동조합을 구성원으로 하는 시군협동조합, 시군협동조합을 구성분자로 하는 협동조합중앙회라는 체계를 세웠다. 농림위는 리동을 기초단위로 하면 규모가 적어 운영이 어려워지거나 기능을 발휘하기 어려울 수도 있다는 문제제기나 시장이나 읍면 단위로 하자는 논의가 있기는 했으나, 조합은 조합원들의 인보상조 정신을 활성화해야 하므로 리동 단위로 결정하였다고 이유를 설명하였다. 그래서 단위조합의 어려움을 해결하는 방안으로 시군조합은 리동조합이 할 수 없는 일을 하고, 전국적으로 해결해야 할 사안은 중앙회가 하도록 3단계 구조를 택하였다. 그리고 동리와 시군조합 사이의 연락을 위해서 시군 협동조합 지소를 두며, 시군조합과 중앙회 사이에는 도에 중앙회 지부를 두도록 하였다.

둘째, 농업협동조합은 생산, 구매, 이용과 더불어 신용업무도 함께 운영할 수 있도록 하였다. 셋째, 조합은 일반 협동조합과 시군에 축산조합과 원예조합, 지역특산물을 취급하는 특수조합의 4종류로 나눴다. 넷째, 조합을 민주적이고 자주적으로 설립할 수 있게 하려고 특수조합과 중앙회만 주무장관의 인가제로 하고 그 외의 조합은 모두 등록제를 채택하였다. 협동조합으로 설립하려면 주무부 장관에게 등록하고 제3자에 대한 대항조건으로서 등기소에 등기를 하도록 규정하였다. 그러나 시군 내 조합 설립이 남발하거나 이동하는 것을 조정하기 위해서 동일 구역 내에 동일 업종의 조합을 2개 이상 설치하지 못하도록 법으로 금지하였고, 정관내용 중 주무부 장관이 정한 것 이외의 사항을 규정하거나 변경할 때는 허가를 받도록 제한하였다. 다섯째, 역원은 전부 자유선거로 선출하도록 하였다. 다만 중앙회 회장과 부회장은 중앙위원회에서 선출하고 주무부 장관의 승인을 받도록 규정하였다. 여섯째, 협동조합의 정치성 배제 문제로서, 정치적 간섭과 관여를 막는 동시에 선거 공무원조차 관여하지 못하도록 하였다. 다만 인재가 부족한 리동조합은 이장이나 면 서기, 리 서기의 사무업무는 허용하였다. 일곱째

중앙금고제도가 이상적이나, 농업은행의 설립에 동의한 이상, 농업금고 역할을 할 수 있는 농은 자금을 협동조합을 통해 활용하도록 하였다.

이상과 같이 농림위가 제출한 「농업협동조합법」에 대한 반론은 그리 많지 않았다. 가장 집중적으로 논의되었던 사안은 협동조합의 신용업무 중 예금 취급에 관한 문제였다. 농림위는 예금 수납을 비롯한 신용업무 취급을 찬성했고, 재경위는 농자금 대부와 매개대부만을 해야 한다고 주장했다.50) 재경위는 현재 농촌의 실태로 보아 농업금융의 특이성과 소요자금의 조달, 융자기술을 요하는 신용업무를 농민의 자발적 조직인 협동조합에서 다루는 것은 시기상조이며, 예금자 이익의 보호나 금융질서의 유지를 고려하면 신용업무는 별도의 조직에서 다뤄야 한다고 주장하였다. 재경위가 농은 설립을 주장하는 이유이기도 했다.51) 논의의 결과 리동 협동조합은 공동구매와 판매, 공동이용과 더불어 예금의 수금과 농업자금의 대부 또는 매개대부를 하도록 하였다. 그러나 시, 군, 구 협동조합과 중앙회는 신용사업을 허용하지 않았다.

그 외 협동조합의 정치성 배제문제도 논의되었는데, 이는 원칙과 법안 자체에 대한 반대의견이라기보다는 자유당의 행태로 볼 때 그들이 협동조합을 정치적으로 이용할 수도 있다는 현실적 우려에서 제기되는 정도였다. 그리고 읍면을 기초 조직으로 해야 한다는 의견과 여전히 중앙금고안을 주장하는 의견이52) 있었다. 그렇지만 이런 건은 모두 원안대로 결정되었다.

그런데 쟁점이 형성되지 않고 합의를 본 사항 중 관심을 두어야 할 부분이 주무장관의 농협에 대한 강력한 감독권에 대한 부분이다. 법안

---

50) 위의 「부록 농업협동조합법안 수정안(재정경제위원회)」.
51) 郭義榮, 「農銀法과 農協法制定의 意義」, 『國會報』 11, 1957. 4, 13쪽.
52) 앞의 「부록 농업협동조합법안 수정안(金昌洙 黃南八 의원 등 제안)」.

에 따르면 주무장관은 리동조합장과 상무이사, 중앙회장과 시군조합장에게서 수시로 조합 상황과 업무재산 상황을 보고받도록 했다. 그리고 조합이 업무를 계속하기 불가능하다고 인정되거나 법령·정관·명령에 위반해서 정황이 중대할 때, 또는 주무장관이 규정한 것 이외의 업무를 할 때 주무장관은 그 회의의 결의권을 취소하거나 임원의 개선을 명하고 업무를 정지시킬 수 있도록 하였다. 이런 조항은 앞 시기에 제출되었던 법안들에 비하면 정부의 농협 지배를 강화한 부분이었다. 그럼에도 불구하고 이 사안에 대해서는 반대의견이 제출되지 않았다. 이런 상황은 당시 국회의원이나 정부나 경제문제에 관심 있는 지식인들 사이에서 확산되던 경제자립과 재건을 위해서는 종합적이며 체계적인 계획을 수립해야 하고, 그것을 추진하는 정부의 역할이 크다는 점에 공감대가 확산되는 분위기와 연결되어 있다.[53]

(3) 농업은행법 제정의 쟁점

다음 「농업은행법」을 살펴보자. 「농업은행법」은 전문 7장 68조의 법으로서 농협을 원조하고 육성하는 특수은행으로서의 농은 설립에 주안점을 두었다.[54] 재경위에서 제출한 이 법의 골자는 다음과 같다. 첫째, 농은의 설립목적에 대한 것으로서 주로 농협과 관련문제를 다루었다. 농은은 농업신용제도를 확립함으로써 농협의 발전을 도모하여 농촌경제의 부흥과 농민생활의 경제적 지위향상을 도모하기 위해 설립되었다고 규정하였다. 농업신용사업을 발전시키도록 하는 일상적인 사업과 농촌의 급한 금융현실을 해결하기 위한 재정자금 방출업무를 겸한다는 취지였다. 재정자금 방출은 단순히 농협의 일부분으로서 활용

---

53) 당시의 분위기에 대해서는 정진아, 앞의 글, 2007, 164~168쪽 참고.
54) 앞의 법안설명, 재정경제위원장 박만원의원 발언, 18~23쪽 ; 앞의 「부록 농업은행법안 (재정경제위원회)」.

된다는 의미가 아니라 국민전체에서 염출한 재정자금의 성격을 지닌 것임을 강조하고 있다.

둘째, 농은의 출자자는 단위 협동조합으로 규정하였다. 다만 경과조치로서 단위조합이 출자를 다 하지 못하는 동안에는 정부가 출자를 하며, 단위조합의 경제상태가 좋아져 출자를 할 수 있을 때 정부출자를 인수한다고 규정하였다. 농촌금융을 급속히 완화시키기 위해 당장 농은이 자금을 형성할 수 있도록 자금을 투입해야 한다는 실정이 강조되었다.

셋째, 농은의 최고의결기관은 운영위원회에 두도록 하였다. 이는 농은이 민법상 사단법인격 성격과 상법의 주식회사적 성격을 동시에 가진 기관이라는 고유한 성격에서 빚어지는 충돌 때문에 제기되었다. 재경위는 농은의 주식회사적 성격으로 볼 때 출자금의 대부분을 갖고 있는 정부가 최고의결기구인 총회를 장악할 수밖에 없는데, 이런 상황을 막고 단위 조합의 발언권과 권익을 보장하면서도 최고 투자자인 정부의 발언권을 일정하게 보장하기 위한 방안으로서 최고의결기관을 운영위원회로 하는 것이 좋다고 주장하였다. 재경위안의 운영위원회는 업무운영관리에 관한 방침을 수립하고 지시와 감독을 하는 조직으로서, 농은 총재와 한국은행총재, 재무부장관, 농림부장관, 협동조합에서 선출한 3명의 위원으로 구성하였다. 이때 각 부 장관과 한국은행총재는 의결권을 갖도록 하였다. '존슨안'과 비교했을 때 정부 특히 재무와 금융계통이 농은 운영에 결정력을 미칠 것임을 명확히 알 수 있다. 게다가 재경위에서는 정부나 금융계 인사들이 갖는 의결권의 의미에 대해서, 장관이란 농민의 이익과 배치되는 존재가 아니므로 총회가 없더라도 이들이 출자자의 이익은 보장할 수 있다고 강조하였다.[55] 이후

---

55) 농협법에서 농림위원들이 가졌던 정부의 지배력 강화와 같은 맥락이다.

단위조합이 출자액의 과반수 이상을 출자할 수 있으면 총회를 두는 방향으로 법을 개정하고, 정부의 간섭을 최소한도로 제약한다는 단서조항을 두었다.

넷째, 농은 지점의 설치 위치문제는 단위 조합의 신용업무 겸영문제와 융자대상에 관련된 문제였다. 재경위 내에서도 가장 심각하게 논의된 사안이었다고 한다. 법안에서는 지점은 시와 군까지 설치하도록 하고 단위조합이 농민에게 매개 대부하도록 방향을 잡았다. 다만 협동조합의 시군 조직체나 협동조합중앙회가 직접 자체사업으로 하는 경우를 제외하고는 융자대상을 리동조합으로 제한하고, 직접 농민 개개인을 상대로 하는 경우를 극히 제한하도록 규정하였다.

다섯째, 농은의 자산형성을 위해서 금련의 업무와 재산을 인계받도록 하였다. 그리고 거액의 농사자금 공급을 원활하게 하기 위해서 자본금 300억 원을 단위조합이 출자하기 전에 정부가 전액 출자하기로 하였다. 단위조합의 취약한 자금구조로 볼 때 출자가 현실성이 없다는 판단이었다.

국회에서는 재경위의 「농업은행법」 중 정부가 출자하도록 하는 출자규정과 운영자금 마련에 대해서는 모두 동의하였다. 그에 비해서 가장 쟁점이 된 부분은 운영기구 특히 최고의결기구가 운영위원회인가(재무부안), 총회인가(농림부안)의 문제였다. 농림위는 총회를 최고의결기관으로 설치해야 하며, 총회는 출자조합으로 구성하고 출자조합은 출자액에 관계없이 평등한 의결권을 부여함으로써, 농은에게 농협의 중앙금고와 같은 역할을 부여했다. 또한 농은과 농협과의 관계강화를 위해서 운영위원 속에 한국은행총재 대신 농업중앙회장을 넣었으며, 선출직 3인을 총회에서 선출한 5인으로 확대하여 단위 조합의 의결권을 강화하려 했다. 그리고 주무부 장관의 규정을 재무부장관 및 농림부장관으로 명시하여 농림부장관이 주무부 장관의 역할을 하도록 배치하였다. 이와 더불어 총재 유고시 농림부장관, 재무부장관 순으로 의장을 승계하도록 하였다.56) 한편 국회 논의과정에서 운영위원회 구조는 정부가 이들의 의사결정권을 장악하려 하는 방안이라는 문제제기를 받았다.57)

이 재경위가 제출한 농은법에는 정부로부터 농은의 독립성을 확보하는 문제가 여전히 남아있었다. 특히 농은은 운영자금을 정부에 의존하기 때문에 정부가 정책을 바꾸면 크게 영향을 받을 수밖에 없었다. 이는 당장의 농업금융현실을 타개하려면 정부가 대규모의 농업자금을 방출해야 하므로, 유일하게 자금을 댈 수 있는 정부의 출자에 기대기 때문이었다. 이는 농은의 주된 역할이 협동조합이나 농민들의 역량 강화를 위한 자금 융통이라는 측면보다는 농업정책을 수행하는 정부의 농업자금 운용기관으로서의 성격이 크다는 것을 보여준다.

이런 논의의 결과 1957년 2월 1일「농업협동조합법」이, 2월 2일「농업은행법」이 국회를 통과하여 법에 의한 협동조합 설립과 농업금융체계를 수립할 수 있게 되었다. 이후 이 법안들은 2월 7일에 정부로 이송되었고, 2월 12일 정부 국무회의를 거치고 대통령의 재가를 받아 2월 14일 법률 제436호로「농업협동조합법」으로 시행되었고 제437호「농업은행법」은 1957년 3월 1일부터 시행되었다.

---

56) 앞의「부록 농업은행법안 수정안(농림위원회)」.
57) 함두영 의원은 운영위원회 구조가 농민을 대변하지 못하며 이 조직은 관료적이라고 주장하였다. 그리고 관료로서의 장관은 농민을 대변한다고 볼 수 없으므로, 농업은행법은 과거 금융조합의 테두리를 벗어나지 못하는 조직이라고 비판하였다.「제3대국회 제23회 제11차 본회의회의록, 농업협동조합법안 및 농업은행법안 함두영의원 질의」, 국회사무처, 1957. 1. 25.

2) 정부의 지배력 강화와 민간 협동조합운동의 새로운 전개

(1) 1950년대 후반 「농업은행법」 개정과 정부주도 농정의 강화

1957년에 제정·공포된 「농업협동조합법」에 의해서 각 지역에서 협동조합이 결성되었는데, 그에 비해서 「농업은행법」은 공포되고 시행세칙까지 만들어졌음에도 불구하고 농은은 1년이 되도록 설립되지 않았다. 이런 상황에서 1958년 2월 재경위는 재무부와 의견을 모아 「농업은행법에 대한 개정안」을 제출하였다.58)

개정안의 내용은 다음과 같다. 첫째, '협동조합의 본래 정신'에 따르면 농은에 대한 정부의 출자는 농민의 자주성을 저해하는 것이므로 출자는 농민인 협동조합중앙회가 하도록 한다. 즉 정부는 출자를 하지 않는다는 취지였다. 그리고 출자 1좌당 금액을 1만 환에서 1천 환으로 내린다. 둘째, 운영자금은 농업은행이 금융채권을 발행해서 조달해도 목적은 달성할 수 있으므로 정부의 재정자금을 방출하지 않는다. 셋째, 농은으로 신용업무를 일원화한다. 즉 농협을 통하지 않고 농은이 농민에게 직접 대부를 하고, 농협에는 자체 사업을 위한 대출만 한다. 농은이 개별 농민에게 직접대부를 하므로 융자위원회는 두지 않는다. 넷째, 종전에는 협동조합이나 중앙회가 금융조합과 금련의 재산을 인수하여 청산하도록 했으나, 이를 농업은행이 일괄 인수하여 청산하고 거기서 남은 잔여 재산은 농민의 출자비례에 의해 분배하도록 하고, 분배된 재산은 농은 출자금으로 대체할 수 있도록 하였다. 다섯째, 총재임명권은 대통령이 갖는다.

주식회사 농은은 이 개정 방향에 논리적 근거를 들면서 찬성입장을 표명하였다.59) 첫째, 정부가 출자를 중단한 이유의 하나는 스스로 그것

---

58) 「제3대국회 제27회 제9차 국회본회의회의록, 재정경제위원장 최용근이 심사보고」, 국회사무처, 1958. 2. 15.
59) 徐光烈, 「農銀法改正과 農銀發足의 義意」, 『金融』 49, 1958. 4, 3~9쪽.

을 감당할 재정 사정이 되지 않았기 때문이라고 보았다. 둘째는 농업은행의 자금 조성에서 중요한 문제는 출자금이 아니라 융자금 마련이라고 지적하였다. 금융조합과 금련의 재산을 인수하여 출자금을 충당한다면 금액은 정부가 출자할 것을 예상했을 때 책정된 300억 환의 1/10 정도인 30억 환에 불과하지만 그 정도면 가능하리라고 보았다. 그리고 융자금은 한국은행 재할인 자금이나 농업에 쓰일 정부자금, 그리고 농업금융채권을 발행하여 운영의 묘를 살리는 것이 금융기관으로서 올바른 방법이라는 입장이었다. 셋째, 자금대출방법을 변경한 이유는 협동조합이 경험도 적고 운영 실력도 미약한 상황에서 신용업무를 할 경우에 발생할 수 있는 융자금 회수의 위험성과 사업실패의 위험성을 강조하였다. 넷째, 개정 전의 법에서는 정부가 출자를 많이 하기 때문에 총회의 권한을 줄였으나, 정부가 출자하지 않으면 총회를 대의원과 총재로 구성하도록 변경하는 것이 맞다. 주식회사 농업은행은 금융기관으로서의 위상을 강화하려는 입장을 반영하고자 했으며, 정부는 자금 투여를 줄여 재정 부담을 줄이고, 농업금융을 협동조합금융체계에 넣기보다는 일반적인 금융체계 속에 편입시키고자 하는 입장을 관철시켰다.[60]

국회의 많은 의원들이 이 개정안을 반대했다. 이들은 정부가 출자하

---

60) 협동조합법과 농은법의 개정조치는 이 무렵 이승만 정권이 행했던 여러 정치적 조치들과 관련해서 살펴볼 필요가 있다. 1958년 말에 자유당정권은 「보안법」과 「지방자치법」을 개정하였다. 보안법에는 언론의 자유를 억제하는 조항과 대통령이나 국회의장 및 대법원장의 명예를 훼손한 언동에 법을 적용하는 규정이 포함되었으며, 지방자치법에서는 그동안 선출제로 운영되었던 시읍면장을 임명제로 바꿔 자유당 인사로 교체하고, 지방의원에 대한 국가의 감독을 강화하여 독재적 중앙집권의 틀을 만들고 1960년의 정부통령 선거를 대비하였다(이완범, 「1950년대 후반 한국정치사 연구-이승만 정부 몰락과정에서 일어난 보안법 파동을 중심으로」, 문정인·김세중 편, 앞의 책, 463~480쪽).

지 않을 경우 농은의 발족이 현실성이 없어지며, 금련의 재산만으로는 발족하기 어렵다는 견해(김영선, 이철승, 유옥우 의원)와, 정부가 출자는 하지 않고 대통령이 총재임명권으로 농은을 지배하려 한다는 비판이 제기되었다. 그러나 실제 법안 결정시에는 농림위도 찬성표를 던졌다. 그들은 그동안 법이 공포되었음에도 불구하고 은행 설립이 지연되는 사태에 위기의식을 느끼고 있어, 정부에 양보를 해서라도 특수은행을 만드는 것이 낫다고 생각하였다.61) 개정안에 반대하는 국회의원이 상당수임에도 불구하고, 대통령과 재무부의 농은에 대한 입장이 그대로 관철되는 순간이었다. 이 개정안은 1958년 2월 17일 재적의원 107인 중 79인 찬성, 반대 없이 통과되었다. 1958년 3월 7일 법률 제473호로 공포되었고, 「농업은행 설립에 관한 건」과 「농업은행법 시행령」은 3월 20일에 공포되었다.

이미 1957년에 법률이 제정되었을 때 농은은 설립위원 7명을 임명하였으나 이승만 대통령의 반대로 설립이 지연되었다가, 1958년 법률이 개정된 후 설립위원회는 업무를 재개하였다. 이들은 3월 20일 재무부장관에게 재작성한 정관의 인가를 신청하는 동시에 초대 민간운영위원 4인을 추천하였다. 3월 22일 사정위원회를 소집하여 대한금련과 금융조합의 재산평가를 사정하고 금련이 인수할 자본금은 300억 원, 제1회 불입금은 30억 원을 한도로 할 것을 결정하였다. 3월 27일 농은의 정관이 인가되었고, 자본금 인수와 제1회 불입이 완료되어 농은이 설립되었다. 3월 27일에 제1차 운영위원회가 열려 주식회사 농업은행장 박숙희씨가 초대 총재가 되었고,62) 4월 1일 개업하였다.63)

---

61) 위의 회의록, 농림위원장 나희집 의원 발언.
62) 박숙희는 대구출신이며 일본 大分상고를 졸업하고 1945년 조선은행에 입행하였고, 1950년 한국은행 부총재, 1954년 한국은행 수석부총재를 거친 후 1956년 농업은행 은행장이 되었다(「朴璹熙 任命, 農銀 總裁에」, 『조선』 1958.

정부가「농업은행법」을 개정한 결과 농은은 더 이상 농협에 대해 지원해야할 의무가 없어졌다. 농은은 개별 농민에 대한 대부업무와 정부의 농업자금관리 업무를 중심으로 운영했다. 따라서 농업협동조합은 심각한 자금난에 빠질 수밖에 없었다. 이미 농은 개정안을 논의 당시 이동조합은 5,428개소, 시군조합 44개소, 원예조합 19개소, 축산조합 28개소, 특수조합 2개소가 설립되었고,[64] 1958년 10월까지 등기를 마친 조합은 이동조합 9,941개소, 시군구조합 102개소, 원예조합 54개소, 축산조합 103개소, 특수조합 14개소, 합 1,014개소로 몇 개월 사이에 급속하게 조합이 설립되고 있었다.[65] 그러나 이에 대한 금융지원의 길은 점점 줄어들었으며, 협동조합들과 농은의 유기적 연관관계는 없어졌다. 농은의 운영을 실질적으로 담당하는 운영위원회에 참여하도록 규정되었던 민간대표는 농협중앙회가 발족되지 않아 협동조합 측에서 참여하지 못했으며, 출자자들이 총회에서 선출하기로 한 위원은 총회의 구성이 어려워 재무부장관이 농림부장관의 동의를 얻어 임명하였다. 이때 임명된 위원들은 협동조합 출신 1명을 제외하고는 관청과 금융계 출신이었으며, 총재와 부총재 그리고 이사는 모두 금련과 주식회사 농업은행의 간부나 퇴직자로 채워졌다.[66]

(2) 자주적 협동조합운동의 재등장

법제정이 늦어짐에 따라 협동조합의 설립이 더욱 어려워지고, 나아

---

3. 28.
63)『한국농업금융사』, 271~272쪽.
64)「제3대국회 제27회 제11차 본회의 농림부차관의 답변」, 국회사무처, 1958. 2. 18.
65) 洪秉璇,「農民의 自主的精神啓蒙-里洞組合의 資本金造成도 아울러」,『식량과농업』19, 1959. 1, 49쪽.
66)「사설 누구를 위한 農銀인가」,『조선』1958. 4. 2.

가 농은법 개정 등과 같이 농협이나 농은의 운영에 농민층의 의사는 반영되지 못했다. 그런 상황을 타개하기 위해서 농협문제를 연구하고 운동을 해나갔던 사람들은 농민들과 어떻게 사업을 해나가며 협동조합을 설립할 것인가를 모색했다. 특히 농협과 농은에 대한 정부의 지배 구조가 확립되는 조건 속에서 농민의 경제적 자립과 협동을 통한 자주적 협동조합의 필요성이 다시금 강조되었다. 언제나 협동조합의 자주성과 농업경제 안정화에 기여한다는 원칙은 구두선처럼 반복되었으나, 그것을 실현하는 방향은 매우 달랐기 때문이었다. 이는 앞서 본 계획경제론에 입각한 농민자치적 협동조합론과 함께 1958년 이후에는 자주적 협동조합론의 재등장으로 확대되었다.

이 논의는 1930년대에 활발하게 전개되었던 농업문제 타개책의 연장선에 있었다. 1930~40년대 사회주의 계열·기독교 계열·천도교 계열 등을 중심으로 진행되던 농업개혁론은 모두 협동조합을 농민이 스스로 운영하는 자주적인 협동조합조직론을 제기하였다.[67] 공통적으로 농민들의 의식적 성장에 기반하여 자주적으로 조직하고 생산과 유통, 이용, 신용에 이르는 전반적인 협동체를 구성하는 것을 지향했다. 국가 주도적 계획성과 생산협동을 강조한 사회주의 계열의 농업개혁론은 분단과 더불어 남한지역에서 배제되었고, 북한의 국가가 주도하는 협동조합 경제체제 구축으로 귀결되었다. 남한에서는 이승만 정권 초기에 중간파들이 제시한 국가의 계획과 경제의 협동적 관리를 통해 자본주의 경제의 문제점을 조정하고자 했던 견해가 받아들여지긴 했으나 곧 정권에서는 배제되었고 이후 진보당의 견해로 재등장했다. 천도교

---

[67] 김현숙, 「일제하 민간협동조합운동에 관한 연구」, 『일제하 사회운동』, 문학과 지성사, 1987 ; 방기중, 「일제하 李勳求의 農業論과 經濟自立思想」, 『역사문제연구』 1, 1996 ; 장규식, 『일제하 한국 기독교민족주의 연구』, 혜안, 2001 참고.

계열은 일제하부터 북한지역을 중심으로 활동하였으므로 해방후 남한에서의 활동은 미약했다. 기독교 계열의 농업개혁론은 정부차원에서 금융조합 중심의 식산계부흥운동과 관련해서 받아들여지기는 했으나, 법제정 과정에서 본 바와 같이 배제되었다. 그 대신 기독교 계열의 움직임은 대전 기독교 농민학교와 같이 민간 차원에서 독자적으로 농민을 양성하고 마을단위의 협동조합 조직을 지원하는 체계를 구축하는 등 꾸준히 영향력을 키워갔다.

1950년대 후반기에 이르면 법을 통해서 설립되는 위로부터의 협동조합 설립과 운영에 대응하여 자주적 협동조합을 주장하는 세력들이 만들어져 갔다. 표면에서 활동할 수 있었던 이들은 주로 기독교 계열의 농업개혁을 추진했던 인물들이었다.[68] 이들은 농민 속에서 협동적 활동을 통해서 자주적 협동체를 만들어가자는 협동조합의 원칙을 강조했다. 법이나 재정 지원에 의존하지 않고, 영세한 농민들의 공동생산을 통해 자금을 축적하고, 농은에서 대부를 받아 확대재생산을 꾀하고, 중앙회를 통해 공동판매와 공동구매사업도 가능하다는 견해였다. 각 농가의 수익을 증대시키려면 농업기계의 공동도입 등 근대적 농업기술의 도입과 같은 대농적 방법보다는 현재까지의 생산양식 속에서 가능한 한 다각농화를 추구하는 것이 바람직하다는 소농론에 입각한 아래로부터의 협동화론이었다.[69]

이들은 협동조합법에 대해서도 독자적인 입장을 취했다. 법은 복잡

---

[68] 진보당의 몰락과 보안법의 개정과 같이 반공분위기가 강화되는 속에서 기독교 계열을 제외하고 협동조합에 대해 논의를 전개하는 세력이 표면에 등장하기는 어려웠다고 할 수 있다.

[69] 洪秉璇,「農民의 自主的精神啓蒙-里洞組合의 資本金造成도 아울러」,『식량과농업』19, 1959. 1 ; 金相謙,「農協中央會 當面課業에 對한 몇가지 提言」,『식량과농업』19, 1959. 1 ; 崔朱喆,「農業協同組合의 大衆化와 自主性 問題」,『식량과농업』2-11, 1958. 11, 56~57쪽 등을 들 수 있다.

하거나 세밀하게 제정하면 민간의 자유로운 활동이 어려워지므로, 몇 가지 중요한 조건만을 정부가 정해놓고 그 밖의 것은 자유롭게 하도록 하는 영국과 미국, 북유럽 국가들의 협동조합을 모델로 삼았다. 또한 중앙회 설립 자체에 큰 비중을 두지 않았으며 중앙회의 중앙집권적 운영에는 반대하며 다양한 협동조합의 연합조직으로 구성하는 것이 옳다고 보았다. 게다가 협동조합의 정치적 중립성을 강조하면서 사회주의협동조합이나 파시즘협동조합, 나아가 정권에 의해 조합장이 결정되는 당시의 협동조합 현실에 대해 비판적 입장을 취했다.[70]

이와 더불어 협동조합의 민주화를 강조하면서 협동조합에 대한 관권 개입을 반대하는 입장도 점차 목소리를 키워갔다.[71] 이들은 공산주의 이데올로기를 반대하면서, 한편으로는 이승만 정부의 강력한 경제통제에도 저항하는 수단으로 자유주의 경제이론을 택했다.[72] 그런데 이는 자본가적 발상의 자유주의 경제론이기보다는 소농경제의 보호에 기초를 둔 자유주의 협동조합론에 기초를 두고 있었다.

이들의 활동은 1950년대 중반기부터 여러 마을들의 성과로 드러나기 시작했다. 이 시기 여러 잡지들에서 배민수가 추진했던 금융조합의 식산계부흥운동의 성과로서 지도식산계가 있었던 마을의 성과나, 대전기독교농민학원의 졸업생들이 만들어가는 마을의 사례들이 소개되었다. 이곳에서는 공동 작업이나 유축농업, 농업기술 교육과 4H구락부의

---

70) 홍병선,『농업협동조합강화』, 숭문사, 1958.
71) 대표적으로 朱碩均을 들 수 있다. 朱碩均(농업연구소장),「農村復興에 對한 考察點」,『地方行政』8-9, 1959. 9 ;「農村再編成의 諸問題」,『지방행정』8-11, 1959. 11. 그는 일제하 군수를 지냈고, 해방이후 수리조합연합회장을 지내는 등 통제경제적 정책수행을 수행해왔는데, 1950년대 중후반 이후 이승만 정부의 경제정책과 5·16 이후 군사정부의 농업정책이 농촌민주화는 등한시하고 시장경제원칙을 무시하고 자립경제의 원리에 충실하지 않았던 탓이라고 주장하였다. 주석균,『農民을 위하여』, 정우사, 1979, 141~142쪽.
72) 이런 특징을 가장 잘 보여주는 인물이 배민수였다(방기중, 앞의 책).

활동, 농업생산과 관련된 부분과 금주금연이나 관혼상제의 간소화 같은 생활의 개선사업에 이르는 다양한 변화를 살펴볼 수 있다.73)

 이런 주장들은 이승만 정권 하에서는 큰 목소리를 내지 못했다. 그렇지만 조봉암을 중심으로 한 진보당의 민중적 계획경제체제론이 잠복한 채로 이어지는 것과 마찬가지로, 국가주의적 농업경제론이 지배하는 이후의 시기에 민간농민운동의 흐름, 그리고 민간 협동조합운동의 흐름으로 농민적 자유주의 협동조합론이 그 맥을 이어갔다.74)

4. 맺음말

 1957년 「농업협동조합법」과 「농업은행법」이 제정됨에 따라서 법제정 중심으로 전개되어 오던 한국의 협동조합 설립은 본격적인 궤도에 오를 수 있었다. 해방 직후부터 10년 가까이 협동조합을 설립할 필요성이 제기되고, 국회가 회기를 시작할 때마다 법제정을 시도했음에도 불구하고 법이 제정되지 못했는데, 이 시점에 법제정이 이루어진 데는 미국의 적극적인 개입이 있었기 때문이었다. 경제안정화를 통한 통화조정, 농촌방출자금에 대한 관리의 필요성을 주장하던 미국의 대한경제기조에 입각해서 농업금융을 전담할 기구의 필요가 제기되었던 것이다. 정부 또한 재무부에 의한 농민지배체제를 지향하던 방침을 가지

---

73) 양봉식, 「내가 만든 실행협동조합」, 『농민생활』 17-11, 1955. 11 ; 孫權, 「農村敎導事業의 成果를 엿듣다」, 『協同』 1955. 10, 123~136쪽 ; 루소, 「4H구락부 과제 활동보고」, 『농민생활』 18-10, 1956. 10 ; 이한우, 「시범협동조합지구를 다녀보고」, 『농민생활』 21-1, 1959. 1.
74) 대표적으로 기독교계열의 연합으로 운영하는 기독교농민학원의 예나 충북 홍성의 풀무학교의 설립과 지역 내 다양한 협동조합설립운동이나 공동체농장의 설립운동 등이 이에 해당된다.

고 있었으므로, 양자는 미국 전문가들의 조사에 의거해서 농업신용기구 설립에 관한 모색을 시작했다. 미국측의 전문가들이 한국의 농업금융실태와 단체를 조사하여 제시한 안이 죤슨안과 쿠퍼안이었고, 이 제안들은 한국의 농업협동조합론의 연장선에 있으면서도 그것을 새로운 방향으로 전환시키는 분기점 역할을 하였다.

이 제안 속에서 그동안 해체의 위협을 받아오던 금융조합 계통조직은 농업은행과 농협으로 재편될 길을 찾은 한편, 농협론 진영은 농협 바깥에 있는 농업은행이 농업금고적 역할을 하는 정부로부터 독자적이고 민주적인 조직을 만들 수 있는 가능성을 찾았다. 이로써 농업은행안은 급물살을 타게 되어 이후의 논의가 그 방향으로 정착되는 데 기여를 했다. 죤슨안을 거부한 정부는 협동조합과 농업은행에 대한 감독권을 강화한 쿠퍼안을 기초로 법안을 제시했다. 이 법안은 농업조합에서의 신용기능을 대폭 감소시킨 반면, 농업은행에 대한 정부지배력을 강화하는 방향으로 제안되었다. 1957년 국회에서 이 방향의 법안이 통과되었다. 1958년 정부는 농업은행법안을 정부출자와 운영자금 지원을 하지 않으면서도 정부의 감독은 강화하는 방향으로 개정함으로써 농업은행에 대한 지배 구조를 확립하였다.

이와 같은 전개과정은 한국정부에서 계획경제론에 입각한 농민자치적 협동조합론, 즉 조합주의적 국가건설론이 배제되고 성장론적 자유주의경제론에 입각한 국가기관으로서의 협동조합론이 자리를 잡는 과정이기도 했다. 이런 구조 속에서 농민경제는 여전히 수탈구조를 벗어날 수 없었다. 따라서 농민경제의 안정화를 추구하는 농업정책의 대안으로서 자주적 협동농업론이 재등장하였다. 하나는 진보당의 계획경제론에 입각한 협동조합론이며, 또 하나는 농민적 자유주의 협동조합론이었다. 이렇게 형성된 여러 갈래의 협동조합론은 1960~70년대 한국 농업정책과 그에 대한 비판적 움직임으로 이어져갔다.

제3부
생활의 변동

한국전쟁 이후 노무동원의 재현과 노동자

이 상 의

1. 머리말

徵用이라고 하면 대개는 일제지배 말기인 태평양전쟁기, 조금 더 거슬러 올라가면 중일전쟁 이후를 떠올린다. 징용은 전시 혹은 비상사태에 국가가 국민을 강제로 끌어다 쓴다고 하는 국가주의적 색채가 강한 용어로서, 일제강점기에 널리 사용되었으며 해방 이후 이를 '강제징용'으로 바꾸어 일컬은 바 있다.

그런데 남북한 정부가 출범한 이후 '징용'이라는 용어가 다시 등장하였다. 한국전쟁 과정에서 부족한 군사력을 보충하기 위해 민간인을 동원하면서, 공식적으로는 이를 근로동원 혹은 노무동원이라고 표현했지만, 당시 정책의 입안자와 언론, 동원 당사자들은 징용으로 부르고 있었다. 동원의 주체가 다른 민족에서 같은 민족으로 변화되었다는 커다란 차이는 있지만, 개개인의 삶에 미치는 영향 면에서는 이 시기의 노무동원과 일제하의 징용이 동일하게 인식되고 있었기 때문일 것이다.

본고에서는 흔히 무질서하고 비합리적인 시기를 일컫는 용어인 '88년도'를 전후한 시기의 사회를 노무동원을 통해 살펴보고자 한다.[1] 한

---

1) 여기에서 '88년도'란 서기 1988년이 아닌 단기 4288년, 즉 1955년을 가리키는 것으로서, 아직 兵籍이 완전히 정리되지 않았고, 그로부터 비롯된 비합리가

국전쟁 이후인 이 시기의 노무동원 문제는 그간 연구자들에게 주목받지 못하였다.[2] 그 이유는 첫째, 노무동원은 한국전쟁기에 나타난 격렬한 이데올로기의 대립, 정치적 격돌의 현장에서 한걸음 옆으로 비껴난 문제로 인식되었고, 둘째, 한국전쟁기에 100만 명이 넘는 병력이 동원된 데 비해 노무동원은 상대적으로 숫자가 적었기 때문이다. 또한 셋째, 노무동원의 피동원자들은 대개가 사회적 약자로서, 특히 동원의 집중 대상자가 되었던 농민의 경우 대부분 농촌 안에 생활기반을 갖지 못한 자들로 이후 상당수가 농촌을 떠나갔을 터이며, 따라서 최근 구술이 진행되는 속에서도 확인하기 어렵게 되었기 때문일 것이다.[3]

그러나 중일전쟁, 태평양전쟁에 이어 한국전쟁기에 이르기까지 노무동원된 자들은 오랫동안 전쟁의 한가운데 놓여 있었고, 동원이 그들과 사회에 남긴 상흔은 수치로서 가늠할 수 있는 것이 아니었다. 공권력에 의한 국민의 동원이 상습화되면서 동원의 대상자들은 항상적으로

사회에 만연해 있었던 시기를 의미한다.
2) 한국전쟁기의 노무동원에 대한 연구성과로는 金炳坤, 「韓國戰爭期間 중 韓國勞務團(KSC)에 대하여」, 『軍史』 23, 國防部 戰史編纂委員會, 1991 ; 徐鏞瑄 외, 『占領政策・勞務運用・動員』, 國防軍史硏究所, 1995 ; 양영조, 『한국전쟁과 동북아국가정책』, 선인, 2007 ; Stephen D. Austin. Lieutenant Colonel. Kim Tae Sam, *United State Army Korean Service Corps : Unsung Heroes of the Korean War*, Headquarters United State Army Korean Service Corps Battalion, 2000 등이 있고, 동원행정이 개인의 삶에 미친 영향을 섬세하게 그려낸 이임하, 「한국전쟁 전후(前後) 동원행정의 반민중성-군사동원과 노무동원을 중심으로-」, 『역사연구』 12, 2003가 있다. 또한 아직 그 성과가 공개되지는 않았지만, 성공회대의 사회문화연구원에서는 1950년대의 노동문제를 구술의 방식을 활용하여 집중적으로 연구하고 있다.
3) 한국전쟁기 개인의 경험과 기억을 구술을 통해 정리하려는 노력은 표인주・염미경・박정석・윤형숙・김동춘・김용의・김봉중・김경학, 『전쟁과 사람들 -아래로부터의 한국전쟁연구』, 한울아카데미, 2003 등의 연구성과로 나타나고 있다.

피해의식을 가지게 되었고, 따라서 대개는 자발적으로 국가권력에 순종하는 경향을 보였다. 그리고 간혹 동원과 그 이후의 과정에서 버틸 수 없을 정도의 압력이 가해지고 그것이 자신의 삶과 미래에 대한 확신을 갖지 못하게 할 경우 강력하게 저항하기도 하였다.

본고에서는 한국전쟁의 막바지에 이르러 戰時勤勞動員法이 제정되고, 전쟁 이후 그것에 근거해 노무동원이 지속되는 과정과 동원이 피동원자의 삶에 미친 영향에 대해 살펴본다. 더불어 5·16 군사쿠데타 이후 國土建設團이라는 새로운 형태의 '징용'으로 인식된 노무동원이 재현되는 과정을 밝힌다. 이를 통해 전후 한국사회에 자본주의 체제의 기반이 자리잡아 나가던 1950년대 노동문제의 특징을 고찰하여, 한국 근현대 노동문제의 맥락을 파악하고자 한다.

2. 전시근로동원법과 한국전쟁 이후의 노무동원

1) 전시하의 노무동원과 전시근로동원법

1999년 2월 전시근로동원법이 폐지되었다. 이 법이 폐지되는 과정에는 세간의 이목이 전혀 집중되지 않았으며, 오히려 '전시'와 관련된 법이 최근까지 존재하였다는 사실이 새삼스러웠다. "이 법이 제정된 후 전시의 근로동원을 위한 많은 법률들이 제정·시행되고 있고, 특히 민방위기본법, 비상대비자원관리법 등에서 인력동원에 관하여 규정하고 있으므로 사실상 이 법에 의한 동원은 불필요하게 되었다"는 것이 폐지의 이유였다.

1953년 6월 3일에 제정되어 7월 3일부터 시행된 전시근로동원법은 한국전쟁과 그 이후 시기의 노무동원에 관한 내용을 규정하고 있었다. 한국전쟁이 발발한 이후 수많은 사람들에 대한 노무동원이 진행되었지만, 그와 관련된 법안은 휴전을 눈앞에 두고 그 직전에야 제정되었던 것이다.

　전쟁이 진행되는 동안 노무인력의 수급이라는 측면에서 정부의 노무정책은 전쟁 초기에는 물론이고 거의 전 기간 동안 체계나 일관성을 갖고 있지 못하였다. 전쟁이 발발하자 국군은 각 부대별로 주로 피난민이나 인근 마을 주민들을 노무자로 모집하여 수요를 충당하고 있었다.4) 전쟁이 발발한 지 한 달 후인 7월 26일 대통령 李承晩은 긴급명령 제6호 「징발에 관한 특별조치령」을 대통령령으로 공포하여 전쟁에 필요한 군수물자와 인적자원을 징발·징용할 수 있도록 조치를 취하였다. 이후 국군은 긴급명령 제6호에 근거하여 노무자를 동원하였는데, 점차 그 역할이 확대되자 가두소집이나 집단소집 등의 방법으로 노무자를 동원하여, 1개 대대에 평균 50~60명을 소속시키고 있었다. 원칙상 동원대상은 만35세부터 45세까지의 남자였고 복무기간은 6개월이었으나, 전쟁의 와중에서 이러한 원칙은 지켜지기 어려웠다. 더욱이 전쟁 초반에 동원된 이들의 경우는 그 신상기록조차 남아있지 않다.5)

　전시하의 노무조직으로는 전쟁 발발 직후 '保國隊'를 자처했던 노무자들과 유엔군 참전 이후의 민간인차량중대, 1951년 3월에 조직된 민간인운반단(Civil Transportation Corps), 그리고 유엔군과의 계약하에 동원된 계약노무자와 직고용노무자 등이 있었다. 이 중 유엔군의 보급을 담당하던 민간인운반단은, 1951년 6월 한국군과 유엔군의 노무동원을 확대하기 위한 노무단(Korean Service Corps)이 창설되면서 그에 흡수되어 운용되었다. 이 노무단은 유엔군 노무자는 물론 한국군 노무자 일부까지도 통제하였는데, 육군본부가 노무단의 동원계획을 작성하여 이

---

4) 양영조, 앞의 책, 2007, 265~270쪽.
5) 이임하, 앞의 논문, 2003, 54쪽.

를 근거로 '노무징용자'를 동원하였으며, 동원된 노무자는 미8군의 작전통제하에 복무하도록 하였다. 노무단은 전쟁기간 동안 총 3개사단과 2개여단으로 편성·운용되었으며, 주로 제2국민병을 징집 동원하였으므로 준군사적 군단 규모의 특수한 조직체로서 기능하였다.6)

전쟁기간 동안 동원된 노무자의 숫자는 총 30만 명 이상으로 추정되고 있는데,7) 1952년 1월 7만 1천여 명, 1953년 1월 8만여 명, 휴전 직전인 1953년 5월부터는 9만 명을 넘어섰다.8) 이들의 임무는 다양하였다. 전선부대에 탄약, 연료, 군자재, 식량, 식수, 보급품 등을 운반하거나 진지 공사 혹은 전사자·부상자의 후송, 도로와 교량의 보수 등 전쟁에 필수적인 위험한 역할을 주로 수행하였다. 1951~1953년간 전선부대에 동원된 노무자 가운데 확인된 희생자만 해도 전사 2,064명, 부상 4,282명, 실종 2,448명으로 총 8,794명에 달하여, 이들이 군인들과 마찬가지의 위험을 감수한 채 노무에 종사하고 있었음을 확인할 수 있다.

이렇게 많은 사람을 노무자로 동원하는 데도 불구하고 정부에서는 관련법을 제정하지 않은 채 전쟁이 끝나갈 무렵까지 긴급명령 제6호에만 근거해 동원을 추진해 왔다. 더욱이 노무자들은 논밭이나 산, 거리에서 동원되거나 혹은 한밤중에 자기 집에서 동원되는 경우도 있었는데, 이들은 대개 농촌이나 어촌, 공장에서 일하는 자들이었다. 그런 와중에 어떤 이는 7~9장에 달하는 다양한 신분증을 가지고 다니면서 동

---

6) 양영조, 앞의 책, 2007, 294~306쪽.
7) Stephen D. Austin · Lieutenant Colonel · Kim Tae Sam, 앞의 논문, 61, 2000. 그 인원은 1951년 전시근로동원법의 제정을 요구하던 사회부장관 崔昌順이 "현재 요청되는 노무자는 제1선에서 대략 15만명이고 후방 부두노무자로 18만 명"이라고 언급한 데서도 30만명을 넘어섰음을 짐작할 수 있다(『第11回 國會定期會議速記錄』91호, 國會事務處, 1951. 11. 9, '전시근로동원법안과징발에관한특별조치령중개정법률안 제1독회').
8) 국방부 전사편찬위원회, 『국방사』 2, 1987, 142쪽.

원을 면하기도 하였다.[9]

　1951년 4월 사회부에서 전시근로동원법의 초안을 국회에 제출하여, 그해 11월 국회 본회의에서는 그 내용에 대해 논의하였다. 이 자리에서 국방부차관 金一煥은 특별조치령이라는 박약한 법적 근거만으로는 유엔군과 교섭하기에 불완전하다고 하면서 법안 마련의 필요성을 주장하였다. 미8군에서 국방부에 노무자 동원을 요청하자 유엔군에 종사할 노무자 동원을 위한 명확한 법적 근거를 만들고자 했던 것이다.

　이에 대해 국회의원 蘇宜奎 등은 "이 법안은 강제동원에 대한 것이고, 유엔군 종사 노무자들이 가장 싫어하는 것은 전쟁 위험지대에 가서 생명을 확보하지 못하는 것인데, 유엔군 노무자를 충족시키기 위해 우리의 생산업무, 건설업무, 실업통계를 고려하지 않고 국민의 자유를 극도로 제한할 필요가 있느냐"고 반문하였다. 또한 朴永出은 "현재 실업자가 넘쳐나므로 조건만 좋으면 자유주의적·민주주의적 방법에 의해 이들을 동원할 수 있음에도 불구하고 왜 강제권을 발동하는 법률로써 시행하려 하는가"라고 하면서, 이 법의 추진은 헌법에 대한 모독이고 국민의 자유에 대한 위협이라고 하는 반론을 제기하였다.[10] 이러한 분위기에서 전시근로동원법은 제출된 후 이태동안 국회 내에서 심사를 완료하지 못하다가 1953년 4월 본회의에 상정되고 6월에 마침내 공포되었다.

　휴전을 목전에 둔 1953년 7월 3일부터 시행된 전시근로동원법은 '전쟁완수 또는 재해복구에 필요한 중요업무에 종사케 하기 위하여 국민의 근로를 동원'할 목적으로 만들어졌다.[11] 여기에서는 노무동원을 60

---

9) 『第11回 國會定期會議速記錄』 91호, 國會事務處, 1951. 11. 9, '전시근로동원법안과징발에관한특별조치령중개정법률안 제1독회', 10~12쪽.
10) 위의 자료, 16~20쪽.
11) 이 법이 실시됨으로써 그동안 노무동원에 대해 규정하고 있었던 긴급명령 제6호 「징발에 관한 특별조치령」 중 징용에 관한 부분은 무효로 되었다.

일 이내의 단순노무 동원, 6개월 이내의 전문적 업무 동원, 20일 이내의 단순노무 동원의 1·2·3종 세 종류로 구분하고 있었다(제4조). 법이 시행된 지 얼마 지나지 않아 휴전이 되면서 세 가지 형태의 노무동원 중 2종과 3종동원은 거의 실행되지 않았고, 만25세 이상 40세 미만의 남자를 대상으로 한 1종 위주로 동원이 행해졌다.12)

전쟁 도중의 노무동원은 국방부에서 담당해 왔지만, 이 법이 시행되면서부터는 사회부와 각 지방 행정기관에서 인력자원을 일원적으로 파악·관리한다는 차원에서 관할부서가 사회부로 옮겨갔다.13) 따라서 사회부장관은 동원의 필요성이 있을 경우 국방, 내무, 상공, 농림, 사회부의 5부 장관으로 구성된 전시근로동원위원회의 의결을 얻어 서울특별시장이나 각 도지사에게 동원을 명령하였다. 명령을 받으면 각 지방 행정 기관장이 피동원자를 결정하여 동원영장을 발부하였는데, 영장에는 피동원자의 취업장소, 작업종류, 동원기간, 임금, 기타 근로조건을 명시하도록 하였다. 동원 대상자의 대우에 대해서는 동원영장에 의하여 출두할 경우와 동원이 해제되어 귀향할 경우 여비를 지급하고, 1종과 2종 동원자가 영장에 의해 출두할 때는 30일 분의 임금을 가족에게 선불하도록 하였다.

이 법에서는 동원유예와 면제에 대해서도 규정하고 있었는데, 우선 동원영장을 받은 자로서 질병이나 불가피한 사고로 인하여 지정된 날짜와 장소에 출두하지 못할 때는 지방행정기관의 장에게 인정받아 동원이 유예되는 경우가 있었다(제11조). 또한 ① 공무원 중 정부가 지정하는 자, ② 정부가 지정하는 학교의 교원과 학생생도, ③ 농업과 중요

---

12) 『東亞日報』1953년 5월 8일자, '戰時勤勞動員法(上)' ; 1953년 5월 9일자, '戰時勤勞動員法(下)'.
13) 『朝鮮日報』1953년 7월 4일자, '노무동원사무 사회부에/ 서울시는 시사회국서 취급'.

생산업무에 종사하는 자로서 정부가 지정하는 자는 1종과 2동 동원을 면제하였다(제18조). 동원유예와 면제에 관한 이 규정은 이후 동원이 진행되는 과정에서 한편으로는 그것을 모면하기 위한 방편으로 활용되었고, 또 한편으로는 농업에 종사하는 자의 면제를 규정하고 있으면서도 실제로는 언제나 농민을 우선적인 동원의 대상으로 삼고 있다는 측면에서 사회문제가 되기도 하였다.

2) 한국전쟁 이후의 노무동원

전쟁 말기에 약 10만 명에 달하던 노무동원자들은 전쟁이 끝나고 휴전 상태로 들어가면서 3만여 명으로 감소하였다. 그러나 전쟁 도중에는 물론이고 전쟁이 끝난 이후에도 동원은 원활하게 추진되지 못하였다.[14] 대개 가장의 위치에 있었던 만25~40세의 남성들은 동원 기간이 언제 끝날지도 모르고 임금의 수준이 가족의 생계를 전혀 보장해 줄 수 없는 상태에서 가능하면 동원을 피하고자 하였기 때문이다.

특히 세력이 있는 사람들은 가능한 모든 방법을 활용해서 동원을 피해갔다. 따라서 일선 노무현장으로 동원되는 사람들은 대개 농촌에서는 가장 빈곤한 농민이었고, 도시에서는 가장 약한 세궁민 혹은 피난민으로 구성되었다. 전시근로동원법에 의하면 동원영장을 받고도 질병에 대한 의사의 진단서나 시읍면장 혹은 구청장의 증명이 있으면 동원

---

14) 동원을 기피하는 분위기가 사회에 광범위하게 조성되었음은 1952년 제2대 대통령 선거를 앞두고 정부에서 일시적으로 동원을 연기하는 조치를 취했던 것에서도 알 수 있다. 1952년 6월 국방부에서는 '대통령 및 부통령 선거가 끝날 때까지는 노무징용을 일제 중지하라'는 통첩을 발하였고, 이에 의거하여 동원영장을 발부하고자 했던 지역에서도 8월 5일 선거가 끝날 때까지 노무동원을 연기하였다(『朝鮮日報』 1952년 7월 29일자, '대통령 선거까지/ 징용영장 발부 중지').

이 유예되었고, 천재 기타 불가피한 사정이 있을 경우 시읍면장이나 구청장의 설명으로 유예를 받을 수 있었다. 이 규정을 "말단 행정기관에서 악용하여 소위 사바사바해가지고 결국은 순진한 농민과 세궁민만" 동원되었던 것이다.15)

전시근로동원법에서는 대상자 등록을 기피하거나 동원영장에 불응 또는 취업장소를 이탈하면 6개월 이하의 징역에 처한다고 규정하고 있었다(제22조). 그러나 1953년 11월 처음으로 실시된 노무동원 대상자 등록의 단계에서부터 이미 등록을 회피하는 자가 많아 등록기간을 연장할 수밖에 없었다. 특히 서울과 부산 등 도시에서는 등록률이 7할에 불과하였다.16) 서울시의 경우 그간의 명부에 의한 영장발부제의 동원방식을 변경하여, 國民班 단위로 인원을 배정하고 국민반의 책임하에 노무동원을 진행하고자 하였으나 효과를 거두지 못하였다.17) 징용영장 발부 후 출두율이 80%에 이르자 언론에서 이를 비교적 양호하다고 평가할 정도로 저조하였다. 그런데 이들 중에도 실제 동원된 비율은 영장 발부수의 49.5%에 그쳤고, 서울의 경우 19.5%에 불과하였다.18)

두 번째 동원이 행해졌을 때에는 성적이 더욱 낮아졌다. 서울에서는 5백 명에게 영장을 발부했으나 단 14명만이 출두하였고,19) 수원에서는

---

15) 『第20回 國會定期會議速記錄』 8호, 國會事務處, 1955. 3. 8, '노무동원에 관한 건의안'.
16) 『東亞日報』 1953년 11월 4일자, '都會地 成績不良 勤勞動員 對象者 登錄'.
17) 『東亞日報』 1953년 12월 19일자, '國民班責任으로 勞務者動員方針'.
   한국전쟁기의 노무동원과 국민반의 관계에 대해서는, 김학재「1950년대 국가권력과 행정말단기구-국민반을 통한 감시와 동원」(『역사연구』 14, 역사학연구소, 2004)에서 언급하고 있다.
18) 『朝鮮日報』 1954년 1월 7일자, '노무동원성적 충북이 1위'; 1954년 1월 14일자, '징용기피자 단속을 요청/ 사회부서 내무부에'.
19) 『朝鮮日報』 1954년 6월 13일자 '서울시 사회국에서 동대문구-중구-종로구 등 3구에 금년 들어 두번째 노무동원을 실시'

180명에게 영장을 발부했지만 본인이 전달받은 사람이 50명이었고, 그 중 17명이 출두하였는데 12명이 신체검사에 불합격하여 5명만이 출동하였다.[20]

이렇게 개인적인 방법으로 동원을 모면하는 경우만이 아니라, 행정기관과 결탁하여 합법적으로 혹은 불법적으로 동원을 피해가는 방법도 다양하게 활용되었다. 그 한 예로 구청 노무계원이 뇌물을 받고 노무자들을 기피시킨 사건이 발생하였다. 1954년 7월 종로구청 사회과 노무계원 공모씨와 고모씨가 공모하여 400명에게 동원영장을 발부하고, 그중 390명으로부터 최고 2만 환까지 받은 후 이들을 기피시키고 단 10명만 동원시킨 사건이 일어나 사회적으로 물의를 빚었던 것이다.[21]

그런가 하면 노무동원 대상자들에게 매달 1천 환부터 많으면 2천 5백 환까지 적지 않은 후원회비를 걷는 노무동원대상자후원회가 결성되기도 하였다. 이 후원회는 여러 명에게 회비를 걷어 회원에게 영장이 나오면 다른 사람을 사서 대신 보내거나 회원이 동원될 경우 그 가족의 생계를 유지하도록 지원하기 위해 조직된 것이었다. 더욱이 이 후원회는 말단 행정기관인 동사무소에서 공공연하게 같이 사무를 보고 있었다. 서울의 용산구만 해도 33곳의 동회 중 30곳에 후원회가 조직되어 있어, 대리동원에 의한 노무동원 기피가 그만큼 공개적으로 진행되었음을 확인할 수 있다. 예컨대 용산구청 원효로 1가 동회에서는 후원회가 동사무소 안에 사무실을 두고 사무를 관장하면서 회원 90여 명에게 입회금 2천 5백 환과 회비 1천~1천 5백 환을 받고 있었는데, 노무동원 영장이 나오면 회원의 희망에 따라 2만 환으로 대신 사람을

---

20) 『朝鮮日報』 1954년 7월 24일자, '노무동원 성적불량 17명에 5명 출동'.
21) 『東亞日報』 1954년 8월 22일자, '勞務動員에 異狀 「돈」먹고 忌避시킨 鍾路區廳職員' ; 1954년 8월 23일자, '孔氏 正式拘束 鍾路區廳 勞務動員 不正事件'.

사 보내든지 아니면 피동원자의 가족 생활비로 지급하기로 하였다.22) 영장이 나올지 안 나올지 모르는 상황에서 동원에 대한 두려움 때문에 매달 비싼 회비를 내면서도 후원회에 가입하지 않을 수 없는 것이 이들의 처지였다.

대리로 동원을 가는 사람들은 상당수가 북쪽에서 내려온 피난민이었다. 1954년 9월 인천과 부천에서 동원된 ○○○명 중에서는 출발 당일 대리동원자 70명이 발견되었다. 이들은 모두 극빈한 피난민들로서 쌀가마니나 돈 만환씩을 받고 나간 사람들이었는데, 병사구 사령부에서는 이들을 지원 응징자로 간주하고 출동시켰다.23) 또한 대리동원이 횡행하는 가운데 그 대가를 제대로 치르지 않아 문제가 되는 경우도 잦았다. 파주에서 피난 나와 마포에 살고 있던 권씨는 이웃 송씨(40세)에게 매달 30만 원씩 가족 생활비를 받기로 하고 8개월간 대리로 노무동원을 다녀왔다. 그런데 돌아와보니 송씨가 첫달 분 30만 원 외에는 가족에게 생활비를 주지 않아 나머지 2백여 만원을 요구하자, 송씨는 이를 거절하고 오히려 권씨를 부역자, 빨갱이라고 하여 마포경찰서에 허위로 고발한 사건도 일어났다.24)

대리동원이 이렇게 성행하자 사회부에서는 대리동원자가 발견되면 이유 여하를 막론하고 피동원자 본인에게 재동원 명령을 내릴 것이라고 발표하였다.25) 이런 상황에서 어떠한 사람은 세 번이나 노무단에

---

22) 『朝鮮日報』 1954년 3월 21일자, '동원이 빚어낸 딱한 사정/ 소위 「노동동원대상자후원회」/ 다액의 회비를 매달 수납/ 이래서 근로동원 기피를 조장'.
23) 『朝鮮日報』 1953년 3월 7일자, '돈에 팔린 대리 징용자/ 인천에서 70여건을 적발'.
24) 『朝鮮日報』 1952년 8월 20일자, '사기로 때운 징용/ 대신 나간 인부에 돈은 안 주고 좌익이라고 오히려 허위 고발'.
25) 『朝鮮日報』 1954년 9월 10일자, '노무동원 대리자는 불가/ 발각되면 본인에 영장'.

동원되기도 하고, 어떤 집은 3형제 중 한 아들이 전쟁터에서 사망한 전사자 유가족인데도 또 다른 아들이 일선노무자로 동원되었지만, 8개월 동안 단돈 한푼 받지 못했다는 경우도 있었다.26) 또한 아홉달 만에 노무단에서 제대한 사람이 2주일 후에 경찰의 조사를 받게 되자 사단에서 준 제대증을 보여 주었는데도 다시 동원되어 같은 사단으로 배치된 경우도 있었다.27)

노무동원은 사회부가 각 지방행정기관을 통해 진행하도록 되어 있었으나, 실제로는 경찰이 대부분의 과정을 직접 담당하고 있었다. 동원 과정에서 경찰에 의한 물의가 빚어져 경찰 개입을 비난하는 목소리가 높았지만, 사회부에서는 '징용영장에 대한 출두율을 높이기 위해' 내무부에 징용을 기피하는 자들을 단속해 달라고 요청하였다.28)

농촌의 경우 동원영장이 나오면 다음 날 당장 노무자를 동원해야 했으므로, 면장이나 면서기는 경찰지서의 주임과 의논하여 대상자를 결정하였고, 결국 경찰이 노무자를 동원하게 되었다. 이 과정에서 동원이 공평하게 진행되기 어려웠다. 영장을 받은 사람들은 경찰관에게 술 한되나 쌀 한말을 주고 동원을 피하기도 하였다. 어떤 지서에서는 동원할 노무자수의 3배에 달하는 영장을 발부하여, 아는 사람은 미리 내통하여 피하게 하고, 다른 사람들은 밤중이나 새벽에 기습해서 데려가는 사례도 적지 않았다. 나아가 영장을 받은 사람에게 다른 사람을 통해 돈을 쓰도록 종용하기도 하였는데, '돈을 쓰면 효과가 백발백중'이라는 말이 공공연히 떠돌 정도였다.29) 이로 인해 항간에는 못난 사람들만

---

26) 『第20回 國會定期會議速記錄』 8호, 國會事務處, 1955. 3. 8, '노무동원에 관한 건의안'.
27) 『第15回 國會定期會議速記錄』 71호, 國會事務處, 1953. 5. 23, '일선노무동원자실태조사보고'.
28) 『朝鮮日報』 1954년 1월 14일자, '징용기피자 단속을 요청/ 사회부서 내무부에'.

노무자로 동원되고 배경이 있거나 잔재주를 부리는 사람들은 동원을 피해간다는 인식이 만연하여 동원을 더욱 기피하고자 하였다.30)

동원기피자가 증가하자 징병·징용 기피자들을 연행하기 위해 경찰들은 가두에서 청년을 대상으로 수시로 검문을 실시하였으며, 버스를 타고 다니는 사람들도 일일이 조사하여 버스운행이 지체되는 것에 대한 불평도 적지 않았다.31) 경찰관이 검문할 때는 제2국민병 미등록자, 연령을 속인 자, 가짜신분증 소지자, 불법 여행자, 신체검사 불응자, 징집·소집·노무동원·점호 불응자 등 17개 조항에 걸쳐 기피 여부를 심사하여 그중 위반사항이 없어야만 보내주었다. 위반사항이 있을 경우에는 무조건 경찰서에 연행하였다가 소관 병사구 사령부에 인계하여, 징소집 대상자는 신병보충부대로, 노무동원 해당자는 일선으로 보냈다.32)

동원에 필요한 경비를 사회부에서 제대로 책정하지 않아 생기는 민폐도 적지 않았다. 사회부에서 말단 행정기관에 동원과정상 필요한 비용을 지불할 때, 신체검사에 합격하여 실제 인수하는 노무자의 숫자에 해당하는 비용만 주고, 신체검사에 불합격한 인원에 대해서는 차비나 식비를 일절 부담하지 않아 말단 행정기관의 재정이 곤경에 빠지기도 하였다.33) 또한 노무자를 '잡으러' 군청직원이 면으로, 면서기가 동리로

---

29) 『第19回 國會定期會議速記錄』 57호, 國會事務處, 1954. 10. 18, '농번기농촌 노무동원보류에관한건의안처리에대한질문'.
30) 『第20回 國會定期會議速記錄』 22호, 國會事務處, 1955. 3. 29, '징소집에 관한 질문'.
31) 『第15回 國會定期會議速記錄』 69호, 國會事務處, 1953. 5. 7, '근로동원법안 제2독회'. 이는 특히 병역기피를 방지하기 위한 것으로서, 병역기피자는 1954~59년간 무려 71만 8,635명이나 되었다(兵務廳, 『兵務行政史 上』, 1987, 507쪽).
32) 이임하, 앞의 논문, 2003, 47~48쪽.
33) 『第20回 國會定期會議速記錄』 1호, 國會事務處, 1955. 2. 22, '노무동원에 관

출장을 나가면 이장이 음식값을 내고, 이장이 낸 것은 다시 동네 사람들이 치르게 되었다. 거기에 또 "사바사바통에 노무 해당자는 돈질을 하게 되고 돈이 없으면 산으로 도망을 하게 되고 도망을 가면 노무자가 출발할 때까지 모든 농민이 며칠간 일을 못하였다. 영장을 발부하지 않은 채 노무자를 동원하므로 1명을 데려가는데 20~30명이 소란되어 농촌이 들썩거리고 민심이 소동되어 생산이 안되"는 이중 삼중의 폐단이 초래되었다.

이와 함께 노무동원에 수반되는 등록사무비 중에는 기피단속비가 큰 비중을 차지하였고, 기피자를 단속하기 위해 경찰에서 많은 시간을 들이고 있었으므로 행정상의 낭비도 적지 않았다. 나아가 지방에서는 경찰에게 할당된 수치의 노무자를 데려오지 못하면 옷을 벗긴다는 식으로 위협하여, 경찰이 어떻게든 노무자를 동원하도록 하였다.34) 이러한 면 때문에 노무동원은 행정부의 가장 졸렬한 정책 중의 하나라고 비판받고 있었다.

노무동원의 대상은 도시보다는 농촌에 집중되었다. 사회부차관 金容澤의 설명에 의하면, 1954년 10월 현재 동원된 3만 명 가운데 2만5천 명은 농촌 출신이었고, 5천 명 가량은 도시에서 동원된 이들이었다.35) 따라서 농번기를 앞두고 노무동원이 실시되자 농촌에서는 젊은 남자들이 도시로 도피하여 노약자만 모여서 농사를 짓는 양상도 보였다.

한 건의안'.
34) 『第20回 國會定期會議速記錄』8호, 國會事務處, 1955. 3. 8, '노무동원에 관한 건의안'.
35) 『第19回 國會定期會議速記錄』57호, 國會事務處, 1954. 10. 18, '농번기농촌노무동원보류에관한건의안처리에대한질문'. 이렇게 농촌노동력을 노무동원의 주 대상자로 책정하였음을 통해 당시 정권의 농업에 대한 인식과 경제정책의 지향을 엿볼 수 있다.

농촌에서 노무동원이 지속되면서 농번기에 노동력 부족문제가 심각해지자, 1954년 10월 李泳熙 의원 외 23명이 농번기에는 농촌이 아닌 도시에서만 노무동원을 진행하라는 건의안을 국회에 냈고, 국회의원 203명의 만장일치로 가결하여 이를 사회부에 제출하였다.36) 그러나 정부는 이 안을 보류한 채 계속해서 농촌에서 노무동원을 진행하였다. 이에 대한 국회에서의 추궁에 사회부차관은, 노무동원은 "불로소득자, 일 않고 도시에서 고리대금이나 하고 다방이나 댕기고 저녁에는 술집에서 술타령이나 하는 이런 사람들에게 국가를 위해서 희생을 부담시키려고 하는 것이며, 또 농촌에서는 막걸리 타령이나 하는 사람들을 내보내려고 하는 의도"라고 변명하면서 답변을 회피하였다. 이에 국회의원들은 농촌에서 막걸리 타령을 하고 있는 사람은 권력과 돈으로 사바사바해서 절대 동원되는 예가 없고, 실제 끌려가는 사람은 그 사람이 없으면 추수를 하지 못해 추곡이 논에서 그냥 썩어가고 부모를 먹여살릴 수 없는 불쌍한 사람들이라고 하면서 면박을 주었다.37) 이 자리에서 사회부차관은 농번기에는 농촌동원을 보류하기로 약속하고 이 취지를 각 시도에 전달하였다. 그러나 이후에도 여전히 노무동원은 농민을 주 대상자로 하여 진행되고 있었다.38)

지속되는 노무동원으로 인해 농촌에서는 그 대상자와 가족이 전전긍긍하는 사태가 이어졌다. "동원을 나오면 밤중에 경찰들이 가서 머리를 끌어당겨 잡아다가 포박을 해서 유치장에 가두었다가 그 이튿날 자동차로 실어가 버리는 실정이기 때문에 가는 당자가 억울하고 보내

---

36) 『第19回 國會定期會議速記錄』 55호, 國會事務處, 1954. 10. 8, '장정징집및노무동원의적정실시에관한건의안'.
37) 『第19回 國會定期會議速記錄』 57호, 國會事務處, 1954. 10. 18, '농번기농촌노무동원보류에관한건의안처리에대한질문'.
38) 『東亞日報』 1954년 11월 12일자, '系統 안서는 勞務行政/ 農村 動員保留 不拘 如前히 實施'.

는 가족도 불안한 가운데" 농촌은 공포 속에 빠져들어 갔다.39)

 노무동원에 대한 두려움은 개인을 정신 이상자나 살인자로까지 몰고 가기도 하였다. 경기도 고양의 최씨(39세)는 1·4후퇴 당시 제2국민병으로 남하하여 온갖 고초를 겪고, 1951년 고양군에서 농업에 종사하다가 그해 가을 일선지구에 노무동원되어 기한을 마치고 돌아왔다. 그런데 그 후 다시 징용영장을 받게 되자 돈을 주어 다른 사람을 대신 내보냈다. 그리고 또 다시 징용영장이 나올 것을 염려하여 대리동원 경비를 만들고자 밭을 팔아 송아지를 사서 기르고 있던 중 그의 형에게 신병이 생겨 형의 가족까지 모두 9명의 가족을 먹여 살리게 되었다. 그는 결국 징용에 대한 걱정이 심해진 나머지 정신 이상을 일으켜 수면 도중 새벽에 일어나 어린 딸을 참혹하게 살해하고 말았다.40)

 이러한 '징용 공포 사건'은 개인의 형편이나 의지와는 무관하게 공권력에 의해 일방적으로 추진된 노무동원이 개인과 한 가족의 삶을 완전히 파괴해 간 현실을 보여주고 있다.

---

39) 『第15回 國會定期會議速記錄』 69호, 國會事務處, 1953. 5. 7, '근로동원법안 제2독회'. 서른네살의 한 징용 대상자는 밥을 먹을 때도 집의 앞뒤를 살펴보고 밤에는 잠을 못이루고 노를 빌면서 불안한 생활을 하고 있었으나, 결국 한밤중에 '딱 잽혀부렀'다. 그의 아내는 추위에 밤새 핫바지를 만들어 다음날 찾아가보니 지서에 '딱 갇혀있는' 남편을 보고는 혹 도망치다 죽게 될까 염려하여 '근께 튀지 마쇼이'라고 연신 당부하였다(박정석, 「상이군인과 유가족의 전쟁경험」, 표인주 등, 『전쟁과 사람들』, 2003, 188~189쪽).

40) 『朝鮮日報』 1953년 4월 17일자, '殺人한 「徵用恐怖症」 召集에 連이은 徵用 等으로 精神異狀 일으켜 딸을 打殺'.

3. 징용 노무자와 가족의 생활

1) 징용 노무자의 생활

(1) 역할과 대우

　전쟁이 끝나기 전 동원된 노무자들은 1/3은 후방에서 길을 닦거나 포탄을 나르는 일을 하였고, 2/3는 최전선에서 유엔군이 어떠한 고지에 올라가기 전에 먼저 그곳에 가서 참호를 파는 일을 했다. 노무자들이 참호를 파고 포탄을 미리 가져다 놓으면 유엔군이 뒤에서 은신하면서 대포를 가지고 총을 메고 따라갔다. 노무자로 동원되었지만 실제로는 최전선에서 철조망을 치거나 참호를 파면서 전투에 직접 참가하는 것이나 마찬가지의 위험에 처해 있었던 것이다. 더 큰 문제는 노무자들이 자신을 지킬 무기도 없이 참호를 파기 위한 삽이나 곡괭이 같은 연장 하나만 쥐고 포탄을 가지고 전장으로 가야 하는 비인도적인 현실에 있었다. "약 20만의 한국 청년이 호적없이 명목없이 빈손가락으로 빈주먹 가지고 양떼처럼 쓰러지는 모습이야말로 빈주먹으로 개죽엄하는" 인권유린의 현장이었다.[41]

　동원된 노무자들이 가장 힘들어한 것은 당장 먹을 음식이 너무 부실한 것이었다. 노무자들의 주식은 안남미에 수수, 보리, 왜밀 등을 섞은 잡곡밥으로 쌀보다 잡곡이 더 많았으며, 그 식사로는 하루에 필요한 최소 열량의 2/3밖에 충족시키지 못했다. 반찬은 한국에서 일본으로 수출한 오징어 중 下品으로 되돌아 온 것 한 마리를 3명이 하루 동안 나누어 먹었고, 이외에 일본에서 가져온 극소량의 된장과 물탄 왜간장이 전부였다. 노무사단은 초기부터 모든 물자를 일본에서 가져다 쓰고 있

---

[41] 『第15回 國會定期會議速記錄』 71호, 國會事務處, 1953. 5. 23, '일선노무동원자실태조사보고'.

었기 때문이다. 노무자들은 이것을 먹고 하루에 보통 10~12시간씩 일했으며, 전투가 진행될 때에는 24시간을 계속해서 일해야 했지만, 야간에는 음식이 제공되지 않았다.

그들의 의복은 양복 안감으로 쓰이는 생사 한 벌로, 광목보다 약하여 한달이면 떨어지는 이 옷을 6, 7개월씩 입고 있었으며, 추위에도 홋겹 옷만 입고 있었다. 한달에 두 켤레씩 지급되는 신발은 위는 베로 감고 아래는 고무로 댄 지까다비 같은 것으로 땀이 차서 이틀만 신으면 녹아버렸고, 한달에 두 켤레의 양말로 엄동설한을 견뎌내야 했다. 그들의 숙소는 포탄이 쏟아지는 최전선에 천막을 쳐놓고 땅바닥에 가마니 한 장만 깔아놓은 상태였다. 환자가 생겨도 습한 바닥에 담요만 한장 덮고 그냥 방치한 채 뉘어둘 수밖에 없는 참혹한 처지에 놓여 있었던 것이다.[42]

(2) 동원기간

일선에 동원된 노무자들이 가장 원했던 것은 동원기간의 엄수로서, 노무자들은 동원기간이 규정대로 지켜지지 않고 언제 끝나게 될지 모르는 것에 커다란 불만과 두려움을 가지고 있었다.

전시근로동원법에서는 동원의 기간에 대해 '단순한 노무에 종사하는 경우 1년 중 60일 이내의 기간에 한하며, 특별한 필요가 있거나 본인의 동의가 있는 경우에는 90일까지 할 수 있다'고 규정하였다. 그러나 법의 시행과 동시에 이 조항은 이내 사문화되었다. 이 법에 의해 1953년 12월 제1차로 동원된 노무자들은 기간이 만료된 1954년 3월 시점에 누구도 동원이 해제되지 않았다.[43] 뿐만 아니라 법 시행 전인 1953년 5월

---

42) 『第11回 國會定期會議速記錄』 91호, 國會事務處, 1951. 11. 9, '2. 전시근로동원법안과징발에관한특별조치령중개정법률안 제1독회'; 『第15回 國會定期會議速記錄』 71호, 國會事務處, 1953. 5. 23, '일선노무동원자실태조사보고'.

이전에 동원된 노무자 중 전체의 1/3 가량은 10개월 이상이 지났고 11개월이 지난 경우도 많았다.44) 더욱이 한국군에 의해 동원된 노무자들은 동원된 지 1년이 훨씬 더 지났는데도 동원이 해제되지 않고 있었다.45)

이러한 상황에서 1953년 9월 한국과 미국이 징용 노무자의 대우개선 문제에 관해 논의하였다. 이 자리에서 미8군 측은 노무자를 동원하여 일에 적응시키고 귀향시키기까지 징용기간 3개월은 너무 짧으니 6개월로 늘려줄 것을 요구하였다. 이에 대통령 이승만은 국무총리 이하 관계자에게 '노무자 징용기간을 6개월로 연장할 것을 명하니······유엔군 노무사단의 운영을 원만히 하도록 시급 조치하라'는 시달문을 전하였다.46) 이후 전시근로동원법의 규정과 무관하게 노무동원은 최소 6개월 이상으로 진행되었다.

따라서 전시근로동원법이 아니라 전쟁 발발 직후 응급조치로 만들어진 특별조치령에 근거하여 전후의 노무동원이 실시되고 있다는 비난 여론이 무성하였다. 전시근로동원법은 제4조에서 엄연히 동원기간을 1년에 60일 이내로 제한하고 있고, 제24조에서 기한이 만료될 때에는 근로동원이 해소된다고 하였지만, 실정은 6개월에서 9개월 심지어

---

43) 『東亞日報』1954년 3월 8일자, '空念佛 勤勞動員法/ 안 돌아오는 滿期 勞務者/ 農村은 勞動力 不足에 허덕여'.
44) 『第15回 國會定期會議速記錄』71호, 國會事務處, 1953. 5. 23, '일선노무동원자실태조사보고'.
45) 『東亞日報』1954년 4월 21일자, '法定期間 몇 곱 지나도 國軍關係/ 돌아올 줄 모르는 징용노무자/ 하루 九圓씩이 푸대접 받으면서/ 美軍部隊 勞務者 歸還 再確認/ 國軍에 徵用 當한 者엔 言及 廻避 朴社會長官談'.
동원 후 한국군대에서 종사한 노무자들의 동태는 좀처럼 파악되지 않는다. 그러나 간간이 확인되는 바에 의하면, 그들은 미8군에서 종사한 노무자들보다도 훨씬 더 열악한 노동조건 속에 놓여 있었던 것으로 보인다.
46) 『朝鮮日報』1953년 9월 6일자, '징용기간은 반년? 李대통령 白총리 등에게 시달'.

1년까지 강제징용이 행해지고 있다는 것이다. 즉 전시근로동원법에 의해서 노무자를 동원하고 징용하는 것이 아니라 특별조치령에 의해 노무자를 혹사시키고 있다는 지적이다.[47]

국회의 조사에 의하면 1955년 2월 시점까지 동원된 노무자 중 3개월 만에 집으로 귀향한 사람은 단 한 명도 없었다.[48] 이로 인해 '사회부장관은 잡아갈 줄만 알았지 도저히 내놓을 줄 모르는 남산골 원님'이고, '노무자는 한번 들어가면 안 나오는 강원도 포수'라고 하는 비아냥까지 떠돌았다.[49]

노무자들의 동원기간이 길어지면서 이 문제는 곧바로 그 가족들의 생계에 위협이 되었고, 농촌에서는 농번기의 노동력 부족으로 농업 생산량을 제대로 유지하지 못하게 되었다. 또한 애초 약정된 동원기간이 전혀 지켜지지 않아 노동행정에 대한 사회의 불신이 커졌으며, 정부는 재정상 임금을 지불하지 못하게 되는 등 다방면에서 여러 문제가 파생되고 있었다.

(3) 임금

1953년 12월 전시근로동원법에 의한 제1차 동원이 진행되기 이전에 동원된 노무자들은 하루 22환의 임금을 받고 있었다. 1953년 6월 현재 쌀의 소두 한말 값이 520환이었음을 비교해 볼 때[50] 이들에게 주어진 비용은 임금이라 일컫기 어려울 정도의 터무니없는 수준이었음을 알

---

47) 『第20回 國會定期會議速記錄』 8호, 國會事務處, 1955. 3. 8, '노무동원에 관한 건의안'.
48) 『東亞日報』 1954년 4월 24일자, '勤勞動員에 對한 檢討[社說]'; 『第20回 國會定期會議速記錄』 8호, 國會事務處, 1955. 3. 8, '노무동원에 관한 건의안'.
49) 『第20回 國會定期會議速記錄』 8호, 國會事務處, 1955. 3. 8, '노무동원에 관한 건의안'.
50) 『朝鮮日報』 1953년 6월 2일자, '또 올라가는 쌀값/ 31일에는 小斗 5백20환'.

수 있다.

전시근로동원법이 시행되자 사회부에서는 미8군 측에, 노무자의 임금은 하루 2백 환의 고정임금으로 정하되 着彈 거리에서 일할 때에는 이의 5배를 지급하고, 8시간 노동을 초과할 때에는 기본임금의 5할을 가산하고, 노무자의 왕복 여비를 지급하는 한편, 노무자의 출발에 앞서 그 가족에게 1개월의 임금을 선불할 것을 요구했다. 그리고 "대한민국 영토 내에서 대한민국 국민을 노무에 동원하고자 할 때에는 어떠한 사용자라도 동법을 지켜야 하며 동법을 지키지 않고는 종류를 막론하고 대한민국 국민을 강제로 노무에 종사시킬 수 없다"고 통고하였다. 이 통고를 받은 미8군은 "그런 문제는 8군 자체로서 결정할 권한 이외의 문제이니 동경에 있는 극동사령부와 교섭하라"고 일축하였다.51)

이후 미8군은 재정상의 문제를 이유로 45환만 부담하기로 하고 한국정부에서 55환을 보조받아 하루 100환씩 노무자에게 지불하기로 결정하였다.52) 그런데 실행과정에서는 이마저도 제대로 지켜지지 않았다. 미군측은 일급을 월급의 형식으로 후불하는 한편, 월급 지불시에는 환율을 살피면서 시기를 조정하였다.53) 또한 한국정부에서 지불하기로 한 55불은 항상적으로 6개월 이상씩 연체되었다. 법에는 동원된 자의 가족에게 임금을 선불하도록 규정되어 있었지만, 동원기간이 해제되어 귀향한 후에도 임금이 지불되지 않는 경우가 많았다.54) 더욱이 미군에

---

51) 『朝鮮日報』 1953년 8월 9일, '대우는 개선될 건가? 일선의 징용 노무자/ 시행 안되는 근로동원법 정부와 美8군간에 견해차/ 노력제공은 곤란 박장관 談 법을 지켜야 한다'.
52) 『第19回 國會定期會議速記錄』 57호, 國會事務處, 1954. 10. 18, '농번기농촌 노무동원보류에관한건의안처리에대한질문' ; 『朝鮮日報』 1953년 10월 28일자, '倍額인상을 통고 8군에서/ 징용노무자의 보수' ; 1953년 11월 14일자, '일당 백환으로 낙착/ 징용노무자 처우개선에 합의'.
53) 『第15回 國會定期會議速記錄』 71호, 國會事務處, 1953. 5. 23, '일선노무동원자실태조사보고'.

동원된 노무자들이 하루 100환의 임금을 받기로 한 데 비해 한국군에 동원된 노무자들은 하루 9환씩만 받고 있는 기막힌 실정에 있었다.55) 사회의 최하층에게 '국민'이라는 이름으로 나라를 위해 희생할 것을 요구하면서, 사회가 져야 할 부담을 개개인에게 일방적으로 전가하고 있었던 것이다.

동원된 노무자에게 미8군에서 45환을 지불하던 당시 60 : 1이었던 달러의 환율이 180 : 1로, 다시 달러옥션에 의해 500 : 1 수준까지 올라가자,56) 1955년 1월 사회부는 미군측에 그에 상응하는 임금인상을 요구하였다. 그러나 미8군에서는 그해 1월 1일부터 소급하여 2배를 인상하여 90환을 주기로 하였다. 당시 90환은 양담배 한갑, 통조림 한통 값에도 미치지 못하는 금액이었다. 이 시점에 미8군은 자신들이 직접 고용한 노무자들에 대하여는 시중임금을 기준으로 시간당 65환, 하루 8시간을 근무할 경우 520환을 지급하고 있었다.57) 그런데 한국정부를 통해 동원된 이들에게는 일당 90환만 지급하였고, 그나마도 제때 지급하지 않아 현장에서의 차별대우에 대한 노무자들의 불만이 적지 않았다.58) 더욱이 정부에서는 그간 노무자들에게 하루 55환씩 지불해오던

---

54) 『朝鮮日報』1954년 9월 8일자, '"노임을 지불해 주시요" 노무동원 귀환자들 부산시에 요구' ; 『東亞日報』1954년 11월 5일자, '허수아비 格의 勤勞動員法/ 歸鄕 後에도 안 주는 被動員者 賃金' ; 『東亞日報』1955년 1월 16일자, '九個月分 未拂 動員勞務者 賃金'.
55) 『東亞日報』1954년 4월 21일자, '國軍關係 法定期間 몇 곱 지나도/ 돌아올 줄 모르는 징용노무자/ 하루 九圓씩의 푸대접 받으면서/ 美軍部隊 勞務者 歸還 再確認/ 國軍에 徵用 當한 者엔 言及 廻避 朴社會長官談'.
56) 『東亞日報』1955년 1월 26일자, '품삯 半年分이 外上/ 푸대접 받는 徵用 勞務者'.
57) 『東亞日報』1955년 1월 27일자, '억울한 徵用 勞務者 待遇改善 再檢討 時急'.
58) 따라서 일선에 동원된 노무자들은 너무 임금이 싸기 때문에 일은 전혀 안하고 담배꽁초 같은 것을 줍고 물자를 이쪽으로 옮겼다 저쪽으로 옮겼다 하면

보조금을 1955년 3월부터는 재정상 전혀 지불할 수 없다고 하였는데, 당시까지 지불을 미룬 임금이 이미 2억 원에 달하였다. 이에 국회에서는 부양가족이 많은 사람들이 이 임금으로 일선노무자로 복무한다는 것은 '순진한 애국자'라고 하면서, "한 회사에 6억이고 7억이고 마구 주는 돈을 우리나라 주권자인 약한 노무자에게 支辨하라"고 요구하기도 하였다.59)

1955년 9월 보건사회부에서 56개 업체의 노동자 약 2만 명을 대상으로 조사한 임금과 생활비의 실태에 의하면, 노동자들의 평균임금은 1만 6,763환이었고 최고임금이 8만 9천 환, 최저임금이 1,606환이었다.60) 이 자료와 비교해 볼 때 당시 동원된 노무자와 그의 가족들이 어떠한 계층에 속해 있었으며 어떻게 생활해 갔을지 짐작할 수 있다.

2) 가족의 생활과 가정의 파탄

일선에 동원된 노무자들은 대개가 만25세부터 만40세 미만으로서, 가정에서는 5~7명의 부양가족이 딸린 가장의 위치에 있었다. 따라서 아무리 단기간이라 해도 동원은 그 자체로서 노무자 본인은 물론 가족의 희생을 요구하는 것이 되었다. 노무자들이 받는 보수로는 도저히 가족 생활비의 일부도 보전하기 어려웠다. 더욱이 동원기간이 만료되어도 좀처럼 교체되어 돌아오지 못하였기 때문에 노무자들의 가정 형편은 더욱 힘들었다.

　　서 도무지 능률이 오르지 않는다고 하는 지적도 있었다(『第20回 國會定期會議速記錄』1호, 國會事務處, 1955. 2. 22, '노무동원에 관한 건의안').
59) 曺泳珪 의원, 『第20回 國會定期會議速記錄』8호, 國會事務處, 1955. 3. 8, '노무동원에 관한 건의안'.
60) 보건사회부 노동국, 『제3회(단기 4290년 10월 15일 현재) 근로자 임금 및 생활비 실태조사 통계표』, 1957, 2~3쪽.

일선 노무자들은 자신들만 끌려가서 노무에 종사해야 하는 것에, 즉 노무동원이 공평하지 못하다는 데 큰 불만을 가지고 있었다. 또한 정부가 "후방에 남겨둔 처자들이 굶든 얼어 죽든 배곯아 죽든 병나 죽든 도무지 돌보지 않는다"고 하면서 늘 가족의 생계를 염려하고 있었다. 게다가 이들은 가족들과 편지도 왕래하지 못한 채 연락이 두절된 상태로 지내야만 했다.[61] '옷 잘입고 돈이나 있는 사람'들은 모두 동원을 피해가고, 사회의 최하층 약자인 빈곤한 농민과 노동자, 곧 당시 사회의 '핫바지'들은 그날그날 벌어먹는 품팔이를 하는 사람으로, 그가 동원되고 나면 그 이튿날부터 가족들은 살길이 막막하여 방방곡곡을 전전하는 경우가 적지 않았다.[62]

이러한 상황에서 가장의 부재로 인해 그의 아내 혹은 가족들이 힘겹게 살아가고, 끝내는 극단의 상태로까지 가정이 파괴되는 경우도 적지 않았다. 예컨대 영덕에 사는 김씨(33세)는 남편 박씨가 '징용'간 지 7개월이 지나도록 오지 않는 사이에 다른 이와 정을 통해 오다가 살고 있던 집과 가장집물을 모두 팔아 행방을 감추었고, 귀향한 박씨는 징용갔다 온 보따리를 그대로 걸머쥔 채 아내를 찾으러 각지를 배회하는 신세가 되었다.[63] 또 조치원의 이씨(37세)는 남편 김씨가 '징용'에 나간 지 5개월이 지나도 돌아오지 않고, 6명의 가족은 매우 비참하게 가까스로 생계를 유지해 왔는데, 나날이 앙등하는 물가에 생계가 더욱 위협을 받게 되자 정신 이상을 일으켜 신음하였다. 그러던 중 가족이 자고 있는 동안 자기 집에 불을 지르고, 다시 친척집에 방화하려다가

---

61) 『第20回 國會定期會議速記錄』 8호, 國會事務處, 1955. 3. 8, '노무동원에 관한 건의안'.
62) 『第19回 國會定期會議速記錄』 57호, 國會事務處, 1954. 10. 18, '농번기농촌노무동원보류에관한건의안처리에대한질문' ; 『第15回 國會定期會議速記錄』 69호, 國會事務處, 1953. 5. 7, '근로동원법안 제2독회'.
63) 『朝鮮日報』 1954년 7월 14일자, '못믿을 아내의 마음/ 징용간 남편을 배반'.

뛰어나온 친척 2명에게 부상을 입힌 사건이 발생하였다.[64]

전쟁이 끝난 지 2년이 지난 시점에도 자신의 의지와 무관하게 공권력에 의해 동원되었던 노무자와 그의 가족들은 여전히 전쟁 같은 시기를 살고 있었던 것이다.

4. 자유응모제로의 전환과 노무동원의 재현

1) 자유노무자 모집으로의 전환

1955년 1월 현재 동원되어 미8군에 종사하고 있던 노무자는 3만 2천 명에 달하였다. 전시근로동원법이 시행된 지 1년 반이 지났지만, 노무동원 과정에서 발생하던 제반 문제는 여전히 되풀이되어 사회 곳곳에서 원성을 사고 있었다. 농번기 농촌의 노동력 부족 문제와 정부의 임금 미지불 문제, 동원과정에서의 비리와 폭력, 노무자에 대한 인권유린의 문제 등이 지적되었다. 그런가 하면 연대장, 대대장 등 군간부가 자신의 주택을 수리하는 등의 사적인 일에 노무자를 종사시키고 있다고 하여, 근본적으로 노무동원의 필요성에 대한 의문이 제기되기도 하였다. 전쟁이 끝난 지 이태가 되어가므로 전시근로동원법은 전쟁의 완수라는 목적에서 이미 시효를 상실한 법으로서 폐지되어야 한다는 논의로까지 여론이 이어졌다.[65]

이러한 분위기 속에서 정부는 그해 2월 21일 사회부장관 朴術音의 명의로 미8군 사령관 테일러 장군에게 "3월 10일부터는 노무동원에 대

---

64) 『東亞日報』1955년 5월 6일자, '放火·칼부림 騷動/ 男便 徵用 보낸 女子 실성'.
65) 『第20回 國會定期會議速記錄』 8호, 國會事務處, 1955. 3. 8, '노무동원에 관한 건의안'.

한 한국정부의 예산지원이 중단되고, 현재의 임금 145환으로는 도저히 미국측의 노무동원에 응할 수 없다"는 통첩을 보냈다.66)

국회에서도 징용형식의 노무동원을 자유고용제로 전환할 것을 정부에 건의하였다. 2월 말 朴海楨 의원 외 12명이 종래의 노무동원을 중지하고 자유노무자 모집제를 채택하도록 정부에 건의하자는 긴급동의안을 냈다. 이는 국방위원회와 사회보건위원회의 연석회의에서 만장일치로 통과되었고, 3월 8일 「전시근로동원법에 의한 노무동원을 중지하고 자유노무자모집제를 채택할 것」이라는 건의안이 정부에 제출되었다.

여기에서는 노무동원을 중지하고 자유노무자 모집제로 전환해야 할 필요성을 대개 다음과 같이 들고 있었다. 첫째, 현재는 전시가 아닌 휴전상태로서, 대한민국은 헌법상으로 완전히 자유경제가 확립되었는데, 전시근로동원법으로 노무자를 동원하면서 그 기간이나 임금에서 법을 지키지 않는 것은 인권유린이다. 둘째, 현재는 전시가 아닌 만큼 생명에 위협이 전혀 없으므로, 미8군이 일반 노무자처럼 시간당 65환을 지불하면 얼마든지 자유노무자를 모집할 수 있다. 셋째, 노무자에게 하루 45환을 주던 당시 달러의 공정환산율이 60 : 1이었는데 현재는 근 500 : 1이 되었고, 미군의 일부가 철수하여 필요한 노무자의 수도 감소하였으므로 미8군에서 자체 예산만으로 충분히 자유노무자를 모집할 수 있다. 넷째, 농촌은 농번기에 노동력이 부족하고 도시에 있는 세궁민은 직장이 없어 곤란한데, 자유노무자를 모집하면 농촌의 노동력 부족이 완화되고 도시의 노무자를 많이 동원하면 실업자가 없어지므로 일석이조다. 이외에 자유노동자와 전시근로동원법에 의해 사용하고 있는

---

66) 『東亞日報』 1955년 2월 23일자, "「動員에 應할 수 없다」/ 主務當局 「테」 將軍에 最後通牒' ; 1955년 3월 17일자, '協議할 用意 있다/ 勞務動員 問題에 美側書翰 接受'.

노무자를 차별대우하여 노무자들의 사상에 여러 가지로 좋지 못한 영향을 주고 있다는 내용도 거론되었다.67)

한국정부의 노무자에 대한 임금인상과 자유노무자 모집제로의 전환 요구에 대해 미8군 측에서는 무성의한 답변으로 시간을 지체하다가 건의에 반대한다는 의사를 밝혔다. 이에 사회부에서는 3월부터 노무자의 모집을 전면 중지하는 방식으로 맞섰다. 이후 미8군은 1955년 2월에 동원된 노무자들의 동원기간 6개월이 만료되는 시점인 8월에 들어서자 이들을 대체할 노무자를 동원해 달라고 요청하였지만, 한국정부에서는 노무자의 임금을 인상하고 자유응모제로 전환하기 전에는 요청에 응할 수 없다고 하는 강경한 태도를 보였다.68) 미8군은 완강하게 거부하다가 결국은 한국정부의 임금인상 요구를 수락하였다.

1955년 9월부터 미8군은 종래의 동원영장에 의한 '징용제' 형식의 노무동원을 자유응모제로 바꾸어 실시하고, 임금은 미군부대 자유노무자와 같은 수준인 일당 520환 내외로 하되 피복비와 식대로 210환을 제하고 310환씩 지불하기로 하였다. 또한 미군부대에서 일하고 있는 기존의 동원 노무자 중 계속 일하기를 원하는 사람은 520환의 인상된 임금으로 고용하기로 하였다.69)

그런데 노무자 모집이 자유응모제로 바뀐 이후에도 미8군 노무자의 채용에 관한 업무는 여전히 보건사회부와 각 지방행정기관이 담당하

---

67) 『第20回 國會定期會議速記錄』 1호, 國會事務處, 1955. 2. 22, '노무동원에 관한 건의안'.
68) 『東亞日報』 1955년 8월 4일자, '勞賃引上이 先決/ 美側의 勞務者 動員要求에 政府態度'.
69) 『東亞日報』 1955년 8월 18일자, '九月부터 勞務動員 再實施/ 美軍側의 勞賃引上 表明으로'; 1955년 8월 26일자, '自由 應募制로 來月부터 實施될 勞務動員'; 『朝鮮日報』 1955 8월 25일자, '노무동원도 폐지 자유지원제도로/ 임금인상과 동시에'; 1955년 8월 30일자, '9월초에 노무동원 해제/ 임금인상, 미국측과 완전합의'.

고 있었다. 애초 한꺼번에 1만 명의 노무자를 채용하기로 하여, 9월 중순 전국에서 실시된 '제1차 일선노무자 모집'에서 총 3,980명을 채용하였다. 그런데 2차 모집부터는 모집인원에 비해 응모인원이 7, 8할 정도밖에 차지 않았고, 특히 서울, 수원 등의 도시에서는 응모자 수가 매우 적어 추가모집이 한동안 계속되었다.70) 자유응모제로 전환하기 위해 한국정부가 지속적으로 요구했던 시간급 65환은 새로운 노무자를 유인할 정도로 충분한 임금이 되지 못했기 때문이다. 이미 1955년 3월에 미8군에서 종사하던 노무자들은 '시간노임이 저렴하여 최저생활조차 유지할 수 없다'고 하면서 임금인상을 요구하였고, 이것이 거절되자 1956년 총파업을 준비하고 있었다.71) 강제적인 노무동원의 실시가 노동현장에서의 노동조건을 악화시키는 한 요인이 되고 있었던 것이다.

2) 노무동원의 재현, 국토건설단

1955년 이후 한동안 거론되지 않던 전시근로동원법은 5·16 군사정변 이후 다시 등장하였다. 새로 등장한 권력에 의해 일정한 계층이 또다시 자신의 의지와는 무관하게 동원되고 활용되었던 것이다.

4·19혁명 당시 계엄사령관을 지낸 宋堯讚은 정변 이후 내각 수반을 맡으면서 경제개발 제1차 5개년계획 수행을 위해 대규모의 전원개발 사업을 추진하고자 하였다. 이에 1962년 초 3천 명 이상의 예비역 장교를 기간요원으로 하고, ① 만28세 이상 징병적령자, ② 제2국민병

---

70) 『朝鮮日報』 1955년 11월 24일자, '豫定의 八割, 勞務者 自由應募' ; 『東亞日報』 1955년 10월 3일자, '勞務者 交替進行' ; 1955년 10월 23일자, '募集 人員數 未達 第二次 勞務者 應募成績' ; 1955년 11월 24일자, '應募率이 不良 一線 勞務者 募集'.
71) 『東亞日報』 1956년 3월 21일자, '美軍關係 勞務者들 總罷業 氣勢/ 賃金引上 等 四個 要求 挫折로'.

징집면제자, ③ 일반자원자 또는 근로동원 관계법령으로 충원될 자 등으로 구성되는 國土建設軍의 창설 구상을 발표하였다.72) 만28세 이상의 병역 미필자 중에서 국방장관이 적당하다고 인정하는 자를 18개월 동안, 그리고 급조한 勤勞輔導法에 의해서는 20세 이상 30세 이하의 남자들 중 완전실업자를 12개월 동안 동원해 국토건설사업에 종사하게 한다는 계획이었다.73)

그는 국토건설군에 종사할 병역미필자들이 그곳에서 1년 내지 1년 반을 '봉사'하면 현역에 복무한 것으로 간주할 계획이며, 그들을 건설군에 동원하는 것은 처벌적인 조치가 아니라고 덧붙였다. 국토건설군은 이후 강한 이미지를 순화시키고자 그 명칭을 국토건설단으로 바꾸었다. 그러나 이 동원은 강제성을 지니고 행해진 것으로서, 여기에 해당하는 자들은 직장의 유무에 관계없이 신고할 의무가 있었다.74) 실제 1962년 1월 22일부터 2월 5일 이내에 자진신고하지 않은 해당자에게는 5만 환 이하의 벌금과 구류처분이 부과되었다.75)

"경제개발 5개년계획 수행에 따른 장기개발 사업에 필요한 집단노

---

72) 『朝鮮日報』1961년 8월 11일자, '宋堯讚 내각수반, 명년초 국토건설군을 창설 발표-전원개발사업……대규모로 추진/ 병역미비자 등을 동원/ 기간요원은 3천명 이상의 예비역장교' ; 『東亞日報』1961년 8월 11일자, '國土建設軍을 創設/ 電源・炭源 開發에 動員/ 滿卄八歲 以上 徵兵 適齢者와 二國・自願・勤勞動員者로 編成/ 宋首班 記者會見서 發表/ 基幹要員으로 豫備役將校 三千 起用'.
73) 『東亞日報』1961년도 10월 20일자, '明年부터 「勤勞輔導法」을 實施/ 滿20歲~30歲의 失業者 「建設團」에 編入動員(12個月間)/ 退職公務員救濟法도 閣議通過/ 處遇改善費 500億 計上/ 宋堯讚首班 記者會見'.
74) 예컨대 이 국토건설단원 소집통지를 받고 출두하지 않은 마포구 아현동의 김씨(28세)의 경우 징역 1년의 실형을 선고받았다(『東亞日報』1962년 6월 27일자, '國土建設團 召集不應에 懲役一年을 宣告').
75) 『東亞日報』1962년 1월 26일자, '國土建設團 要員 申告 않으면 罰金 五萬圜/ 韓內務 빠짐없도록 종용'.

동력을 유기적으로 운영함으로써 각종 건설공사를 효과적으로 수행"
하는 동시에 "많은 청장년들에게 병역미필의 오명을 씻어주어 떳떳하
게 생존경쟁에 참여할 수 있는 길을 열어준다"는 두 가지의 목적을 내
걸고 만들어진 국토건설단에는 3만여 명이 요원으로 '자진' 신고하였
다.[76] 건설단은 2월 10일 박정희 최고회의 의장 등이 참여한 가운데 중
앙청 홀에서 성대한 창단식을 치렀다. 이 자리에서 송요찬은 국토건설
단의 임무에 대해, 특정지역의 종합개발사업을 비롯한 다목적 수자원
개발과 대간척사업, 천재지변으로 인한 긴급복구사업 등으로서, 전국
각지에서 댐건설, 철도부설, 도로 신설·보수·확장, 공업지대 건설 등
의 국토건설사업을 수행할 것이라고 밝혔다.[77]

국토건설단원은 기간요원 1,040명에 건설원 1만 4,976명, 총 1만
6,016명으로서 4개 지단, 6개 분단, 39개 건설대로 조직되었다. 각각의
임무는 △ 제1지단 : 진주 남강댐과 섬진강댐의 진입도로와 移設道路,
방수로 공사 △ 제2지단 : 춘천 소양강댐과 춘천댐의 진입도로와 이설
도로 공사 △ 제3지단(3, 5분단) : 태백산지구 예미와 정선간 철도와 산
업도로 공사, 울산 공업지구 공사 △ 제5지단(6, 7분단) : 영주와 점촌
사이 경북선 철도 공사 △ 제1분단 : 섬진강댐 공사 △ 제2분단 : 울산
공업지구 건설에 따른 도시계획사업을 담당하는 것이었다.[78]

병역기피자와 20대의 완전실업자를 동원하여 대규모 토목건설사업
을 추진하고자 계획했던 국토건설단은 처음부터 동원한 자들을 잠재

---

76) 『東亞日報』1962년 11월 13일자, '國土建設團員의 復職問題(社說)'.
77) 『東亞日報』1962년 2월 10일자, '國土建設團 創團式 擧行/ 살기 좋은 國土
　　이룩/ 朴議長 致辭 後進과 貧困 打破에 率先/ 國土建設團의 組織과 活動/
　　建設事業에 挺身/ 宋首班 訓示 戰友愛로 뭉치자'.
78) 『朝鮮日報』1962년 9월 6일자, '國土建設團 白書/ 넉달 天下……解體岐路에/
　　빗나간 當初計劃/ 새 對策의 摸索 不可避/ 費用 比해 別無成果/ 患者는 續
　　出하고……進退維谷'.

적 범죄인으로 취급하고 있었다. 이들에게 군형법을 적용시키고 해당 지역을 관할하는 군법회의가 그 재판권을 가지고 있었던 것이다.79) 또한 소매치기 등의 경범죄에 해당하는 사람들이 건설단으로 보내지면서 사회에서도 국토건설단을 범죄집단으로 취급하는 분위기가 있었다.80)

단원을 범죄인으로 취급하는 만큼 그들에게 요구되는 규율과 노동과정은 매우 가혹하였다. 더욱이 예비역 장교가 기간요원을 맡고 있었으므로 노동 현장에서는 강력한 군대식의 규율이 행해지고 폭력이 행사되었다. 따라서 경남 진주의 제1지단의 경우 입대한 지 9일만에 기간요원에게 기합을 받은 데 불만을 품은 3백 명의 대원이 시위를 벌이는 일이 발생하기도 하였다. 이 사건은 소대장과 중대장을 배척하기 위한 소요사건이라 하여, 경남계엄사령부 군법재판에서 건설대원 이씨(31세) 등 15명에게 소요죄를 적용, 최고 징역 6년의 실형을 선고하는 것으로 마무리되었다.81)

이 일이 있은 후 육군에서는 각 지단과 분단에 헌병을 배치하여 '건

---

79) 『東亞日報』 1962년 4월 14일자, '6·25 當時 勤勞動員者 救濟/ 國土建設團 設置法도'.
80) 예컨대 1962년 인천에 사는 문씨(19세) 등 16명의 불량배와 소매치기들을 안성 소재 국토건설단으로 보내 3~6개월 동안 하천 개수공사에 종사하게 하였다(『東亞日報』 1962년 6월 1일자, '不良輩 16名을 國土建設團에').
국토건설단은 1968년 다시 조직되었는데, 여기에 동원되었던 사람들은 이 두 번째 국토건설단이 박정희 정권에서 두 번째로 실시된 깡패 순화교육이라고 표현하고 있다. 이를 통해서도 1962년 1차로 진행된 국토건설단의 성격의 일단을 엿볼 수 있다(조일환, 『고독한 나의 투혼 2-제주도 국토건설단』, 문예마당, 2006 참조).
81) 『東亞日報』 1962년 5월 23일자, '最高 七年을 宣告/ 國土建設團 中隊長 排斥 사건(原州)'; 1962년 5월 31일자, '二名에 懲役 七年/ 國土建設團 一支團 六大隊 騷擾事件 13被告엔 最下 二年'; 1962년 6월 1일자, '最高 六年 宣告/ 國土建設團 第一支團東 第一支團員 騷擾事件 15被告(釜山)'.

설단원의 질서유지와 범죄예방 및 수사에 임'하도록 조치를 취했다.[82] 그러나 건설단 내의 사건·사고는 이후에도 계속되어, 그해 11월 말까지 집단 폭행 5건, 단독 폭행 21건, 집단 항명 4건, 단독 항명 1건, 안전보호사고 2건, 교통사고 7건, 사망 3건, 무단이탈 1건, 공무원 비행 11건, 공문서 전달 4건, 기타 6건 등 총 65건에 이르는 사고가 발생하였다.[83]

또한 단원들은 일요일도 없는 '無休作業'으로 혹독한 노동에 시달렸다.[84] 그해 9월 경북 영주의 제5지단 6분단에서는 중노동에 시달리던 노무자 중 무려 80명이 늑막염에 걸려 2개월간 귀휴하였으며, 그 중에서 사망자가 나오기도 하였다.[85] 이에 대해 관계기관에서는 "단원들이 늑막염 비슷한 병을 앓고 있는 것은 과로 때문이 아니라 올 여름의 일기가 불순하고 몹시 더웠으며 물이 맞지 않은 단원들도 있고 원래 몸이 약한 단원들이 있기" 때문이라고 발뺌하였다.[86] 그러나 경남 진주의 제1지단에서도 10개월간 무려 2백여 명이 병으로 귀휴하는 등 건설단에서는 총 1,658명의 귀향자와 1,125명의 입원 혹은 입실 환자가 발생하였다. 애초에 입단할 때부터 신체검사가 불철저하여 음성 환자와 허약자가 상당수 포함되어 있었고 의료시설이 열악했던 것도 원인의

---

82) 『東亞日報』 1962년 6월 16일자, '國土建設團에 憲兵 18日부터 配置하기로'.
83) 『朝鮮日報』 1963년 2월 5일자, '焦點 國土建設團 業績 診斷, 合同調査團서 分析·監査/ 非能率的 面 많지만 不得已한 施策/ 體質에 안맞은 給食'.
84) 『東亞日報』 1962년 10월 26일자, '「軍番없는 二等兵」 땀의 보람은? 國土建設團을 헤쳐본다/ 太白山地區 日曜없는 無休作業 제일 큰 고통은 추위/「12月 初 歸休說」에 唯一한 希望 걸어'.
85) 『朝鮮日報』 1962년 9월 5일자, '늑막염 발병 무려 76명/ 확대되는 국토건설단 5지단 불상사, 거의 전원 2개월간 귀휴/ 丙·戊種의 몸으론 감당 어려운 過勞' ; 『朝鮮日報』 1962년 9월 7일자, '앓던 建設員 한명 사망/ 5지단 肋膜炎 환자 모두 80명'.
86) 『東亞日報』 1962년 9월 4일자, '14名이 臥病/ 國土建設團 第五支團 肋膜炎과 비슷한 症狀'.

하나였다. 그러나 무엇보다 정상의 신체가 버틸 수 없을 정도로 과로가 거듭되었고, 건설단 초기부터 불량한 급식으로 인하여 많은 소화기 환자가 발생했던 점을 볼 때, 건설단 노무자의 생활이 어떠했는지 짐작할 수 있다.87)

국토건설단 내에서 집단소요, 집단발병이 계속되는 등 문제가 심각해지자, 감찰위원회는 전국의 국토건설단에 대한 감사를 실시하였다. 그 결과 각 지단에 많은 부당한 처사가 있었음이 드러났는데, 그 내용은 대개 ① 운영계획의 빈곤으로 당초 계획한 공구를 변경하여 시간과 재정 손실을 입혔다, ② 작업장비를 갖추지 않았다, ③ 공사설계도 및 공사명세서, 사업자금 영달의 지연 등으로 공정이 부진하다, ④ 지출원인 없이 사전지출 결의서를 작성하거나 임의로 기물을 구입하였다는 등의 공사 지연과 자금 낭비에 초점이 있었다. 그리고 이외에 ⑤ 청탁에 의한 정실휴가 및 특별휴가 등으로 공정을 잃은 처사가 허다하다, ⑥ 의약품대 입원치료비의 예산책정 부족으로 건설원의 보건유지가 매우 불충분하다는 내용 등도 포함되어 있었다.88)

국토건설단 내부의 이러한 문제는 노무자들의 생활에 직접 영향을 미쳤다. 예컨대 춘천의 제2지단 노무자 2천여 명은 때이른 추위에 적절한 월동대책이 없어 밤이면 기온이 영하로 내려가는 내무반에서 새우잠을 자고 있었는데, 이들이 취할 수 있는 조치는 두겹으로 된 가마니로 막사판자를 두르는 것뿐이었다. 이들에게는 월동장비로 내의 2벌과 양말 1켤레, 필드자켓만이 지급되었고, 모자나 신발, 장갑, 겨울 이불 등의 월동장구는 지급되지 않았다. 소양강댐과 춘천댐 건설로 매몰되는 양구, 화천지역 도로의 이설로를 만들기 위해 산허리를 깎아 길

---

87) 『朝鮮日報』 1963년 2월 5일자, 앞의 기사.
88) 『東亞日報』 1962년 10월 11일자, "'計劃貧困으로 時間浪費'/ 國土建設團 監査 결과 情實休暇·保健에도 不實'.

을 만들던 제2지단 단원들은 "새벽 6시에 기상하여 8시부터 작업을 개시하나 8시라도 이곳 작업장은 햇볕을 볼 수 없으며, 내무반 마루침상에서 추위에 새우잠을 자고난 후면 노동력을 최대한으로 발휘할 수가 없다"고 호소하였다.[89]

이러한 가운데 국토건설단의 작업은 애초 '분산된 역량을 조직화함으로써 능률적으로 활용하여 급진적인 건설에 박차를 가'할 것이라고 표방했던 것과는 달리, 정부 내에서조차 그 작업능률을 평가받지 못하였다. 정부에서는 1963년부터 국토건설단을 사방사업에 동원하기로 계획을 세웠으나 농림부에서 이를 달가워하지 않았고, 여타 부서에서도 그들의 공사가 비능률적이라면서 공사 맡기기를 꺼렸다.

건설단의 작업능률이 낮았던 원인은 무엇보다 건설단원으로 동원된 노무자들의 의욕과 경험이 부족하여 작업이 부진하고 공사에 필요한 기간요원의 기술이 부족하고, 기술요원이 숫적으로 부족한 데 있었다. 5개의 철도공사 공정에 토목기술자는 단 2명이 있을 정도였다.[90] 그러나 처음부터 완전한 작업계획이 마련되지 않은 채 서둘러 작업에 착수한 데도 원인이 있었다. 설계가 나오지 않은 상태에서 눈어림으로 작업을 하거나 용역계약이 늦어져 곡괭이로 바위를 깨고 토차로 흙만 운반하면서 시간을 보내기도 하였던 것이다. 또한 군인 출신으로 구성된 기간요원들도 공사에 대한 경험이 전혀 없었기 때문에 작업 초기에는 어리둥절했다고 고백하기도 하였다.[91]

국토건설단이 발족한 뒤 잡음이 계속되고 그 문제가 사회여론화 되

---

89) 『東亞日報』 1962년 10월 16일자, '零下의 잠자리에 떠는 「望鄕」/ 國土建設團에 防寒對策 時急/ 앞서 온 寒波에 對策 못 따라/ 勞動力도 低下'.
90) 『朝鮮日報』 1963년 2월 5일자, 앞의 기사.
91) 『東亞日報』 1962년 10월 31일자, '發足 八個月에 苦難의 歷程만……/ 國土建設團의 總決算/ 미치지 못한 「노린 效果」/ 裝備不足에 엉성했던 計劃/ 明年度 계속 與否에 關心 集中'.

자 마침내 정부는 창단한 지 열달도 못되어 1년차 작업 목표량의 70%만 달성한 채 건설단을 완전히 해체하기로 결정하였다. 형식상으로는 1962년 12월 31일에 해단식을 거행하였지만, 실제로는 이미 11월 28·29일 이틀간 모든 국토건설단을 해체하고 노무자들을 귀휴 조치하였다.92) 당초에 15만 명에 달하는 병역기피자와 유휴노동력을 흡수하여 다목적의 국토건설사업에 투입하겠다고 했던 계획이 이내 막을 내리게 된 것이다. 이는 우선은 12월 17일 국민투표를 앞두고 여론을 의식한 행동이기도 했지만, 언론에서는 예산부족으로 월동준비를 하지 못했기 때문이라고 지적하고 있었다.93)

그러나 무엇보다 개인을 강제로 동원하여 국가권력의 임의대로 활용하려는 '징용'을 되풀이하는 것은 이제는 더 이상 용납되기 어려웠다. 처음부터 동원대상자들을 범죄인으로 몰고 가면서 이들의 노무동원을 당연한 것으로 합리화하여 사회의 동의를 얻으려 하였지만, 그것을 수긍하기에 사회와 그 구성원들은 이미 한단계 성숙해 있었던 것이다.

5. 맺음말

한국전쟁의 와중에서 여러 세력의 부침이 거듭되면서 어느덧 사회에서는 신분의식이 거의 자취를 감추었지만, 이후 또 다른 면에서 양분화가 지속되었다. 국가권력에 의해 강제적으로 진행된 노무동원에서

---

92) 『朝鮮日報』 1962년 11월 30일자, '기쁨의 歸鄕길에/ 建設團員, 어제 除團式'; 1963년 1월 1일자, '國土建設團 解團式 거행'.
93) 『東亞日報』 1962년 11월 30일자, '"참 수고가 많았소"/ 一年生으로 短命한 國土建設團 10個月의 決算/ 二萬餘 健兒의 피땀 찬 보람/ 目標의 七割쯤 達成/ 집단늑막염 등 말도 많더니'.

동원되지 않을 수 있었던 계층과 동원당할 수밖에 없었던 계층의 구분도 그 중 하나이다. 이를 경제의 측면에서 보자면, 자유의지로 경제활동을 하고 그 대가를 받았던 층과 노동력을 강제로 동원당하고 그 가치를 전혀 인정받지 못했던 층으로 구분할 수 있을 것이다.

근대사회로 들어서면서 전근대사회에서 국가적으로 행해졌던 身役은 일부 국가의 兵役을 제외하고는 더 이상 존재하지 않게 되었다. 그러나 일제지배 말기 전쟁의 소용돌이 속에서 징용의 형태로 일제에 의해 조선인 노동력의 동원이 강제되었다. 이후 해방이 되고 남북한 분단정부가 들어서고 한국전쟁이 발발하면서, 일제하에 전민족적으로 경험하였던 '징용'의 기억은 국가권력에 의해 쉽게 재현되었다. 일본제국주의는 사라졌으나 그 당시의 지배정책이 남긴 유산은 잠복되어 있다가 기회가 만들어지면 국가권력 혹은 사회의 지배 구조에 의해 이내 재현되었던 것이다. 곧 일제하의 강제동원이라는 강렬한 경험은 한국전쟁기와 그 이후의 '전시근로동원'으로 되풀이되었고, 나아가 평시였던 1962년 국토건설단의 형식으로 지속되었다.

그러나 사회의 의식수준은 정치세력의 변화 이상으로 앞서 나갔고, 동원 대상자들의 저항 역시 거세어졌다. 따라서 동원의 기간은 점차 짧아질 수밖에 없었다. 또한 국가권력은 동원의 대상을 노동이 가능한 모든 사람에서 점차 병역기피자 등으로 축소해 가고, 이들을 사회의 잠재적 범죄자로, 곧 사회에서 일정기간 격리해야 할 층으로 표현하였다. 동원의 범위를 축소·제한하는 방식으로 동원을 합리화하여 사회의 동의를 구하고자 한 것이다. 그리고 이러한 경험은 이후 또 한차례의 군사쿠데타 과정에서, 이제는 노무동원이 아닌 '범죄집단'을 사회에서 격리시키는 형식으로 삼청교육대라는 또 다른 희생양을 만드는 배경으로 작용했을 개연성도 적지 않다.

식민지 지배와 전쟁, 쿠데타의 과정에서 몇 차례 되풀이된 노무동원의 경험은 한국사회의 노동문화에 많은 부작용을 남겼다. 우선 사회 변화의 과정에서 노동자로서 경험을 축적해갈 시기에 동원 노무자에게서 정상적인 노동의 기회를 박탈하여, 결과적으로 노동자 계급의 형성을 방해하였다. 비정상적인 노동의 한 형태인 노무동원이 여러 가지로 형태를 바꾸어 재현됨으로써 노동자로서 개인의 계급성이 정립되는 것을 지연시켰고 노동시장의 구조에도 영향을 미쳤던 것이다. 또한 여타의 노동현장에서 노동조건을 악화시키는 요인으로 이용되기도 하였으며, 나아가 지배층이 추구했던 이데올로기가 개개인의 의식과 일상을 속박하면서 오랫동안 영향을 미쳤다.

본고에서 살펴본 한국전쟁 이후 평시에 행해졌던 노무동원은 사회에서 동의받지 못한 공권력의 횡포였다고 할 수 있다. 법에 근거하면서도 법을 지키지 않은 상태로 노무동원이 강행되면서, 동원이 왜 진행되는지 알 수 없었거나 관심조차 없었던 이들에게까지 국가권력은 많은 희생을 요구했다. 이들은 자신의 선택과는 무관하게 공권력의 의지에 따라 동원되고 활용되면서도 최소한의 인간적인 생활도 유지할 수 없는 상태로 몰려갔고, 가정이 파탄되는 비극까지 홀로 감당하면서 권력에 대한 불신과 저항의식을 키워갈 수밖에 없었다.

나이를 고려해 보면 일제하에 징병이나 징용을 경험했던 이들이 다시 한국정부에서 징용을 겪었을 가능성이 크다. 과연 이들에게 국가란 어떠한 존재인지, 나아가 이들이 모진 경험을 거듭하면서 자신의 삶과 미래에 대한 확신을 가질 수 있었을지, '동원'에 대한 그들의 회한을 전해 들어야 할 필요성을 절감한다.

전후 농촌의 사회연결망과 농민생활
-충남 문당리의 사례를 중심으로-

이 경 란

1. 머리말

　1950년대 전반기 농촌사회와 농민경제는 한국전쟁과 농지개혁으로 큰 변동을 일으켰고, 이 시기를 경계로 한국의 농민경제를 둘러싼 사회연결망은 재구성되었다. 이제 농민들은 자신의 농업을 독립적으로 경영해야할 책임을 지게 되었다. 농민들이 관계하는 사회연결망이 과거에는 지주를 중심으로 짜여졌다면, 이제는 자신을 중심으로 해서 직접 시장과 국가, 그와 연결된 미국의 영향력을 받았다. 한편으로는 다른 층위로 자신을 둘러싼 지역-마을-가족의 사회연결망 속에 자신을 새롭게 자리매김해야 했다. 이런 관계가 얼마나 자신에게 우호적이고 호혜적으로 재구성되는가에 따라서 농업경영의 유지와 재생산의 양상이 달라질 것이다. 이것이 농지개혁 이후 농민들에게 닥친 현실이었다. 그럼 실제 농민들의 사회연결망은 어떻게 재구성되었을까?

　1950년대 한국 농민경제는 악화되어 갔다. 50년대와 60년대 초반으로 이어지는 농업과 농촌사회는 현물세의 도입, 미국 잉여농산물 도입으로 인한 곡가 폭락, 농가고리채의 확대, 농업경영의 영세화와 재생소작제의 확대, 이농과 농촌 몰락, 국가주도형 농업정책과 반관적 농협의 설립이라는 환경 속에서 농민생활이 파탄되고 국가와 시장이 지배하는 농업·농촌사회라는 상이 만들어졌다.[1] 이렇듯 이승만 정권의 농정 방향과 그로 인한 문제점들은 농민들의 삶을 압도적으로 규정한 요소였다. 이것이 교육수준이 낮고 오랫동안 빈곤과 통제 속에서 살아온 농민의 무기력감을 강조하는 주장들과 결합하여 정부가 주도하는 강력한 농업개혁만이 농촌을 살릴 수 있다는 담론을 형성하였다. 그렇기 때문에 사람들은 1950년대 농촌사회와 농민들이 맞닥뜨린 새로운 농업구조와 사회연결망을 재구성하는 동력으로서 국가에 주목할 수밖에 없었다.

그런데 한편에서 농민들과 농촌운동가들은 해방 전부터 이승만 정권이 추진하는 농업정책과 다른 방향의 논의와 시도를 해왔다. 그리고 삶의 현장 속에서 농민들은 마을을 중심으로 낮은 수준일망정 호혜적 관계망을 만들어서 살고 있었다. 그렇다면 국가주도의 농업정책이 결정되어 민간의 시도들이 억제되었다고 해서 그 움직임이 완전히 사라지는 것일까? 이 연구는 이런 질문에서 시작되었다. 1950년대 농촌구조와 사회연결망을 재구성할 때, 농민들이 주축이 되어 스스로의 호혜

---

1) 李明輝, 「1950年代 農家經濟 分析」, 『經濟史學』 16, 1992 ; 최봉대, 「1950년대 지방자치제와 농촌지역 사회의 정치적 지배집단 형성-경기도 3개군 관내 읍 면지역 사례연구」, 『사회와역사』 54집, 1998 ; 김동춘, 「1950년대 한국 농촌에서의 가족과 국가-한국에서의 '근대'의 초상」, 역사문제연구소 편, 『1950년대 남북한의 선택과 굴절』, 역사비평사, 1998 ; 김성보, 「이승만정권기(1948.8~1960.4) 양곡유통정책의 추이와 농가경제 변화」, 『한국사연구』 108, 2000 ; 김소남, 「1950년대 임시토지수득세법의 시행과정 연구」, 『역사와현실』 43, 2002 ; 김성보, 「1945~50년대 농촌지역의 권력 변화-충청북도 면장 면직원 분석을 중심으로」, 『호서사학』 35집, 2003 ; 김동노, 「1950년대 국가의 농업정책과 농촌 계급구조의 재구성」, 문정인·김세중 편, 『1950년대 한국사의 재조명』, 선인, 2004 ; 김성보, 「1950년대 이승만정권의 농정과 농업문제의 성격」, 『인문학지』(충북대 인문학연구소) 29집, 2004 ; 이명휘, 「1950~60년대 契와 사금융시장」, 『여성경제연구』 제2집 제1호, 2005 참고.

망을 만드는 것은 불가능했고, 또 그런 움직임은 존재하지 않았을까?
 농촌사회의 재구성이라는 측면에서 그간의 연구 성과를 살펴보면 도움을 받을 수 있는 연구들이 제출되어 있다. 최근 1950년대 농업정책과 농촌사회의 정치경제적 질서의 변화에 대한 연구가 축적되었다. 1950년대와 60년대 초반에 걸쳐 농민들의 생활과 의식을 조사하는 작업들의 성과가 다수 남아 있다.2) 또한 군 단위나 면 단위,3) 마을군 단위,4) 마을단위의 지역연구도 제출되고 있다.5) 이 연구들은 당시 농민생활과 경제, 사회연결망이 어떻게 이루어져 있는가를 살펴보는데 많

---

2) 李萬甲, 『韓國農村의 社會構造-京畿道 六個村落의 社會學的研究』, 한국연구도서관, 1960 ; 高凰京, 李萬甲, 李效再, 李海英, 『韓國農村家族의 硏究』, 서울대학교출판부, 1963. 농업은행과 한국은행의 농가경제조사자료는 농업은행조사과, 『농업연감』 각 년도 참고.
3) 함한희, 「해방 이후의 농지개혁과 궁삼면 농민의 사회경제적 지위 및 그 변화」, 『한국문화인류학』 23집, 1991 ; 洪性讚, 『韓國近代農村社會의 變動과 地主層』, 지식산업사, 1992 ; 정승진, 「20세기 전반 전통 농촌지역의 사회변동 양상-전남 나주군 다시면의 사례」, 『대동문화연구』 48집, 2004 ; 김성보, 「1900-50년대 진천군 이월면 토지소유와 사회변화」, 『한국사연구』 130, 2005 등이 있다.
4) 정근식, 홍성흡, 김병인, 박명희, 전형택, 표인주, 추명희, 김준 공저, 『구림연구-마을공동체의 구조와 변동』, 경인문화사, 2003에서는 마을단위연구의 폐쇄성을 극복하는 방안으로 마을단위와 면단위의 중간에 리단위 또는 확대된 마을단위인 마을군에 주목할 필요가 있음을 제기하였다. 이 단위에서 지배관계나 일상적 생활세계에서 중심과 주변을 형성하고, 중요 변혁기에 긴장과 갈등관계를 만들어내는 경향이 있으므로 신분제하의 주민관계나 마을간 관계 또는 역동적 사회변동을 보기 위해서는 마을군 연구가 유리하다고 보았다.
5) 김경옥, 「한국전쟁 이후 장흥 유치동계의 조직과 기능변화」, 『전남사학』 19, 2002 ; 정근식 외 공저, 위의 책, 2003 ; 윤택림, 『인류학자의 과거여행』, 역사비평사, 2003 ; 이용기, 「1940~50년대 농촌의 마을질서와 국가-경기도 이천의 어느 집성촌 사례를 중심으로」, 『역사문제연구』 10호, 2003 ; 이용기, 「19세기 후반~20세기 중반 洞契와 마을자치-전남 장흥군 부용면 어서리 사례를 중심으로」, 서울대학교 박사학위논문, 2007.

은 도움을 준다. 또한 국가에서 민을 접근하는 방법이나 시장(또는 자본)이 농업구조와 농촌사회에 미치는 영향뿐만 아니라, 지역 단위에서 농민경제를 접근하는 방법이나 농민 당사자의 입장에서 자신들을 둘러싼 사회를 설명하는 방법이 가능해졌다.6)

이런 연구의 도움을 받아서 본고에서는 농민들의 주요 생활공간인 마을을 중심으로 해서 이들이 맺고 있는 사회연결망의 다각적 측면을 살펴보려 한다. 특히 농촌사회의 지속성이라는 면에서 볼 때, 농민들의 생활경제를 유지하게 해주는 범주에 초점을 맞추려 한다. 농민들은 국가영역, 시장영역, 공공영역(마을의 일정한 기능이나 협동조합 등 호혜의 영역), 가족, 개인 등 자신을 둘러싼 연결망 속에서 살아간다. 거기에서 어떻게 관계를 형성하게 되는가가 사회연결망의 재구성 문제이기도 하다. 그 속에서 농촌사회를 규정하는 요소 또는 유지·지탱하게 하는 요소는 무엇이었는지를 찾아내고자 한다.

여기에는 사회연결망 개념을 사용하고자 한다. 사람들의 행위를 이해하기 위해서는 개별 인간의 속성 외에 그 사람이 맺고 있는 관계를 살펴보는 것이 중요한데, 각 개인이 상호작용하는 연결망은 행위를 통해 (재)생산되고 유지되며, 연결망의 전체 구조는 그들의 행위에 영향을 미친다. 특히 특정한 형태의 연결망 안에 '자리 매겨져 있는' 행위자의 위치가 그들의 의식이나, 효용, 혹은 행위에 대한 보상에도 영향을 미친다. 특히 사회의 공동체적 결속이나 호혜적 연결망 같이 사람들 사이에 형성된 사회적 자본이 만들어지려면 서로에게 이익이 되도록

---

6) 충남 시양리를 대상으로 연구를 했던 윤택림은 "마을사람들의 일상적 경험은 바로 역사적인 것이 되고, 그들의 살아온 이야기는 바로 그들을 역사의 주체로 놓을 수 있게 해준다. 일제시기부터 마을사람들의 활동과 경험반경은 마을과 면이 중심이 되었고, 마을사람들은 마을을 통해서 면, 군, 한국이라는 국가를 바라보았던 것. 일상생활사와 미시사의 관점에서 전쟁의 경험을 드러내는 작업이다"라고 마을연구의 접근시각을 말한다(윤택림, 앞의 책).

수월하게 협력할 수 있도록 하는 네트워크나 규범, 신뢰가 형성되어야 한다.[7] 50년대 농촌사회에 이러한 호혜적 연결망과 사회적 자본으로 형성될 만한 규범과 농민들간의 신뢰가 형성되었을까?

이 연구에서는 50년대의 마을에서 새로 형성되던 사회연결망에 주목하되, 그 사례를 선정하는 데 특별한 의미를 부여하였다. 글의 목적과 관련하여, 한국의 농업구조가 갖고 있는 구조적 성격에 규정을 받되 농민들의 자주적인 힘으로 새로운 농촌사회를 만들어내고 있는 지역으로 충남 홍성군 홍동면 문당리를 선정했다. 홍동면과 문당리 일대에서는 1950년대 말부터 주류적 농업구조와는 다른 움직임들이 조금씩 태동하고 있었기 때문이다. 홍동면 일대는 정치적으로 자유당정권의 기반이었던 독촉세력이 지역 권력을 잡았지만,[8] 50년대 후반 이후 주류사회에 대한 대항 담론을 발전시켜온 지역이기도 하다. 1958년 풀무학교의 설립 이래 기독교 계통의 농민운동과 협동조합운동이 지역에서 성장하는 모습을 볼 수 있다.[9] 현재 홍동면은 환경농업과 협동조합운동을 기반으로 한 대안농업과 지역운동의 대표지로 알려져 있다. 문당리는 홍동면 안에서도 마을의 주민 전원이 친환경영농조합을 구성하여 운영하는 마을 단위의 환경농업지역으로 대표되는 곳이다.

문당리는 홍성군에서 남쪽으로 8km 떨어진 곳에 위치하며, 동남북쪽은 산으로 둘러싸여 있고, 서쪽으로는 삽교천이 흐른다. 현재 문당리

---

7) 사회연결망 개념에 대해서는 김용학, 『개정판 사회연결망 이론』, 박영사, 2004, 24~28쪽, 122~145쪽 참고.
8) 해방후 홍성지역의 정치적 상황에 대해서는 비교적 연구가 진행되어 있다. 장규식, 「해방후 국가건설운동과 지역사회의 동향」, 『학림』 16, 1994 ; 박찬승, 「해방이후 홍성지방의 정치사회적 동향과 지역엘리트」, 『동방학지』, 2005 참고. 홍동면의 사례는 장규식 연구를 주로 참고하였다.
9) 이 두 흐름이 홍동면 나아가 홍성지역 내에서 어떻게 서로 영향을 미치는가에 대해서는 앞으로 검토해야 할 주제이다.

는 행정마을로는 문산마을과 동곡마을 2개, 자연마을은 문산, 동곡, 서근터(안말), 원당의 4개로 구성되었고, 각 마을들은 산으로 둘러싸인 골짜기에 몇 가구들이 모여 집촌을 이루고 있다. 1914년 행정구역 개편 때 광제리, 동곡리, 원당리, 하소리, 가곡리, 문산리, 상소리의 각 일부와 규곡면 미정리의 일부를 병합하면서 문산과 원당의 이름을 따서 문당리라고 이름을 정했다.10) 성씨 구성은 전주 이씨와 창원 황씨를 위주로 한 13성이 정착한 각성마을이다.11)

한편 마을 단위의 연구는 농민들이 문헌자료를 소장하는 경우가 적다는 어려움이 있어, 이를 대체하거나 보완해야 한다. 이를 위해서 면 단위의 자료나 관련 기관의 문헌자료를 수집하거나, 마을주민들의 구술을 활용하는 것이 필요하다. 문당리에서도 50년대의 자료를 소장하는 사람들이 없어 본 연구에서는 구술을 적극 활용하였다. 구술은 2007년 6월 15일부터 17일까지 문당리 곳곳에서 진행하였다. 구술 대상은 문당리영농조합을 관리하는 환경교육관 사무실과 주민들의 추천을 받아 이장을 역임했던 문당리 노인회장과 영농조합 이사, 주민들에게서 마을 이야기를 가장 잘 할 것이라고 추천을 받은 1명과, 마을노인

---

10) 문산마을은 문산정, 서근터, 안말, 원당으로 나누어 부르며 원당의 서쪽에는 옛날 큰 정자가 있었다 하여 문산정, 서근터는 곡식이 썩어서 썩은터, 문산정 동남쪽으로 옛날에 큰 무당이 살던 집이 있었다고 해서 원당이라고 한다. 문산정은 옛날에 학문으로 이름 높은 곳이어서 문산정이라 전해오고 있다. 동곡은 옛날부터 동쪽에 자리한 마을이라 하여 붙여진 이름이며 뒷산에는 오봉산이 있어 인재가 많이 나는 마을이라 일컬어진다. 동곡을 거쳐 대영리와 효학리로 연결된다.
11) 1990년대 중반 문당리의 성씨분포는 다음과 같다. 문산마을이 경주와 김해김씨 12명, 전주이씨 20명, 황씨 5명, 곽씨 3명, 권씨 3명, 주씨 3명, 정씨 4명, 유씨 4명, 강씨 신씨 임씨 전씨 최씨 장씨 홍씨가 각 1명씩 있다. 동곡마을은 최씨와 홍씨가 4명, 김씨와 송씨 심씨가 3명씩, 배씨 박씨 장씨가 각 1명씩 살고 있다(洪東面誌編纂委員會, 『洪東面誌』, 1994, 612~613쪽).

회원 1명과 당시의 영농조합장으로 하고 각각 이야기를 들었다.12) 이와 더불어 지역 농업환경의 변화를 살펴보기 위해서 한국농어촌공사 홍성지사가 소장하고 있는 홍동수리조합 관련 자료를 활용하였다.

2. 1950년대 농업구조 변동과 마을의 사회연결망

1) 농지개혁에 대한 기억

대다수의 농민들에게 1945년의 해방이란 지긋지긋한 동원과 통제에서 벗어나고, 흩어졌던 가족들이 모이는 것을 의미했다. 그래서 이들은 그동안 가족들에게 고통을 주었다고 여기는 사람들에게 보복하기도 하고, 어떤 이들은 보복을 당하고 끝내 동네를 떠나기도 했다. 또 치안대나 건국준비위원회 또는 인민위원회라는 이름의 새로운 권력이 탄생하는 것도 보았다. 주민들은 주민들끼리 치열하게 부딪치기도 했고, 나아가 전쟁으로 가족과 가족이, 마을 내의 주민들끼리 서로를 공격하는 극적인 경험을 하기도 했다. 농지개혁은 이러한 와중에 또는 이런 상황을 거친 이후에 실현되었다. 자기 땅이 없거나 있어도 너무 작았던 사람들은 작은 땅이라도 자기 논에서 지주의 눈치 보지 않고 농사지을 수 있게 되었다. 넓은 토지를 소유하고 지역의 권력자로 군림했

---

12) (가) 홍윤석 옹(83세)과의 인터뷰는 2007년 6월 16일 문당리 환경농업교육관에서 이루어졌다. 홍윤식 옹은 1975년 마을이장을 맡았고, 현재는 마을노인회장이다. (나) 김기돈 옹(75세)과의 인터뷰는 2007년 6월 15일 문산마을 김기돈 옹의 자택에서 이루어졌다. 그의 집안은 할아버지 때 효학리의 효동에서 이주하였다. (다) 황강석씨(67세)와의 인터뷰는 2007년 6월 15일 환경농업교육관에서 이루어졌다. 그는 1990년대 초반 마을이장을 맡았었고, 현재는 문당리 환경농업영농조합 이사를 맡고 있다. 6월 16일에는 노인회관 상량식에서 과거 4H활동을 했던 신범용 옹(70세)과 인터뷰를 하였으며, 6월 17일 영농조합 대표인 주형로씨(47세)와 인터뷰하였다.

던 사람들은 과거와 같은 정도의 힘을 발휘하기 어려워졌다. 오랜 시간동안 지주와 소작이라는 계급구조가 당연한 것인 줄만 알았던 사람들은 해방이후부터 꾸준히 오르내리던 '토지개혁'이란 말을 사전학습하고, 그것을 실현하기 위해서 노력하는 사람들을 믿고 또는 반신반의하면서 기다렸다. 또는 지주와의 관계 때문이거나 분배받는 것보다는 매입하는 게 유리하다고 생각한 사람들은 이런 분위기를 기회로 삼아 지주에게서 미리 토지를 매입했다. 어떤 연유에서든 이 시기를 지나면서 많은 사람들이 자기 명의의 토지를 소유하게 되었다. 그럼 문당리 사람들의 농지개혁에 대한 기억을 살펴보자.

(가) 83세/1925년생/ 당시 순소작농

우리는 식구가 많고 농사가 얼마 안 되어서 가정생활이 어려웠어. 소작은 일곱 마지기를 졌는데, 최만석씨 땅을 주로 소작했지. 거기에다 최만석 일가 삼종간인 최원부의 땅을 일부 소작했고. 문당리에는 최만석과 최원부의 땅이 많고, 효학리의 이갑세의 땅도 많았어요. 전에는 소작만 졌는데, 농지개혁으로 일곱 마지기를 받았지요. 광천의 일본인 땅 두 마지기와 최만석의 다섯 마지기입니다.……이 동네는 자작이 거의 없었습니다. 있어도 한두 마지기 정도로 가난한 동네입니다. 많이 지면 열 마지기며 보통은 세 마지기에서 다섯 마지기고, 머슴을 하는 사람이 서너 명 있었죠. 토지상환대금을 정부에다 내고 지주는 정부에서 받고 그랬지. 벼를 정부창고에 납입했는데 타작이나 마찬가지였어. 5년 정도 냈고 등기이전을 할 때는 기분이 좋았지.……일곱 마지기를 받은 중에서 10년 전에 일본사람 땅 두 마지기는 토질이 안 좋아서 팔고 한 마지기는 농지정리로 들어가고(환지돈을 받았다), 현재 네 마지기를 가지고 있습니다.

(나) 75세/1932년생/ 당시 자작농

할아버지 때부터 자작으로 다섯 마지기 농사를 졌어. 전쟁 후에는 소 한 마리가 있었고, 논은 열두 마지기에서 열일곱 마지기 농사를 졌지. 이 동네는 자작이 몇몇 안 되고 대부분이 소작이었어. 지주는 보령 남포에 한 명 있고, 거기를 남포집논이라 불렀지. 대부분이 그 집의 소작을 졌어. 그리고 효학리 최씨랑 문당리 최만석씨네가 있지. 최만석씨네는 적었고, 일부를 소작주는 정도였고 궁하지는 않은 집 정도야. 동네에서는 최씨네가 부자고 동네사람들이 머슴역할을 했지……농지개혁 전에 서로 상의했어. 토지개혁에 안 넣은 사람은 마음이 좋은 사람이고, 토지개혁에 넣은 사람은 마음이 검은 사람으로 욕심 많은 사람이야.……넣는다는 건 실지조사에서 소작인이라고 밝혀서 농지개혁대상이 되게 하는 것이야. 어찌되었든 농지개혁은 논을 고루 나눠가진 셈이지. 땅값은 여유가 생기는 대로 갚았어. 지주는 현금을 받을 수 있고 서로 내통 있고 믿을만한 사람한테 팔았지. 보령남포집도, 효학리 최씨네도 그랬어. 일정 때는 반수 타작이었다가 미군정 때는 3·1제로 했는데, 드물게 지주에게 안주는 사람도 있었어.……최만석씨네는 농지개혁에 별로 당하지 않았고, 큰 부자니까 유지했지.

(다) 67세/1941년생/ 자소작농
우리집 농지는 별로 없었습니다. 다섯 마지기 1000평 정도를 가지고 있었고, 동네 부자 중 하나인 이후창과 그의 사촌 이후근(화신리 거주)의 땅을 소작졌지요. 이후근은 토점(금점)이 많은 사람이었어요. 이후창의 할아버지 이병정이 논을 많이 가지고 있었는데……우리는 토지분배 때 상환금을 내고 우리 논으로 만들었지요. 농민들에게는 큰 득이었어요. 이박사 때 상환금을 냈지요. 소작하다가 이때 농지를 갖게 되었습니다. 원래 가지고 있던 다섯 마지기는 가물어서 농사를 못 짓고 있었는데 두 논을 합해서 열 마지기 정도가 되었어요.……형님이 계셔서 분가할 때 다섯 마지기씩 나눴어요. 지금은 스무 마지기를 가지고 있습니다.……지금 마을사람들의 경제규모는 대개 비슷해요. 많으면 20마지기 이상이고, 대부분 10마지기에서 15마지기 정도를 소유하고 있지요.

  이들의 이야기를 통해서 볼 때, 현재 문당리 주민 중에는 농지개혁 때 토지를 분배받은 집도 있고, 직접 관계없이 진행상황을 관찰자적 입장에서 경험했던 자작농도 있었다. 개별 농가에 따라 경험은 달랐다. 그렇지만 그로 인한 마을연결망의 변화는 마을 사람들이라면 모두 함께 겪는 현실이었다. 당시 이 지역 농민들이 맺고 있던 지주소작관계와 마을내부의 관계, 그리고 마을 사이의 관계가 변한 것이다.

  농지개혁 이전에 문당리 주민들은 대부분 소작농이었다. 이 마을의 토지는 주로 이웃의 효학리나 대영리 또는 화신리의 이갑세, 최원부, 이병정(이후근)과 같이 주변에 사는 지주와 광천면의 일본인 지주, 보령의 조선인 지주와 같이 문당리 바깥의 조선인이나 일본인 부재지주들이 소유했다. 문당리 안에서는 최만석과 이후창 같은 중소지주들이 있었고, 이들 문당리 지주들은 모두 효학리와 화신리에 사는 좀 더 큰 지주들의 친척들이었다. 이들 중에서 이갑세와 최원부는 일대에서 유명한 인물들이었다. 대영리에 사는 이갑세는 농지개혁 때 홍동면에서 유일하게 30정보 이상의 농지를 분배당했다.[13] 그는 일제하에는 4대 홍동면장과 해방 후에는 1946년 10월부터 1947년 4월까지 10대 면장을 역임하였다.[14] 효학리의 최원부는 지역에서 '홍주영감'집이라 불리는 위세있는 집안이었다. 한말 홍주목사를 지낸 최광수의 자손이기 때문인데,[15] 최원부는 1930년 '100정보이상 조선인지주 명부'에 실려 있다.

---

13) 韓國農村經濟硏究院, 『農地改革時 被分配地主 및 日帝下 大地主 名簿』, 1985, 43쪽.
14) 홍동면지편찬위원회, 『홍동면지』, 1994, 401～402쪽.
15) 대영리의 한사부락은 전주이씨 덕천파의 마을인데, 시조인 정종의 10남 덕천군 5대손 유관이 남원부사를 역임하다가 대영리에 낙향하여 거주하였고. 그 후손이 대영리와 효학리, 금당리에 대대로 거주하였다. 대영리의 해주 최씨의

이때 홍성군에만 논 165정보, 밭 15정보 합 180정보의 땅을 소유하였고,[16] 그가 이렇게 부자가 된 것은 100여 년 전부터일 것이라고 한다. 그런데 그는 농지개혁 때의「피분배지주명부」에 나타나지 않는다. 그뿐만 아니라 홍동면 일대의 최씨 중에서 이 명부에 실려 있는 사람은 없다. 김기돈 옹의 이야기처럼 사전매매를 통해서 농지를 처분하여 대상면적을 줄이고 일부만 대상지가 되어 홍윤석 옹 집안 등에 분배되었다고 추정할 수 있다.

이와 같이 문당리 토지는 다른 마을의 지주들이 대부분 소유하였고, 문당리 사람들 가운데에는 큰 지주가 없었다. 문당리가 가난한 마을로 마을 내에 빈부격차가 그리 심하지 않은 상태임을 보여준다. 잘 사는 사람이라 해도 소지주 정도였다. 그런 반면 문당리 사람들은 마을 바깥 특히 이웃마을의 몇몇 대지주와 경제적으로 밀접한 관계를 지니며 살아왔다. 이러한 상황이 변화한 것이다.

2) 농지개혁 이후 마을 자리매김의 변화

지주소작관계가 해체되고, 문당리 농민들의 상당수가 소규모나마 자기 토지를 갖게 되었다는 사실은 문당리와 주변 마을의 관계에도 영향을 미쳤다. 그간의 지주소작관계는 문당리와 주변 마을의 관계를 반영하고 있었기 때문이었다.

각성마을이고 가난한 마을인 문당리와 달리 대영리와 효학리는 문당리의 토지를 많이 소유한 지주들이 사는 마을이었다. 이 두 마을은

시조는 해주 목민관으로 선정을 베풀고 판이부사를 역임한 최온이다. 17대손 광수는 1901년 청풍현감, 1902년 홍주목사를 지내고 1928년 55세로 죽었다. 1990년대 초반에 이 마을에 그의 후손 15호가 거주했다. 이 최씨 집안을 두고서 '홍주영감'이네라 한다(『홍동면지』, 58~59쪽, 606쪽).
16) 韓國農村經濟硏究院, 앞의 책, 152쪽.

조선말엽의 금동면 지역으로 문당리 동곡마을의 뒷산길로 연결되는 같은 생활권에 속했다. 효학리의 서당에 대영리, 문당리, 월계리, 금평리의 아이들이 한문과 사서삼경을 배우러 다녔다고 한다.17) 경제조건으로 보면 문당리 주변은 너른 평야를 끼고 있지만 산곡쪽을 제외하고는 항상 물부족 상태였던 데 비해서, 효학리와 대영리는 얕은 산 사이에 논들이 있어 수리가 안정적이었다. 또한 홍성읍에서 광천으로 연결되는 도로가 마을 앞을 지나가 교통도 편리했다. 이에 비해 문당리지역은 1990년대가 되어야 홍성읍에서 운월리를 지나 광천면으로 연결되는 도로가 부설되었다. 이런 조건들 때문에 예전부터 대영리나 효학리로 낙향하는 양반들이 많았다. 대영리는 천 호 가까이 살았다는 영촌과 전주 이씨들이 300년 전에 정착해서 사는 한사를 합해 만들어졌다. 효학리의 성산은 으뜸마을로 마을 뒷산에 성이 있어 성산이라 불렸으며, 효동은 청주 이씨 집안이 자리잡은 곳으로 효자비가 있어서 효동이라 불렀다.18) 이렇게 효학리와 대영리는 과거 금동면의 중심지역인 양반마을이었다. 그리고 일제시기부터 1960년까지 출신지역이 파악되는 홍동면장 13명 중 4명이 대영리 출신이고 2명이 효학리 출신이

---

17) 효학리에는 두 개의 서당이 운영되었다. 하나는 이병헌이 운영하던 것이다. 그는 1900년 5~6년간 서당을 운영한 뒤 서산군이나 예산군 등 외지를 전전하다 1935년에 다시 효학리에서 아이들을 가르쳤다고 한다. 효학리 만이 아니라 대영리, 문당리, 월계리, 금평리 등에서 10~20여 명의 아이들이 한문기초에서 사서삼경까지 배웠으며, 학채는 보리와 벼로 받았다. 또 다른 서당은 이우규가 운영하는 효학리 성산서당이었다. 그는 1868년생으로 판임관 5등 성균관박사에 서품되었던 인물로서, 19세부터 홍동면과 금마면을 오가며 청소년을 가르치다가 노년기에는 효학리 성산마을 자기 집에 서당을 설립하고 아이들을 가르쳤다. 일제하에 서당운영을 중단하기도 했으나 그가 75세로 죽을 때까지 계속하다가 지금은 그 손자 이인순이 이어가고 있다. 대영리의 한 사부락에는 이용민이 의학과 한학을 익혀 일제하에도 계속 서당을 운영하였다고 한다(『홍동면지』, 258~261쪽).

18) 『홍동면지』, 65~66쪽.

었다. 그에 비해서 같은 시기에 문당리에서는 한번도 면장을 낸 적이 없었다.[19] 홍동면에서 이 두 마을은 지역권력과 밀착되어 있었고, 문당리는 지역의 변두리에 있으면서 모든 면에서 대영리를 중심으로 한 과거 금동면 지역의 위세에 눌려 있었다.

그런데 농지개혁 이후 문당리가 맺는 마을간의 관계는 바뀌었다. 1944년과 1961년의 홍동수리조합 조합원의 구성에서 그 차이를 볼 수 있다.

<표 1> 홍동수리조합 조합원의 주소지별 면적과 인원(1944년)

구분	면적(평)	인원	반별	1인당평균소유면적(반)
면내	497,986	234	165.99	0.74
군내	167,591	83	55.86	67.30
도내	48,289	15	16.10	107.33
도외	47,368	16	15.79	98.68
합계	761,234	348	253.74	

자료 : 洪東水利組合, 「6. 組合員名簿 面積集計及人員調書」, 『組合設置關係』, 1944.
비고 : 1인당 평균소유면적은 필자가 계산한 것임.

위의 표는 1944년 홍동수리조합을 설립할 당시 대상지역인 홍동면의 화신리, 홍원리, 문당리, 금평리, 구정리, 팔괘리, 운월리, 월현리와 장곡면 지정리의 수리조합 구역내 토지소유자를 주소지별로 분류한 것이다. 여기서 보면 홍동면내 거주자가 가장 많지만 그 외에도 상당히 많은 부재지주가 있었다. 이들 부재지주들이 홍동면내의 토지소유자들보다 1인당 토지소유면적은 훨씬 많았다. 이 지역이 부재지주가 주도하는 지주적 토지소유가 강했음을 말해준다. 반면에 면내 토지소유자는 인원이 많은 데 비해 평균 토지소유면적은 매우 적었다.

---

19) 『홍동면지』, 401~402쪽.

그런데 1961년의 수리조합 조합원들은 모두 구역 내 주소지를 가진 사람들로만 구성되었다. 농지개혁과정을 통해 토지소유자가 모두 면내 거주자로 바뀌었으며 그 외의 거주자들은 모두 사라졌다.[20] 문당리의 대지주였던 이갑세는 1961년의 「조합원명부」에는 없으며, 다른 대영리 거주자도 없다. 그에 비해 문당리 주민들 가운데 토지소유자가 늘어나는 것이 확연하게 드러난다. 1944년에는 문당리 주민 중에서 21명만이 조합원이었는데, 1961년에는 77명으로 늘었다. 두 시기 사이에 조합구역면적이 50정보 정도 늘기는 했으나, 이 변화는 구역면적의 확대보다는 농지를 분배받은 사람들이 늘어났기 때문에 일어난 현상이라고 이해하는 것이 좋을 것이다. 이런 구성원의 변화는 제도적으로 좀 더 많은 사람들이 수리조합과 같이 지역사회경제와 개인의 농업경영에 영향을 미치는 사안의 의사결정에 참여할 수 있는 자격이 생겼음을 의미한다.

문당리 사람들은 농지개혁을 거치면서 개별 농민이 맺는 지주와 소작관계가 없어져 마을간의 위계가 바뀌는 변화를 겪었을 뿐만 아니라, 수리체계라는 지역사회의 사회연결망 속에 개별 농민들의 위치, 지역사회 속에서 마을의 위치도 새롭게 자리매김하게 된 것이다. 이런 변화가 50년대 농촌사회의 관계 재구성에 어떤 영향을 미치며, 거기서 농민들은 무엇을 매개로 해서 대응해갈까?

3) 문당리 주민들의 토지소유 변화

한국전쟁 이후 문당리 농민들에게 일어난 가장 큰 변화는 소규모 토지이기는 하지만 농지를 소유할 수 있게 되었다는 것이었다. 수리조합 구역내 문당리 토지의 토지소유자 구성은 매우 극적으로 바뀌었다.

---

[20] 洪城水利組合,「홍동수리조합조합원명부」,『水利組合合倂認可申請書』, 1961.

<표 2> 홍동수리조합 구역내 토지소유자 거주지별 문당리 토지소유 현황(1961년 현재)

토지소유자 주소지(리별)	면적(평)	비율(%)
문당리	93582	71
금평리	7992	6
화신리	13859	10
홍원리	5318	4
운월리	6521	5
장곡면 지정리	4814	4

자료 : 홍동수리조합, 「조합원명부」, 홍성수리조합 편, 『수리조합합병관계서류』, 1961

    <표 1>에서 보듯 1944년에는 문당리를 비롯한 홍동면 토지의 대부분이 부재지주의 소유였다. <표 2>는 1961년 홍동수리조합 구역 내의 토지소유자 중에서 거주지별로 문당리의 토지를 소유하고 있는 사람들의 현황이다. 문당리의 77명이 문당리 토지의 70% 이상을 소유하였다. 20% 정도는 금평리와 화신리, 장곡면 지정리 같이 문당리와 경계를 접하는 지역의 주민들이 소유하였다. 거주지역 중심으로 토지소유가 이루어지는 양상을 볼 수 있다. 이는 그동안 다른 도나 다른 군, 다른 면에 거주하는 대규모 또는 중소규모의 부재지주들이 토지를 소유하고 대부분의 지역에 사는 농민들은 소작농으로 살았던 이전 시기와는 완전히 다른 삶의 양식이 가능해졌음을 보여준다.

<표 3> 1961년 현재 홍동수리조합 구역내 문당리 조합원의 토지소유 분포

규 모(평)	인원(명)	비율
300평 이하	5	6
300~900평	33	43
900~1,500평	17	22
1,500~3,000평	19	25
3,000평-	3	4
합 계	77	100%

자료 : <표 2>와 같음

그렇지만 수리조합 구역 내에서 토지소유규모를 살펴보면 농가경제의 영세성이 확연하다. <표 3>은 1961년 현재 홍동수리조합 구역내 문당리 주민들의 토지소유상황을 규모별로 구분해본 것이다. 이를 보면 77명 중 3,000평 즉 1정보 이상을 소유한 사람은 3명이며 이중 최대 소유자는 5,687평을 소유하였다. 최대 소유자가 2정보가 안 되는 규모였다. 물론 문당리 주민들의 토지는 수리조합구역만이 아니라 비수리조합구역에도 있기 때문에 이것으로 경영규모를 단정지을 수는 없다. 그러나 전체 토지소유규모를 수리조합 구역내 토지소유규모의 2배로 추산한다 하더라도 1정보 이상을 넘는 소유자는 6명밖에 되지 않는다.

앞의 구술자의 예로 볼 때, 농지개혁으로 7마지기[21] 소작을 짓던 소작농은 자작농이 되었지만 당시 농촌경제수준으로 본다면 세농범주에 들어가는 과소영세농이었다. 5마지기를 분배받아 자작지와 합해 10마지기가 된 농민도 소농범주에 들어갈 뿐이었다. 기존의 12마지기를 농사짓던 자작농도 마찬가지다.[22]

---

21) 홍동면 지역에서 1마지기는 200평 규모이므로 10마지기는 2,000평 정도이다.
22) 농지개혁 이후 농민들의 영세성문제가 크게 대두되었으므로 농가경제의 계층별 구분문제는 큰 관심사였다. 그런데 그 구분 기준은 논자에 따라 차이가 있었다. 여기서는 농업은행조사부의 기준인 대농 2-3정보의 소유층, 중농 1-2정보 소유층, 소농 0.5-1정보 소유층, 세농 0.5정보 소유층의 분류로 볼 때 농가호수 상황으로 비교한다.

농지개혁 전후 전국 경작규모별 농가호수 대비

구분	1947		1953	
	호수	비율	호수	비율
5반보미만(세농)	894,775	42.2	1,011,032	44.9
1정보미만(소농)	724,167	33.3	768,600	34.2
2정보미만(중농)	409,204	18.8	370,848	16.5
3정보미만(대농)	113,194	5.3	95,722	4.3
3정보이상	31,095	14	2,930	0.1
계	2,172,435	100.0	2,249,132	100.1

자료 : 농업은행 조사부, 『농업연감 1958』, 45쪽.

소작농이던 농민들은 소토지 소유자가 되었지만 당장의 농업경영에 투여할 비용을 마련하는 문제에 직면했다. 지주제 하에서 소작농들은 지주가 사전에 구매한 비료나 종자 같은 농업재료를 미리 사용한 후에 수확기에 소작료와 더불어 이자를 포함한 대금을 납부하는 방식으로 농업재료를 수급했다. 고리대의 악순환이라는 문제를 안고 있었지만 당장의 농사를 지을 수 있도록 하는 방법이었다. 그런데 지주가 사라진 상황에서는 개별 농가가 농업재료를 직접 만들든지 구입하여 사용해야 했다. 당장 현금수급의 어려움에 처해 있는 농민들로서는 경영자체가 어려워지는 상황이었다.

이런 문제를 예상하여 농지개혁을 논의할 때부터 농민들이 협력하여 농업재료의 공동구매와 수확물의 공동판매, 안정적 농업자금의 공급기관, 공공이용 시설을 운영하는 협동조합과 같은 호혜적 연결망을 구축해야 한다는 논의가 동시에 제기되었던 것이다. 농민들이 연대하는 호혜적 연결망이 없이 영세농민들이 분산되어서는 농업경영을 유지할 수 없었다.

3. 마을의 호혜적 사회연결망과 농민생활

1) 수리조합의 설치와 호혜적 관계 형성의 기초

농민들이 호혜적 연결망을 형성하기 위해서는 마을내의 경제적 격차가 줄고 생활의 안정을 이루기 위한 생산력 기초가 필요하다. 개별적인 마을 성원들이 처한 이런 경제적 사회적 관계는 마을의 의사소통과 협력 수준을 규정하는 요소 중 하나이다. 그 관계를 살펴볼 수 있는 것 중의 하나가 수리조합의 운영구조이다. 이 일대는 수리조합을 설치하기 전에는 주로 마을 안쪽의 산에서 내려오는 물을 이용했다. 그래서 마을의 윗들은 농업용수 사정이 비교적 괜찮았지만 마을의 아랫들은 넓긴 했지만 늘 물이 부족했다. 특히 1939년에서 1941년의 가뭄 때 물 부족문제는 상당히 심각했다. 그러자 이 들에서 농사를 짓는 화신리, 홍원리, 금평리, 문당리, 구정리, 운월리, 팔괘리의 주민들은 수리조합의 설립 논의를 시작하였다.

이 사업은 일제가 본격적으로 전쟁체제로 들어가기 위해 생산력확충정책을 추진하려 했던 상황과 맞물려 있었다. 일제는 생산력을 높이고자 했으나 1920년대와 같이 댐과 장거리 수로공사가 필요한 대규모 수리조합을 설치하기에는 전쟁 중의 물자 동원에 어려움이 있었다. 그래서 지역주민들이 직접 관리할 수 있는 소규모 수리조합을 여럿 만들어서 적은 비용으로 수리문제를 해결하는 방법을 택했다.[23]

홍동수리조합은 1944년 8월 30일에 총독부에서 조합원 348명, 구역면적 761,234평, 논 580,895평, 밭 180,338평을 대상으로 설립인가를 받고 홍동수리조합 창립위원회를 구성하였다. 그해 10월에 공사는 착공되었으나 해방과 더불어 중단되었다. 이후 미군정과 대한민국정부가 수리사업을 재실시하기로 하여 사업을 다시 시작하기도 했지만 한국전쟁 때 일시적으로 사업을 중단하였다. 전쟁 후 사업을 재개하여 1955년 6월에 준공하였다. 이후 1961년에는 군사정부가 추진한 소규모 수리조합의 합병정책에 따라 홍양수리조합과 합병하여 홍성수리조합으로 개편되었으며, 1981~1982년에 홍동 1,2지구 경지정리사업이 완공되었다.[24]

수리조합이 설치된 이후인 1950년대 후반기부터 지역의 농업생산력 정체문제는 조금씩 해결되기 시작하여 농민들의 경제를 변화시켜갔다.

---

23) 이 시기 수리조합에 대해서는 이경란,「일제하 수리조합과 농장지주제」,『학림』 12·13합집, 1991 참고.
24)『홍동면지』, 534~537쪽.

(가) 계곡가의 땅은 미곡이 기름기가 좋고 질이 좋아. 수렁논인데, 통새암(큰샘) 근처 논이 수렁논으로 비가 안 와도 괜찮은 땅이라서 가뭄고생은 적지. 전에는 아래 사람들이 밤에 몰래 물꼬를 빼서 아래로 물을 끌어들이기도 해서 물꼬싸움도 많았어. 아래 땅은 벌판이 넓고 물이 적어 농사가 시원찮을 때가 많았어. 우리 땅은 홍동저수지와는 관계가 없어. 관정을 파서 농사를 졌기 때문에 수리조합에 수세를 내지 않고 자체적으로 해결하지. 그런데 지금은 아래들 수리조합 쪽 토지가 유리해. 물을 고루 잘 대 줘 농사짓기가 더 편해졌지. 전쟁 후에는 물 걱정이 없는 동네야. 호되게 가물면 구레짝이 걱정이고 아래는 수리조합 때문에 괜찮아.

(나) 동네는 심한 보리고개를 겪지 않았어. 날이 가물고 관정이 없는 곳은 못했지. 이 동네는 고랑에 수량이 많고 물 나는 데가 많아 물 걱정이 없는 동네지. 회관(환경농업교육관) 위쪽으로 그런 땅이야. 문산마을 수리조합은 왜정 말에 시작해서 해방직후에 중단되었다가 6·25전에 다시 지었어. 화신리수리조합 관정은 수리조합 물이 닿지 않는 곳에 있었어. 동곡 쪽에는 관정이 많지.······현재 논농사는 물 걱정이 없지만 밭이 걱정이야. 집안의 물은 주로 지하수를 쓰고 관정은 한 동네에 하나 정도 있지만 지금은 잘 안 써. 지금은 다 없애고 개인이 기계로 샘을 파서 사용하지.

(다) 지금은 저수지와 지하수개발로 전 지역이 비옥해졌지만 전에는 그렇지 않았지요. 들은 황무지였고, 비가 와야 모를 심을 수 있었어요. 어렸을 때는 논이 거의 묵다시피 했고, 하지가 지나서 늦게 비가 와야 모를 심었습니다. 전쟁전후였던 10대 때는 가뭄이 심해 들이 거의 묵다시피 했는데, 고랑 주변의 수렁논(물나는 논)은 괜찮았고 다른 대부분은 안됐어요. 수년 동안 가뭄 때문에 어려웠지요. 일정 때 저수지의 측량 설계가 완료되었고, 해방 후에 저수지가 만들어져 30~40년 정도 사용했네요. 덕분에 수리안전답이 되었습니다.······

보릿고개였는데 통일벼 IR667을 심은 이후에 벗어났습니다.

마을주민들의 이야기를 들으면 문당리에서 홍동수리조합의 혜택은 토지의 위치에 따라 달랐다. 마을의 논은 산에서 내려오는 물이 논으로 흘러드는 계곡가의 수렁논과 평야지역의 들논으로 나뉜다. 수렁논은 항상 습기가 있고 물이 솟아오르기 때문에 예전부터 물 걱정이 별로 없었던 데 비해서 들논은 수리시설이 없어서 가뭄이 드는 해는 농사를 크게 망쳤었다. 그래서 50년대까지만 해도 마을사람들은 수렁논을 갖고 싶어해서 가격이 더 비쌌다. 아래쪽 땅은 물이 부족해서 물싸움이 자주 일어나곤 했다. 그러던 것이 1955년에 수리조합이 생기면서 처지가 바뀌었다. 50년대 전반기까지 가뭄이면 논이 타들어 갔던 들논이 수리조합이 설치되면서 가장 좋은 토지가 되었다. 그에 비해 상대적으로 안정적이었던 수렁논이 좋지 않은 토지가 되어 버렸다. 두 지역이 상대적으로 혜택의 차이는 있으나 지역 전체로 보면 전반적인 생산성 향상의 기초가 마련되었다.

다음은 홍동수리조합이 지역 농민경제에 미친 영향 중 하나로 운영과 관련하여 수리조합이 호혜적 농촌사회연결망을 구성하기 위한 중요한 조건으로 작용했음을 살펴보고자 한다. 수리조합의 운영방침은 1955년에 준공을 하여 본격적인 혜택을 받기 전후가 아주 달랐다. 농지개혁이 진행되어 조합원의 구성이 달라졌기 때문이었다. 수리조합은 구역 내의 토지소유자를 조합원으로 하기 때문에 지주적 토지소유에 기반하던 1944년의 조합내 의사결정은 지주들이나 부락을 통제하는 위치에 있던 구장들이 하였다. 그런데 수리조합 준공 이후에는 농지를 분배받은 농민들이 늘어나 조합원수도 348명에서 490명으로 확대되었다. 조합원의 경제조건이 변하자 조합원의 의사를 대변하는 평의원의 자격이 1944년의 1정보 이상 토지소유자에서[25] 1950년대에는 만 25세

이상 조합원 모두에게 개방하도록 개정되었다.26) 토지소유 규모 1정보
라는 것은 당시 일반적인 농민경제에 비추어보면 중농 이상만이 평의
원이 될 수 있음을 말하였다. 1944년을 기준으로 본다면 문당리 주민
들 중에서 단 1명만이 평의원 자격이 있었다. 그런데 1950년대에 이르
면 농민들은, 과거에는 지주나 유력자들이나 할 수 있었던, 지역의 수
리체계에 자신의 이해관계를 반영할 수 있는 존재조건의 큰 변화를 경
험하게 되었다.27)

---

25) 「홍동수리조합규약」 제12조 評議員은 組合區域內에서 1町步 以上의 土地를
所有한 者임을 要한다(洪東水利組合, 「洪東水利組合規約」, 洪東水利組合
편, 『組合設置關係』, 1945).
일제하에 설립되고 운영되었던 대부분의 수리조합은 지역내 대지주들이 조
합장과 평의원회를 장악하여 자신들의 이해와 요구에 따라 지역수리체계를
조정하여 이익을 극대화하고 있었다. 일반적으로 1940년대에 설립을 시작한
공려수리조합의 경우는 대개 전시체제하의 체제적 특징을 반영하여 구장이
나 부락연맹장 등이 설립과 운영에 중요한 역할을 하였다.
26) 1954년에 개정된 「홍동수리조합규약」의 평의원규정은 다음과 같다(洪東水利組
合, 「洪東水利組合 規約(4277.8.30忠南經第169認可)(4282.9.7.變更認可)(4285.2.15
改正)(4286.8 改正)(4287.12.10 改正)」, 洪城水利組合 편, 『水利組合合倂認可申請
書』, 1961, 洪城水利組合.)
제12조 評議員 및 補充員은 組合員으로서 選擧 또는 選定의 日 現在 滿25
歲以上이 된 者라야 한다. 但 禁治産 또는 準禁治産의 宣告를 받은 者 自由
刑을 받고 그 執行中에 있거나 또는 執行을 받지 아니하기로 確定되지 아니
한 者 法律 또는 法院의 判決에 依하여 公民權이 停止된 者는 評議員 및 그
補充員의 資格이 없다.
評議員 및 그 補充員은 組合費를 滯納하였을 時는 (過年度組合費包含) 其
資格을 喪失한다.
27) 이런 수리조합의 변화는 정부수립 후 1952년 이후 평의원회의 의결기관화와
평의원회의 직접 선거제를 비롯한 조합의 민주화과정이 진행되었기 때문이
었다. 그러나 이 시기의 민주적 운영구조는 얼마가지 못했다. 1961년 군사 쿠
데타 이후 곧바로 평의회의 기능이 정지되고 평의원이 해임되었으며, 「토지
개량사업법」 이후 도지사의 조합장의 임명과 의결기관 미설치와 같이 모든
민주적 제도가 유보됨으로서 조합원들의 조합운영 참여가 봉쇄되었다. 이런

2) 이장 중심의 마을 운영

농민들이 새로이 변화된 제도를 활용하기 위해서는 개인이나 집단적으로 의사소통과 관리능력을 키우는 연습이 필요했다. 마을은 경제활동과 일상생활이 함께 이루어지므로 일상 속에서 그런 연습을 할 수 있다. 따라서 마을내의 의사소통이 어떻게 이루지고 있었는가를 살펴보는 것이 필요하다. 마을내의 관계를 잘 보여주는 것이 이장과 마을회의였다.

1950년대 이장은 면행정을 협조하는 보조적 위치에서 촌락을 통솔하였고, 대개 한 개의 리를 몇 개의 반으로 나눠 각 반에는 반장을 두었다. 이장과 반장은 주민들이 선출하며 정해진 보수를 주지 않고 1년에 한 번 마을의 대동회(또는 마을회의)를 할 때 곡물을 거출하여 지급하는 방식을 취하였다. 이장은 면사무소나 지서에서 시키는 세금과 잡부금 등을 징수하고 주민들에 대한 부역의 할당이나 정부사업 또는 계획을 해설하거나 실천하도록 독려하는 일을 했다.[28] 특히 이장은 농사에 필요한 비료의 구매와 현물세로 납부되는 양곡을 수납하여 면에 납부하는 일을 맡았다. 따라서 국가와 시장에 연결되는 양곡과 비료, 세금납부 등이 이장을 통해서 마을과 관계를 맺었다.

문당리에서도 다른 마을과 마찬가지로 이장은 면에서 받은 행정지시를 상의하거나 연말에 보고를 하기 위해서 마을총회를 개최했다. 때로 전체가 모일 필요가 없을 때는 반장을 소집해서 논의하고, 반장이

상황은 오랫동안 유지되었고 1980년대 들어 수리조합의 문제가 사회문제로 등장하기에 이르렀다. 농업기반시설에 대한 용수이용료(수세)의 부과와 농민들의 의사가 제대로 반영되지 않은 관료적 운영행태가 문제가 되었다(吳世翼, 「農地改良組合의 組合員 參與制度와 活性化 方案」, 『農村經濟』 제6권 제1호, 1983. 3, 52~56쪽).

[28] 李萬甲, 『韓國 農村社會의 構造와 變化』, 서울大學校 出版部, 1973, 137-138쪽. 이장-반장 구조는 1958년 지방자치법 개정으로 개편된다.

집집마다 돌아다니며 전해주어 일을 처리했다.29) 일상적인 모습은 그러했다. 그런데 해방 직후 문당리에서는 구장·이장과 관련된 큰 갈등을 겪었다. 일제 말기 이장은 공출과 배급의 말단실무자로서 활동하면서 총독부권력을 등에 업고 공출과 배급, 징용과 징병 같이 개별 가호들의 이해관계가 큰 문제를 불공정하게 처리했다.

> 일처리에서 私가 있었기 때문이지. 영장으로 징용되었다면 유구무언이겠지만, 이장이 차출해서 면에 올라간 거야. 여기에 사가 있었어……'때려죽이자'라는 말뚝을 이장집 앞에 세워놓고, 동네일도 안 해줬지. 가고 싶어도 일을 가면 때려 죽인다고 위협하니까 못갔어.……그걸 주도한 집은 징용간 집들이야.30)

"배급은 구장과 친한 사람은 더 타먹고, 밉게 뵈는 사람은 조금 줬어. 얼마를 받은지 모르니까"라는 배급에 대한 부정의혹이나, "징용간 사람들이 많았고 죽은 사람도 있었어. 우리집도 작은 아버님이 돌아오신 후 얼마 안 되어 돌아가셨다"라고 하는 징용에 관한 문제는 해방 직후 문당리를 뒤흔든 큰 사건이었다. 일제 말기 통제경제 하에서 일제는 부락연맹과 애국반, 식산계 등을 활용하여 농촌을 조직하고, 이를 통해 물자 유통과 식량 공출, 강제저축 등을 실시하려 했다. 마을 내 권력으로 군림했던 구장이나 이장들은 위로부터의 치밀한 농촌조직과 통제 속에서 자신의 권력을 활용하여 배급 부정과 징용 등에서 불공정한 조치들을 한 것이다. 이런 행위는 결정적으로 마을의 협력 분위기를 파괴하는 경험이었다.31) 문당리도 경제적으로나 심리적으로나 그런

---

29) 마을 사람들은 마을회의 때는 언제나 회의록을 작성했다고 하나 현재는 소장하고 있는 사람이 없다.
30) 김기돈 옹과 인터뷰.
31) 이경란, 「총동원체제하 농촌통제와 농민생활-마을사회관계망을 중심으로」,

경험을 공유하였다.
　해방이 되자 징용의 대상자였던 집들이 이장탄핵운동을 벌였고, 다른 사람들에게도 '때려 죽인다'며 그들과 어울리지 못하게 공포분위기를 형성하였다고 한다. 그 결과 당시의 이장 가족들은 한 가족만 남고 모두 마을을 떠나버렸다. 이런 과정을 거치면서 구장이나 이장이 이전 시기와 같이 사람들 위에 군림하기 어려워졌다. 그런 분위기를 반영하여, 주민들은 그 이후의 마을 내 의사결정과정에 대해서 "해방 후에는 좋아졌다. 이장이 모든 것을 공개하고 부락회의를 하는 등 일정 때와는 분위기가 달라졌다"라고 평하였다.32)
　그런데 1950년대부터 마을주민들이 공개적이고 협동적인 분위기로 마을을 운영한 것은 아니었다. "일정 때는 회의를 해도 결정사항을 통보하는 것이었지만 질서 잡힌 후부터는 부락에서 상의했어. 이런 분위기는 70년대가 되어 자리가 잡혔지. 새마을운동 후였지. 그전에는 이장이 알아서 했다"라는 이야기를 통해서 본다면 이런 분위기는 70년대 새마을운동기에 정착되었다고 볼 수 있다. 그렇긴 하지만 마을 내부의 긴밀한 의사소통과 공동체적 분위기를 유지하기 위한 비공식적 관계는 지속되었다.

　　새마을운동 생활사업 중에도 부정이 있으면 마을회의를 열어서 동네 사람들이 야단치는 일도 있었지. 욕심 부리면, 피해 입히면 안 된다, 이

방기중 편, 『일제 파시즘 지배정책과 민중생활』, 혜안, 2004.
32) 마을주민들은 마을이 공개적이고 상호협조적인 분위기를 가지고 있다는 점을 강조했다. 특히 새마을운동기에도 그러했고, 현재의 환경농업이 마을단위로 자리잡는 데에도 이런 분위기가 일정하게 기여하였다고 생각했다. 현재의 문당리 친환경영농조합은 마을 주민들이 이사를 맡고 경영하는 마을단위 영농조합이다. 영농조합의 이사들은 모두 마을에서 오랫동안 리더쉽을 발휘했던 사람들로서 아직도 농업경영을 하고 있는 사람들이다.

런 건 옛날부터 있어 왔고, 왜정시기에도 동네에서 잘못하면 멍석말이를 했어. 잘못하면 여럿이 멍석을 말아서 '죽어버려라'고 했지. 관청에서 법으로 다스리면서부터는 안 했어. 그래도 여전히 동네모임에서는 말로 다스리지. 동네 화합장치야.33)

1950년대나 60년대에는 마을 안의 질서를 유지하기 위한 비공식적 분위기로 인해 이장은 국가의 준행정기관과 같은 위치에서 마을주민들과 조율하고 비교적 투명한 의사소통을 했으리라고 볼 수 있다. 예를 들어 비료배급문제를 보자.34) 마을 내에서 비료를 배급하는 것은 이장이다. 이장은 마을에 할당된 비료를 경지면적에 따라 호별로 분배하고 비료대금의 수납과 납부책임도 맡았다. 이때 비료는 한정되기 때문에 분배의 공정성문제가 제기될 수 있었으며, 농민들이 대금 납부를 할 때 외상으로 처리하고 미루는 관행 때문에 납부 연체문제가 발생하기도 했다. 그런데 대금 납부는 금융기관과 함께 하는 업무인 만큼 연체가 발생하면 금융기관은 이장에게 회수를 압박하며, 그 부담은 점차 가중되므로 마을에 따라서는 이장이 파산하는 사태가 벌어지기도 했다. 또한 이장은 비료 배급만이 아니라 농가에서 금융조합연합회나 농업은행 또는 농협의 자금을 대부받고자 할 때 매개하는 위치에 있으므

---

33) 홍윤석 옹과 인터뷰.
34) 해방이후 화학비료의 소비량은 증가해갔고, 정부는 매년 거액의 원조자금으로 비료를 도입하여 공급하는 정책을 취했다. 관수비료 취급기관은 조선농회 → 1949~1956년 대한금련 → 1956년 외자청으로의 구매와 조작업무 일원화 → 1956년 한미협정각서에 의해 농업은행의 민간구매(80~85%)와 한국은행의 일반공매(20~15%)를 통하는 민간구매제도로 변경하는 등 여러 차례 변화를 거쳤다. 농업은행은 배급지에서의 인수와 판매, 구매대금의 결제와 판매대금의 회수를 담당했다. 농민들과 직접 대면해서 비료업무를 했던 곳이 조선농회와 금련, 농업은행으로 바뀐 것이다(농업은행 조사부, 『농업연감 1958』, 76~79쪽).

로 이런 방식에 익숙하지 않은 이장들은 어려움에 처하기도 했다.[35] 많은 곳에서 이런 문제가 발생하였지만 문당리 사람들은 이곳에서는 별다른 문제가 발생하지 않았다고 기억하였다.

> 이장들이 힘이 강했지. 부락살림살이를 맡고 있었는데, 비료도 농협에서 주면 저울로 무게를 달아 나눠주고 적어놓았어. 그리고는 돈을 갚는데, 한 부대를 외상으로 나눠주고 가을에 갚는 거지. 대개 부락조합은 부정이 많아서 나중에 살림살이가 절단 났지. 돈을 받아 관에 갚지 않고 자기가 쓰다가 걸린 거야. 그래서 망한 사람이 많았는데 문당리에는 없었어.……이장이 연임하는 것은 신임받고 정직해서 그래. 대개 다 정직했어.[36]

문당리도 내부의 어려움을 겪으면서 마을내의 공동체적 규제에 기반한 이장중심의 마을운영이 자리를 잡아갔다.[37] 국가와 마을을 매개하는 이장의 역할은 그 개인의 역량에 따라 다르겠지만, 그 마을 내부의 의사소통과 협동활동의 수준이 어떠한가에 따라서도 영향을 받을 수밖에 없었다.

3) 두레를 활용한 호혜적 사회연결망의 유지와 한계

국가가 농민들의 재생산과 사회적 안전망 구축에 있어 역할을 하지 못하는 상황에서, 농민들은 시장의 논리에 휘둘릴 수밖에 없었다. 이런

---

35) 이용기는 어서리의 상황을 검토하면서 비료배급문제로 마을재정에 위기가 발생하는 과정에 대해서 잘 서술하고 있다(이용기, 앞의 글, 335~336쪽).
36) 홍윤식 옹 인터뷰. 이장을 지낸 그뿐만 아니라 이장을 지내지 않은 김기돈 옹도 마을 지도자들에 대해서는 공통된 의견이었다.
37) 이만갑은 이 시기 이장들은 권위가 아닌 실무능력에 따라서 선발하는 경향이 보인다고 하였다(이만갑, 앞의 책, 192~204쪽).

문제를 해결하는 것은 여러 가지 측면에서 지역에 기반을 둔 호혜적 관계망을 만들고 스스로 해결하는 방법을 찾아야 했다. 이를 역할별로 나눠서 보면 생산력의 증대를 위한 농촌기반시설과 농업생산기술의 보급의 문제(수리조합, 농업기술센터의 역할), 금융과 유통, 농자재 공급, 부업의 안정화를 꾀하는 문제(협동조합의 역할), 협동노동과 마을 공동체적 기풍의 마련(두레, 마을회의의 역할) 등이다.

그간의 연구를 통해서 보면 해방 이후 사람들은 마을의 단결을 꾀하기 위해서나 마을질서를 잡기 위해서 다양한 시도를 했다. 나주군 궁삼면 상수리에서는 동척농장 소작인들이 귀속농지분배문제와 관련해서 정부와 대립하자 젊은이들은 송죽위친계를 만들어 마을 내의 분열과 갈등을 문화적으로 풀어보려 하기로 했고, 전남 장흥군 어서리에서는 마을 청년들이 절도나 도박 풍기문란을 단속하는 청년회를 조직하였다. 동계가 이 활동을 지원하여 전쟁후에 흐트러진 마을질서를 다시 세워갔다. 4H클럽을 조직하는 것도 같은 맥락이었다. 광주군 차곡리는 기존의 마을 중심조직인 리중회의 지원을 받아 마을 청년들이 모두 가입하는 4H클럽을 만들었고 여기서 문맹퇴치사업과 조림, 도로보수, 군인가족에 대한 노동력 제공, 목욕탕 설치 등 마을복지활동을 도맡아 했다.[38] 특히 동계는 여러 곳에서 장기간 마을의 사회안전판 역할을 수행하면서 각종 계와 서로 연결되어 마을의 공동체적 관계를 유지하는 역할을 해온 것으로 나타난다. 1950년대 이후에는 그의 비중이 줄기는 하나 마을 사람들을 하나로 연결해주는 고리로서 남거나, 마을 사람들이 새롭게 마을을 재건하는데 그 사업을 지원하는 경우도 있었다.[39] 이렇게 조선시기부터 있어왔던 동계가 현대까지 지속적으로 유

---

38) 함한희, 앞의 글, 53~56쪽 ; 이용기, 앞의 글, 328~331쪽 ; 이만갑, 앞의 책, 52~53쪽.
39) 이용기, 앞의 글, 2007 ; 정근식 외, 앞의 책 참고.

지되는 마을이 있는 반면, 문당리 사람들의 기억 속에는 동계가 없다.

문당리 사람들은 마을전체가 참여하는 조직으로 상계와 두레를 기억한다. 상계는 최근까지 있었는데, 얼마 전에 마지막 한사람이 남아서 미리 태워주고 마무리했다고 한다. 그에 비해 두레도 많은 사람들이 참가했기는 했는데 현재는 사라지고 없다. 홍동면 지역은 두레가 많았다고 한다. 1915년에는 139개 마을에서 197개의 두레가 있었고, 이중 83.2%가 마을 자체의 농악대를 가졌다고 한다.[40] 문당리에서 두레가 언제 시작되었는지를 정확하게 기억하는 사람은 별로 없다. 증조부 때에도 있었다고 하는 사람이 있고, 50년대 이후에 만들어졌다는 사람도 있다. 아마도 예전부터 있어왔던 두레가 뜸해졌다가 한국전쟁 이후에 새롭게 부활했을 가능성이 있다.[41] 어쨌든 마을사람들은 두레가 1960년대 이전부터 있었고 80년대 중반까지도 활발했는데, 기계화가 진행되어 농사를 따로따로 짓게 되면서 없어졌다고 기억하였다. 특히 수리조합이 생긴 이후에 사람들의 살림살이가 좀 나아지면서 두레와 품앗이가 더 잘되었다고 한다. 두레노동이 참가자들의 경제적 처지와 노동 방식이 비슷해야 유지될 수 있다는 점에서 이 시기 문당리는 두레노동이 잘 될 수 있는 조건이 형성되어 있었다.[42]

---

40) 홍순명, 『더불어 사는 평민을 기르는 풀무학교 이야기』, 내일을 여는 책, 1998, 93쪽.
41) 일제말기에 두레가 없어졌다가 해방후에 다시 부활하거나 새롭게 협동조합을 만드는 마을이 제법 있었다. 주로 징용이나 징병 등으로 외부로 나갔던 사람들이 귀환하면서 새로이 협력하는 마을 분위기를 쇄신하거나, 노동력부족문제를 해결하기 위한 방법으로 시작했던 것으로 보인다(이천시지편찬위원회, 『利川市誌 6-개인생활과 마을』, 이천시, 2001 ; 韓國農村經濟研究院, 『平野마을의 社會經濟構造-論山郡 彩雲面 野花2里 事例』, 1989 참고).
42) 문당리 사람들이 두레를 다른 것들에 비해서 잘 기억하고 있는 데는 이유가 있다. 우선 두레가 최근까지 운영되었기 때문에 경험한 사람이 많다는 점이 있지만, 그보다는 유기농업을 하면서 김매기를 비롯한 노동의 협동이 절실하

대개 두레노동은 일제강점기 중반 무렵부터 줄기 시작해서 상당수가 태평양전쟁 말기에 노동력 부족과 악기 공출, 작업반 구성 등의 이유로 사라졌으며 마지막으로 한국전쟁을 지나면서 인구 이동과 이농 때문에 사라졌다.[43] 마지막으로 남은 것들이 새마을운동기에 사라졌는데, 문당리 두레는 여기에 속한다.

　문당리 두레는 16살부터 성인남자 전부가 참여하였고, 주로 모를 심고 김맬 때 같이 일을 하였다. 전체 100~150가구를 1반 당 30~40가구로 나누고 반별로 두레를 두었다. 두레활동을 할 때는 2반과 3반을 합해서 하나로 묶고 1반과 화신리를 합하여 총 3개 대로 운영하였다. 하나의 대가 70~80명 정도로 구성되어 활동했다. 두레활동을 할 때는 2반과 3반이 합해서 제일 먼저 시작했고, 이 반의 용대기가 지나가면 제일어른 깃발이라 하여 다른 반의 깃발이 절하고 갔다고 한다.

　두레 내부에서는 풍물을 장만하고 보수하거나 일할 때 막걸리 비용에 쓰려고 돈을 조금씩 걷었다. 그리고 외부의 일을 해주고 돈을 받아 두레를 유지하는 비용으로 사용했다. 전쟁 후 새로 시작했던 두레는 마을자금을 만들기 위해서 구성된 것이라고 한다. 당시 머슴 몇 명을 두고 있는 부자가 논을 매기 위한 품을 구하자, 두레를 만들어서 일을 해주고 품값을 받기 시작하면서 두레를 재구성했다. 이후 두레는 동네 논은 두레로 하고 다른 동네에 일을 가서 돈을 벌었다. 두레와 고지대의 성격이 결합되어 있는 모습이다. 주민들은 60~70년대에는 두레 일을 해서 모은 돈을 이장과 반장, 주민유지들과 상의해서 마을 길을 넓

게 요구되기 때문이다. 현재는 필요한 노동력을 주변 지역의 임노동을 해결하고 있어 인건비 부담이 큰 편이다. 그래서 문당리의 100년계획에도 두레를 다시 시작한다는 항목이 들어있다(문당리 환경영농조합·녹색연합·서울대 환경대학원, 『문당리 100년계획』 참고).

43) 주강현, 『한국의 두레 2』, 집문당, 1997 참고.

히는데 사용했다는 자부심을 가지고 있다.

　이런 협동과 성공의 경험은 주민들간의 신뢰관계를 키웠다. 이런 경험이 새로운 리더쉽과 다양한 협동의 영역으로 확대되기 위해서는 주민들의 의식을 성장시키고 기술을 익힐 수 있는 교육활동이 필요했다. 그 무렵 정부와 미국은 '지역개발사업'을 추진하면서 농민교도사업을 확대하고자 했고, 4H클럽활동 등을 통해서 청소년세대를 가르쳤다. 문당리에도 국가나 민간에서 진행하는 새로운 협동운동과 협동조합이 들어왔다. 당시 4H클럽이나 이승만 정권기 여러 차례 시도되었던 마을단위 협동조합의 설립시도 등은 농민들이 필요로 하는 호혜망을 정부주도형으로 추진하려던 정책이었다.[44]

　1956년경 홍성고등학교 졸업생인 신범용이 이장 전서진의 위탁을 받아서 도에서 실시하는 연수를 받았고, 마을청년들을 모아서 문당리의 4H클럽을 조직하였다. 4H회를 여는 날 군수도 참여하는 등 성황이었으며, 초기에는 활발하게 활동했다고 한다. 이들은 마을에서 비어 있는 집을 사무실로 쓰면서, 낮에는 길을 닦고 저녁에는 지역발전을 위한 정신교육을 실시했다고 한다. 하지만 물적 지원이 거의 없는 상태에서 점차 열기가 떨어졌고 5·16쿠테타 이후 활동은 중단되었다.[45]

　그리고 1958년에 「농업협동조합법」이 제정되자 마을마다 농협을 설립하고 농업은행이 농업자금의 융자를 실시하기 시작했다. 이 무렵에 문당리에도 리동농협이 설립됐다. 그렇지만 마을사람들은 이 농협을

---

[44] 150년대 협동조합의 필요성에 대한 사회적 논의와 법 제정과정에 대해서는 본서 수록 졸고, 「1950년대 농업협동조합 법 제정과정과 농업협동체론」 참고.

[45] 신범용 옹(70세)과의 대화는 노인회관 상량식장에서 이루어졌다. 그는 홍성고등학교 출신임을 매우 자랑스러워했으며, 자신이 4H클럽을 만들었고, 지원을 받기 위해 이승만대통령을 찾아가려 했다는 것 등을 이야기했다. 5·16쿠테타가 일어난 후 서울에서 직장을 구하려다 정선의 광산에서 근무하다가, 70년대 문당리에 돌아왔다. 귀향후에는 농업보다 도로공사사업에 종사했다.

비료 업무와 자금 차입을 하는 곳이라는 부차적인 역할로 기억하고 있다. 특히 1960대에 들면서 농업협동조합의 관제화가 급격히 진행되면서 리단위 협동조합은 운영의 자주성을 잃었고, 농업은행으로부터의 대출도 원활하지 않아 실질적인 활동을 벌이기는 어려웠다는 것이 일반적인 평이었다. 따라서 농협에 대한 기억은 비료배급이나 자금을 빌리는 곳 이상이 되기 어려웠다.

정부가 주도하는 사업에 비해서 문당리가 있는 홍동면지역은 1950년대 후반이후 다른 흐름을 만들어냈다. 1958년 운월리에 세워진 풀무학교의 설립이 그 시작이었다.46) 기독교 농촌운동의 뿌리가 깊은 홍성지역의 전통과47) 기독교 무교회주의자들이 가지고 있는 농촌개혁운동이 결합된 산물이었다. 현광학교 교사를 했던 운월리에 사는 주옥로가 농촌교육운동을 전개하려는 이찬갑을 유치하여 학교를 설립하였다. 당시 농업문제를 고민하는 많은 사람들이 관심을 가졌던 덴마크의 국민고등학교의 모델을 한국에서 실현하고자 하는 시도 중 하나였다. '더불어사는 위대한 평민'이라는 교훈을 바탕으로 중학교에 진학하지 못하는 아이들을 위한 학교로 운영하였다.48) 이후 풀무학교는 지역 생활개선과 농업기술개발, 협동조합운동에 기초한 농업개혁을 추진하는 발원지로서 그 위상을 확립해갔다.49) 이 학교를 졸업한 학생들은 이후 홍동면 지역의 농민활동가로 중요한 역할을 하면서 풀무생활협동조합

---

46) (사)녹색사회연구소, 『홍동면 지역현황 및 개괄분석』, 2007. 1, 33~49쪽, 108~139쪽 ; 『홍동면지』, 276~314쪽, 375~385쪽, 397~497쪽 참고.
47) 장규식, 『일제하 한국 기독교민주주의연구』, 혜안, 2001 ; 김경수, 「한말 일제하 홍성지방의 감리교 수용과 확산, 지역엘리트의 형성」, 『한국기독교와 역사』 19, 2003.
48) 홍순명, 앞의 책 참고.
49) 이경란, 「홍성 농업역사 속의 풀무학교」, 풀무교육50년기념사업추진위원회, 『풀무교육 50년 다시 새날이 그리워 2』, 2008 참고.

(1969 창립, 1972 업무시작)과 풀무신용협동조합(1969 창립, 1972 업무시작)을 설립하는 등 농민들의 자주적 협동운동을 키워갔다.[50]

1950년대 나아가 60년대 이후에도 문당리의 두레나 홍동면 일대의 민간 협동조합운동의 성장이라는 양상들은 이 시기 한국 농업과 협동조합문제에 대한 새로운 시각을 일깨워주는 사례이다. 농민들은 국가와 시장으로부터 오는 위기에 대처하면서 스스로 자주적인 호혜망을 구축하고자 했고, 실제 가능했다. 일반적으로 농민들의 자발성이 부족하고 민도가 낮다는 이유로 해방후 협동조합이 국가주도형으로 운영될 수밖에 없었다는 주장을 한다. 그런데 홍동면과 문당리의 사례는 농민들 스스로 농민적 호혜망을 운영할 수 있음을 보여준다. 따라서 60년대 이후 이곳에서는 국가주도적 협동조합과 달리 농민들의 자주적 사회관계망으로 재구성하려는 시도가 지속적으로 이어질 수 있었다.

4. 맺음말 : '탈출'과 재구성

한국전쟁 이후 농촌사회는 마을의 협동적 관계가 유지되면서 상호부조적 마을문화를 지속시켜 갔다 하더라도 농민들의 생활전반을 보전해줄 수 있는 역량을 가지고 있지 못했다. 그런 문제를 해결하기 위해서 1950년대 내내 민간주도의 농업협동조합을 만들어야 한다는 논의가 지속되었고, 1958년 「농업협동조합법」이 제정된 후 각지에서 리동협동조합이 설립되었다. 그럼에도 불구하고 농업협동화를 통한 호혜

---

50) 학교에서 출발한 움직임은 80년대 홍성지역 농민운동, 90년대 본격적인 도농교류에 기반한 생활협동조합운동과 유기농업으로 이어졌다. 2000년대에는 농촌으로는 드물게 인구가 늘어나는 귀농의 거점이다.

적 사회연결망의 구축이나 농민경제 안정화가 이뤄지지 못했음은 이미 알려진 사실이다. 오히려 50년대 후반기를 거치면서 농촌사회는 리동협동조합을 통해 들어오는 비료와 농업자금을 매개로 국가와 금융, 시장논리에 완전히 편입되고 말았다. 농민들은 안전보장장치도 없이 개인과 가족이 모든 문제를 감당할 수밖에 없었다.[51]

그 결과로 나타난 대표적인 양상은 농촌을 떠나가는 사람들이 속출하는 것이었다. 전출자들의 유형은 크게 두 가지로 나뉘었다. 하나는 새로운 일터나 삶터를 찾아서 즉 경제적인 생존을 도모하기 위해서 떠나는 것이고 또 하나는 학업을 위해서 떠났다.

이 시기 지주나 자작농가의 17.1%, 자소작농의 20.6%, 소작농의 28.6%, 농업노동자의 23.1%가 전출한 것으로 나타난다. 그중 농토를 소유하지 않은 사람의 42.9%가 전출하고 농토를 많이 가지고 있는 가구일수록 전출을 덜하였다. 전출 행선지는 전반적으로 도시로 56.1%, 다른 농촌으로 28%, 불명이 15.9%로서 도시로의 전출이 많았다. 그런데 가난한 사람은 상층에 있는 사람들보다 다른 농촌에 전출하는 경향이 약간 높았다.[52] 가족 전체가 이주하는 경우도 있고, 일자리를 찾아서 가족 일부가 전출하는 경우도 많았다.

한편 학업을 위해 전출하는 경우도 많았다. 여기에는 농민들이 농촌을 바라보는 시각이 반영되어 있다. 자식에게 시키고 싶은 직업이 무엇이냐는 질문에 농민들은 농업 2.8%, 상업 15.5%, 관리 8.6%, 기술자 8.6%, 전문직 직업 8.1%, 정치가 7.4%, 사무원 3.5%, 기타 5.4%, 모르겠

---

51) 김동춘은 이런 사회질서가 농지개혁과 자본주의적 상품생산으로의 변화 속에서 가족과 국가를 매개로 하는 새로운 자발적 사회조직의 등장을 억제함으로써 전통적 친족질서를 현대판 가족주의 질서로 재편하게 했다고 보았다(김동춘, 앞의 글, 226~227쪽).
52) 이만갑, 「농촌 인구의 도시전출과 농촌발전」, 『한국 農村社會연구』, 다락원, 1981, 118쪽.

다 9.5%, 무응답 9.5%이라 하였다. 이들은 자식들이 생산업에 종사하는 것보다 사무실에서 봉급생활을 하거나 서비스업을 하는 사람이 되기를 원했다.53) 이는 농촌에서 잘사는 사람들의 모습과 연결되어 있다.

농촌지역에서 잘 사는 사람은 토지를 많이 가지고 있으면서 관공리나 사무원 등의 직업을 가지고 있는 사람들이었다.54) 농민들은 이런 현실을 겪으면서 농사만 짓고는 살 수 없다는 생각을 강하게 가질 수밖에 없었다.

문당리 사람들도 이런 현실을 인지하고 적극적으로 대처하였다. 이 마을은 스스로 '학문이 높은 곳'이라는 자부심을 가지고 있다. 이곳 사람들과 이야기를 하다보면 문당리 출신 정치인, 학자, 의사, 판사 이름이 줄줄 거명된다. 이 사람들은 모두 고향을 떠나 서울이나 홍성읍으로 이주한 사람들이다. 주민들은 힘들어도 자녀를 마을에서 '탈출'시켜 공부를 가르치는 것만이 위기상황을 벗어나는 길이라고 생각했다. 다른 곳에 비해서 마을내 호혜망이 유지되고 있는 곳임에도 불구하고 이런 '탈출'에 대한 욕망은 마찬가지였다. "못살았으니까 교육열이 높았지, 비슷하니까 협동도 잘되고"라는 말은 문당리를 잘 표현한다. 문당리 사람들은 자식이 농사를 짓지 않고 사무직이나 교사가 되게 하기 위해서 열심히 일하고 자식들 뒷바라지를 한 사람들이다. 공부를 잘해서 상급학교에 진학한 사람들은 마을을 떠났는데, 동시에 초등학교를 졸업하고 농촌에 남은 젊은 사람들은 일거리를 찾아서 타처에 가서 일정기간을 보내고 다시 들어오는 일이 많았다. 이런 경험을 가진 사람들이 이후 60~70년대 농촌사회를 이끌어갔다. 1950~60년대의 농촌 '탈출'은 실제 농촌인구의 감소라는 모습으로 드러나는데, 심리적으로 이미 내면화되어 있는 현실이었다.

---

53) 이만갑, 「농촌사회계층」, 위의 책, 52쪽.
54) 이만갑, 「농촌사회계층」, 『한국농촌사회연구』, 다락원, 51쪽.

이 문제는 지역의 교육문제와 관계가 깊다. 홍동면 지역은 1921년 홍동공립보통학교가 설립된 이래 1944년에 금당분교가 설치되었을 정도로 교육상황이 열악했다. 홍동국민학교는 1955년에 18학급에 남자 670명, 여자 473명 합 1,143명 수준이었지만, 남자 61명에 여자 31명 합 92명밖에 졸업하지 못했다. 경제적인 어려움 때문에 학교를 그만두는 사람이 늘었기 때문이었다.[55] 그리고 중학교는 1971년이 되어서 구정리에 설립되었기 때문에 중학교와 고등학교를 가려면 홍성읍까지 통학해야 했다. 이런 농민자녀들의 교육문제를 해결하기 위해서 설립된 것이 풀무학교였다. 그리고 홍동면 일대를 협동적 농업지구로 이끌어 간 이들도 농촌에 남아 배움을 지속한 사람들이었다.

이런 농촌붕괴의 내적인 양상에 대한 문제제기는 농촌구제라든가, 농민의 자주적 생활양식을 찾는 노력이라는 방향으로 꾸준히 이루어져왔는데, 한국사회 전체적으로 보아서는 제대로 진행되지 못했다. 그 결과 1950년대 후반부터 시작하여 이후 한국농촌사회를 휩쓸아친 국가주도형 농업 농촌개혁운동이 사회의 주류적 흐름이 되었다.

1950년대 농촌사회는 국가권력의 힘에 의해 지주제가 해체되어 개별농민은 국가와 직접적인 대면관계를 갖게 되었음에도 불구하고, 국가와 시장의 수탈성 때문에 경제적 재생산의 여유를 갖기 어려운 사람들이 많았다. 사람들은 이런 위기를 마을단위의 호혜적 연결망을 만들어 보완하고, 부업이나 임노동과 같이 개인적인 현금수입창출을 통해서 극복하려 했다. 마을이 갖고 있는 호혜적 공공성과 개인과 가족단위의 탈출욕구에 기반한 노동활동으로 1950년대 농촌사회는 간신히 유지할 수 있었다. 이런 조건 속에서 1960~70년대 국가와 지역사회의 지원과 연대가 어떠했느냐에 따라서 농촌사회의 향방은 크게 영향을

---

55) 『홍동면지』, 281쪽.

받았다.

　50년대 말부터 시작된 홍동면과 문당리의 사회연결망은 1970년대 이후 사회적 공공영역(협동조합과 지역사회 또는 마을)이 확대되었고, 그것이 농업과 농민보호의 역할을 수행해가는 특징을 보인다. 이 지역은 지역과 마을, 농민의 생활이 유기적이고 호혜적인 관계로 안정화되기 위해서 사회연결망이 어떠해야 하는가를 살펴보는 사례이자, 그간의 국가주도형 농업의 필연성이라는 문제를 검토해볼 수 있는 지역이다.

전쟁과 농업협동화로 인한 북한 농민생활의 변화

김 성 보

1. 머리말

　해방 후 남과 북에 상호 이질적인 체제가 수립되면서 일반 대중의 삶 또한 근본적인 변화와 이질화의 과정이 수반되었다. 그 변화는 전통적인 삶의 방식이 상대적으로 강인하게 지속되어온 농촌에서도 예외가 아니었다. 남북 농업·농촌의 이질화를 초래한 가장 중요한 계기는 1950년대 북한의 농업협동화이다. 물론 그 이전 남북의 토지개혁도 농촌에 커다란 영향을 미치기는 하였다. 그렇지만 토지수용과 방식에서 큰 차이가 있었음에도 불구하고 지주제가 해체되고 소농경제가 일반화한 점에서는 남북이 동일하였기에 토지개혁이 근본적인 이질화를 초래한 것은 아니었다. 그러나 1950년대 조선민주주의인민공화국(이하 '북한'으로 표현함)의 농업협동화는 촌락의 구조와 농업생산 방식은 물론 농민의 일상적인 삶과 의식 전반에 거대한 변화의 물결을 몰고 왔다.
　지금까지 북한의 농업협동화에 대한 연구는 주로 제도적이며 구조적인 변화를 해명하는 데 주안점이 있었다. 따라서 정책사 연구의 경향이 강하였으며, 다만 그 한계를 보완하기 위하여 국가·당과 농민

사이의 갈등 양상을 분석하는 작업이 병행되었다.1) 이 연구에서는 지금까지의 연구성과를 기반으로 하면서 한 걸음 더 나아가 농업협동화로 인해 농민의 일상적인 생활 자체가 어떻게 변화하는지를 검토하고자 한다. 이 주제와 관련하여 문학계에서 북한 농촌소설을 분석한 작업이 있고,2) 민속학계에서도 북한 주민의 생활풍습을 탐구해온 바가 있다.3) 다만 문학계의 연구는 소설을 텍스트로 삼은 분석으로서 실증적인 측면에서는 한계가 있다. 민속학계의 연구는 북한 민속학 연구를 소개하거나 또는 민족적 전통의 계승과 단절이라는 각도에서 생활풍습을 밝히는 데 초점이 맞추어져 왔고, 농민의 생활이 북한 체제의 역사와 구조 속에서 어떻게 규정되어왔는지를 면밀히 분석한 것은 아니었다.

이 글에서는 북한의 간행물 중에서 당시 농업협동화의 실상을 풍부하게 보여주는 사례 모음집들을 주로 분석하여 농업협동화로 인한 농

---

1) Joseph Man-Kyung Ha, "Politics of Peasantry : A Study of Land Reforms and Collectivization with Reference to Sino-Soviet Experience," Ph.D., Dissertation Paper, Columbia University, 1971 ; 김성훈·김치영, 『북한의 농업』, 비봉출판사, 1997 ; 김성보, 『남북한 경제구조의 기원과 전개-북한 농업체제의 형성을 중심으로』, 역사비평사, 2000 ; 서재진, 「북한의 토지개혁과 농업협동화 이후 농민들의 의식 변화」, 『현대북한연구』 5-1, 2002 ; 남성욱, 『현대 북한의 식량난과 협동농장 개혁』, 한울아카데미, 2004 ; 서동만, 『북조선사회주의체제성립사 (1945~1961)』, 선인, 2005 등의 연구가 있다.
2) 오창은, 「1950년대 북한 농촌의 이중적 갈등과 형상화」, 『북한문학의 이념과 실체』, 국학자료원, 1998 ; 이주미, 「북한의 농민소설 연구 : 해방 직후부터 1960년대 초까지를 중심으로」, 동덕여자대학교 박사학위논문, 2001 ; 김은정, 「천세봉 장편 소설 연구 : 인물유형의 변화과정을 중심으로」, 한국외국어대학교 박사학위논문, 2006 ; 장미성, 「농업협동화 시기 농민의 일상과 내면 연구-전후 1950년대 북한 소설을 중심으로」, 연세대학교 통일학 석사학위논문, 2007.
3) 이문웅, 「북한의 가족과 친족제도 ; 연속과 변용」, 『평화연구』 14, 1989 ; 주강현, 『북한의 민족생활풍습-북한 생활풍습 50년사』, 민속원, 1999.

민 생활의 변화를 실증적으로 밝혀보고자 한다. 1950년대 말에 농업협동조합 간부들이 작성한 경험집과 민속학자들의 농촌 현지조사 기록 등의 문헌이 주된 분석 대상이다.[4] 그 외에『조국』등 회고록류를 부분적으로 참고한다.[5] 이 문헌들은 조합·당 간부 또는 민속학자의 시각에서 작성된 것이어서 농민대중 일반의 아래로부터의 목소리를 풍부하게 전달해주지는 못하는 한계가 있다. 따라서 이 자료들을 그대로 수용하기보다는 그 속에서 농민의 내면을 읽어내는 노력이 요청된다.

농업협동화가 북한 농민생활에 미친 영향을 검토할 때 유의할 점은 당시 농업협동화와 농촌 변화가 전쟁이라는 특수한 경험과 깊이 연관되어 있다는 점이다.[6] 戰時 농촌의 동원체제 구축은 급속한 농업협동화의 직접적인 배경이 되거니와, 전후에도 준전시상태가 지속됨으로써 농촌 재편의 전시적 특성이 상당히 장기간 영향을 미치게 된다.[7] 이

---

4) 조선로동당 중앙위원회 농업협동조합 경험집 편집위원회 편,『농업협동화 운동의 승리』제1~6권, 평양 : 조선로동당출판사, 1958(이하『승리』로 줄임) ; 김일출,「농촌 근로자들의 새로운 문화와 생활 풍습에 관하여」,『민속학 론문집』, 평양 : 과학원출판사, 1959 ; 김신숙,「우리 나라 협동 조합 농민들의 가족 풍습」, 위의 책 ; 과학원 고고학 및 민속학 연구소 민속학 연구실,『조중친선 농업협동조합 농민들의 문화와 풍습』, 평양 : 과학원출판사, 1960. 각주에서 북한 출판물에 한해 출판지를 '평양' 등으로 표시하였다.
5) 김진계 구술·기록, 김응교 보고,『조국』상·하권, 현장문학사, 1990(풀빛, 1993 재간행). 이 책은 남파간첩으로 체포되어 투옥중 1988년에 석방된 김진계가 자신의 삶을 구술한 기록이다. 그는 1953년에 제대하여 1958년 초까지 평안북도 안주군 평률리에서 리 민주선전실장으로 일하였다.
6) 전쟁과 농업협동화의 연관성은 북한에서만 확인되는 것은 아니다. 옛 소련에서 농업집단화는 전시 내전과 연관성이 있으며, 중국의 인민공사 건설에도 한국전쟁과 냉전의 영향이 크다. 전쟁과 사회주의체제의 관련성에 대해서는 和田春樹 저, 고세현 역,『역사로서의 사회주의』, 창작과비평사, 1994 ; 오쿠무라 사토시 지음, 박선영 옮김,『새롭게 쓴 중국 현대사-전쟁과 사회주의의 변주곡』, 소나무, 2001 참조. 농업협동화와 전쟁의 연관성은 소련과 중국보다 북한이 더욱 강하다.

점을 염두에 두고 본문에서는 우선 전시하 농촌 재편과 인구이동 및 전후 농촌건설의 핵심 주체 등장과정을 살펴봄으로써, 북한 농민생활 변화의 구조적인 배경을 확인한다. 그 다음 농민의 주된 일상인 생산활동(노동과정) 및 농민이 살아가는 공간의 기본 단위인 마을과 주택(살림집), 그리고 삶의 기본 단위인 가족·친족관계의 변화를 살펴본다. 이때 사회주의적인 대변혁 속에서 장기간 지속되어온 농촌의 '전통'이 어떻게 해체, 또는 지속, 변형되는지에 유의한다. 그리고 마지막으로 농민의 사회의식의 변화를 '인민'으로서의 자각이라는 측면에서 검토해보겠다.

2. 전시하 농민 동원과 인구이동

1) 전시동원체제와 농촌 재편

1946년의 토지개혁 이후 북한에서는 두텁게 형성된 중농층을 중심으로 소농경제가 안정적으로 발전하고 있었다. 농업경제 전반에 대해 국가가 계획적인 관리를 하되 실제 농사는 가족 단위의 소농경영 방식이 위주가 되는 '국가관리 소농체제'였다. 농촌에는 里 단위 인민위원회와 그 아래의 인민반, 조선로동당 세포 조직과 민주청년동맹 하부 조직 등을 통해 국가와 당의 통치가 관철되는 공식적 촌락질서가 형성되었다. 다만 이러한 공식적인 촌락질서가 농민의 일상 전반에 뿌리를

---

7) 전쟁이 북한 사회주의건설에 미친 영향에 대해서는 력사연구소 민속학연구실, 『조국해방전쟁시기 발현된 후방인민들의 혁명적생활기풍』, 평양 : 사회과학출판사, 1976 ; 김귀옥, 「한국전쟁과 북한사회주의건설」, 한국사회학회 편, 『한국전쟁과 한국사회 변동』, 풀빛, 1992 ; 고병철 외, 『한국전쟁과 북한사회주의체제건설』, 경남대학교 극동문제연구소, 1992 참조.

내리지는 못한 상태였다. 농촌 내면에는 여전히 유력 가문의 연장자나 부농, 그리고 남성 가장을 중심으로 한 비공식적 촌락질서가 남아 있었다.8)

1950년의 전쟁은 이러한 과도기적인 인민민주주의 농업경제, 농촌사회의 근간을 동요시켰다. 전쟁의 피해 속에 중농이 몰락의 위기에 처하고 빈농이 확대되면서 소농경제의 안정성이 파괴되었다. 또한 북한 지역 전역이 일시적으로 유엔군과 한국군에 의해 점령되면서 촌락 내부에 잠복해있던 갈등이 표출되고 당의 세포 조직이 붕괴되면서 농촌에 대한 체제적인 안정성도 훼손되었다. 북한 정부로서는 위기에 처한 농촌에 대한 지원·통제정책을 강화하여 전시 농업수요를 조달하는 한편 정치적으로 체제의 토대를 다시 회복하여야 했다.9)

북한 정부는 전시에 영농에 필요한 노동력과 역축·농기구 등이 부족하게 되자 전통 노동관행을 활용한 소겨리반, 품앗이반의 조직을 독려하였다. 기존의 품앗이나 소겨리가 계절적, 임시적이었다면, 전시하에 재편된 품앗이반, 소겨리반은 고정적인 하나의 생산단위가 되었다. 1952년에 평안남도에서만 3만 3,523개의 품앗이반이 조직되었으며, 2만 6,151개의 소겨리반이 운영되었다. 품앗이반에 망라된 평안남도 농가의 고정 노동력은 35만 7,715명이었다.10) 전쟁시기에 소농경제가 불안정해지자 북한 정부는 전통 노동관행에서 농업협동화의 단초를 찾은 것이다.

동부 및 중부전선 인접지대를 비롯한 강원도 일대에서는 '전선공동작업대'가 조직되었다. 토지를 공동으로 경작하면서 전시생산과 전선

---

8) 김성보, 앞의 책, 323~324쪽.
9) 최중극, 『위대한 조국해방전쟁과 전시경제(1950~1953)』, 평양 : 사회과학출판사, 159쪽.
10) 리상준, 「조선로동당의 농업협동화 정책과 평남도에서의 그의 승리적 실현」, 『력사논문집-사회주의 건설 편』, 평양 : 과학원출판사, 1960, 353쪽.

원호사업을 보장한 전투환경에서의 영농조직 형태이다.11) 철원군 삭령리의 경우, 1951년 여름에 림진강대대와 백로산대대라는 두 개의 전선 공동작업대가 만들어졌다. 이 작업대는 5장 20조로 된 자체 규약이 있었다. 규약에는 토지를 통합하며 역축 농기구 등 생산수단을 공유로 하고 수입 분배를 노동의 질과 양에 의하여 실시할 것이 명시되어 있었고 특히 대내의 규율 준수와 공동재산 애호 등이 강조되었다. 작업대원들은 지원군들과 함께 정찰은 물론 직접 전투에 참가하기도 하는 등, 兵農一致의 생활을 하였다. 입대는 농민들이 自願하되 이를 작업대 총회에서 비준함을 원칙으로 하였다. 예를 들어 백로산대대원을 중심으로 만들어진 삭녕전선공동작업대에는 남자 122명, 여자 52명이 참여하였다. 다만 노인과 어린아이가 있는 여성은 후방으로 소개되었다.12) 1954년 3월에는 이 작업대를 기반으로 하여 백로산이라는 이름의 농업협동조합이 결성되었다. 최고 형태인 제3형태의 협동조합이었다.13)

소겨리반, 품앗이반, 전선공동작업대 등 전쟁이라는 특수한 상황에서 전시 식량수요를 조달하기 위해 조직된 공동노동조직들은 전후 1954년부터 확대되기 시작하는 농업협동조합의 형태적, 경험적 원형이 되었다. 특히 군사와 농업이 일체화한 전선공동작업대는 농업협동조합의 직접적인 토대가 되었다. 전쟁 이후에도 북한에서는 준전시동원체제가 유지되는데, 전시하 농촌에서 군사와 농업의 일체화 경험이 밑거름이 되었다.

한편 조선로동당은 농촌의 정치적 토대를 공고히 하기 위하여 농촌

---

11) 위의 책, 165쪽.
12) 리록영, 「전쟁의 불길 속에서 조직된 '전선 공동 작업대'의 토대 우에서-강원도 철원군 백로산 농업 협동 조합」, 『승리 1』, 47~51쪽.
13) 위의 글, 60쪽.

세포인 리당부의 '열성(핵심) 당원'을 육성하는 사업을 진행하였다. 일시 후퇴과정에서 많은 지방 당원들이 당증을 버리는 등의 이유로 당원자격을 상실하게 되고 피살되는 등 지방 세포가 붕괴되자, 이를 재건하기 위한 조치였다. 당 중앙위원회는 제4차 전원회의에서 각 면과 군 당부들이 세포(리당부)에서 양성되는 열성 당원들이 실무적 능력과 정치수준을 높이도록 지도와 방조사업을 하도록 결정하였다.14)

또한 내각은 1951년 3월에 대중적 정치사업을 더욱 강화하기 위하여 각 농촌 리에 5천 개의 유급 민주선전실을 설치하기로 결정하였다.15) 8월에는「농촌 '리' 민주선전실에 관한 규정」이 내각에서 통과되었다. 이 규정에 따르면 '리' 민주선전실은 "농촌에 있어서 군중선전선동사업과 문화계몽사업을 일상적으로 조직 진행함으로써 농촌주민의 정치사상 및 문화수준을 향상시킴"을 그 목적으로 하였다. 이를 위해 민주선전실은 ① 공화국의 헌법·법령·정령과 정부의 결정·지시 및 민주개혁의 의의와 성과를 해석 침투시키고 인민민주주의 제도의 우월성을 일상적으로 해설하며, ② 사회발전에 대한 변증법적 유물사관과 과학지식을 보급하며, ③ 전쟁 반대 투쟁의 중요성과 세계 민주·평화·인류의 행복을 위한 투쟁에서 '위대한 소련'의 역할을 해설하며, ④ 국제주의 사상으로 교양하며, ⑤ '조국해방전쟁'의 성격과 목적을 해석하며 승리의 신심을 제고시키고 애국사상으로 교양하며, ⑥ 선진적인 영농방식을 보급하고 증산경쟁운동을 조직하며 현물세 등 국가

---

14)「당단체들의 조직사업에 있어서 몇가지 결점에 대하여. 당중앙위원회 제4차 전원회의 결정서, 1951년 11월 1~4일」,『결정집(1946. 9~1951. 11 당 중앙위원회』, 평양 : 조선로동당중앙위원회, 132쪽.
15) 유급 민주선전실장의 봉급과 일반 대우는 인민학교 1급교원과 동등하게 하였다(「인민속에서 대중적 정치사업 제고를 위한 유급 민주선전실장 제도 확립에 관한 결정서. 조선민주주의인민공화국 내각결정 제224호」,『내각공보』평양, 1951, 28쪽).

임무를 충실히 집행할 의식을 배양하며, ⑦ 문화적 생활풍습을 조성하며 온갖 미신과 비과학적인 풍습에 대하여 선진적 과학에 기초한 해석사업을 진행하며 보건 및 체력향상을 위한 사업들을 벌이도록 규정하였다. 이상 일곱 가지의 사업 중에서 앞의 다섯 가지가 농민이 국가의 정책에 부응하도록 하는 정치적 사업임에서 알 수 있듯이 '리' 민주선전실은 농촌의 농민들을 정치적으로 의식화하는 데 초점이 두어져 있었다. 이 일을 담당할 민주선전실장은 고급중학교 이상의 졸업자 또는 각종 정치학교를 졸업한 자 중에서 정치문화적으로 준비되고 인민속에서 신망과 위신이 있는 자로 임명토록 하였다. 민주선전실장은 각 인민반에 선동원을 선발 배치하여 사업을 함께 집행하게 하였다.16) 한편 무능한 민주선전실장은 유능한 인물로 교체하도록 하였으며, 민주선전실장에 대한 강습을 실시하도록 하였다.17)

리 당부의 열성당원 육성사업과 민주선전실 강화를 통해 당과 국가의 농촌 장악력은 리 단위까지 깊숙이 확대될 수 있었다. 이러한 조치를 바탕으로 해서 북한 정부는 1952년 12월에 面制를 폐지하여 지방행정의 효율성을 더욱 확대하는 방향을 취하게 된다. 일제하의 郡-面-里 3級 체계를 해체하고 郡-里의 2級 체계로 단순화한 것이다.18) 행정체계 개혁과 관련하여 군 및 리급 간부들의 선발 배치사업과 리급 간부 양성사업의 중요성이 더욱 확대되었다.19)

---

16) 위의 책, 261쪽.
17) 「농촌 "리" 민주선전실 사업 강화에 대하여. 당 중앙조직위원회 제79차 회의 결정서, 1951. 12. 5」, 『결정집(1949. 7~1951. 12 당중앙 조직위원회)』, 평양 : 조선로동당중앙위원회, 328~329쪽.
18) 김성보, 「1960년대 초반 북한 농업협동조합 운영체계의 성립과 그 역사적 맥락」, 『忠北史學』 13, 2002, 83쪽.
19) 「간부의 선발 및 배치에 대하여. 조직위원회 제125차 회의 결정서, 1953. 1. 17」, 『결정집(1953. 전원회의, 정치, 조직, 상무 위원회)』, 조선로동당중앙위원회, 64~65쪽.

2) 전후 인구이동과 주민 구성 변화

한편 전쟁으로 인해 급격한 인구이동이 일어나면서 촌락 내부의 전통적인 안정성은 크게 약화된다. 전쟁 과정에서 월남자가 속출하였다. 전란을 피한 越南은 계층을 불문한 것이었지만 특히 농촌 내에서 지주 출신이나 부농 등 유력자들이 상대적으로 더 많이 월남하였다.[20] 또한 북한 정부 스스로 도시의 戰災民들을 농촌으로 산개하였다. 평안남도의 경우, 1953년 7월 현재 5,303호가 전쟁과 관련하여 농촌에 입주한 전재민이었다. 이들 중에는 다른 道에서 이주한 농민이 2,247호, 노동자·사무원으로서 농촌에 입주한 인구가 1,637호, 그리고 나머지 1,424호는 기업가·상인, 기타 소시민으로서 농촌에 입주한 인구이다.[21] 농촌에는 농민들과 함께 도시의 기관, 기업소들이 소개 배치되었다.[22]

한편 1950년대에는 농촌 인구의 도시 이동 및 농민의 노동자·사무원화가 촉진되었다. 1953년 12월에 농촌과 도시 인구는 각각 82.3퍼센트, 17.7퍼센트로 농촌 인구가 압도적이었다. 그 후 2년 반 뒤인 1956년 9월에는 그 격차가 71.0퍼센트와 29.0퍼센트로 좁혀졌으며, 1960년 말에는 59.4퍼센트 대 40.6퍼센트로 더욱 좁혀졌다. 직업별 구성상의 농민 인구의 비율도 같은 기간에 아래 표와 같이 감소한다.

1953년도 대비 1960년의 북한 총 인구는 127.1퍼센트로 증가하였다. 이에 비해 농촌과 농민의 인구는 1953년 대비 1960년의 인구 수가 각각 91.7퍼센트, 66.9퍼센트로 감소하였다. 농촌과 농민 인구는 단지 전체에서 차지하는 비중이 감소한 것이 아니라 실제 인구 수 자체가 감

---
20) 월남인의 계층적 성격에 대해서는 조형·박명선,「북한출신 월남인의 정착과정을 통해서 본 남북한 사회구조의 비교」, 변형윤 외,『분단시대와 한국사회』, 까치, 1985 참조.
21) 리상준, 앞의 글, 351쪽.
22) 최중극, 앞의 책, 159쪽.

소한 것이었다. 이 시기에 농촌 인구의 도시 이동 및 농민의 노동자·사무원화가 활발하였음을 보여준다.23)

<표 1> 1950년대 북한의 도농별, 계층별 인구 변동 (단위 : 천 명, %)

구 분		연 도	1949.12	1953.12(A)	1956.12	1960.12(B)	(B/A)×100
도농별	농촌	인구수		6,988	6,645	6,409	91.7%
		비율		82.3%	71.0%	59.4%	
	도시	인구수		1,503	2,714	4,380	291.4%
		비율		17.7%	29.0%	40.6%	
계층별	농민	인구수	6,668	5,638	5,297	4,790	66.9%
		비율	69.3%	66.4%	56.6%	44.4%	
	노동자, 사무원	인구수	2,508	2,522	3,828	5,610	175.1%
		비율	26.0%	29.7%	40.9%	52.0%	
	기타	인구수	446	331	234	389	117.5%
		비율	4.7%	3.9%	2.5%	3.6%	
전체		인구수	9,622	8,491	9,359	10,789	127.1%
		비율		100%	100%	100%	

출전 : 『조선중앙년감』, 평양 : 조선중앙통신사, 1964년판, 316쪽의 통계에 의거하여 산출.

북한 정부가 의도적인 이농 정책을 취하지 않았음에도 불구하고 도시 인구가 꾸준히 늘고 농촌·농민 인구가 상대적으로 감소한 것은 공업화와 도시화의 진전으로 인해 도시의 농촌인구 유입요인이 발생했기 때문인 것으로 보인다. 특히 농촌의 청소년층에게 도시는 선망의 공간이었다. 예를 들어 민속학자들의 평안남도 순안군 택암리 현지 조

---

23) 1950년대 중국에서도 농촌인구의 도시유입이 활발하였다. 1949년부터 54년까지 매년 약 500만 명의 농촌 인구가 도시로 몰려들었다. 1955년 중국 국무원은 호구제도를 확립하여 이들의 유동을 엄격히 통제하기 시작하였다. 그럼에도 불구하고 1957년부터 60년 사이에 비농업직공의 수가 2,500만명 증가하였는데 그중 1,950만 명이 농촌에서 이주한 사람이었다(金光億, 『혁명과 개혁 속의 중국 농민』, 집문당, 2000, 160쪽).

사에 의하면, 이곳의 일부 청년들은 "확고한 목적이 없이 무턱대고 도시로 나가려는 경향"이 심하였다. 절대 다수의 초고중 졸업생이 도시 학교로 진학하려는 경향이 있었고 처녀의 '압도적 다수'는 도시로 출가하기를 원하였다. 1958년에 64명의 처녀가 출가하였는데 그 중 농촌에 남은 여성은 4명에 불과하고 나머지 60명은 도시로 나갔다. 이러한 현상은 농촌 노동력을 고착시키고자 한 당의 방침과는 어긋나는 일이었다.24)

인구이동은 국경을 넘어서기도 하였다. 전쟁중의 '일시적 후퇴시기'에 주민의 일부는 중국 동북지역으로 피신하였다. 그 규모가 어느 정도인지는 확인하지 못하였는데, 량강도 운흥군 모정농업협동조합의 선전원 김병련에게서 그 사례를 확인할 수 있다. 그의 남편은 정치공작대로 나갔다가 사망했다. 본인은 동북 지역으로 들어가, 길림성의 농업합작사에서 일하면서 협동경리의 우월성을 몸소 체험할 수 있었다.25) 그는 전쟁 이후 돌아와서 선전원으로 활동하면서, 영화와 잡지를 통해 본 쏘련의 콜호즈와 쏘련 농민들의 생활을 이야기해주고 직접 체험한 중국농업생산합작사의 경험도 알려주었다.26) 쏘련 콜호즈와 함께 중국 합작사의 경험을 조합원에게 해설하는 사례는 널리 확인된다.27)

---

24) 과학원 고고학 및 민속학 연구소 민속학 연구실, 앞의 책, 225쪽.
25) 강천림, 「산간 지대 농민들의 생활 향상을 위한 당의 정책을 받들고-량강도 운흥군 모정 농업 협동 조합」, 『승리』 1권, 121쪽. 당시 중국 동북지역에서는 互助合作運動이 벌어지고 農業合作社를 시험적으로 운영하기 시작한 상황이었다. 예를 들어 연변 조선족자치주에서는 1950년에 이르기까지 각종 형식의 互助組 1만 4,065개가 조직되었다. 호조조에 참가한 호수는 총농호의 52.6%에 달하였으며, 경작지로는 전체 경작지의 48%를 점하였다. 또한 1952년말에 연변에서 초급합작사는 74개로, 호조조는 1만 5,586개로 늘어나는 상황이었다(발전도상의연변편찬위원회, 『발전도상의 연변』, 1990, 연변 : 연변인민출판사, 11~12쪽).
26) 강천림, 앞의 글, 122쪽.

인구변동의 측면에서 농촌 인구의 활발한 이동과 함께 주목되는 변화는 남녀 인구비에서 일어났다. 북에서 1946년 말 남녀 인구비는 50 대 50이고 1949년말 시점에도 남녀 비율이 49.7% 대 50.3%로 거의 비슷하였으나, 전쟁을 겪은 후인 1953년도 말에는 46.9 대 53.1로 女超현상이 나타났다.28) 많은 남성 청장년이 군대와 도시 복구에 동원됨에 따라 농촌에서 여초현상이 더 심하였다. 1950년대 중반에 농업협동조합 내에서 여성 노동력이 차지하는 비중은 약 60%에 달하였다. 당시 전체 인구 중 여성 비율 53.1%보다 높은 수치이다. 이는 도시보다 농촌에 여성인구가 집중되어 있음을 보여준다.29) 농촌에서 남성 노동력이 부족한 조건에서 전시하에는 '여성 보잡이운동'이 활발하게 벌어졌다. 소를 부리며 논밭을 가는 보잡이는 전통적으로 남성의 몫이었다. 1952년 한 해에만 황해도에서는 5천 명의 여성보잡이가 나와 영농사업에 적극 참여하였다.30)

평안남도 순안군 택암리의 조중친선농업협동조합의 사례를 통해 인구이동의 구체적인 사정을 확인해보기로 하자. 택암리의 사례는 이미 일제하, 해방 전후에 인구이동이 활발하였음을 보여준다. 일제에 의하여 강제 노동, 강제 병역 복무 등에 끌려갔던 청장년들이 돌아 왔으며 일제하에 생활의 파탄으로 외지에 이주하였던 일부 농민, 노동자들이 다시 마을로 돌아왔다. 또 적지 않은 농민들이 다른 지방으로 이주하

---

27) 예를 들어 황해북도 금천군의 친선농업협동조합에서도 쏘련 콜호즈와 함께 중국 합작사 농민들의 경험을 해설하였다(김승준, 「품앗이반으로부터 선진적 농업 협동 조합의 대렬에 들어서기까지-황해북도 금천군 친선 농업 협동 조합」, 『승리』 1권, 263쪽.
28) 조선 민주주의 인민 공화국 국가 계획 위원회 중앙 통계국, 『1946~1960 조선 민주주의 인민 공화국 인민 경제 발전 통계집』, 평양 : 국립출판사, 1961, 18쪽.
29) 김성보, 앞의 책, 343~344쪽.
30) 최중극, 앞의 책, 163~164쪽.

여갔다. 이러한 주민의 이동은 그 규모나 성격에 있어서 해방 전과는 근본적으로 달랐다. 1945년 말부터 1949년 사이에 주민의 약 10%에 해당하는 사람들이 이동하였다. 토지개혁 때는 몰수 토지가 5정보 이상 되는 3명의 지주를 다른 지방으로 축출하였다.[31]

전쟁시기에는 일시적인 피점령기에 로동당원 79명과 그 가족 21명이 피살되고 87호의 주택과 그들의 재산이 파괴된 것으로 조사되었다.[32] 택암리에서는 한국전쟁 이후 각 자연촌락별로 주민의 30~60%가 외부로부터의 이주민으로 바뀌었다. 택암리의 경우 739세대 중에서 순안군 이외의 평남 각 군과 평양시 및 기타 전국 각 도로부터 이주하여 온 수가 340세대 즉 총 세대 수의 46%에 해당한다. 평남도와 평양시 출신을 제외한 각 도 출신만 하여도 99세대에 달한다. 이들 중에는 해방 전에 이주하여 온 사람도 있지만 거의 대부분은 해방 후 특히 전쟁 후에 이주하여 온 사람들이었다. 주민의 거의 반수가 다른 지방 출신이라는 사정은 이곳에서 문화와 풍습의 형식에 다양한 요소가 도입될 수 있다는 것을 의미한다.[33] 예를 들어 이곳 사람들은 주로 소주를 마셨는데, 남한 출신이 이주하여 온 뒤부터 탁주를 빚어 마시는 풍습이 생기기도 하였다.[34] 이주민 중에는 본래 농민이 아닌 다른 계층의 인물들도 많이 있었다. 이 마을에는 새로 주민의 8% 가까운 노동자와 사무원, 영예군인, 후방 가족들이 살게 되었다.[35] 농민이 아닌 다른 계층, 출신의 사람들이 섞어 살게 된 것은 농촌의 폐쇄성이 약해지고 다양한 문화가 혼합될 수 있는 조건이 되었다. 8개 마을 739세대 중에 63

---

31) 과학원 고고학 및 민속학 연구소 민속학 연구실, 앞의 책, 205~206쪽.
32) 위의 책, 211쪽.
33) 위의 책, 6~11쪽.
34) 위의 책, 144쪽. 남한 지역출신으로는 경기도 3세대, 충청도 8세대, 경상도 6세대, 전라도 4세대가 있었다(위의 책, 10쪽).
35) 위의 책, 212쪽.

명이 공장지대 등 외부로 나가 일하게 된 것도 농촌 문화가 변화하는 하나의 배경이 되었다.36)

이상에서 살펴본 것처럼 북의 농촌에서는 해방 이후 인구변동이 일어났는데, 특히 1950년부터 3년간 지속된 전쟁으로 인해 광범한 인구 이동 현상이 발생하였다. 옛 지주와 부농 등 유력자들의 월남과 도시민의 농촌 산개정책, 일시 후퇴시기 越境의 경험, 남녀 구성비율의 변화 등으로 인해 농촌의 전통적 안정성과 폐쇄성은 약화되었으며 농민은 외부 세계와 다양한 접촉을 하게 되었다. 전후 공업화와 도시화의 촉진 등으로 발생한 농촌 주민의 도시 이주 또한 농촌의 변화를 촉진하는 것이었다. 전시하 농촌 노동력 동원 경험과 '리' 단위 정치적 기초 강화, 그리고 활발한 인구 이동은 1954년부터 농업협동화가 급속히 진행할 수 있게 되는 주요한 배경이 된다.

3. 전후 농촌 건설의 핵심 주체 형성

1955년 6월부터 조선로동당 중앙위원회의 결정에 따라 북한 정권은 농업협동조합에 대한 대대적인 집중지도사업을 전개한다. '농촌진지'의 핵심을 만들기 위해 제대군인과 애국열사 유가족, 인민군 후방가족, 혁명투쟁 경력자, 열성농민 중심으로 협동조합의 관리간부를 양성하고 배치하였으며, 노동규율을 확립하는 지도사업이 진행되었다.37) 북한 정부는 농업협동조합 관리 간부의 원천이 '조합 내부'에 있다는 자세에서 출발하여 신망과 열성이 있으며 농사 경험이 많은 조합원들 특히 애국 열사 유가족, 인민군 후방가족, 제대 군인들을 관리간부로 선발

---

36) 위의 책, 11쪽.
37) 서동만, 앞의 책, 685~689쪽.

배치하였다. 그리고 도시의 우수한 역량으로 부족한 간부진영을 보충하였다. 이 간부들의 활동을 지도하기 위해서는 일상적 지도와 집중적 지도, 중앙적 지도와 지방적 지도를 결합하는 원칙이 견지되었다. 조합들을 조직적, 경제적으로 강화하는 데 가장 효과적인 방법은 집중 지도였다. 1955년부터 북한 정부는 중앙 및 지방의 유능한 지도 역량을 수천 명씩 동원하여 매년 1~2차례 씩 전국적인 집중지도사업을 실시하였다.38) 다음은 함경남도 신상군 사례이다.

신상군 당위원회는 1957년 9월에 전원회의를 소집하였다. 회의에서는 군 당위원회가 협동조합 지도 사업에서 관리 일군들만 대상으로 하고 당 단체 사업에 제대로 관심을 돌리지 않은 사실이 심각히 비판되었다. 전원회의가 있은 후 연 4차에 걸치는 '了解 사업'에서 혁명 투쟁 경력자 83명, 제대 군인 618명, 애국열사 가족 42명, 인민군 후방가족 63명, 모범 조합원 200여 명을 교육하였다. 이들 중에서 유능한 사람들은 당 분조장, 관리위원회 부위원장, 작업반장 등으로 추천하였다.39)

<표 2> 조합 간부들의 성분별 구성 (함경남도 신상군, 단위 : 명)

직 책 출 신	관리 위원장	부위 원장	부기원	작업 반장	검사 위원장	초급당 위원장	계
혁명투쟁 경력자	16	7	5	28	2	-	58
제대 군인	13	9	22	63	-	21	128
애국열사 유가족	1	-	-	4	-	-	5
인민군 후방가족	1	-	1	14	-	-	16
계	31	16	28	109	2	21	207

출전 : 조선로동당 중앙위원회 농업협동조합 경험집 편찬위원회 편, 『농업협동화운동의 승리 6』, 평양 : 조선로동당출판사, 1958, 334쪽.

---

38) 렴의제, 「농업 협동 조합들의 조직 경제적 강화를 위한 우리 당의 제 대책」, 『승리2』, 3~5쪽.
39) 김석현, 「농업 협동 조합 관리 일군들의 질적 수준을 개선하고 그들의 정치 실무 수준을 제고하기 위하여」, 『승리 6』, 333쪽.

이 당시에 새로 배치된 간부들의 성분별 구성은 위 표와 같다.

신상군에서 새로 충원한 조합간부들 중에서 가장 많은 수를 차지한 쪽은 제대군인이었으며, 그 다음으로 혁명투쟁경력자가 많은 비중을 차지하였다. 제대군인은 주로 현장에서 모범을 보여야 할 작업반장으로 많이 배치되었고, 혁명투쟁경력자들은 상대적으로 관리위원장직에 많이 진출하였다.

전국적으로 보아도 조합 간부의 수요를 가장 많이 채워준 부류는 제대군인이었다. 내각은 1만 2천 개 이상의 협동조합이 조직되어 기층간부가 대대적으로 요구되자, 긴급대책으로 약 8만 명의 인민군을 감축하여 전국의 농촌, 특히 협동조합에 배치하였다.[40] 내각은 농업성, 양정국 및 각 도 인민위원회들이 "제대군인 및 영예 전상자들 중 영농을 희망하는 자에게는 우선적으로 토지, 주택, 종곡 및 농기구 등을 알선 보장"하여 주도록 하였다.[41] 또한 1956년 6월 10일자의 내각 명령 제49호 「제대군인들의 생활안전의 제반 대책을 수립할 데 대하여」에서 "제대군인의 희망에 따라 직업을 알선하되 농촌 출신의 군관, 하사, 전사들은 그들의 희망에 따라 전향"시키도록 하였다.[42]

농촌 출신의 제대군인들은 본인이 자원할 경우 다시 농촌으로 돌아갔다. 북한지역에 고향이 있는 경우에는 귀향을 한 것이며, 그런 고향이 없을 경우 적당한 지역에 배치되었다. 일례로 제대군인 량봉삼은 평안북도 영변군 룡추리로 귀향하여 민주선전실장으로 활동하였다. 그는 당의 방침을 선전 선동하는 역할을 담당하였다. 그가 활동한 룡추 농업협동조합에는 70여 명의 제대군인들이 있었다.[43] 남로당원이었다

---

40) 서동만, 앞의 책, 598쪽, 686쪽.
41) 「제대군인 및 영예 전상자들의 직업 알선과 취학조건을 보장할 데 관하여. 내각 결정 제132호, 1953. 8. 14」, 鄭慶謨·崔達坤 編, 『北韓法令集 4』, 서울 : 大陸硏究所, 1990, 612쪽.
42) 위의 책, 614쪽.

가 인민군 군관을 지낸 김진계의 경우는 고향이 남쪽에 있어 평안북도 안주군 평률리에 배치되어, 그곳에서 리민주선전실장으로 활동하였다. 그는 본 임무 외에도 사상교육을 담당하는 리당부위원장과 리인민위원회 위원, 노동당 학습 강사, 조쏘문화협회 리위원장, 유적유물보존위원회 리위원장을 겸직하였다. 그는 하루도 회의가 없는 날이 없었다. 회의는 주민들이 참여하여 토론하는 협의제 원칙에 따라 운영되기에, 저녁이면 회의를 하고 낮에는 준비를 해야 하는 '코 한 번 훌쩍일 짬'도 없는 바쁜 세월을 보냈다.44)

제대군인들은 자신의 군대 경험을 바탕으로 어려운 난관을 돌파해 나갔다. 평안남도 문덕군 박비농업협동조합에서는 조합 안에 목수가 7명에 불과하고 벽돌이 한 장도 없는 상황에서 탁아소, 공동식당 등의 편의시설을 건설하는 문제에 부딪혔다. 그 난관을 돌파한 것은 제대군인 출신들이었다. 이들은 폭격 속에 공장을 복구 건설한 경험을 바탕으로 모든 가능한 내부 자원을 동원하여 건설 작업을 밀어붙였다. 군대에서 약간의 담벽을 쌓은 경험도 크게 도움이 되었다.45) 량강도 운흥군 모정농업협동조합에서는 제대군인 조내문을 비롯한 당원들이 새끼 꼬기에 앞장섰다. 제승기라는 기계를 사들여 작업 효율을 높였고, 이에 조합원들이 협조하여 이른 봄까지 69만 3천 원의 현금 수입을 얻었다. 이 돈으로 역축을 살 수 있었다.46)

제대군인들의 돌격대식 사업은 때로 저항을 낳기도 했지만,47) 내부

---

43) 량봉삼, 「당 정책 관철에서 민주 선전실의 역할을 높이며」, 『승리4』, 179쪽.
44) 김진계 구술·기록, 김응교 보고, 『조국』 상권, 풀빛, 1993, 214~215쪽.
45) 신국봉, 「각종 편의 시설은 농촌 생활을 더욱 흥겹게 하고 있다」, 『승리 4』, 235~236쪽.
46) 강천림, 앞의 글, 126~127쪽.
47) 「제2작업반장」이라는 문학작품에는 다른 지역 출신의 제대군인이 그 지역 출신들에게서 따돌림을 받는 모습이 나온다. "2작업반장은 군대 출신이 돼서

자원이 부족한 가운데 급속히 농촌을 재건하는 데 중요한 자원이 되었다. 그것은 다른 한편으로는 제대군인을 통해 농업협동조합에는 군대식 문화가 확산되는 과정이었다.

이렇게 농촌의 일상이 된 협동조합 생활에서는 빈농과 제대군인, 애국열사 유가족, 인민군 후방가족, 혁명투쟁 경력자, 열성농민 중심으로 형성된 조합 간부들이 마을 권력의 중심에 서게 되었다. 그와 함께 옛 사고방식을 고집하는 '로인'들을 대신해서 새로운 농업기술에 적극적인 '청년'들이 부상하였다.[48] 그리고 부족한 남성 노동력을 대신해서 여성의 발언권이 강화되었다. 앞서 언급한 것처럼 여성의 발언권 강화는 당시 농촌에서의 남성 노동력 부족과 깊은 관련이 있었다. 여성 자신들이 조합간부가 되는 일이 많아졌다. 평안남도에서는 여성들의 조합간부 선발에 주의를 기울여 도내에서 작업반장의 42%를 여성들이 차지하게 될 정도였다.[49] 많은 남성들이 여성 작업반장의 지시에 따라 농사일을 하게 된 것이다. 황해남도 신천군 새날농업협동조합의 경우, 총 848호 중에서 여성 호주가 60%를 차지하며, 여성 조합원이 전체 노력자의 64%를 점하는 상황이었다.[50] 여성이 조합 간부가 되자 남성 중심의 가부장적 권위에 젖어있던 일부 조합원들은 이에 반발하기도 하였다. 함경남도 신상군의 유흥농업협동조합에서는 여성이 조합관리위원장이 되자 일부 조합원들은 "저 사람의 지시를 받아 가면서 어떻게 농사를 짓겠는가?", "아무리 똑똑하기로서니 농사 일이야 남자들이 더 잘 알지 녀자가 더 잘 알겠는가?", "이래서는 조합이 망하겠군!"하는

딱딱하다. 모든 일을 군대식으로만 하려든다" 등의 비난이었다. 박승극, 「제2작업반장」, 『조선문학』, 1956년 4월, 74쪽 ; 장미성, 앞의 글, 60쪽에서 재인용.
48) 김성보, 앞의 책, 344~345쪽.
49) 피창린, 「전후 당의 농업 정책 관철을 위한 평남도 당 단체의 활동」, 『농업협동화운동의 승리 (6)』, 26쪽.
50) 김일출, 앞의 글, 22쪽.

등의 여론과 비방이 일었다.51) 그러나 남성 노동력 부족이라는 구조적인 조건과 정부의 적극적인 여성 노동력 동원 정책, 그리고 여성의 헌신적이며 모범적인 조합 활동을 통해 여성의 역할 증대는 대세일 수밖에 없었다. 여성들의 핵심대열에는 젊은 여성만 아니라 중년 이상의 여성들이 중요한 위치를 차지하였다. 특히 애국열사 유가족과 후방가족인 중년 이상의 부인들의 역할이 컸다. 예를 들어 새날농업협동조합 제6작업반의 모범 농민 주원순(55세)은 전쟁기간에 시아버지, 남편과 아들이 살해당하는 체험을 하였다. 그는 농산 작업반 반장으로 일하며 알곡 증산투쟁에서 공을 세워 세 번의 공로 메달을 받았다.52)

전후 농촌의 재건과 농업협동화 과정에서 유력 가문의 연장자나 부농, 그리고 남성을 중심으로 한 전통적 권위는 해체되었으며, 이를 대신해서 빈농, 제대군인, 애국열사 유가족, 인민군 후방가족, 혁명투쟁 경력자, 열성농민을 중심으로 한 새로운 혁명적인 농촌 '핵심 진지'가 등장하였다. 그중에서 숫자상으로나 실제 사업에서나 가장 주도적인 역할을 실질적으로 수행한 부류는 제대군인들이었다. 이들을 통해 군대식 문화와 경험이 농촌에 깊이 각인되었다. 또한 새로운 농업기술의 도입과정에서 노인보다 청년의 발언권이 확대되고, 여초현상 속에서 여성의 역할이 늘어났다.

4. 집단적 생산활동을 통한 사회주의 노동규율

1950년대의 농업협동화는 농민이 전적으로 국가와 당의 계획적 정책 아래 사회주의 노동규율을 받아들이게 되는 조건이 마련됨을 의미

---

51) 김석현, 앞의 글, 330쪽.
52) 김일출, 앞의 글, 22쪽.

하였다. 농업협동화 이후 농민 생활의 변화를 한 민속학자는 아래와 같이 간명하게 정리하였다.

> 농민들은 아침 일찌기 조반을 마치고 작업반별, 분조별로 같은 시간에 작업장에 나간다. 일정한 작업을 하고 일정한 휴식을 가진다. 하루의 작업을 마치면 분조원들은 함께 집으로 돌아간다. 야간에는 따로 회의가 있으며 때로는 학습이 진행된다. 농업협동화에 따르는 작업의 집단화는 이와 같이 농민들의 생활을 **규칙화**하였다. 그것은 지난 시기 농민들의 일상생활을 지배하였던 **무규율성, 산만성**을 퇴치하여 놓았다.(강조는 인용자)[53]

협동화 이전의 농민의 일상은 '무규율성, 산만성'으로 단정되고, 이를 대신한 협동조합의 일상은 '규칙화'로 표현된다. 위 서술에서 우리는 노동에 근대적 시간 관념이 도입되어 규칙성이 만들어지고, 작업을 마친 이후의 시간도 개인 여가보다는 회의와 학습이라는 공공의 영역으로 짜여진 모습을 확인할 수 있다.

농민에게 소상품생산자로서의 자율성은 누대로 지속되어온 장기간의 전통이었다. 지주와 마름의 관리 감독, 식민지 행정당국의 통제 등이 있어왔으나, 노동과 여가의 일상은 대부분 농민 자신의 세계에 속하였다. 그러한 농민한테 생산과 여가 모두를 집단화하고 위로부터 관리 감독을 받는다는 것은 거대한 혁명적 변화일 터인데, 이에 대한 농민의 반응과 적응 방식은 어떠하였을까?

농업협동화에 대한 농민의 반응은 계층적 처지에 따라 편차가 있었다. 옛 지주나 부농 및 부유 중농이 대체로 비판적이었던 데 비해 빈농과 중농 하층, 특히 열성당원, 애국열사가족, 인민군 후방가족 등이 적

---

53) 김일출, 앞의 글, 3쪽.

극적인 지지 계층이었다.54) 물론 적극적인 지지를 보냈을 것으로 판단되는 계층 안에서도 자신의 토지와 생산도구를 협동조합에 모두 편입시키는 데에는 내면적인 갈등이 큰 경우가 많이 있었을 터이다. 더욱이 아무리 농업협동화에 적극적인 지지를 보내고 당과 국가의 정책을 신뢰한다고 하더라도 자신의 일상 전체를 국가와 당의 지시에 일일이 맞추는 것은 어떠한 농민에게도 쉬운 일이 아니었을 것이다.

농업협동화 초기에 조합 간부들이 당면한 큰 골칫거리의 하나는 낮은 출근율이었다.

기래 보면 옛날엔 꼭두새벽부터 논에 나가던 사람이 올해에는 해가 중천에 떠 있어두 안 나오구. 아무개야 소리쳐야 게우 어슬렁어슬렁 기어 나오니, 이거이 말이 됩네까?55)

위 발언은 1955년 10월 초, 안주군 평률리 협동조합 총회에서 이 마을에서 제일 오래 산 노인 한 사람의 발언이다. 노인이 앞장서서 집단의식을 가져야 한다며 강조하면서 나온 말이다. 노인이 앞장서서 집단의식을 가져야 한다며 질책을 하니 다른 조합원들은 숨을 죽이고 경청할 수밖에 없었다.

황해북도의 경우 1955년도 상반기인 1~6월에 농업협동조합의 평균 가동률은 44.6%에 불과하였다. 이 기간에 조합원이 수득한 일인당 노력일도 67.4일, 즉 월 평균 11.2일에 불과하였다. 사흘에 하루 꼴로 조합에 출근하여 노력일수를 채운 셈이었다.56)

또 다른 골칫거리는 공동재산을 아끼지 않고 무책임하게 대하는 자

---

54) 김성보, 앞의 책, 330쪽.
55) 김진계 구술·기록, 김응교 보고, 앞의 책, 258쪽.
56) 문석불, 「농촌 경리의 사회주의적 개조를 위한 농민들 속에서의 사상 사업」, 『승리 6』, 106쪽.

세였다. 평양 농기계임경소 구역안의 소삼정농업협동조합의 리경환 조합원은 추경하던 쟁기를 圃田(논밭)에 버려두기 일수였다.[57] 강원도 법동군 상서농업협동조합의 황하중 조합원은 맡은 말을 "먹을 것을 제대로 주지 않고 깃도 제때에 갈아주지 않아" 말이 나날이 여위어가도록 방치하였다. 조합관리위원회에서 그 이유를 묻자 "외국에서 들어 온 말이라 수토관계이지 별일 없을 게요. 그리고 기후가 다르고 풀도 다르게 아니오"라고 태연히 답할 따름이었다. 결국 말은 죽고 말았다. 관리위원회가 이 조합원의 '그릇된 사상 근원'을 비판하고 말 값의 일부 변상, 노력일수 삭감을 제기했는데, 조합원들의 반응이 의외이다. 조합원들 다수는 "어떻게 그렇게 박하게 처리하겠느냐"면서 그런 방식에 부정적이었다.[58]

가족 단위의 영농에 익숙한 농민들에게 공동재산을 존중하는 사회주의 의식을 체화하게 함은 쉬운 일이 아니었다. 당장 자신에게 이익이 오지 않는다고 해도 집단을 위해 개인을 희생할 수 있는 사회의식이 형성되어야 하는데, 이는 사회주의체제가 근본적으로 안게 되는 문제였다. 그리고 잘못에 대해 엄격히 처벌하는 방식보다는 온정적으로 문제를 해결하는 방식이 익숙한 농촌에서 사회주의 규율을 뿌리내리는 일 또한 쉬운 것이 아니었다.

한편 1950년대의 전후 복구시기에 농민에게 부과된 노동 부담은 적지 않았다. 한편으로는 요구되는 농업생산목표를 달성해야 하고, 다른 한편으로는 전쟁으로 파괴된 시설을 복구하고 더 나아가 새로운 수리시설, 학교, 유치원 등을 세워야했다. 힘든 일과에 대한 불평은 여기저

---

57) 정태황, 「평양 농기계 임경소는 농업 협동 조합들을 이렇게 방조하고 있다」, 『승리 3』, 369쪽.
58) 윤창우, 「공동 재산의 애호 관리를 위한 투쟁 속에서-강원도 법동군 상서 농업 협동 조합」, 『승리 2』, 200~201쪽.

기서 표출되었다.

"조합이 좋다더니 이렇게 눈코 뜰 새가 없어야 원!" "좀 쉬기두 해야지 이렇게 바빠서야 견디겠나?!" 이것은 조합이 조직된 지 얼마 안 되던 때에 조합원들 속에서 오고 간 말이였다. 나는 이 말을 들을 때 가슴이 뜨끔했다. 사실 조합원들의 로동은 아주 고되였던 것이다.……개인농들 중에 "조합에 들래두 일이 무서워서―"라고 하면서 빈정대는 자들이 있었을 뿐만 아니라 일부 조합원들 가운데서도 "일이 고되여서 조합을 탈퇴하겠다"는 말이 나오게 되였다.……나는 조합에 돌아와 동기 부업 조직을 강하게 추진시킬 데 대하여 조합원들과 토의하였다. "제길 겨울에도 일만 시킬 작정인가"라고 하면서 일부 조합원들은 이에 잘 응하지 않았다.59)

조합 간부들은 고된 일로 협동조합에 대한 불만이 커지는 데 대처하여야 했다. 사회주의 정신교양만으로는 부족하였다. 사회주의의 위대성, 협동경리의 우월성을 실제로 보여주어야 했다. 기계화, 전기화 등을 통해 새로운 세상을 보여주는 것이 가장 효과적인 해결책이었다. 특히 농기계임경소를 통해 제공되는 트랙터는 사회주의 위대성의 상징이었다.

그건 정말 신났어요! 늘 말만 들어오던 뜨락또르가 눈 앞에 와서 으르릉거리며 돌아 가는 것을 보았을 때……그 놈을 가지구 조합벌을 갈 것을 생각하니 어깨에서 부쩍부쩍 힘이 나고 무서운 것이 없더군요.60)

---

59) 정봉오, 「소기계화를 광범히 실시하여 작업 능률을 제고시켰다―평안북도 박천군 구봉 농업 협동 조합」, 『승리 3』, 333~335쪽.
60) 전태진, 「사회주의 농업 발전의 선두에 서서―국영 중화 농장」, 『승리 3』, 374쪽.

그런데 당시 북한의 처지에 소련처럼 농업의 기계화가 전면적으로 실현되기는 힘들었다. 조합간부들은 정부의 지원이 부족한 상황에서 스스로 문제를 해결해야 했다. '소기계화'는 한 가지 해결책이었다. 앞서 인용한 박천군 구봉농업협동조합의 경우에는, 전시에 파괴된 자동차 부속품과 철재를 이용하여 '샤후트(shaft : 굴대)'를 만드는 한편 낡은 족답 탈곡기의 살통을 연결시켜 동력 탈곡기 2대를 조립하는 데 성공하였다.[61]

농업협동조합에서 작업과정이 어떻게 체계화되고 노동규율이 요구되었는지를 몇 곳의 조합 사례를 통해 확인해본다. 평안남도 대동군 만경대농업협동조합은 1959년 2월에 국가로부터 2대의 뜨락또르(트랙터)와 1대의 화물 자동차를 공급받았다. 이를 토대로 조합 관리위원회는 트랙터 및 자동차 운전수들과 농기계 수리 일꾼 13명으로 독립적인 기계화작업반을 조직하였다. 작업반 운영을 체계화하기 위하여 수많은 기준표가 제시되고 업무일지가 작성되었다. 「각종 뜨락또르 작업정량 및 연료 소비 기준표」, 「각종 화물자동차 1일간 작업정량」, 「뜨락또르 년간 생산 작업계획」, 「뜨락또르 자호별 년간 작업계획」, 「뜨락또르 시기별 작업계획」, 「뜨락또르 운행계획」 등의 표를 작성하고 그에 맞추어 작업을 해야했다.[62] 기계화작업반은 5일 작업지시의 방식으로 통제되었다. 5일 작업지시는 그 수행의 정확성과 운전수의 책임성 제고, 연료의 초과 소비의 방지 및 농산반장들의 작업 조건 보장 여부를 밝히게 되어 있다. 또한 작업반장은 이에 기초하여 운전수들의 노력일을 평가하고 5일 작업총화를 진행할 수 있게 되어 있다.[63]

---

61) 정봉오, 앞의 글, 338쪽.
62) 최장식, 「기계화 작업반을 조직 운영한 첫 경험-평안남도 대동군 만경대 농업 협동 조합」, 『승리 2』, 126~132쪽.
63) 위의 글, 134쪽.

황해남도 안악군 강철농업협동조합에서는 작업 정량을 조합 실정에 맞게 제정하였다. 그리고 각종 작업에서 도급제를 실시하였다. 노동 보수에서 '무원칙한 평균주의'를 근절하고 조합원들의 작업 의욕을 높이기 위함이었다.64) 황해북도 린산군 사장농업협동조합에서는 생산능률의 향상을 위해 작업반별 경쟁 시스템을 도입하였다.65) 다양한 수행지표를 세우고 그에 맞추어 점수를 계산하였으며, 연말 결산분배총회에서 경쟁운동을 총괄 평가하였다. 1958년 12월의 총회에서 발표된 작업반별 득점수와 경쟁순위는 아래 표와 같다.

<표 3> 작업반별 경쟁에서의 득점수 (황해북도 린산군 사장농업협동조합)

조항별		생산과제 실행	노력가동률 및 규율	선진영농방법 도입	기술지표 준수	도급제 실시	공동재산 및 역축관리	자급비료 실적	계	경쟁순위
채점규정		40	7.5	15	10	10	10	7.5	100	
작업반별	1	33	6	11	8	8	6	6	78	7
	2	36	7.5	14	10	10	7	7.5	92	2
	3	34	7.5	12	10	9	8	7	87.5	3
	4	39	7.5	15	9	10	10	7	97.5	1
	5	40	5	12	8	6	6	6	83	4
	축산	37	7.5	9	8	4	7	7.5	80	5
	공예	32	7	8	9	8	7	5	76	8
	건설	36	7	10	4	7	7	7.5	78.5	6

출전 : 조선로동당 중앙위원회 농업협동조합 경험집 편찬위원회 편, 『농업협동화운동의 승리 2』, 평양 : 조선로동당출판사, 1958, 181쪽.

총회에서는 경쟁에서 1위를 한 제4 작업반에 우승기와 상금 100원

---

64) 김약순, 「사회주의적 분배 원칙의 관철을 위하여-황해남도 안악군 강철 농업 협동 조합」, 『승리 2』, 150~153쪽.
65) 기원식, 「농업 증산 경쟁 운동을 발전시키는 길에서-황해북도 린산군 사장 농업 협동 조합」, 『승리 2』, 180쪽.

을 수여하였다. 경쟁운동의 발전에 따라 조합원들의 년도별 평균 가동률 및 수득 노력일수는 크게 늘어났다. 1955년도의 가동일수는 169일이었는데, 56년에는 240일, 57년에는 292일, 그리고 58년에는 301일로 증가하였다. 수득한 평균노력일도 55년 157일, 56년 203일, 57년 287일, 58년 322일로 늘어났다.66) 도급제와 작업반별 경쟁은 사회주의적 헌신성을 보완하는 효율적인 수단이 되었다.

이처럼 농업협동화는 농민을 기계화된 공장의 노동자들처럼 농업노동자로 전환시켰다. 가족 단위로 작업이 이루어지던 소농경리의 관습은 더 이상 존속할 수 없었다. 전 생산과정이 체계화, 합리화하고 노동규율이 개개인에게 직접적으로 부여되었던 것이다.

다만 이러한 거대한 변화가 농촌의 전통을 완전히 해체한 것은 아니었다. 소겨리, 품앗이 등 공동노동의 전통은 농업협동조합의 최소 노동단위인 '분조'의 바탕이 되었다. 마을은 급속히 리 단위 조합에 맞추어 통합, 개조되었으나 상당수 지역, 특히 산간지대에서는 한 마을이 하나의 작업반이 되는 등 전통적 삶의 공간이 내면적으로 지속되었다.67) 장례를 치를 때 조합 작업반에서 일정한 인원을 배정하여 관을 운반하고 묘를 만드는 일을 해주는 새로운 풍속의 형성 또한 마을 단위의 공동체 문화의 연장이라는 측면이 있다.68)

---

66) 위의 글, 181쪽.
67) 김성보, 앞의 글, 2002, 86~97쪽.
68) 과학원 고고학 및 민속학 연구소 민속학 연구실, 앞의 책, 174쪽.

5. 주택·가족과 사회의식의 변화

1) 주택과 가족·친족 관계의 변화

농업협동화가 4~5년밖에 안 되는 짧은 기간에 완성됨에 따라 농촌 마을(부락) 건설도 그에 맞추어 빨리 진행되었다. 농업협동화에 따라 농촌 마을은 사회주의적 협동경리에 부합되며 협동농민의 요구에 맞게 건설되어야 했다.

1957년 10월 내각결정 제105호 「농촌 및 읍들에서 인민적 운동으로 진행되는 생산적 건설 및 주택, 학교, 문화시설들의 건설사업을 보장할 제 대책에 관하여」가 채택되었다. 이 결정에서 농촌 주택 건설은 "민족적 형식에서 사회주의적 내용을 가지는 방향"으로 진행하며 건설용지는 "비옥한 농경지를 피하고 음료수, 배수 및 풍향 조건들이 좋은 건조한 지대로서 높은 지대, 산기슭 또는 경사지대에 위치를 선정하는 방향에서 건설을 분산시키지 말고 집중적 건설이 진행"하도록 하였다.[69] 당시의 농촌 주거지계획 개념은 공동경작과 공동생산을 기본으로 하여, 조합원들의 생산활동과 생활을 사회주의 체제에 적응시키기 위하여 공공장소를 통한 사회주의 교양, 기술교양을 하고 공동 주거생활을 하도록 하는 것이었다.[70]

이 결정에 따라 숙천군 룡오농업협동조합, 신천군 새날농업협동조합, 문덕군 박비농업협동조합 등에서 농촌부락계획이 시범적으로 추진되었다. 예를 들어 룡오농업협동조합에서는 논벌에 흩어져있던 5개의 마을을 높은 지대인 룡오리로 옮겨 500호의 농가로 된 새로운 마을을 건설하였다. 시범사업 경험은 전국의 모든 농촌중심부락을 대상으로

---

69) 『조선중앙년감』, 평양 : 조선중앙통신사, 1958년판, 68쪽 ; 리화선, 『조선건축사 2』, 평양 : 과학백과사전종합출판사, 1989, 118쪽.
70) 이왕기, 『북한 건축, 또 하나의 우리 모습』, (주)서울포럼, 2000, 78쪽.

한 총계획도 작성의 토대가 되었다.
  사회주의적 집단마을이 형성되면서 기존의 마을 주택에서 살고 있던 주민들 중에 반발이 없었던 것은 아니다. 아래의 두 대목은 집단마을 구성을 위해 대대로 내려온 주택과 마을을 포기해야 했던 과정에서 빚어진 갈등의 일단을 보여준다.

> (가) 기본 경지와 거리가 가까운 룡담 부락의 일부 년로한 조합원들은 "<u>조상 때부터 살아 온 여기를 떠나다니, 어림도 없는 말이지</u>"라고 하면서 부락을 수완, 생포, 삼평 세 곳으로 정하는 데 반대하였다. (밑줄은 인용자)[71]
>
> (나) 조합 포전의 동북쪽 밤몰재를 주택지구로 선정하고 공사를 처음 시작했을 때 일부 사람들은 "<u>밤몰재는 집터가 세서 살림이 망한다.</u>" "<u>묘를 써도 자손이 망한다는 땅에 집을 짓다니</u>"라고 하면서 반대하여 나섰다.……"이 사람들아 뭐가 답답해서 조상이 물려 준 집을 버리고 높은 등성이로 올라간단 말인가! 천하없는 일이 있어도 그것만은 안 되네 안 돼……" 아무리 설복해도 완고한 로인들과 집을 가진 조합원들은 머리를 혼들었다.(밑줄은 인용자)[72]

  전통적으로 주택 자리 마련에 영향을 미쳐온 풍수지리는 '미신'으로 취급되어 비판을 받았다. 위 (나)의 안주군 남칠농업협동조합에서는 "「미신의 후과」「밤몰재에 새 마을이 일어선다」는 등 수편의 만담, 스케취를 만들어가지고 뒤떨어진 계층들을 교양"하여 집단촌락 건설을 실행에 옮겼다.[73]

---

71) 윤항선·윤중혁,「농업의 기계화에 유리하게 토지 건설을 진행-강원도 천내군 구포 농업 협동 조합」,『승리 3』, 290쪽.
72) 박충현,「건설 작업반의 조직과 그의 운영-평안남도 안주군 남칠 농업 협동 조합」,『승리 4』, 110~111쪽.
73) 위의 글, 111쪽.

북한에서 이러한 반발은 그렇게 심각한 것은 아니었다. 대체로 농민들은 새로운 농촌 건설의 필요성 자체에는 공감하고 있었다. 전쟁으로 인해 기존의 농촌 주택이 파괴되어 어차피 새롭게 농촌을 재건해야 했으며, 그럴 바에는 보다 근대적이고 문화적인 농촌을 건설하는 데 동의하는 편이었다. 예를 들어 평양시 대성농업협동조합 구역에서는 전시에 130동에 달하는 주택이 파괴 소각되어 반토굴에서 지내는 조합원이 93%에 이르는 상황이었다. 이 조합에서는 일부 조합원들이 "자기들의 정든 집터"를 떠나기 아쉬워 집단 마을 건설에 약간 반대를 하기도 했지만, 조합의 "광활한 발전 전망"에 고무된 다수 조합원들의 의견에 곧 설복되었다. 그리하여 여유있는 조합원들에게서 자금의 융통을 받고 민주청년동맹원들이 선두에 서서 농촌 건설사업을 신속히 진행하였다.[74] 전쟁은 농업협동화 자체만이 아니라 집단 촌락의 건설도 큰 저항 없이 빠르게 진행할 수 있게 한 배경이었다.

집단 마을은 주거활동공간과 생산활동공간이 구분되어 건설되었다. 그리고 학교와 탁아소, 유치원 등 문화시설이 건설되고 마을 한복판에 농민들이 일상적으로 이용하는 민주선전실이나 구락부가 배치되었다.[75] 전쟁과정에서 상당수의 농가와 건물들이 파괴되었기 때문에 새로운 마을의 건설은 정부 후원 아래 농민 자신의 힘으로 공동시설과 '문화주택'을 새로 건설해야 하는 고된 노동 속에 이루어졌다. 물론 모든 건물이 새로 건설된 것은 아니다. 조중친선농업협동조합에서는 부농, 지주 등 '과거 부유한 사람들'이 쓰고 살던 집을 개조하여 공공 건물인 관리위원회, 학교, 민주선전실, 상점 등으로 사용하거나 조합원의 주택으로 사용하였다.[76]

---

74) 리동학, 「문화 농촌 건설에 력량을 집중하여-평양시 대성 구역 대성 농업 협동 조합」, 『승리 4』, 21~30쪽.
75) 리화선, 앞의 책, 119쪽.

마을에 공동작업장이 생기면서 개별 농가의 경제적 기능은 상실되었다. 외양간이 사라지게 되었으며, 비 올 때 간단한 작업을 하였던 봉당, 토마루의 실용적 의의도 없어졌다. 무명을 고르고 물레를 잣던 넓은 웃목도 필요없게 되었다. 개인주택은 작업의 단위, 경제적 단위로서의 의의를 상실한 것이다.[77] 주택의 규격이 통일되면서 주택의 규모로 신분의 차이를 드러내던 일도 없어지게 되었다.

농업협동화는 기층생활단위인 가족의 풍습에도 변화를 몰고 왔다. 농업협동화에 의해 가족·가정이 최소 경제단위로서의 기능을 상실하게 되면서, 남성 가부장이 다른 가족 구성원을 경제적으로 속박하는 것은 불가능하게 되었다. 민속학자 김신숙에 의하면, 농업협동조합에서 가족내의 상호관계는 "사회주의적인 공동 생활의 규정 및 모든 가족 성원들의 평등권에 기초하여 창조"되었다.[78] 세대주는 가족 구성원들에 대해 특별한 권력을 가지고 있지 않게 되었다. 그는 단지 가족 집단의 대표자이며 제때에 국가에 세금과 지불금을 납부하는 법적인 책임자일 뿐이었다. 여성이 세대주가 되는 경우가 확대되었으며, 명칭상으로는 남자가 세대주이지만 가정에서의 모든 경리 생활을 실질적으로 하는 것은 여자인 경우도 많았다.[79]

부모와 자식 간에도 관계가 변하였다. 택암리의 경우, 맏아들이 부모를 모시는 장자 상속 제도는 점차 약화되기 시작하였다. 다만 노동력을 상실한 노인들이 젊은 자식들의 봉양을 받는 전통 자체는 보존되었다. 노동력을 상실한 늙은 부모를 봉양하는 관습이 없어지지는 않았다. 조합에서 분배를 받으면 이를 젊은이들 마음대로 쓰는 것이 아니

---

76) 과학원 고고학 및 민속학 연구소 민속학 연구실, 앞의 책, 98쪽.
77) 김일출, 앞의 글, 13~14쪽.
78) 김신숙, 앞의 글, 36쪽.
79) 위의 글, 36~37쪽.

라 부모와 상의한 후 사용하며 분배받은 현금을 늙은 부모에게 맡겼다가 찾아쓰는 모습도 확인되었다.80) 며느리와 시부모의 관계도 변하였다. 협동화 초기에는 며느리에게 노동일을 계산해주는 조합 일에는 적극 내보내면서 회의나 문화 활동에는 며느리를 보내지 않고 집안 일을 시키며 대신 시어머니가 참가하는 현상도 있었다. 그러나 이러한 과도기적인 양상은 점차 사라졌으며, 며느리는 가정 안에서 딸과 같은 대우를 받게 된 것으로 조사되었다.81) 이러한 조사결과가 얼마나 실상을 반영하는지는 의문이 있을 수 있다. 장구하게 내려온 며느리 경시 풍조가 생산방식의 변화 하나로 쉽게 바뀌었을 것으로는 보이지 않는다. 그렇지만 가족관계의 근본적인 성격이 변화하고 여성이 가정에서 해방된 상황에서, 며느리가 시어머니에게 일방적으로 예속되는 양상은 점차 약화되었을 것으로 판단된다.

한편 인구의 급속한 이동은 농촌사회의 전통 유지에 핵심적인 역할을 담당해온 동족마을들의 폐쇄성이 약화되는 계기로 작용한다. 다만 동족마을의 전통이 완전히 해체되는 것은 아니다. 민속학자 김신숙의 조사에 의하면, 1950년대 말에도 여전히 농업협동조합의 촌락들에서도 김촌, 곽촌, 허촌, 박촌 등 성씨별로 촌락 이름을 부르는 잔재가 남아있었다. 다만 "과거에는 곽촌이라면 곽가만이, 박촌이라면 박가만이 살고 있었으나 지금에 와서는 박촌에는 박가가 비교적 많이 살고 있는 곳도 있지만 어떤 촌은 허촌이란 명칭만 남고 그 동리에는 여러 성씨의 가족들이 살고 있는 곳이 많"은 것으로 조사되었다.82)

평안북도 영변군의 룡추농업협동조합의 경우, 리내에 룡추, 상등, 신

---

80) 과학원 고고학 및 민속학 연구소 민속학 연구실, 앞의 책, 145~157쪽 ; 김성보, 앞의 책, 343~346쪽.
81) 과학원 고고학 및 민속학 연구소 민속학 연구실, 위의 책, 154~155쪽.
82) 김신숙, 앞의 글, 35쪽.

건 등 3개 조합이 있었다. 룡추 조합은 윤촌과 김촌으로, 상등 조합은 명촌, 김촌 및 리촌으로, 신건 조합은 김촌, 량촌, 강촌으로 구성되어 있었다. 동족 중심의 폐쇄성은 쉽게 사라지지 않았다. 이 조합의 경우, 1958년 6월에 「가족주의와 지방주의는 종파의 온상이다」(선동원 수첩 11호)라는 문제를 해설하도록 지침을 받았지만, 상등 마을의 선동원들은 가족주의나 지방주의는 위에 있지 아래에는 없다고 하면서 그 내용을 기계적으로 전달하는 데 그쳤다. 그러나 실제로는 상등 마을에서 3개 씨족이 "호상 무원칙한 시비와 중상을 하며 한 씨족 내부에서는 옳지 못한 행위까지 감싸줌으로써 집단 생활을 흐리게 하는 현상들"이 발생하였다. 조합관리위원회는 씨족주의와 문벌 싸움을 청산하고 조합원들의 사상 행동을 통일하는 선전선동사업을 하지 않을 수 없었다.[83]

성씨별 응집력이 강한 지역에서는 농업협동화 과정에서 같은 성씨끼리 조합을 만들거나 조합의 관리위원장을 문중에서 배출하기 위해 주도권 다툼을 벌이고는 하였다. 함경남도 신상군의 동골농업협동조합에서는 리씨(이씨) 문중의 부유한 중농들이 주동이 되어 부유하고 사상적으로 견실치 못한 리경영을 관리위원장으로 추천하였다. 풍양농업협동조합에서는 한씨 문중이 관리위원장 자리를 탈취하려는 운동을 일으켜 조합 사업을 혼란에 빠뜨렸다.[84] 또한 평양시 관내의 농업협동조합 내에서도 "과거의 소위 유지들과 유력자들의 발언권이 조금이라도 강하게 되면 그들에게 눌리였던 일부 빈농민들은 자기의 의사도 잘 발표하지 못할 뿐만 아니라 그자들의 옳지 못한 행동에 대하여서까지도 폭로하거나 비판하는 것을 매우 두려워하였다"고 한다.[85]

---

83) 량봉삼, 앞의 글, 167~171쪽.
84) 김석현, 「농업 협동 조합 관리 일군들의 질적 구성을 개선하고 그들의 정치 실무 수준을 제고하기 위하여」, 『승리 6』, 323~324쪽.
85) 량주선, 「도시 주변에서 농업 협동 조합들을 조직 발전시킨 몇 가지 경험」, 『승리 6』, 246쪽.

북한 정부가 1958년도에 모든 농업협동조합을 리 단위로 통합하면서 촌락 단위의 결속은 급속히 약화되었다. 다만 자연촌락은 많은 지역, 특히 교통이 불편한 산간 지대에서 작업반의 기초 단위로서 여전히 존속하였다. 그리고 그 내부의 혈연적, 친족적 유대관계는 완전히 해체되지 않은 채 내면에 잠복하게 되었다. 농촌 주민의 인구이동이 1960년대 이후 축소되고 노동력이 고착되면서 그 유대관계는 내면적으로는 계속 지속되었을 것으로 보인다.

2) 사회의식의 변화 : '인민'으로서의 자각

앞에서 농업협동화에 따라 농민의 생활이 노동과정부터 주거와 가족생활에 이르기까지 전반적으로 새롭게 변모하는 양상을 확인하였다. 그 과정에서 농민의 전통적인 관습은 부분적으로 '미풍양속'으로서 존속하기도 하였지만 상당 부분은 '낡은 것'으로서 퇴치의 대상이 되었다. 앞서 살펴본 내용 중에서는, 부모에 대한 존경 등 가족애는 '미풍양속'으로 존중되었고 반면에 풍수지리적인 주거 관념이나 관습적인 영농 방식은 퇴치의 대상이었다. 이처럼 농업협동화는 '낡은 것'이 '새 것'으로 대치되는 과정이었다. 다시 말해 그것은 곧 '봉건적'이며 '개인주의'적인 사회의식이 근대적이며 사회주의적인 것으로 변모하는 과정이었다. 그리고 그것은 사회주의를 건설하는 주체의 측면에서 본다면 농민 개개인이 '인민'으로서 집단적인 자각을 하는 과정이기도 하였다.

전후 체제 재건과정에서 농민은 북의 권력에게서 일제하의 농민운동과 해방 후의 '민주건설, 치열한 전쟁을 통해 정치적으로 단련된 존재로 높이 평가되고 있었다.[86] 그렇지만 1950년대 중반까지도 농민은

---

86) 김일성, 「사상사업에서 교조주의와 형식주의를 퇴치하고 주체를 확립할데 대하여(1955. 12. 28)」, 『김일성저작선집 1』, 평양 : 조선로동당출판사, 1967, 567

정치적 단련에도 불구하고 생산관계의 측면에서는 '소소유자'로서의 한계를 벗어나지 못한 존재였다. '인민의 정치-정신적 통일'을 강화하기 위해서는 그 계급적 기초를 이루는 노농동맹을 강화하여야 하며, 이 문제를 궁극적으로 해결하기 위해서는 농민을 노동계급과 같은 공통의 생산관계의 토대 위에 올려놓아야 했다.[87] 다시 말해 농업협동화가 이루어져야 비로소 농민은 소소유자의 한계를 벗어나서 노동계급과 동일한 수준의 인민이 될 수 있었다. 여기서 농업협동화는 단순한 소유형태의 혁명만을 의미하는 것이 아니라 사회주의적인 인민으로 탈바꿈해가는 사상혁명, 문화혁명, 기술혁명의 과정이기도 하였다.[88] 그리고 그러한 혁명은 일상적 삶의 변화 속에서 시작하고 있었다. 다음은 자강도 초산군 와인리 모단 농업협동조합의 경우이다.

> 과거 이 마을에 7명의 무당과 2명의 풍수 그리고 6개의 제당이 있었다.……<u>일제는 조선 인민의 민족적 풍습을 '존중'한다는 구실 하에 온갖 미신 행위들까지 조장하면서 조선 인민을 무지와 몽매의 함정 속에 처 넣고 영원히 자기들의 노예로 삼으려고 시도하였다.</u> 마을의 적지 않은 사람들은 세상 만물의 변화를 모두 '신령'의 조화라고 믿었으며 농사가 잘 되고 못 되는 것도 '지신'의 탓이라고 생각하였다. 농민들은 겨울에 추녀 밑에 고드름이 잘 달리면 그 이듬해에는 조가 잘 되고 음력 정월 보름달의 빛이 붉으면 붉은 색 곡식이 잘 되고 흰빛이면 흰 곡식이 잘 된다고 믿어왔다. 그리고 무슨 병이라도 생기면 먼저 무당이나 점쟁이를 찾는 것이 상례로 되어 있었다. 몇 십리 떨어진 친척의 집을 찾아가도 날을 받고 길흉을 가리였다."(밑줄은 인용자)[89]

쪽.
87) 구우진, 「조선 인민의 정치-도덕적 통일」, 『근로자』 103호(1954년 6호), 75쪽.
88) 사상혁명, 문화혁명, 기술혁명으로서의 농촌 혁명에 대해서는 「우리나라 사회주의 농촌문제에 관한 테제(1964. 2. 25)」, 亞細亞問題硏究所 編, 『北韓硏究資料集 6』, 1981, 高麗大學校出版部, 306~307쪽 참조.

이처럼 민간신앙이 강고하게 남아있는 산간오지에서 민주청년동맹원들은 과학지식 보급을 위해 노력하였다. 이들은 주민들에게 "비가 오는 이치와 함께 가물 때의 기우제가 얼마나 우스운 일인가 하는 것을 이야기하고 당과 정부의 수리화 정책의 정당성을 상세히 인식"시켰다.90)

산간 오지에 속하는 이 지역 주민들, 특히 노인들의 의식 수준은 "하늘에 있는 룡들의 조화로 번갯불이 일고 우레 소리가 난다고 믿고 있던" 정도였다.91) 그런 마을에 전기가 들어온 것은 자연을 합리적으로 이해하는 계기가 되었다. 소형 수력 발전소를 실제로 건설하게 되자 농민들의 의식은 비로소 크게 변하기 시작한 것이다.

> 세상에 귀신의 조화란 없습니다. 그것은 모두 허무맹랑한 말입니다. 이 전기도 귀신이 만들어 내는 것은 아니라 사람의 힘 즉 우리의 힘으로 만들어진 것입니다. 당과 정부에서 가리키는 길을 따라 우리가 하자고 하면 못해 낼 일이 없습니다.……솔깡불도 제대로 못 켜던 우리가 이렇게 전기불을 보며 살게 되다니……참 나라 은혜가 태산 같으이 (전영, 위의 글, 193쪽).

위의 조합원들의 발언은 1950년대 중반 이후 농민들이 일상적인 경험을 통해 수동적인 자세에서 벗어나 스스로 역사 발전의 주체로 인식하고 탈바꿈해가는 모습을 확인해준다. 불가능하게 여겨지는 사업을 당의 지도와 스스로의 노력에 의해 실현하게 될 때 느끼는 자부심과 자신감은 '인민'으로서의 자각의 출발점이었다.

---

89) 전영, 「과학 지식의 보급과 새 생활 풍습의 확립을 위한 투쟁」, 『승리 4』, 185쪽.
90) 위의 글, 188쪽.
91) 위의 글, 192쪽.

다음은 황해남도 청단군 청동농업협동조합의 사례이다. 이곳 농민들은 연백평야를 적셔 주는 연해 저수지가 눈앞에 있지만 지형이 높아 그 물을 끌어올리지 못하고 해마다 모내기 때가 되면 물이 없어서 하늘만 쳐다보며 비가 오기를 애타게 기다려야 했다. 농민들은 가물에 부닥칠 때마다 마룡산 마루에 있는 '말탄 바위'에 횃불을 놓고 기우제를 지내기도 하였다. 조합의 토지 107정보 중에는 천수답이 64정보였다.[92]

조합 관리위원회와 초급 당 단체에서는 조합원들과 협의하여 양수장을 설치할 계획을 세웠다. 정미소의 동력기를 이용하여 연해저수지로부터 1,100여 미터의 인수로를 만드는 계획이었다. 이렇게 하면 30정보의 논에 급수가 가능하였다. 일부 조합원들은 "하기는 꼭 해야 할 일이지만 어디 조합의 힘만으로야 해낼 것 같소?"하면서 자신감을 가지지 못하였다. 그러나 다수 조합원들은 "잘 먹고 잘 살자고 조합을 조직한건데 나라를 위하고 자기를 위한 일에 주저할게 뭐 있는가!"라고 하면서 양수장 공사장에 나섰다. 1955년 3월부터 공사가 본격 시작되었다. 조합원들은 '한 삽 더 뜨기' '한 짐 더 지기' 운동을 전개하였다. 야간에도 작업은 멈추지 않았다. 15일 만에 공사는 훌륭히 끝났다. 적기에 이앙, 논에서 정당 평균 2톤씩 수확을 더 거두었다. 나아가 저수지 물이 있는 곳에서 20미터 높이로 물을 끌어올리는 공사에 들어갔다. 일부 조합원들은 "고래로 물이 산으로 올라간다는 말은 들어 본 적이 없다"고 반대하였다. 그러나 제대군인이 나서서 "당의 교시는 백 번 정당하다"고 발언하며 일을 밀어붙였다. 결국 작업이 성공하자 조합원들과 구경군들은 "이게 웬 조화야! 천지 개벽이로구나!"라고 감격하며 환성을 올렸다. 칠순이 넘는 노인들도 산등에 올라서 물줄기를 바라보며

---

92) 김영섭, 「전체 논을 수리 안전답으로 전환시키기까지-황해남도 청단군 청동 농업 협동 조합」, 『승리 3』, 255~256쪽.

"조합의 힘이 과연 크웨다. 오래 사니 물이 산으로 올라가는 걸 다 보는군"하고 감탄하였다.[93]

농업협동화는 거대한 '문화혁명'의 과정이기도 하였다. 전통적인 삶의 지혜는 낡은 사상잔재로 취급되었다. 풍수지리에 의거한 주택 관념이 무시되었고, 민간신앙이 '미신'으로 간주되어 타파되었다. 사회의식의 '근대화'가 진행된 것으로서, 그 근대적 자각은 '개인'으로서의 독립적 자각이 아니라 당과 국가를 따르면 무엇이든 가능하다는 집단적 주체로서의 자각, 즉 '인민'으로서의 자각이었다.

6. 맺음말

1950년대에 전쟁과 농업협동화를 겪으면서 북한의 농민과 농촌은 크게 변모하였다. 전시하에 식량 수요 조달의 필요성과 체제 유지를 위한 정치경제적 토대로서 농촌이 중시되면서 북한의 농촌은 전시 동원체제적인 면모를 보여주게 되었다. 그 기초 위에서 바로 농업협동화가 진행되었고 그 과정에서 군대식 규율과 경험을 체득하여 돌아온 제대군인들이 전쟁에서 피해를 입은 계층과 주로 결합하여 저돌적으로 협동조합 건설을 주도함으로써 농업협동조합의 전시적 성격은 더욱 깊이 각인되었다. 전쟁으로 인구이동이 활성화되고 주민 구성이 바뀌게 된 점, 특히 동족마을의 폐쇄성이 약화된 것도 농촌에 국가와 당의 영향력이 깊이 침투하는데 긍정적인 요소가 되었다. 토지개혁 이후에도 농촌 내면에 여전히 남아있던 유력 가문의 연장자나 부농, 그리고 남성을 중심으로 한 전통적 권위는 해체되었으며, 이를 대신해서 빈농, 제대군인, 애국열사 유가족, 인민군 후방가족, 혁명투쟁 경력자, 열성

---
[93] 위의 글, 256~265쪽.

농민을 중심으로 한 새로운 혁명적인 농촌 '핵심 진지'가 등장하였다. 이들은 조합의 간부직을 맡는 등 조합 운영의 중심이 되었다. 농촌의 체제 자체가 전시동원적인 성격이 강한데다가 전후 농촌의 주역 자체가 전쟁과의 연관성 속에서 형성됨으로써 북한 농촌은 강고하게 준전시체제적인 성격을 지니게 되었다.

농업협동화는 농민을 농업노동자로 전환시켰다. 가족 단위로 작업이 이루어지던 소농경리의 관습은 더 이상 존속할 수 없었다. 전 생산과정이 체계화, 합리화하고 노동규율이 개개인에게 직접적으로 부여되었다. 또한 농업협동화에 발맞추어 공동경작과 공동 사회문화 활동에 적합하도록 마을과 주택이 개조되었다. 그 과정에서 개별 농가주택의 경제적 기능은 사라졌으며, 최소 경제단위이던 가족과 가정도 경제적 성격이 소멸되었다.

다만 그러한 변화가 장기간 지속되어온 농촌의 전통적 풍습 전체를 완전히 해체한 것은 아니었다. 부모나 시부모를 존중하는 풍습은 '미풍양속'으로서 지속되고 장려되었다. 소겨리, 품앗이 등 공동노동의 전통은 농업협동조합의 최소 노동단위인 '분조'의 바탕이 되었다. 마을은 급속히 리 단위 조합에 맞추어 통합, 개조되었으나 상당수 지역, 특히 산간지대에서는 한 마을이 하나의 작업반이 되는 등 전통적 삶의 공간이 내면적으로 지속되었다. 작업반장이 주도하여 장례를 치르는 새로운 풍속 또한 마을 단위의 공동체 문화의 연장이라는 측면이 있다. 친족적인 결합이 약화되었다 하더라도 점차 농촌이 안정화되고 농민의 도시 이동이 억제되면서 마을 단위의 내적 연계망은 오히려 1960년대 이후 다시 강화되는 측면도 있을 것이다. 북한에서 농업협동화는 농민을 전통적 생활과 전혀 다른 사회주의적 생활로 인도하였으나, 그 내면에서 전통은 완전히 해체되는 것이 아니라 사회주의 양식에 흡입되어 새롭게 재구성되었다. 다만 북한에서 전통의 계승과 단절 문제는 이 연구에서 다룬 1950년대만이 아니라 그 이후의 사정도 고려하여 종합적으로 분석할 때 해명될 수 있을 터이다.

농업협동화는 농민의 관습과 사회의식에도 거대한 변화를 일으켰다. 전통적인 관습 중 상당 부분은 낡은 잔재로 취급되었다. 풍수지리에 의거한 주택 관념이 비판되었고, 민간신앙이 '미신'으로 간주되어 타파되었다. 사회의식의 '근대화'가 진행된 것으로서, 그 근대적 자각은 개인적 홀로서기의 방향이 아니라 당과 국가를 따르면 무엇이든 가능하다는 집단적 주체로서의 자각, 즉 '인민'으로서의 자각이었다.

찾아보기

ㄱ

가족주의 332
강제중재 160
강제징용 246
건설단 내의 사건·사고 258
건전한 노동조합 179
京城絹布商同盟會 97
京城農園 99, 111, 115, 120
경제조정관실 196, 206
경찰 개입 비난 238
高在鎬 169
공업 위축 25, 40
공업의 복구 48
공익사업 164
공익위원 156, 158, 160, 167, 170
공익위원 특별참여권 165
공장 소멸 패턴 74
공장의 연속 71, 77
공장주의 연속 71, 72
과소영세농 280
管理契約 107
管財행정 121
국가 귀속 청산 법인 143
국가에 대한 자주성 확보 205
국민동원 228
국유 및 귀속株 124

국토건설군 255
국토건설단 255
국토건설단을 범죄집단으로 취급하는 분위기 257
국토건설단 작업능률 260
국토건설단 해체 261
국토건설사업 255
국회 사회보건위원회 150, 152
군 징발 재산 112, 133, 139
權石臣 96
歸農線(민통선) 127, 128, 131
귀속공장 28, 29, 32
귀속 국내 법인 91, 103, 117, 142
귀속기업 117
귀속농지관리국 110, 113
귀속 농지 분배 108, 111
귀속법인 88, 124
귀속재산 88, 117
귀속재산 처리에 관한 특별조치법 121, 125, 142
歸屬株 117, 118
규칙제정권 165
근로기준법 147, 150, 162
근로동원 227
근로자위원 156, 158, 167, 170
금련 계통조직의 재편성 199
금융기관 주식 137

금융자본 90
금융조합 198, 203, 217
금융조합연합회(금련) 198, 203, 207
기독교 계열의 농업개혁론 221
기독교 농촌운동 295
기술적 대행업자 130
기술적 전문업자 132
기초 공제액 123
기피단속비 240
긴급명령 제6호「징발에 관한
　　특별조치령」 230
金寶永 96
金世玩 166
金丞植 96
金鎭炯(金子鎭雄) 95, 96, 100
金泰熙(金光泰熙) 93, 96, 97, 100

_ㄴ_

노동감독관 177
노동국 151
노동법 제정 147, 150
노동위원회 148, 151, 158, 160, 162, 166,
　　170, 177, 180
노동위원회법 147, 153, 157, 161
노동위원회 상임위원제 신설 177
노동위원회 위원신분 156
노동위원회의 권한 161
노동위원회의 자주성 혹은 공정성 155
노동쟁의법안 152, 161
노동쟁의의 조정과 중재 역할 176
노동쟁의조정법 147, 150, 163
노동쟁의조정법안 152, 161
노동조정위원회 151
노동조합법 147, 150, 162
노동조합법안 152

노동조합 조직 180
노동행정에 대한 불신 246
노동행정의 민주화 154
노무단 230, 238
노무동원 227
노무동원 경험 263
노무동원대상자후원회 236
노무동원에 대한 두려움 242
노무동원의 농촌 집중 240
노무동원 주 대상자 240
노무자들의 가정형편 249
노무자들의 주식 243
노무자 모집 전면 중지 253
노무자 숙소 244
노무자 숫자 231
노무자에 대한 인권유린 251
노무자 의복 244
노무자 임금 246
노무징용자 230
노자협조 정신 178
농가경제의 영세성 280
農林部公務員和親會 115
농림위가 제출한 농업협동조합법에 대한
　　반론 211
농림위원회 193
농번기 노동력 부족 240, 251
농번기 농촌동원 보류 241
농업개혁론 220
농업경영 281
농업금융기관론 204
농업생산력 282
농업신용기구 197, 203, 204
농업신용제도 212
농업은행법 195, 207, 212
농업은행법에 대한 개정안 216
농업의 기계화 324

농업조합법안 201
농업협동조합법 186, 195, 209
농업협동조합의 심각한 자금난 219
농은과 정부의 상호관계 199
농은의 독립성 215
농지개혁 109, 112, 127, 272, 274, 278
농지개혁법 113, 125
농지 보상금 112, 122, 137
농지부속시설 132
농촌 주택 건설 327
농협에 대한 강력한 감독권 211

_ㄷ

단절적 62
대리동원 236, 237, 242
대상자 등록 기피 235
大川農場 105
대충자금 199, 206
大韓經濟輔國會 97
대한노총대의원대회 160
도급제 325
독립규제위원회 159
독립적 행정위원회 158
동계 291
동원경비 239
동원과정의 비리와 폭력 251
동원기피 234, 236, 239
동원면제 233
동원방식 235
동원연기 234
동원영장 233, 235
동족마을 331
두레 292
등록률 235
藤井寬太郞 141

_ㄹ

랜덜 102
로빈슨(Robinson) 96
리동 협동조합 209, 211

_ㅁ

마을내 호혜망 298
마을연결망의 변화 274
마을회의 286
末永農場 95, 105
멸실회복등기 127
母會社 89, 143
문당리 275, 279, 293
물적 연속성 71, 79
미국 195, 203
미국 전국노사관계위원회 159
미군에 동원된 노무자 248
미군정 88
미8군 230, 247
미8군 노무자 채용업무 253
민간신앙 335
민간인운반단 230
민간인차량중대 230
민속학계 302
민주선전실 307
민주적 관리 199
밋첼(Mitchell) 107, 113

_ㅂ

朴奉魯(木下竹二) 96, 98, 99, 100
飯泉幹太 96
白樂承 96
白完爀 97

법 제정 논의 189, 191
법령 제173호 108, 126
법령 제33호 99
법안 제출 양상 191
병사구 사령부 237
병역기피자 256
보국대 230
福地義二郞 96
부당노동행위 163
부재지주 277
분배 농지 부속시설 139
분조 326
不二興業 90, 92, 96, 100, 101, 141

― ㅅ ―

4H클럽 294
사용자위원 156, 158, 167, 170
寺田敬一 96
사회부 노동국 150
사회부장관 154, 251
사회연결망 268
사회적 물의 136
사회주의 노동규율 319
山口毅 96
산림부 116, 120
3종동원 233
삼청교육대 262
생산력 기초 281
西鮮농장 102, 105
서울 공업 24, 27, 49, 57
石塚峻 93, 96
성업공사 140
성업사 90, 93, 96, 98, 102, 107, 112, 121, 143
성업사의 해산 135, 142

蘇江농장 105
소거리반 305, 306
소멸률 74
소작료 3·1제 103, 108
孫會社 90, 143
宋文華(山木文華) 96, 97, 99, 101
壽南商會 97
수동농민조합 95
首洞농장 105, 112
수리조합 280, 281
수복 지구 112, 126, 137
矢鍋永三郞 93, 96
식민지 유산 88
식은계 89
식은 청산위원회 117, 119, 121, 135, 143
식은 콘체른 89, 141, 143
신용조합법안 201
신한공사 102, 103, 105, 106, 107, 109, 113, 118, 123, 141

― ㅇ ―

아래로부터의 자주관리운동 95, 98
알선 160, 163
애국열사 가족 315
업종별 공장수 70
여성 보잡이운동 312
연도별 공장수 69
연속공장주 76
연속공장주수 73
연속률 74
연속성 71
연속의 정도 71
연속적 측면 61
연합청산위원회 141, 144
延海농장 102, 105, 107, 112, 114, 117

영장발부제 235
예금 취급에 관한 문제 211
沃溝농장 102, 112, 114, 116, 117, 122, 123, 132, 133
완전실업자 256
龍淵농장 105
우선적인 동원 대상 234
원화와 환화의 교환비율 122
위로부터의 자주관리 98
위탁 경영 106
유가족 314
尹鍾鉉 96
尹泰彬(伊藤泰彬) 95, 96, 97, 99, 101
은행자본 90
이익균점법 150
이장 286, 290
이장과 관련된 큰 갈등 287
이장탄핵운동 288
2종동원 233
인민군 후방가족 314
인민으로서의 자각 333, 335
인적 연속성 71
일반은행으로서의 농업은행 206
일본노동위원회 178
일요일도 없는 無休作業 258
1종동원 233
1950년대 반공이데올로기 180
1950년대 한국 농민경제 265
중앙노동위원회의 판례 171
임금인상 요구 248, 254
林錫弼 100, 99
林豊 93, 96
立山軍藏 96

__ㅈ__

자유고용제 252
자유응모제 253
자주적 협동조합론 220
子회사 96, 143
작업반장 318
張慶煥 95, 96
張秉良 93, 99, 100
張鳳鎬 96
재무부 109, 136, 138, 140
재심취소권 165
재정경제위원회 193, 211
쟁의행위금지법 180
쟈페(Morton S. Jaffe) 102
적산 88, 95, 104, 129, 141
全北농장 102, 107, 114, 116, 117, 122, 123
전선공동작업대 306
전시근로동원법 229, 232, 244, 254
전시근로동원위원회 233
전시하 노동쟁의 149
전시하의 노무조직 230
鄭近永 169
정부 소유 법인 135, 142
정부수립 이후의 노동문제 147
정부의 감독과 개입 202
정부의 임금 미지불 251
정부의 재정자금 방출 212, 216
정부 출자 217
井田德次郎 96
停戰線 114
제대군인 316, 317
제1분단 256
제1, 2공화국 시기의 노동쟁의 처리 180
제1지단 256
제2국민병 254
제2분단 256

제2지단 256
제3지단 256
제5지단 256
조사권 165
朝鮮開拓 90
朝鮮農工 105
朝鮮農器具製造 90, 101
朝鮮殖産銀行(식은) 88, 94, 95
조선신탁 96
조정 164, 180
조합 간부들의 성분 315
조합원 주권제도 199
존슨안 194, 197, 199, 203, 205
中富計太 93
중앙노동위원회 155, 158, 164, 166
중앙토지행정처 108, 110, 113
중재 180
지가증권 113, 117, 118, 124, 126, 127
지방노동위원회 155, 158, 170
지방주의 332
지역사회개발사업 197, 200, 294
지주경영 105
지주제 90, 101, 103
持株會社 89
집단발병 259
집단소요 259
집중지도사업 315
징발법 133
징발보상증권 134
징발재산 133
징발 통지서 134
징병·징용 기피자 239
징용 227, 242, 262
징용 공포 사건 242
징용기피 단속 238
징용 노무자의 대우개선 245

_ㅊ

찰스 고든(Charles J. Gordon) 100
倉田保 93
淺野健一 93, 96
鐵原농장 102, 105, 112, 119, 126, 129, 129, 133, 133, 137
청산 법인 140
청산 종결 142
청산인 117
淸算人會 139
遞減率 114, 123
崔奎南 166
출두율 235
충남 홍성군 홍동면 문당리 269

_ㅋ

쿠퍼안 194, 197, 203

_ㅌ

탈출 296
澤村九平 93, 96
土屋泰助 93
토지개혁 127
토지소유자 278
특별노동위원회 155, 158
특별조정위원 177
특별조치령 245
특수은행 88
특수은행으로서의 농업은행 208, 212

_ㅍ

88년도 227

平原保　93
풀무학교　269, 295
품앗이반　305, 306
풍수지리　328

_ㅎ

한국군에 동원된 노무자　248
한국농업은행법안　201
한국사회 노동문제의 원류　147
한국산업은행　143
한국자산관리공사　140
한국전쟁(6·25)　111
한국전쟁기의 노무동원　228
한국정부의 보조　247
해동흥업　91, 101, 107, 141
해동흥업의 청산　140
해동흥업의 해산　139

海美농장　102, 107, 114, 116, 117, 122, 123, 133
해방 이전과 이후의 단절　80
해방 이전과 이후의 연속　80
해산 법인　139
행정기관과 결탁　236
헌법 제17조　149
헌법 제18조　149
협동적 농업신용판매구매에 관한 법안　200
협동조합의 민주화　222
협동조합의 자주성　220
협동조합의 정치성 배제　211
호혜적 농촌사회연결망　266, 284, 299
홍동수리조합　277, 282
환과 원의 교환비율　122
黃一圭　96
回復등기　127

연구참여자

홍성찬 | 연세대학교 경제학부 교수
허수열 | 충남대학교 경제학과 교수
김성보 | 연세대학교 사학과 교수
배성준 | 동북아연구재단 연구위원
이상의 | 중앙대학교 중앙사학연구소 연구교수
이경란 | 연세대학교 국학연구원 HK연구교수

연세국학총서 104 분단체제하 남북한의 사회변동과 민족통일의 전망 1
해방후 사회경제의 변동과 일상생활

홍성찬 · 허수열 · 김성보 · 배성준 · 이상의 · 이경란 공저

2009년 9월 25일 초판 1쇄 발행

펴낸이 · 오일주
펴낸곳 · 도서출판 혜안
등록번호 · 제22-471호
등록일자 · 1993년 7월 30일

㈜ 121-836 서울시 마포구 서교동 326-26번지 102호
전화 · 3141-3711~2 / 팩시밀리 · 3141-3710
E-Mail hyeanpub@hanmail.net

ISBN 978-89-8494-371-1   93910

값 25,000 원